한 권으로 끝내는

독일어 능력시험 대비

ZERTIFIKAT DEUTSCH

이론부터 실전까지
영역별 맞춤 전략!

B1

S 시원스쿨닷컴

한 권으로 끝내는
ZD B1

초판 1쇄 발행 2024년 9월 27일

지은이 이로사
펴낸곳 (주)에스제이더블유인터내셔널
펴낸이 양홍걸 이시원

홈페이지 www.siwonschool.com
주소 서울시 영등포구 영신로 166 시원스쿨
교재 구입 문의 02)2014-8151
고객센터 02)6409-0878

ISBN 979-11-6150-892-4
Number 1-531108-25252500-09

이 책은 저작권법에 따라 보호받는 저작물이므로 무단복제와 무단전재를 금합니다. 이 책 내용의 전부 또는 일부를 이용하려면 반드시 저작권자와 ㈜에스제이더블유인터내셔널의 서면 동의를 받아야 합니다.

독일어 능력시험 대비

ZERTIFIKAT DEUTSCH

한 권으로 끝내는

이론부터 실전까지
영역별 맞춤 전략!

B1

S 시원스쿨닷컴

머리말

안녕하세요,
여러분의 독일어쌤 **이로사**입니다.

이 책을 통해 독일어 B1 자격증 시험을 준비하는 여러분을 만나게 되어 매우 기쁩니다. 독일어는 유럽의 중심인 독일뿐만이 아니라 스위스, 오스트리아, 룩셈부르크, 벨기에 등지에서 사용되는 언어입니다. 따라서 그 쓰임의 범위가 매우 넓은 유용한 언어이지요.

그러나 새로운 언어를 배우는 과정은 때로는 도전적일 수 있습니다. 여러분이 B1 시험을 준비하는 과정에서 겪는 어려움도 그 중 하나일 것입니다.

B1 수준에 도전하는 여러분은 이미 기본적인 독일어 능력을 갖추었고, 이제는 더 복잡한 문장 구조와 어휘, 그리고 독일어권 문화에 대한 깊이 있는 이해를 요구하는 단계에 있을 것입니다. 이 시점에서 여러분은 보다 자연스러운 대화와 실생활에서의 의사소통 능력을 키우기 위해 더욱 노력해야 합니다. 그런 의미에서 B1 자격증은 여러분이 독일어로 일상적인 대화와 다양한 상황에서 자신을 표현할 수 있다는 것을 증명하는 중요한 단계라고 할 수 있습니다.

하지만 그만큼 이 시험을 준비하는 과정은 결코 쉽지 않을 수 있습니다. 어려운 문법 구조, 낯선 단어들, 긴 듣기나 읽기 지문은 여러분이 마주하게 될 도전일 것입니다. 그렇지만 이러한 도전은 여러분의 독일어 실력을 한층 더 향상시킬 수 있는 기회이기도 합니다. 이에 저는 여러분의 도전을 응원하는 마음을 담아 〈한 권으로 끝내는 ZD B1〉 교재를 집필했습니다.

이 책은 독일어 B1 자격증 시험을 목표로 하는 여러분이 필요한 실력을 단계적으로 쌓을 수 있도록 구성되었습니다. 읽기, 듣기, 쓰기, 말하기 등 시험의 모든 영역을 철저히 분석하여 각 분야에서 요구되는 실력을 단계적으로 쌓아 나갈 수 있도록 구성되었습니다. 특히 실전 시험을 바탕으로 한 다양한 문제들을 통해 여러분이 실제 시험 환경에서 경험하게 될 상황을 미리 연습할 수 있도록 했습니다. 이 책에 포함된 문제들은 B1 시험의 실제 문제 유형을 철저하게 반영하고 있어, 여러분이 시험에 대한 자신감을 얻을 수 있도록 도와줄 것입니다.

또한 시험 준비는 단순히 문제를 푸는 것에 그치지 않고, 독일어를 사용하는 실제 상황을 연습하는 데에도 초점이 맞춰져야 합니다. 그래서 이 책은 단순한 학습서가 아닌, 독일어를 활용한 실생활에서의 소통 능력을 기르는 데에도 중점을 두고 있습니다. <한 권으로 끝내는 ZD B1> 교재를 통해 여러분은 시험장에서뿐만 아니라 독일어를 사용하는 모든 상황에서 더욱 유창하게 소통할 수 있을 것입니다.

여러분이 지금까지 노력해 온 시간과 열정은 결코 헛되지 않을 것입니다. 이 책을 통해 스스로의 실력을 확인하고 필요한 부분을 보완하며 꾸준히 연습해 나간다면, 분명 좋은 결과를 얻을 수 있을 것입니다. 독일어 공부가 지루하거나 힘들게 느껴질 때에도 포기하지 마시고, 한 걸음씩 나아가며 성취감을 느끼시기를 바랍니다.

이 책이 여러분의 독일어 학습 여정에 조금이나마 도움이 되길 바라며, B1 자격증을 넘어 더 넓은 세계로 나아가길 진심으로 응원합니다. 여러분의 성공을 기원합니다.

감사합니다.

사랑의 인사를 담아서,
이로사 드림

Zertifikat Deutsch B1 목차

머리말 004
독일어 능력시험(ZD)이란 어떤 시험일까요? 008
ZD B1에 대해 알아보자! 010
접수부터 성적 확인까지 011
이 책의 구성과 특징 012

CHAPTER 1   ZD B1 영역별 풀이 전략

I. Lesen 읽기 영역

Teil 1 유형 및 풀이 전략 016
Teil 2 유형 및 풀이 전략 020
Teil 3 유형 및 풀이 전략 024
Teil 4 유형 및 풀이 전략 029
Teil 5 유형 및 풀이 전략 032

II. Hören 듣기 영역

Teil 1 유형 및 풀이 전략 038
Teil 2 유형 및 풀이 전략 042
Teil 3 유형 및 풀이 전략 046
Teil 4 유형 및 풀이 전략 050

III. Schreiben 쓰기 영역

Aufgabe 1 유형 및 풀이 전략 056
Aufgabe 2 유형 및 풀이 전략 060
Aufgabe 3 유형 및 풀이 전략 064

IV. Sprechen 말하기 영역

Teil 1 유형 및 풀이 전략 070
Teil 2 유형 및 풀이 전략 075
Teil 3 유형 및 풀이 전략 080

CHAPTER 2   ZD B1 MODELLSATZ 모의테스트

MODELLSATZ 1 084
MODELLSATZ 2 114
MODELLSATZ 3 144
MODELLSATZ 4 176

해설집 [별책]

무료 학습 자료

- 듣기 영역 원어민 MP3 파일
- ZD B1 필수 어휘집 (온라인 PDF 제공)

* 무료 학습 자료는 시원스쿨 독일어(germany.siwonschool.com)에서 다운로드 가능합니다.

독일어 능력시험(ZD)이란 어떤 시험일까요?

ZD 자격증 소개

ZD(Zertifikat Deutsch)는 국제적으로 통용되는 독일어 공인 인증 자격증입니다. ZD는 유럽 공용 외국어 등급표에 따라 A1, A2, B1, B2, C1, C2의 단계로 나뉘며, 시험은 각 단계별로 나뉘어 치러집니다.

ZD 시험 시행 기관

ZD는 독일 괴테 인스티투트와 스위스 프리부르대학교, 오스트리아 독일어인증시험 기관(ÖSD)에서 공동 개발한 시험입니다. 우리나라에서는 주한독일문화원(Goethe-Institut)에서 주최하고 있습니다.

ZD 자격증 유효 기간

Goethe-Zertifikat A1-C2에 대한 Goethe-Institut의 증명서는 유효 기한이 없습니다. 다만 일부 기관에서는 2년 미만의 증명서를 요구하는 경우도 있으니, 필요에 따라 갱신도 가능합니다.

ZD 자격증 활용도

ZD 자격증을 취득할 경우, 독일어권 국가에서 학업이나 취업, 또는 이민 절차에서 활용할 수 있습니다. 특히 독일어권 국가의 직업 학교, 어학원, 또는 일부 대학교의 입학 요건으로 ZD B1 이상의 수준을 요구할 수 있습니다. 또한 비 독일어권 국가에서도 독일어 교육, 통역, 번역 등의 직무에 지원할 때 도움이 됩니다.

ZD 레벨

ZD는 유럽 공용 외국어 등급표의 단계에 따라 6단계로 분류되어 있으며, 읽기, 듣기, 쓰기, 말하기 네 가지 영역으로 나누어 평가합니다.

ZD A1
- 상대방이 느린 속도 및 분명한 발음으로 말할 경우, 간단한 의사 소통이 가능한 수준입니다.
- 본인 및 가족에 대한 정보 및 쇼핑, 직업, 가까운 사람이나 장소에 대한 정보 등 친숙하고 일상적이며 자주 사용하는 표현 및 간단한 문장을 이해하고 활용할 수 있습니다.

ZD A2
- 일상 생활에서 사용되는 문장과 표현들을 이해하고 사용할 수 있는 수준입니다.
- 익숙하고 반복되는 주제에 관한 정보를 교환하는 상황에서 간단한 방법으로 의사 소통을 할 수 있고, 간단한 방법으로 자신과 직접적인 연관이 있는 출신, 교육 등을 표현할 수 있습니다.

ZD B1
- 상대방이 또렷한 표준어를 구사하는 경우, 혹은 직장/학교/여가시간 등의 익숙한 상황인 경우 주요 정보를 이해할 수 있는 수준입니다.
- 독일어권 국가를 여행할 경우 대부분의 상황을 해결할 수 있고, 익숙한 주제나 개인적으로 관심 있는 분야에 대해 간단하고 맥락에 맞게 표현할 수 있습니다.

ZD B2
- 구체적 혹은 추상적 주제에 대한 복잡한 텍스트의 주요 내용을 이해하며 자신의 특수 분야에 대한 전문적 토론을 이해할 수 있는 수준입니다.
- 즉흥적이고 막힘 없는 의사 소통이 가능하여 모국어 사용자간의 평범한 대화에서 큰 무리 없이 쌍방간의 이해가 가능합니다.
- 광범위한 주제에 대해 명확하고 자세하게 표현할 수 있으며, 특정 현안에 대해 입장을 설명하고 다양한 해결책에 내포된 장단점을 제시할 수 있습니다.

ZD C1
- 광범위한 주제에 대한 까다로운 장문의 텍스트를 이해하고 함축적 내용을 파악할 수 있는 수준입니다.
- 사회 생활/직장 생활 시 혹은 직업 교육원이나 대학에서 독일어를 효과적이고 유연하게 사용할 수 있고, 복잡한 정황에 대해 명확하고 상세하며 짜임새 있게 자신의 의견을 개진할 수 있습니다.

ZD C2
- 독일어로 된 글이나 말 대부분을 힘들이지 않고 쉽게 이해할 수 있는 수준입니다.
- 문서나 구두로 전달된 정보를 요약하고 그와 관련된 원인 및 설명을 연관성 있게 재구성하여 서술할 수 있습니다. 또, 즉흥적이고 막힘 없이 정확하게 의사 표현을 하며 복잡한 사안에 있어서도 의미상의 미묘한 차이를 명확하게 전달할 수 있습니다.

ZD B1에 대해 알아보자!

점수 기준

ZD B1 시험은 읽기, 듣기, 쓰기, 말하기(2인 1조 구술 시험)으로 구성됩니다. 각 영역에서 최소 60점 또는 총 점수의 60% 이상을 취득해야 합격입니다.

* 합격을 위한 최소 점수: 400점 중 **240점**

* 과락을 면하기 위해 영역별로 취득하여야 할 최소 점수 :100점 중 **60점**

시험 구조

영역	소요 시간 (약 180분)	만점
Lesen 읽기 · 블로그 포스팅이나 이메일, 신문 기사, 광고, 설명서 등을 읽고 주요 정보, 중요한 세부 사항, 입장, 의견 등을 파악할 수 있습니다.	약 65분	100점
Hören 듣기 · 안내 방송, 짧은 강연, 비공식적 대화, 라디오 토론 등을 듣고 주요 내용과 중요한 세부 사항을 파악할 수 있습니다.	40분	100점
Schreiben 쓰기 · 개인적 또는 공식적인 이메일/편지를 쓰고, 공개 토론 기고문 형식으로 본인의 의견을 글로 표현합니다.	60분	100점
Sprechen 말하기 · 여행과 같은 일상의 주제에 대해 상대방과 이야기하면서, 질문에 반응하고 의견을 표명하며 제안을 합니다. 나아가 일상적인 한 주제에 관해 자유롭게 발표하고 그에 관한 질문에 답합니다.	약 15분	100점

접수부터 성적 확인까지

시험 접수

ZD 시험 접수는 접수 시작일 10시부터 주한독일문화원 홈페이지(https://www.goethe.de/ins/kr/ko)에서 온라인으로만 가능합니다. 시험 접수 기간은 주한독일문화원 홈페이지에서 확인하실 수 있습니다.

* 응시자는 시험 신청 기간이 종료된 후 업무일 기준 7일 내에 이메일로 시험 진행 과정에 대한 안내 메일과 수험표를 받습니다.

응시료

2024년 기준 응시료는 다음과 같습니다.

레벨	응시료
A1	150,000원
A2	170,000원
B1	260,000원
B2	290,000원
C1	330,000원
C2	470,000원

시험 결과 발표

시험 결과는 meingoethe.de 사이트에서 조회할 수 있습니다. 시험 결과는 응시한 후 5년 동안 조회할 수 있는데, 성적 열람을 위해서는 시험 신청 시 사용했던 메일 주소로 사이트에 가입 후 "내 강좌 및 시험"에서 본인의 수험 번호를 기입하면 됩니다.

합격증, 확인서 발급

시험에 응시하여 합격한 경우 합격증을 다운로드하여 발급받을 수 있습니다. 불합격한 경우에는 시험 참가 확인서가 발급됩니다.

* 2024년 8월부터 시행되는 모든 시험부터 디지털 합격증 및 시험 참가 확인서는 meingoethe.de 사이트에서 자동 발급됩니다. 이전 시험들에 대한 지류 합격증은 10년 동안 보관되며 방문 수령만 가능합니다.

이 책의 구성과 특징

책의 구성

STEP 1. 유형 및 풀이 전략
각 영역별 문제 유형과 풀이 전략을 제공합니다. 최신 출제 경향을 파악하고 유형별 특징을 익힌 다음, 저자가 제공하는 문제 풀이 꿀팁을 확인해 보세요.

STEP 2. 맛보기 문제
저자가 수년간 분석한 데이터를 토대로 구성한 유형별 맛보기 문제를 풀어 봅니다. 이때 상세한 해설을 통해 저자가 알려 주는 문제 풀이 비법을 익힐 수 있습니다.

STEP 3. 모의테스트
CHAPTER 2 모의테스트에서는 ZD B1 전체 시험을 4세트 제공합니다. CHAPTER 1에서 쌓았던 실력을 마음껏 발휘해 봅시다! 본 책의 문제들은 최신 경향을 반영하였으며 해석 및 해설, 스크립트, 어휘 그리고 예시답안까지 모두 제공합니다.

ZD B1 필수 어휘집(온라인 제공)
응시자들이 꼭 알아야 할 ZD B1 시험 대비 필수 어휘들을 무료 PDF로 제공합니다.

책의 특징

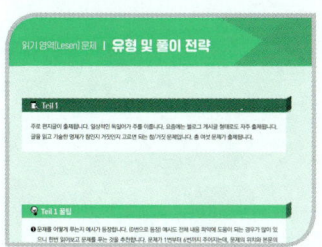

문제 유형별 풀이 전략
문항 수, 문제 유형, 빈출 주제, 평가 포인트 등을 통해 각 영역별로 어떤 문제가 출제되는지 상세히 안내합니다.

맛보기 문제
유형별로 맛보기 문제를 1개씩 제공합니다. 무작정 문제를 푸는 것이 아니라, 문제에 따른 풀이 방법을 적용할 수 있는 방법을 익힐 수 있습니다.

모의테스트 4회분
최신 출제 경향을 완벽하게 반영한 모의테스트 4회분을 제공합니다. 실제 시험 시간에 맞춰 한 영역 전체를 풀면서 실전 감각을 키워 봅시다.

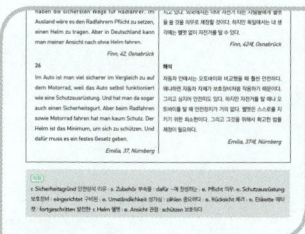

해석 및 어휘
각 문제에 대한 정확한 해석을 제공합니다. 그리고 지문에 사용된 어휘를 꼼꼼하게 정리하여, 사전을 찾을 필요 없이 모르는 어휘 학습을 바로 할 수 있게 했습니다.

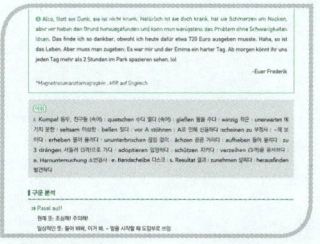

해설 및 구문 분석
정답의 근거가 되는 부분을 각 문제별로 표시하였으며, 독일어 문장 구조를 익히는 데에 도움이 되는 구문을 별도로 정리하였습니다.

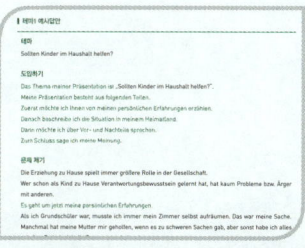

예시답안
쓰기와 말하기 영역의 예시답안을 제시하여 답변 구성 시 참고할 수 있도록 했습니다.

Lesen

Goethe Zertifikat B1

Überblick

읽기 영역은 총 5개의 파트(Teil)로 구성되어 있습니다.
읽기 영역은 총 65분 동안 풀게 됩니다.

Teil	지문 유형	문제 유형	시간
1	편지글, 블로그 게시글	참/거짓 선택	10분
2	짧은 기사문 (2개)	3지선다형	20분
3	광고글	상황에 맞는 광고글 연결	10분
4	특정 주제에 대한 견해	동의/비동의 선택	15분
5	안내문	3지선다형	10분

읽기 영역(Lesen) 문제 I 유형 및 풀이 전략

📝 Teil 1

주로 편지글이 출제됩니다. 일상적인 독일어가 주를 이룹니다. 요즘에는 블로그 게시글 형태로도 자주 출제됩니다. 글을 읽고 기술한 명제가 참인지 거짓인지 고르면 되는 참/거짓 문제입니다. 총 여섯 문제가 출제됩니다.

💡 Teil 1 꿀팁

❶ 문제를 어떻게 푸는지 예시가 등장합니다. (0번으로 등장) 예시도 전체 내용 파악에 도움이 되는 경우가 많이 있으니 한번 읽어보고 문제를 푸는 것을 추천합니다. 문제가 1번부터 6번까지 주어지는데, 문제의 위치와 본문의 위치가 거의 비슷합니다. 예를 들어 1번 문제는 지문의 상단부에, 3번 문제는 지문의 중반부에, 6번 문제는 지문의 하단부 혹은 전체적인 내용을 묻는 문제로 출제됩니다. 함정이 가장 적은 Teil이므로 오답 제로에 도전하면 좋은 파트입니다.

❷ 문제 해결 시간 최대 10분/실제 문제 해결 시간 5분컷 추천

❸ 고유명사, 숫자, 요일 명 등에 집중해서 문제 해결하는 것이 유리함

❹ 유의어를 많이 알수록 유리합니다. (예: 커튼 r. Vorhang – e. Gardine)

 맛보기 문제

Teil 1　　　　　　　　　　　　　　　　　　　　　*Arbeitszeit: 10 Minuten*

Lesen Sie den Text und die Aufgaben 1 bis 6 dazu.

Wählen Sie: Sind die Aussagen Richtig oder Falsch ?

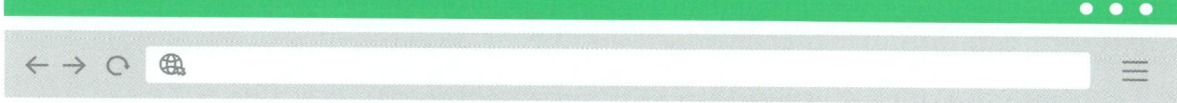

Falsche Freunde

　Falsche Freunde hat man immer im Leben. Was soll man tun? Zuerst sollte man genau wissen, was falsche Freunde sind. Bestimmen brauchen wir dafür. Echte Freunde sind nicht immer freundlich. Das hört sich ironisch an. Aber es ist wirklich so. Wenn ich zum Beispiel eine falsche Entscheidung treffe, werden sie streng und kritisch. Sie versuchen mich zu beraten, um eine bessere Lösung zu finden. Manchmal klingen die Ratschläge zu kalt aber schließlich sind die mir gute Hinweise. Aber falsche Freunde sind wie Schokolade. Sie sind immer süß. Aber am Ende nicht gut für mich.

　Falsche Freunde sind offenbar nett. Sie sind vor den Menschen immer so lieblich. Aber hinter dem Rücken werden sie anders. Sie reden etwas Böses bei anderem oder lösen Missverständnisse in dem Freundeskreis aus. Sie leiten zum Beispiel etwas, was ich nie erwähnt habe, an andere weiter. Leider hatte ich auch solche Erfahrungen. Ein Freund von mir: Michi. Wir sind in demselben Verein. Er war von Anfang an sehr freundlich. Er hat sich so verhalten, als wäre er seit Jahrzehnten mit mir befreundet. Das hat mich erleichtert, denn am Anfang habe ich mich nicht alleine, sondern mit einer Freundin zusammen da angemeldet, aber ein wenig später hat sie mit dem Verein aufgehört. Da wurde ich alleine. Aber wegen Michi konnte ich einfacher anderer Leute kennenlernen. Damals habe ich gedacht, dass ich einen guten Freund im Leben gefunden habe. Eines Tages hat eine von unserem Freundeskreis mir mitgeteilt, dass ich Michi betrogen habe. Ich hätte die Verabredung mit ihm einseitig an dem Tag abgesagt und mich dafür bei ihm nicht entschuldigt. Ich sei also arrogant und egoistisch. Aber ich hatte doch gar keine Verabredung mit ihm und das alles, was er anderen erzählt hat, war tatsächlich eine glatte Lüge! (...)

Beispiel

0　Echte Freunde reagieren manchmal auch unfreundlich.　　　　　~~Richtig~~　Falsch

1　Echte Freunde verhalten sich immer höflich.　　　　　　　　　　Richtig　~~Falsch~~

맛보기 문제 해석

읽기 부문 1

🕐 소요시간: 10분

다음 본문과 문제 1번부터 6번까지 읽으시오.

명제가 맞으면 참(Richtig), 틀리면 거짓(Falsch)을 선택하시오.

가짜 친구들

사람들은 삶에서 가짜 친구들을 항상 가지고 있다. 무엇을 해야 할까? 우선 사람들은 정확히 알아야 한다, 가짜 친구들이란 무엇인지. 그것에 대한 규정하기가 필요하다. 진정한 친구들은 항상 친절하지 않다. 이것이 아이러니하게 들린다. 하지만 그것은 정말로 그러하다. 만약 내가 예를 들어 하나의 잘못된 결정을 한다면 그들은 엄격하고 비판적이 될 것이다. 그들은 나에게 조언하고자 노력할 것이다, 하나의 더 나은 해결책을 찾기 위해. 가끔 그 조언들이 너무 차갑게 들리지만 결국에는 그것들이 나에게 좋은 힌트들이다. 하지만 가짜 친구들은 초콜릿과도 같다. 하지만 마지막에는 나에게 좋지 않다.

가짜 친구들은 겉으로 보기에 친절해 보인다. 그들은 사람들 앞에서 언제나 그렇게 사근사근하다. 하지만 등 뒤에서 그들은 달라질 것이다. 그들은 타인에게 있어서 나쁜 것을 말하며 친구들 무리 안에서 오해를 야기시킨다. 그들은 예를 들면 내가 전혀 언급한 적도 없는 것을 다른 사람들에게 전달한다. 유감스럽게도 나도 그러한 경험을 가지고 있다. 나의 한 친구: 미히. 우리는 같은 동호회에 있다. 그는 처음부터 매우 친절했다. 그는 마치 그가 수십 년 동안 나와 친구였던 것처럼 행동했다. 그것이 나를 안심시켰다, 왜냐하면 처음에 나는 혼자서가 아니라 한 여자 친구와 함께 거기에 등록했기 때문이다. 하지만 미히 때문에 나는 더 쉽게 다른 사람들을 사귈 수 있었다. 그때에 나는 생각했다, 내가 인생에서 하나의 좋은 친구를 찾아내었다고. 어느 날 우리 친구들 무리 중 한 사람(여자)이 나에게 알려주었다, 내가 미히를 배신했다고. 나는 그와의 약속을 일방적으로 당일에 취소했고 그에게 사과조차 하지 않았다고 한다. 나는 그러니까 건방지고 이기적이라고 말이다. 하지만 나는 그와 전혀 개인적인 약속을 가진 적이 없고, 그가 다른 사람들에게 설명한 이 모든 것들은 사실상 하나의 새빨간 거짓말이었다! (…)

예시문제

0 진정한 친구들은 가끔 또한 불친절하기도 하다.

1 진짜 친구들은 항상 공손하게 행동한다.

맛보기 문제 풀이

예시문제 풀이

예시문제는 이미 풀어져 있습니다. 하지만 예시 문장을 보고 체크된 답을 읽음으로써 본문의 전체적인 내용에 대한 힌트를 얻을 수도 있기 때문에 꼭 읽어보고 본격적으로 문제를 푸는 게 좋습니다.

본문 초반에 Echte Freunde sind nicht immer freundlich.에 그 단서가 있습니다.

1번 문제 풀이

1번 문제이니만큼 본문의 초반부에 문제를 풀 수 있는 단서가 있습니다.

2번째 줄 중반부터 Echte Freunde sind nicht immer freundlich. Das hört sich ironisch an. Aber es ist wirklich so. Wenn ich zum Beispiel eine falsche Entscheidung treffe, werden sie streng und kritisch. 부분을 보면 답이 Falsch인 것을 알 수 있습니다.

읽기 영역(Lesen) 문제 I 유형 및 풀이 전략

Teil 2

주로 짧은 기사문이 출제됩니다. 기사문은 두 개 출제되며 각 기사문에 문제가 세 개 있습니다. 객관식 문제로서 3지선다입니다. 각 질문을 지문에 입각하여 맞는 문장으로 완성하는 문제가 출제됩니다. 각 지문의 문제들 중 한 문제는 대부분 기사의 전체 내용에 대해 묻는 문제가 출제됩니다.

Teil 2 꿀팁

❶ Teil 1와 마찬가지로 문제를 푸는 방법을 소개하는 예시도 한 번 읽어 보세요!
❷ 헤드라인과 부제목도 문제를 푸는 데 큰 도움이 되니 꼭 자세히 읽어 봅니다.
❸ 전문 용어가 자주 등장합니다. 과감히 스킵하시고 아는 표현에 집중하세요.
❹ 함정이 많은 파트입니다. 본문에 제시된 내용만 선택하셔야 합니다. 내용을 바탕으로 비약하는 문장들이 함정으로 자주 등장하니 주의하세요.
❺ 공식적 문제 해결 시간 20분/실제 문제 해결 시간 최대 15분 추천

Teil 2

Arbeitszeit: 20 Minuten

Lesen Sie den Text aus der Presse und die Aufgaben 7 bis 9 dazu.

Wählen Sie bei jeder Aufgabe die richtige Lösung a, b oder c.

Realistische Lösungen für die Sanierung von Radwegen gefordert.

Der Wahlkreisabgeordnete für Heiligensee, Konradshöhe, Tegelort und Tegel, Stephan Meyer (die Grünen) hat beim Berliner Senat nachgefragt, unter welchen Voraussetzungen eine Reparatur des Fuß- und Radweges entlang von Konradshöher Straße und Heiligenseestraße nach Tegel erfolgen könnte: Laut der Senatsverwaltung für Umwelt, Verkehr und Klimaschutz gehört der Weg zu den Berliner Forsten und ist ursprünglich aufgrund einer Verwaltungsvereinbarung vom Bezirksamt Wallstadt gebaut worden. Aus der Antwort geht allerdings auch hervor, dass eine reine Instandsetzung als Radweg im Sinne des rot-rot-grünen Mobilitätsgesetzes nicht infrage käme, sondern angeblich eine Verbreiterung und weitere umfangreiche bauliche Maßnahmen durchgeführt werden müssten.

Dies ist geradezu ein Paradebeispiel für viele ähnlich gelagerte Fälle von nicht benutzungspflichtigen Radwegen in Berlin. Es leuchtet überhaupt nicht ein, warum ein jahrzehntelang gut angenommener und problemlos funktionierender Radweg nur deshalb nicht repariert werden kann, weil plötzlich neue und in diesem Fall unnötige Vorgaben gemacht werden.

Es ist absurd, dass man entlang dieser Radroute auf ca. 3,5 Kilometern Wald abholzen würde, um den Weg auf zwei Meter zu verbreitern. Das geht an den Bedürfnissen der Menschen meilenweit vorbei, die Nutzer wollen lediglich, dass man den gut in den Forst eingepassten Radweg wieder gefahrlos nutzen kann.

Beispiel

0 Der Radweg ...
- [x] **a** ist ein Teil von den Berliner Forsten.
- [ ] **b** war die einzige Aufgabe des Staates.
- [ ] **c** war nicht umweltfreundlich.

7 Im Text geht es um ...
- [ ] **a** einen Konflikt zwischen zwei Städten.
- [x] **b** Argumente über die Reparatur eines Weges.
- [ ] **c** die unnötigen Vorgaben.

맛보기 문제 해석

읽기 부문 2

소요시간: 20분

언론에서 추출된 텍스트를 읽고 문제 7번부터 9번까지 읽으시오.

a, b, c 중 각 문제에 알맞은 답을 고르시오.

자전거 도로 보수에 대한 현실적인 해결책 요구

Heiligensee, Konradshöhe, Tegelort, 그리고 Tegel을 대표하는 지역구 의원인 tephan Meyer(녹색당)는 베를린 상원에 Konradshöhe 거리와 Heiligensee 거리에서 Tegel로 이어지는 보행자 및 자전거 도로의 수리 조건에 대해 질의했다. 상원의 환경, 교통 및 기후 보호 담당 관리에 따르면, 해당 도로는 베를린 산림청의 소관이며, 원래 Wallstadt 구청과의 행정 협정에 따라 건설된 것이다. 그러나 상원 측의 답변에 따르면, 단순한 보수 작업은 불가능하며, 붉은–붉은–녹색 교통법에 따라 도로 확장과 추가적인 대규모 공사가 필요하다는 입장이다.

이 사례는 베를린 내에서 빈번하게 발생하는 자전거 도로 문제의 전형적인 사례로 볼 수 있다. 오랜 세월 동안 문제없이 사용되었던 자전거 도로가 새로운 규정에 따라 불필요하게 엄격한 기준을 적용받아 수리가 지연되는 것은 이해하기 어렵다는 비판이 제기되고 있다.

특히, 해당 자전거 경로를 따라 약 3.5킬로미터에 걸친 숲을 벌목하고 도로를 2미터로 확장하는 계획에 대해 지역 주민들의 반발이 거세다. 주민들은 이와 같은 확장이 사용자의 실제 요구와는 동떨어져 있으며, 단지 숲 속에 잘 어우러진 이 자전거 도로를 다시 안전하게 이용할 수 있기를 바라고 있을 뿐이라고 주장하고 있다.

예시문제

0 그 자전거길은 …

a	베를린 숲들의 한 부분이다.
b	그 국가의 유일한 과업이었다.
c	친환경적이지 않았다.

7 이 글에서 주된 내용은 …

a	두 도시 사이의 하나의 갈등이다.
b	하나의 길의 수리에 대한 주장들
c	불필요한 규제들

맛보기 문제 풀이

예시문제 풀이

Laut der Senatsverwaltung für Umwelt, Verkehr und Klimaschutz gehört der Weg zu den Berliner Forsten und ist ursprünglich aufgrund einer Verwaltungsvereinbarung vom Bezirksamt Wallstadt gebaut worden.

이 부분을 보면, 이 자전거 도로가 베를린 숲 관리 구역에 속해 있음을 알 수 있습니다.

7번 문제 풀이

이 본문 전체의 내용을 묻고 있습니다. 첫 번째 문단은 전체적인 상황 설명이고 두 번째 문단에서 이 본문의 주제인 자전거 도로 수리에 대한 주장이 나오고 있습니다. 간단한 보수가 불가능하고 환경을 파괴하는 총체적인 보수만 가능하다는 주장이 있습니다. 이것은 a. 선지의 두 도시 사이의 갈등도 아니고, c. 선지의 불필요한 규제가 답이 될 수 없는 것은, 이 글이 그 규제에 대해 자세히 다루는 것이 아니라, 그 불필요한 규제 때문에 불합리한 전체적인 도로수리가 되어야만 하는 것에 대한 비판 글이기 때문입니다. 따라서 답은 b. 한 도로의 수리에 대한 주장들이 정답입니다.

읽기 영역(Lesen) 문제 | 유형 및 풀이 전략

Teil 3

광고 찾기 문제입니다. 총 7개의 문항이 주어집니다. 하나의 주제 안에서 다양한 사람들이 각기 상황과 요구사항이 있습니다. 그 사람에게 가장 필요할 것 같은 광고를 고르면 되는 문제입니다. 주의해야 할 부분은 한 사람에게는 그 어떤 광고도 맞지 않습니다. 사람은 7명이 있는데 제시되는 광고는 10개이고 그 중에 한 명은 10개 광고 중 그 어떤 것도 맞지 않습니다. 이 사람에게는 0이라고 쓰면 되는데, 이 사람을 잘 골라야 나머지 사람들에서 틀리지 않습니다. 의외로 도미노처럼 오답이 많이 나오는 파트이므로 신중해야 합니다.

Teil 3 꿀팁

❶ 예시 문장에서 선택된 광고는 아예 염두에도 두지 말 것. 각 광고는 한 번만 쓰일 수 있습니다.

❷ 등장 인물의 이름에 크게 신경 쓰지 않아도 됩니다.

❸ 명사와 동사에 집중해서 읽습니다. 각 문항을 순서대로 푸는 것이 중요합니다. 키워드 표시를 하고 광고를 훑어본다는 생각으로 보며 문제를 해결합니다.

❹ 보통 2개의 문항 정도에서 헷갈립니다. 이것들만 다시 정독하며 문제를 푸는 것을 추천 드립니다.

❺ 공식적 문제 해결 시간 10분/실제 문제 해결 시간 최대 10분 추천

Teil 3 *Arbeitszeit: 10 Minuten*

Lesen Sie die Situationen 13 bis 19 und die Anzeigen A bis J aus verschiedenen deutschsprachigen Medien. Wählen Sie: Welche Anzeige passt zu welcher Situation?

Sie können **jede Anzeige nur einmal** verwenden. Die Anzeige aus dem Beispiel können Sie nicht mehr verwenden. Für eine Situation gibt es **keine passende Anzeige**. In diesem Fall schreiben Sie **0**.

Verschiedene Personen suchen Angebote für verschiedene Kurse.

Beispiel

0	Seit Langem möchte Sabine eine exotische Fremdsprache lernen. Sie ist Rentnerin und hat relativ mehr Zeit am Tag.	Anzeige: a
13	Max hat sich dafür entschieden, einen Nebenjob als Designer zu suchen. Dafür muss er mit dem Computerprogramm gut umgehen können.	Anzeige: b

---

a

Wollen Sie sich entspannen? Und zwar günstig in einem FERNEN Land?

Wir bieten Ihnen..

- jeden Tag eine Stunde Kur pur
- Sprach-Tandem-Programm mit Native-Speakers
- kostenlose Vorbereitungskurse für die tailändische Sprache

Sprachkurse sind für alle verfügbar.

- allen den Bei Fragen wenden Sie sich an unser Service-Team.

25

Photoshop-Kurs für Anfänger und Fortgeschrittene

Entfalte Deine Kreativität mit Adobe Photoshop!

Möchtest Du atemberaubende Bilder gestalten, Deine Fotos professionell bearbeiten oder beeindruckende Grafiken erstellen? Dann ist unser Photoshop-Kurs genau das Richtige für Dich!

Was Dich erwartet:

- **Grundlagen lernen**: Einführung in die Benutzeroberfläche, Werkzeuge und Grundtechniken
- **Fortgeschrittene** Techniken: Ebenen, Masken, Filter und Effekte meistern
- **Praktische Übungen**: Direktes Anwenden des Gelernten in spannenden Projekten
- **Professionelle Tipps**: Von erfahrenen Grafikdesignern und Photoshop-Experten
- **Individuelle Betreuung**: Kleine Gruppen für eine persönliche und effektive Lernatmosphäre

Für wen ist der Kurs geeignet?

- **Anfänger**: Keine Vorkenntnisse erforderlich – wir starten bei den Basics!
- **Fortgeschrittene**: Vertiefe Dein Wissen und entdecke neue Möglichkeiten mit Photoshop!

Kursdetails:

- **Dauer**: 6 Wochen, 2x pro Woche je 2 Stunden
- **Startdatum**: nach Vereinbarung

맛보기 문제 해석

읽기 부문 3

⏱ 소요시간: **10분**

13번에서 19번까지 상황들을 읽고 A부터 J까지 다양한 독일어권 미디어로부터 추출한 광고를 읽으시오. 고르세요: 어떤 광고가 어떤 상황에 맞습니까?

당신은 모든 광고를 오직 한 번만 쓸 수 있습니다. 예시의 광고는 당신은 다시 쓸 수 없습니다. 한 상황에 대해서는 맞는 광고가 없습니다. 이 경우 0을 쓰십시오.

다양한 사람들이 다양한 강좌들에 대한 상품들을 찾고 있다.

예시문제

0	오래 전부터 Sabine는 하나의 이국적인 외국어를 배우고 싶다. 그녀는 은퇴자이고 비교적 낮에 더 시간이 많다.	광고 : **a**
13	Max는 디자이너로서의 사이드잡을 찾기로 결정했다. 그것을 위해서 그는 컴퓨터 프로그램을 잘 다룰 수 있어야 한다.	광고 : **b**

---

a

편안하게 쉬고 싶으신가요? 게다가 멀리 떨어진 나라에서 저렴하게?

저희가 제공하는 서비스는 다음과 같습니다:

- 매일 1시간 순수한 휴식 프로그램
- 원어민과 함께하는 언어 교환 프로그램
- 태국어 무료 준비 과정

모든 사람을 위한 언어 강좌도 제공됩니다.

- 궁금한 점이 있으시면 저희 서비스 팀에 문의해 주세요.

b

포토샵 초급 및 고급 과정

Adobe Photoshop으로 창의력을 펼치세요!

놀라운 이미지를 만들고 싶으신가요? 사진을 전문적으로 편집하거나 인상적인 그래픽을 제작하고 싶으신가요? 그렇다면 저희의 포토샵 과정이 바로 여러분을 위한 것입니다!

어떤 내용이 기다리고 있나요?

- **기초 학습**: 사용자 인터페이스, 도구 및 기본 기술에 대한 소개
- **고급 기술**: 레이어, 마스크, 필터 및 효과를 마스터하기
- **실습**: 배운 내용을 흥미로운 프로젝트에 바로 적용
- **전문가 팁**: 경험 많은 그래픽 디자이너와 포토샵 전문가로부터 배우기
- **개별 지도**: 개인적이고 효과적인 학습 환경을 위한 소규모 그룹 수업

이 과정은 누구에게 적합한가요?

- **초급자**: 사전 지식이 없어도 괜찮습니다 – 기초부터 시작합니다!
- **고급자**: 지식을 심화하고 포토샵의 새로운 가능성을 발견하세요!

강좌 세부사항:

- **기간**: 6주, 주 2회, 회당 2시간
- **시작일**: 협의 후 결정

맛보기 문제 풀이

예시문제 풀이

Sabine는 이국적인 언어를 배우고자 하고 낮에 시간이 많다는 정보가 중요한 키워드이기 때문에 이를 밑줄치는 작업이 필요합니다.

광고 글은 외국에서 휴양을 광고하는 것 같으나, 자세히 보면 kostenlose Vorbereitungskurse für die tailändische Sprache 부분이 있습니다. 태국어 준비 과정이 무료이며, 바로 그 아래 줄에 모두에게 그 수업이 이용 가능하다라고 쓰여 있기 때문에 적절한 광고글이 됩니다.

13번 문제 풀이

Max는 디자이너로서 부업을 하기로 결정했고 컴퓨터 프로그램을 잘 다룰 수 있어야 합니다. 따라서 디자인을 위한 컴퓨터 프로그램으로서 포토샵 수업에 대한 광고가 가장 적절합니다.

읽기 영역(Lesen) 문제 | 유형 및 풀이 전략

Teil 4

특정 주제에 대해 사람 별로 마치 인터넷 댓글처럼 의견이 쓰여 있습니다. 이 의견을 쓴 사람이 그 주제에 동의하는지 하지 않는지에 대한 문제입니다. 동의하면 Ja, 아니면 Nein을 고르면 되는 문제입니다. 예시는 굳이 읽어 보지 않아도 좋습니다. 일단 지시문과 주제를 정확히 파악한 후 본 게임에 들어가면 되는 파트입니다. 어려운 단어가 등장하기도 하는 파트이지만, 생각보다 오답률이 적은 파트이기도 합니다.

Teil 4 꿀팁

❶ 독일어는 두괄식인 경우가 많습니다. 대부분의 의견 글은 앞부분에 화자의 뉘앙스가 담겨 있는 경우가 많습니다.

❷ 하지만 모든 글이 두괄식인 것은 아니기 때문에, 앞의 두 문장, 마지막 뒤의 두 문장을 읽어 보면 더욱 정답률을 올릴 수 있습니다.

❸ 아주 반대는 아닌 것 같은 글들이 간혹 등장합니다. 약간 냉소적인 분위기라면 과감하게 반대라고 체크하셔도 좋습니다.

❹ 공식적 문제 해결 시간 15분/실제 문제 해결 시간 최대 10분 추천

Teil 4

Arbeitszeit: 15 Minuten

Lesen Sie die Texte 20 bis 26. Wählen Sie: Ist die Person **für das Kopfhörerverbot im Straßenverkehr**?

In einer Zeitschrift lesen Sie Kommentare zu einem Artikel über das Verbot von dem Kopfhörer im Straßenverkehr.

Beispiel

0 Julia — Ja — ~~Nein~~

20 Klara — ~~Ja~~ — Nein

LESERBRIEFE

Beispiel

Niemand darf mir verbieten, was ich höre!! Was kommt danach? Was ich anziehe, kann die Autofahrer ablenken? Und dann kommt eine Kleidungsregelung? Nein, Unfälle sind nicht von Kopfhörer verursacht…

Julia, 27, Bamberg

20

Schon vergessen? „Die Teilnahme am Straßenverkehr erfordert ständige Vorsicht und gegenseitige Rücksicht." So steht es als Grundregel in Paragraf 1 der Straßenverkehrsordnung. Vorsicht und gegenseitige Rücksichtnahme – das müsste doch jeder verstehen. Weiter heißt es: „Jeder Verkehrsteilnehmer hat sich so zu verhalten, dass kein anderer geschädigt oder gefährdet wird."

Klara, 57, Ulm

맛보기 문제 해석

읽기 부문 4 🕐 소요시간: 15분

20번부터 26번까지 글을 읽으시오. 고르세요: **사람들이 도로교통에서의 이어폰 금지에 찬성합니까?**

한 잡지에서 당신은 길에서 이어폰 착용 금지에 대한 기사를 읽습니다.

> 그 누구도 내가 듣는 것을 금지할 수 없다! 그 후에는 뭐가 또 나올까? 내가 입는 게 무엇인지가 자동차 운전자들을 정신 팔리게 할 수 있나? 그리고 나서 복장 규제도 생길 것인가? 아니다, 사고들은 이어폰 때문에 생기는 게 아니야..
>
> *Julia, 27, Bamberg*

> 벌써 잊었어요? "도로교통에 참여하는 것은 항상 주의와 상호 배려를 요구한다." 이는 도로교통법 제1조의 기본 규칙으로 명시되어 있습니다. 주의와 상호 배려 - 이는 누구나 이해해야 할 사항입니다. 이어서 "모든 도로 이용자는 다른 사람에게 피해를 주거나 위험을 초래하지 않도록 행동해야 한다"고 명시되어 있습니다.
>
> *Klara, 57, Ulm*

맛보기 문제 풀이

본 타입은 주제에 밑줄을 잘 그어 파악을 한 후 풀어야 합니다.
사람들의 주장을 보거나 발언의 뉘앙스를 보고 찬성할지 반대할지를 결정하는 문제입니다.

예시문제 풀이

첫 문장부터 "누구도 나에게 내가 듣는 것을 금지할 수 없다!"고 다소 과격한 문장이 나오고 있습니다. 하지만 여기에서 속단하면 위험하므로 마지막 문장을 보면, "사고는 이어폰 때문에 일어나는 것이 아니다"라는 주장을 펼치고 있기 때문에 이어폰 금지에 대해 반대하는 글임을 알 수 있습니다.

20번 문제 풀이

도로교통을 이용할 때는 지속적인 주의 집중이 중요하다고 주장하고 있습니다. 이러한 주장을 펼치는 사람이라면 도로 교통 이용 시 이어폰 금지에 대해 충분히 찬성할 것입니다. 약간 비약처럼 느껴질 수 있습니다. 하지만 이어폰 금지라는 주제에 대해 도로 교통에서는 항상 조심하는 것이 가장 중요하다고 강력히 주장하는 사람이라면 도로교통 이용 시 위험 요소를 제거하는 것에 대해 충분히 찬성할 것입니다. 찬성과 반대 중 높은 가능성을 고르면 됩니다.

읽기 영역(Lesen) 문제 | 유형 및 풀이 전략

Teil 5

서면적인 안내문에 대한 이해도를 묻는 파트입니다. 오답율이 은근히 높은 파트이기도 한데, 이유는 전문 용어가 많이 등장하기 때문입니다. 주로 실내 규정(Hausordnung)이 자주 등장합니다. 3지선다형이며 지시문에 일치하게 문장을 연결하는 문제가 출제됩니다.

Teil 5 꿀팁

❶ 전문 용어가 간혹 등장할 수는 있으나 너무 걱정하지 마시고, 문제에서 등장하는 키워드만을 찾아 가는 게 좋습니다.

❷ 문제가 짧고 선택지가 긴 형식으로 이루어져 있기 때문에 선택지에서 키워드를 뽑아 내용 일치하는 형식으로 문제를 해결하는 것이 효과적입니다.

❸ 공식적 문제 해결 시간 10분/실제 문제 해결 시간 최대 10분 추천

Teil 5 *Arbeitszeit: 10 Minuten*

Lesen Sie Aufgaben 27 bis 30 und den Text dazu.

Wählen Sie bei jeder Aufgabe die richtige Lösung a, b oder c.

Sie informieren sich über Hausordnung in einem Krankenhaus.

27 In Ruhezeit ...
- a sollte man das Krankenhaus verlassen.
- ☒ b muss Rücksicht auf andere genommen werden.
- c darf kein Aufenthalt erlaubt werden.

Allgemeine Verpflichtungen

(1) Der Aufenthalt in der Klinik erfordert im Interesse aller Patienten besondere Rücksichtnahme und besonderes Verständnis.

(2) Im Interesse aller ist im gesamten Klinikbereich unnötiger Lärm zu vermeiden. Von 22:00 Uhr bis 6:00 Uhr ist Ruhezeit. Während dieser Zeit wird um erhöhte Rücksichtnahme gebeten.

(3) Die Anweisungen der Ärzte, des Pflegepersonals und der Verwaltung sind zu befolgen.

(4) Alkohol und sonstige Drogen können den Behandlungserfolg gefährden. Der Genuss alkoholischer Getränke kann durch den behandelnden Arzt untersagt werden.

맛보기 문제 해석

읽기 부문 5 ⏱ 소요시간: 10분

27번부터 30번까지 읽고 본문을 읽으시오.

각 과업에 알맞은 정답을 a, b, c 중에 고르시오.

27 정숙 시간에는 ...	a	사람들이 그 병원을 떠나야 합니다.
	b	다른 사람들에 대해 배려가 되어야 합니다.
	c	그 어떤 체류도 허가되지 않습니다.

일반 의무 사항

(1) 병원에 머무는 동안 모든 환자의 이익을 위해 특별한 배려와 이해가 요구됩니다.

(2) 모든 환자의 이익을 위해 병원 내에서는 불필요한 소음을 피해야 합니다. 밤 10시부터 아침 6시까지는 정숙 시간이므로, 이 시간 동안에는 더욱 주의해 줄 것을 요청합니다.

(3) 의사, 간호 인력 및 행정 직원의 지시를 따라야 합니다.

(4) 알코올 및 기타 약물은 치료 결과에 부정적인 영향을 미칠 수 있습니다. 치료 중인 의사는 알코올 음료 섭취를 금지할 수 있습니다.

맛보기 문제 풀이

27번 문제 풀이

이 타입에서는 문제에서 지정하는 부분만 자세히 읽어도 충분히 정답률을 올릴 수 있습니다. 문제에서 지정하는 부분은 Ruhezeit이므로 그 부분만 중심적으로 읽습니다. 본문의 (2)번 항목을 유심히 읽습니다.

a. 그 병원을 떠나야 한다. 는 언급은 없고, c. 그 어떤 체류도 허가될 수 없다도 본문에 언급되지 않았습니다. Während dieser Zeit wird um erhöhte Rücksichtnahme gebeten. 이 시간 동안에는 더 높은 수준의 배려가 요청된다.는 구문으로 미루어 b. 다른 사람들에게 배려가 이루어져야 한다. 가 정답입니다.

Hören

Goethe Zertifikat B1

Überblick

듣기 영역은 총 4개의 파트(Teil)로 구성되어 있습니다.
듣기 영역은 총 40분 동안 풀게 됩니다.

Teil	지문 유형	문제 유형	반복
1	5개의 짧은 지문	3지선다형	2번
2	정보전달의 긴 독백문	3지선다형	1번
3	두 사람의 대화	참/거짓 선택	1번
4	세 사람의 대화	발화자 찾기	2번

듣기 영역(Hören) | 유형 및 풀이 전략

📖 Teil 1

총 10문제로 구성된 파트입니다. Text는 총 5개가 주어지며, 각 Text별로 문제가 2개 있습니다. 홀수번 문제는 참/거짓 문제이고, 짝수번 문제는 듣기 Text에 입각하여 올바른 문장을 완성하는 문제입니다. 각 Text는 짧은 안내방송이나 자동응답기 음성이며, 대화가 아닌 한 명의 독백으로 이루어져 있습니다. 각 Text는 두 번 들려줍니다.

💡 Teil 1 꿀팁

❶ 예시가 등장할 때 빠르게 바로 문제를 읽으며 키워드를 체크합니다.
❷ 특히 숫자나 고유명사, 동사에 주의하며 nicht/kein 등과 같은 절대적 조건에 크게 표시합니다.
❸ 두 번 들을 기회가 주어지므로 침착하게 한 문제씩 해결합니다.

Teil 1

Sie hören nun fünf kurze Texte. Sie hören jeden Text **zweimal**. Zu jedem Text lösen Sie zwei Aufgaben. Wählen Sie bei jeder Aufgabe die richtige Lösung.

Lesen Sie zuerst das Beispiel. Dazu haben Sie 10 Sekunden Zeit.

Beispiel

1 Peter hat sich verspätet. ~~Richtig~~ ☐ Falsch

2 Seine Chefin ...

☐ a regt sich über ihn auf.
☐ b ist gerade unterwegs.
☒ c ist im Haus.

Text 1

1 Renate ist von Tim enttäuscht. ☐ Richtig ~~Falsch~~

2 Tim soll ...

☒ a sich bei ihr melden.
☐ b den Termin rechtzeitig informieren.
☐ c den Test nachholen.

맛보기 문제 해석

듣기 부문 1 소요시간: 10분

당신은 이제 다섯 개의 짧은 글을 듣게 됩니다. 각 글은 두 번 들려 드립니다. 각 글에 따라 두 개의 문제를 풀게 됩니다. 각 문제별로 맞는 답을 고르십시오.

우선 예시를 읽으십시오. 10초의 시간을 드립니다.

예시문제

1 Peter는 지각했다.
2 그의 여자 상사는 …

- a 그에 대해 분노한다.
- b 지금 밖에 있다. (사무실 안에 없다)
- c 사무실 안에 있다.

Text 1

1 Renate는 Tim에게 실망했다.
2 Tim은 …

- a 그녀에게 연락해야 한다.
- b 그 일정을 제때에 알려야 한다.
- c 그 시험을 다시 봐야 한다.

맛보기 문제 풀이

Skript

–Sie hören eine Nachricht auf dem Anrufbeantworter.

Hey, Mensch, Peter! Wo bleibst du denn? Wir haben doch heute ein megawichtiges Meeting? Du Hast es nicht vergessen, oder? Oh, Mann. Sag nicht, dass du verschlafen hast. Bitte. Jetzt ist es schon Viertel nach elf. Zum Glück die Chefin gerade bei Herrn Volker. Er hatte sie spontan gerufen. Aber es dauert nicht mehr viel länger, glaube ich. Du musst dich beeilen! Ruf mich sofort zurück!

스크립트

당신은 자동응답기의 한 메시지를 듣게 됩니다.

안녕, 이 사람아, Peter! 너 도대체 어디야? 우리 오늘 진짜 중요한 미팅 있잖아? 너 그거 잊은 건 아니겠지 그치? 오.. 인간아. 너 늦잠 잤다고 말하지 마라. 제발. 지금 벌써 11시 15분이라고. 다행히 상사는 지금 Volker 씨 방에 있어. 그가 그녀를 갑자기 불렀어. 하지만 그다지 오래 걸릴 것 같진 않아. 너 서둘러야 해! 즉시 나에게 전화 줘!

예시문제 풀이

1. Peter가 늦은 상황이어서 동료가 전화한 상황이므로 Richtig입니다.
2. 'im Haus sein'은 회사에 나와 있다 라는 뜻입니다. 현재 Volker씨 방에 들어가 있다는 언급만 있을 뿐
   a. 그에게 화를 내고 있다 b. 외근 중이다 는 맞지 않으므로 c가 정답입니다.

Skript

–Sie hören eine Nachricht auf dem Anrufbeantworter.

Hallo Tim, hier ist Renate. Es tut mir wirklich leid, dass ich mich verspätet habe und unsere Verabredung verpasst habe. Es gab unerwartete Umstände, die mich aufgehalten haben, und ich konnte dich leider nicht rechtzeitig informieren. Ich hoffe, du bist nicht allzu enttäuscht und wir können das bald nachholen. Bitte melde dich, wenn du Zeit hast, damit wir einen neuen Termin vereinbaren können. Nochmals Entschuldigung und ich freue mich auf unser nächstes Treffen.

스크립트

당신은 자동응답기의 한 메시지를 듣게 됩니다.

안녕 Tim, 나 Renate야. 내가 지각하고 우리의 약속을 놓쳐서 정말 미안해. 나를 붙잡은 예기치 못한 상황들이 있었어 그리고 그것을 너에게 내가 제때에 알리지 못했어. 네가 너무 실망하지 않았기를 바라. 그리고 우리가 곧 그것(만남)을 다시 할 수 있기를 바라. 연락해 줘, 네가 시간이 있다면, 우리가 하나의 새로운 일정을 잡을 수 있기 위해서. 다시 한번 미안하고 우리의 다음 만남을 고대하고 있을게.

지문 1 풀이

1. Renate가 Tim에게 늦어서 미안하다고 하며 자신에게 실망하지 않았기를 바란다고 하고 있습니다. 1번 지문은 Renate가 Tim에게 실망했다는 뜻이므로 Falsch입니다.
2. Tim에게 다시 연락해달라고 하고 있습니다. b. 일정을 정확히 통보하기, c. 추가 시험 보기는 알맞지 않습니다.

듣기 영역(Hören) | 유형 및 풀이 전략

📖 Teil 2

총 5문제로 구성된 파트입니다. 정보 전달의 긴 독백문이 나옵니다. 본문은 단 한 번만 들려주기 때문에 주의해야 합니다. 파트에 대한 안내가 나올 때 재빠르게 문제를 읽으며 키워드를 파악합니다. 본문을 들려주기 전에 60초의 시간이 주어집니다.

💡 Teil 2 꿀팁

❶ 읽기 파트와 마찬가지로 문제의 순서와 본문에서 등장하는 정보의 순서가 대략적으로 일치하기 때문에 함정이 크게 있는 파트는 아닙니다. 편안한 마음으로 순차적으로 문제를 해결하면 좋습니다.
❷ 숫자와 시간 등의 정보에서 함정이 있는 경우가 많기 때문에 주의해 주세요.
❸ 처음 보는 낯선 지명이 등장하기도 합니다. 그런 경우 대부분 선택지에 그 지명이 쓰여 있기 때문에 너무 걱정하지 않으셔도 됩니다.
❹ 관광명소 등에 대한 안내인 경우가 많아 남부 사투리가 빈번히 나옵니다. 낯선 억양이라 당황하지 마시고 차분히 들어 보시면 사투리가 오히려 정확히 들릴 때도 있습니다. 음성에서 사투리가 나올 수도 있다는 마음의 준비가 필요합니다.

Teil 2

Sie hören nun einen Text. Sie hören den Text einmal. Dazu lösen Sie fünf Aufgaben. Wählen Sie bei jeder Aufgabe die richtige Lösung a, b oder c.
Lesen Sie jetzt die Aufgaben 11 bis 15. Dazu haben Sie 60 Sekunden Zeit.

Sie nehmen an einer Führung in einem Museum teil.

11 Die Kunsthalle ...	a	wird erneut saniert.
	☒ b	wurde am 1. März eröffnet.
	c	kann im Moment nicht besichtigt werden.

맛보기 문제 해석

듣기 부문 2

당신은 이제 하나의 글을 듣게 됩니다. 한 번 들려 드립니다. 이 글에 대해 다섯 개의 문제를 풀어야 합니다. 각 문제 당 a, b, c 중 알맞은 답을 고르시오.

지금 11번부터 15번까지 문제를 읽으세요. 60초의 시간을 드립니다.

당신은 한 박물관의 가이드에 참가하고 있습니다.

11 그 예술홀은 ...	a	새로이 수리된다.
	b	3월 1일에 열렸다.
	c	지금은 관람될 수 없다.

맛보기 문제 풀이

Skript

Meine Damen und Herren, es freut mich sehr, Sie hier im historischen Museum begrüßen zu dürfen. Mein Name ist Gerda Winkler, Ihre Museumsführerin für das Programm „Sight-and-Insight". Haben Sie sich voher unser Museum informiert? Ja, wir haben eine sehr lange Geschichte, und zwar über 150 Jahre. Dieses Jahr haben wir eine überraschende Nachricht. Haben Sie eventuell gehört, dass unser Museum endlich seinen größten Saal „Raum Planet" komplett renovieren lässt? Man wird daran ab Mai arbeiten. Die Kunsthalle wurde schon im vorigen Jahr renoviert und am ersten Dritten der Öffentlichkeit gezeigt. Es war schade, dass man am Anfang des Jahres die Halle nicht besichtigen konnte. (...)

스크립트

신사 숙녀 여러분, 이곳 역사 박물관에 여러분을 모시게 되어 매우 기쁩니다. 제 이름은 Gerda Winkler이며, 여러분의 이번 프로그램 "Sight-and-Insight"의 안내자입니다. 혹시 이전에 우리 박물관에 대해 들어보셨나요? 네, 저희 박물관은 매우 오랜 역사를 가지고 있으며, 무려 150년이 넘습니다. 올해 저희에게 놀라운 소식이 있습니다. 우리 박물관의 가장 큰 전시실인 "Raum Planet"이 마침내 완전히 개조될 예정이라는 소식을 들어보셨나요? 5월부터 공사가 시작될 것입니다. 예술 전시관은 이미 작년에 개조가 완료되어 3월 1일에 대중에게 공개되었습니다. 올해 초에 전시관을 방문할 수 없었던 것은 아쉬운 일이었습니다. (...)

11번 문제 풀이

이 예술홀은 b. 3월 1일에 대중들에게 열렸습니다.

a. 새로이 수리된다는 틀립니다. 이미 작년에 수리되었다고 언급하고 있습니다.

'am ersten Dritten'은 3월 1일에 라는 뜻입니다. 서수를 이용하여 월명을 대체할 수 있습니다.

c. 지금은 관람될 수 없다는 현재 관람이 가능하기 때문에 틀린 명제입니다.

듣기 영역(Hören) | 유형 및 풀이 전략

📖 Teil 3

총 7문제로 구성된 파트입니다. 참/거짓 유형이며, 두 사람의 대화를 들려줍니다. 대화는 한 번 들려줍니다. 두 사람의 대화의 내용에 입각하여 참/거짓을 고르는 문제입니다.

💡 Teil 3 꿀팁

❶ 파트에 대한 설명이 나온 후 문제를 읽어볼 수 있는 시간이 60초 주어집니다. 본격적으로 16번 문제(해당 파트의 첫 문제)를 읽기 전에 가볍게 바로 위에 제시되어 있는 이 대화의 주제에 밑줄을 치고 키워드를 찾으면 더욱 도움이 됩니다.
❷ 등장 인물들의 이름에 주의합니다.
❸ 대화의 흐름 순서대로 문제가 구성되어 있기 때문에 차분하게 대화 흐름을 따라가며 순차적으로 문제를 해결하면 됩니다.

Teil 3

Sie hören nun ein Gespräch. Sie hören das Gespräch einmal. Dazu lösen Sie sieben Aufgaben.

Wählen Sie: Sind die Aussagen Richtig oder *Falsch* ?

Lesen Sie jetzt die Aufgaben 16 bis 22. Dazu haben Sie 60 Sekunden Zeit.

Sie sind im Bus und hören, wie sich ein Mädchen und ein Lehrer unterhalten.

16 Christian hat im letzten Jahr das Abitur gemacht. ~~Richtig~~ *Falsch*

맛보기 문제 해석

듣기 부문 3

당신은 이제 하나의 대화를 듣게 됩니다. 이 대화는 한 번 들려 드립니다. 여기에 대한 7개의 문제를 풀어야 합니다.

각 명제가 참입니까 거짓입니까?

16번부터 22번까지 읽으세요. 60초의 시간을 드립니다.

당신은 버스에 앉아서 한 소녀와 한 선생님이 이야기하는 것을 듣고 있습니다.

16 Christian은 작년에 수능을 치렀다.

맛보기 문제 풀이

Skript

J: Hallo, Herr Leimann? Sie sind es, oder? Kennen Sie mich noch? Ich bin's, Jessica!

L: Oh! Jessica! Natürlich, aber klar! Wie geht's dir denn so? Du bist sicher schon mit der Schule fertig, stimmt's?

J: Ich bin noch in der elften Klasse. Aber mein Bruder hat letztes Jahr sein Abitur gemacht. Erinnern Sie sich vielleicht an ihn? Er war im Fußballclub!

L: Ah ja. Den Christian kenne ich sicher! Er war besonders in Mathe sehr gut. Für welches Studienfach hat er sich entschieden?

J: Biologie. (...)

스크립트

J: 안녕하세요, Herr Leimann? 저 맞으시죠? 저 아직 기억하시나요? 저예요, Jessica!

L: 오!! Jessica! 당연히 기억하지, 물론이지! 어떻게 지내니? 학교는 이제 다 졸업했겠지, 그렇지?

J: 아직 11학년에 있어요. 하지만 제 오빠는 작년에 아비투어(고등학교 졸업 시험)를 봤어요. 혹시 저희 오빠 기억하시나요? 축구 동아리에 있었어요!

L: 아, 맞아. Christian은 기억나지! 수학을 특히 잘했던 걸로 기억해. 그래서 그는 어떤 전공을 선택했니?

J: 생물학이요. (...)

16번 문제 풀이

대화에서 소녀가 자신의 남자형제가 작년에 수능을 치렀다고 언급하자, 선생님이 그 Christian을 알고 있다고 반응하는 것으로 미루어 볼 때 Christian은 작년에 수능을 쳤다는 명제는 참임을 알 수 있습니다.

듣기 영역(Hören) | 유형 및 풀이 전략

Teil 4

총 8문제로 구성된 파트입니다. 세 사람의 대화를 들려줍니다. 주로 방송에서 진행자와 패널 두 명의 대화를 들려주는데, 이 대화는 두 번 들려주기 때문에 못 들은 부분이 있다면 두 번째에서 보완합니다.

Teil 4 꿀팁

❶ 파트 소개에 대한 안내 방송이 나온 후 문제를 읽을 수 있는 60초의 시간이 주어집니다. 파트 소개 방송을 들을 때, 문제를 읽기 전 이 대화의 주제를 가볍게 표시하고 파악하고 나서 키워드를 찾는 게 중요합니다.

❷ 해당 파트는 문제가 참이냐 거짓이냐 묻는 파트가 절대 아닙니다. 누가 이 말을 했는지가 포인트입니다!! 문제와 본문의 내용이 일치하는지 아닌지를 생각하면 문제를 놓치게 됩니다. 제시된 문제(23-30번)의 문장들은 듣기 파일에서 나오는 내용과 일치하며 누가 그 말을 했는지만 고르면 됩니다.

❸ 보통 말하는 순서대로 답이 결정되게 됩니다. 예를 들어 23번 내용을 사회자가 말했다면 24번 내용은 사회자 다음 말을 하는 사람이 언급했을 가능성이 높습니다. 하지만 이 방법은 너무 리스크가 크기 때문에 어느 정도만 활용하시면 좋습니다.

Teil 4

Sie hören nun eine Diskussion. Sie hören die Diskussion **zweimal**. Dazu lösen Sie acht Aufgaben.

Ordnen Sie die Aussagen zu: **Wer sagt was**?

Lesen Sie jetzt die Aussagen 23 bis 30. Dazu haben Sie 60 Sekunden Zeit.

Der Moderator der TV-Sendung „Die Heute Show" diskutiert mit Xia Li und Jonas Kurzmayer zum Thema „verschidene Esskulturn auf der Welt".

	Moderatorin	J. Kurzmayer	X. Li

Beispiel

0 Die Deutschen putzen sich die Nase auch bei Tisch. | ☒ a | b | c |

23 In Asien ist es nicht empfehlenswert, sich laut die Nase zu putzen. | a | b | ☒ c |

맛보기 문제 해석

듣기 부문 4

당신은 이제 하나의 토론을 듣게 됩니다. 토론은 두 번 들려 드립니다. 여기에 8개의 문제를 풀어야 합니다.

각 진술을 맞추시오: 누가 무엇을 말했습니까?

지금 23번부터 30번까지 읽으세요. 60초의 시간을 드립니다.

"Die Heute Show"라는 TV프로그램에서 사회자가 Mio Li와 Max Kurzmayer와 함께 "다양한 나라들에서의 식습관"에 대한 이야기를 나누고 있다.

0 독일인들은 식탁에서도 코를 푼다.

23 아시아에서는 큰 소리로 코를 푸는 것은 추천되지 않는다.

맛보기 문제 풀이

Skript

M: Guten Abend, meine Damen und Herren. Herzlich willkommen zu unserer Sendung „Die Heute Show". Das Thema unserer heutigen Sendung ist „verschiedne Esskulturn auf der Welt". Im Studio haben wir heute Frau Li, Xia Professorin der Fakultät „Ost-Asien-Wissenschaft" an der Karls Ruprechts-Universität Heidelberg, und Herrn Jonas Kurzmayer von der Zeitschrift „Kultur und Natur". Herzlich willkommen.

L: Danke schön.

K: Vielen Dank.

M: Eine Frage interessiert mich ganz besonders. Ich habe gehört, dass es in vielen anderen Ländern praktisch verboten ist, sich bei Tisch die Nase zu putzen. Bei uns Deutschen ist das völlig normal. Ist es wirklich so, Frau Li?

L: Ja, stimmt. Bei uns in Asien gilt es als unhöflich, wenn man sich laut die Nase putzt. Man kann theoretisch sagen, dass es nicht nur am Esstisch gilt.

M: Interessant. Andere Länder, andere Sitten. Der Satz passt total zu dieser Situation.

K: Genau. Und noch interessanter ist der Ursprung dieser Sitten. (…)

스크립트

M: 신사 숙녀 여러분, 좋은 저녁입니다. 저희 방송 "Die Heute Show"에 오신 것을 진심으로 환영합니다. 오늘 우리 방송의 테마는 "전 세계의 다양한 식문화"입니다. 오늘 스튜디오에는 Heidelberg의 Karls-Ruprechts-Universität에서 동아시아학 교수로 계신 Xia Li씨와 "Kultur und Natur" 잡지의 Jonas Kurzmayer씨를 모셨습니다. 환영합니다.

L: 감사합니다.

K: 감사합니다.

M: 저를 매우 흥미롭게 한 질문이 하나 있습니다. 제가 듣기로는 다른 많은 나라에서 식사 중에 코를 푸는 것이 사실상 금지되어 있다고 합니다. 우리 독일에서는 전혀 문제가 되지 않죠. 정말 그런가요, Li 교수님?

L: 네, 맞습니다. 아시아에서는 시끄럽게 코를 푸는 것이 예의에 어긋난다고 여겨집니다. 이건 단지 식탁에서만 적용되는 게 아닙니다.

M: 흥미롭네요. 다른 나라, 다른 문화. 이 문장은 이 상황에 딱 맞는 것 같아요.

K: 맞습니다. 그리고 더 흥미로운 것은 이러한 관습의 기원입니다. (...)

예시문제 풀이

이 타일에서는 제시문이 옳고 그른 것을 묻는 게 아니라, 등장 인물들 중 제시문 내용을 누가 언급했는지를 고르는 것이 중요합니다. 사회자가 주제를 환기하며 "우리 독일인들 사이에서는 그것(테이블에서 코를 푸는 것)이 완전히 평범한 것"이라고 언급하고 있기 때문에, 예시문제의 제시문에서 "독일인들은 테이블에서도 코를 푼다"는 내용은 사회자가 한 것으로 체크하는 것이 맞습니다.

23번 문제 풀이

사회자의 말에 이어 Li교수가 동조하며 "우리 아시아에서는 큰 소리로 코를 풀면 불손한 것으로 여겨진다"고 언급하고 있습니다. 이는 달리 표현하자면 "아시아에서는 큰 소리로 코를 푸는 것은 추천되지 않는다"는 내용으로 표현할 수 있습니다. 물론 불손하다는 것이 추천되지 않는다는 것으로 바꾸어 말할 수 있다는 것은 다소 비약이 있을 수 있습니다. 문제를 풀 때 아주 일반적인 정서적, 사회적 시선으로 푸는 것이 추천됩니다. 불손한 것은 부정적인 요소이기 때문에 추천할만하지 않다고도 볼 수가 있겠죠!

물론 이러한 명제는 참/거짓을 묻는 문제일 때는 분명 논쟁의 여지가 있습니다. 하지만 본 타일에서는 비슷한 내용을 언급한 사람만을 고르는 것이 과업이므로, 정답은 여지없이 Li박사입니다.

Goethe Zertifikat B1
Schreiben

Überblick

쓰기 영역은 총 3개의 과제(Aufgabe)로 구성되어 있습니다.
쓰기 영역은 총 60분 동안 작성하게 됩니다.
쓰기가 모두 끝난 후 자신의 원고를 탈고하며 오/탈자를
찾아내고 문법을 다시 검토합니다.

Teil	과제 유형	작성 방식	반복
1	친구에게 편지 쓰기	독일의 서지양식 준수 (80단어 이상)	20분
2	특정 주제에 대한 의견 개진	자신의 견해에 대한 근거 (80단어 이상)	25분
3	격식체로 이메일 쓰기	독일의 서지양식 준수 (40단어 이상)	15분

쓰기 영역(Schreiben) | 유형 및 풀이 전략

📖 Aufgabe 1

친구에게 편지를 쓰는 파트입니다. 자신의 경험에 대해 자세히 설명하는 편지 글을 쓰는 과업입니다. 이 경험은 실제 자신의 경험이 아니라 시험에서 설정하는 상황에 맞추어 써야 합니다. 최소 80단어 이상을 써야 하는데, 써야 하는 내용이 세 가지로 제시되며 이 모든 내용을 언급해야 합니다. 또한 독일의 서지양식을 준수하여야 감점을 피할 수 있습니다.

💡 Aufgabe 1 꿀팁

❶ 시험에 들어가기에 앞서서 가상의 친구 이름을 남자와 여자 버전으로 설정해 둡시다. 저 같은 경우는 남자는 Peter, 여자는 Sarah로 설정하고 쓰기 연습을 했습니다.

❷ 상상력이 매우 중요합니다. 하지만 너무 복잡하지는 않게, 약간 유치할 정도로 단순하게 상상하는 것이 좋습니다. 그래야 문장이 간결하고 깔끔하게 나옵니다.

❸ 가상의 친구에게 쓰는 편지지만 진짜 친구에게 쓰듯이, "더 자세한 건 다음에 만나서 얘기하자." 등 편하게 문장을 구사하시기 바랍니다.

❹ 키워드를 먼저 정리하고 문장을 차분히 구사합니다. 문장을 구성할 때 문장 구성성분의 순서에 특히 유의합니다.

❺ 공식적 문제 해결 시간 20분/실제 문제 해결 시간 최대 15분 추천

Aufgabe 1

Arbeitszeit: 20 Minuten

Sie hatten einen Unfall im Urlaub.

Sie erzählen Ihrer Freundin bzw. Ihrem Freund davon.

– Beschreiben Sie: Wann und warum ist der Unfall passiert? ❶

– Begründen Sie: Was haben Sie aus dem Unfall gelernt? ❷

– Machen Sie einen Vorschlag für ein Treffen. ❸

Schreiben Sie eine E-Mail (circa 80 Wörter).

Schreiben Sie etwas zu allen drei Punkten.

Achten Sie auf den Textaufbau (Anrede, Einleitung, Reihenfolge der Inhaltspunkte, Schluss).

답안작성

맛보기 문제 해석

쓰기 과업 1　　　　　　　　　　　　　　🕐 소요시간: 20분

당신은 휴가지에서 사고가 있었습니다.

당신은 당신의 여자 친구 혹은 당신의 남자 친구에게 그것에 대해 설명합니다.

– 설명하세요: 언제 그리고 왜 그 사고가 발생했나요?

– 근거를 대세요: 당신이 그 사고에서 무엇을 배웠나요?

– 만남을 위한 하나의 제안을 하세요.

　　하나의 이메일을 쓰세요. (약 80단어)

　　위 언급된 세 가지 사항을 모두 언급하세요.

　　구성에 주의하세요. (인사말, 들어가는 말, 내용 사항의 순서, 마무리)

글쓰기 팁

B1 쓰기 과업을 위해서 시험에 들어가기 전에 항상 가상의 편지 수신인을 염두에 두는 것이 유리합니다. 저는 주로 Peter나 Sara 등 쉬운 이름을 머리속에 가지고 시험에 임했습니다. 본 과업에서는 친구의 성이 상관이 없지만, 간혹 콕 짚어서 "Freundin(여자 친구)"라고 규정하는 경우도 있으니, 성별로 가상의 친구를 정해 두는 것이 중요합니다.

맛보기 문제 풀이

과업1 예시답안

Liebe Sara,

wie geht es dir? Ich hoffe gut! Ich war im Urlaub in der Schweiz und habe die ersten Tage in Grindelwald genossen. Leider hatte ich einen kleinen Unfall: ❶ Beim Autofahren war ich von der Landschaft abgelenkt und musste plötzlich ausweichen, wodurch sich mein Mann leicht am Kopf verletzte. ❷ Man muss sich beim Autofahren nur auf das Autofahren selbst konzentrieren. Zum Glück war es nichts Ernstes. Lass uns bald treffen und die Fotos anschauen. ❸ Hast du am kommenden Sonntag Zeit?

Liebe Grüße
Rosa

해석

친애하는 Sara,
어떻게 지내? 잘 지내길 바래! 나는 스위스에서 휴가를 즐겼어 그리고 초반 며칠을 Grindelwald에서 즐겼어. 유감스럽게도 나는 하나의 작은 사고를 겪었어: 자동차 운전하는 중에 내가 경치에 정신이 팔렸고 순간 놀라서 갑자기 뭔가를 피하려고 핸들을 급히 꺾었어, 그러면서 내 남편이 머리에 가볍게 상처를 입었어. 운전할 때는 정말 운전에만 집중해야 해. 다행히도 그건 심각한 건 아니었어. 우리 곧 만나자 그리고 사진들 같이 보자. 오는 일요일에 시간 있어?
사랑의 인사를 담아서
Rosa

쓰기 영역(Schreiben) | 유형 및 풀이 전략

Aufgabe 2

특정 주제에 대한 짧은 주장 글을 읽고 거기에 대한 자신의 의견을 개진하는 글을 쓰는 파트입니다. 주제(Thema)를 잘 파악하고, 제시문이 어떤 입장을 취하고 있는지 파악한 후에 자신의 의견을 적절한 근거를 대며 개진합니다. 최소 80단어 이상 기술해야 합니다.

Aufgabe 2 꿀팁

❶ 주제를 먼저 표시한 후 자신이 그 주제에 대해 어떻게 생각하는지 먼저 입장을 정합니다.

❷ 대부분 제시문은 극단적인 주장을 펼치기 때문에 그 주장에 대해 반박하는 글을 쓰며 자신의 의견에 논거를 더해 글을 쓰는 것도 좋습니다.

❸ 주장하기 쉬운 입장을 취합니다. 예컨대 저는 개인적으로 온라인 게임에 크게 부정적인 사람은 아닙니다. 하지만 단순하고 단편적인 논거를 들어 주장을 펼칠 때 게임에 찬성하는 쪽보다 반대하는 쪽이 더 쉽게 느껴져, 실제 시험에서 게임에 반대하는 입장으로 글을 썼던 기억이 있습니다.

❹ 주장에는 반드시 근거가 있어야 하고 그 근거가 타당해야 합니다. 어렵게 생각하지 마시고 하나의 주장에 대한 2개 이상의 적절한 논거를 깔끔한 문장으로 구사해 보세요!

❺ 공식적 문제 해결 시간 20분/실제 문제 해결 시간 25분 추천. (충분히 생각하고 퇴고하세요.)

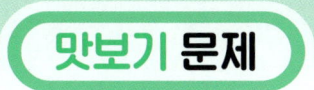

Aufgabe 2 *Arbeitszeit: 25 Minuten*

Sie haben im Fernsehen eine Diskussionssendung zum Thema „Abnehmen, um schön auszusehen" gesehen. Im Online-Gästebuch der Sendung finden Sie folgende Meinung:

Gästebuch

▶ 20. 7. 16:22

Seit 3 Jahren bin ich auf Diät. Ein Grund dafür ist, dass ich immer fit bleiben möchte. Und fit zu sein bedeutet für mich nicht nur gesund zu bleiben, sondern auch gutes Aussehen zu behalten. Beim Essen denke ich immer dran, dass ich zunehmen könnte und dann könnte es sein, dass mir meine Kleider nicht mehr passen würden. Meine Mutter sagt immer, dass ich mich zu viel um Diät kümmere, aber ich bin der Meinung, dass man seinen eigenen Körper schön behalten muss. Dafür esse ich täglich nur einmal, und zwar nur zu Mittag.

▶ 22. 7. 09:08

Schreiben Sie nun Ihre Meinung zum Thema (circa 80 Wörter).

맛보기 문제 해석

쓰기 과업 2 ⏱ 소요시간: 25분

당신은 TV에서 "아름다워지기 위해 다이어트하기"라는 주제로 한 토론 방송을 시청했습니다. 방송의 온라인 방명록에서 다음과 같은 의견을 발견했습니다.

온라인 방명록

저는 3년째 다이어트를 하고 있습니다. 그 이유 중 하나는 항상 건강하고 싶기 때문입니다. 저에게 있어 건강하다는 것은 단지 몸이 튼튼한 것만이 아니라 좋은 외모를 유지하는 것도 포함됩니다. 음식을 먹을 때마다 살이 찔 수 있다는 생각을 하고, 그러면 제가 입던 옷들이 맞지 않을 수 있다는 걱정을 합니다. 저희 어머니는 제가 다이어트에 너무 신경을 쓴다고 말씀하시지만, 저는 자신의 몸을 아름답게 유지해야 한다고 생각합니다. 그래서 저는 매일 한 끼만 먹고, 그것도 점심에만 먹습니다.

글쓰기 팁
1. 주장을 분명하게 나타내는 것이 중요합니다.
2. 적절한 예시를 들어주는 것도 고득점을 위해 필요합니다.

맛보기 문제 풀이

과업2 예시답안

Natürlich muss man sich um sich kümmern, damit man gesund leben kann, und darüber hinaus um ein glückliches Leben zu führen. Aber ich bin der Meinung, dass schlank sein nicht fit sein bedeutet.

Es ist wichtig, auf die Gesundheit zu achten, aber eine Diät sollte ausgewogen und nachhaltig sein. Nur einmal am Tag zu essen kann langfristig negative Auswirkungen auf den Körper haben. Eine ausgewogene Ernährung mit regelmäßigen Mahlzeiten ist entscheidend, um fit zu bleiben und sich wohlzufühlen. Es ist auch wichtig, sich nicht zu sehr unter Druck zu setzen, perfekt auszusehen. Vielleicht könnte ein Gespräch mit einem Ernährungsberater helfen, eine gesunde Balance zu finden. Gesundheit und Wohlbefinden sollten immer an erster Stelle stehen.

해석

물론 건강하게 살기 위해 자신을 돌봐야 하고, 더 나아가 행복한 삶을 위해서도 중요합니다. 하지만 저는 날씬하다고 해서 건강하다는 뜻은 아니라고 생각합니다.

건강을 신경 쓰는 것은 중요하지만, 다이어트는 균형 있고 지속 가능해야 합니다. 하루에 한 끼만 먹는 것은 장기적으로 몸에 부정적인 영향을 미칠 수 있습니다. 규칙적인 식사를 포함한 균형 잡힌 식단이 건강을 유지하고 몸과 마음의 안정을 위해 필수적입니다. 또한 완벽한 외모에 너무 집착하지 않는 것이 중요합니다. 아마도 영양사와의 상담을 통해 건강한 균형을 찾는 것이 도움이 될 수 있습니다. 건강과 웰빙이 항상 최우선이어야 합니다.

쓰기 영역(Schreiben) | 유형 및 풀이 전략

Aufgabe 3

격식체로 상대에게 간단한 메일을 쓰는 과업입니다. 주로 교수님이나 선생님께 자신의 결석에 대해 사과하는 주제, 또는 시험에 불참하여 불참한 이유를 대고 추가 시험 일정을 요청하는 메일 쓰기가 출제됩니다. 주제를 잘 파악하고 서지 양식을 올바르게 지키는 것이 중요합니다. 최소 40단어 이상 기술해야 합니다.

Aufgabe 3 꿀팁

❶ 이 과업은 공손함이 생명입니다. 접속법 2식을 적극 활용해야 합니다.
❷ 올바른 사과(사과하는 과업일 경우)표현과 이유 설명이 필수적입니다. 사과만 해서도 안 되고, 이유만 설명해서도 안 됩니다.
❸ leider(유감스럽게도), hoffentlich(바라건대) 등의 부사를 적절히 사용하여 자연스러운 글을 만들어 보세요!
❹ 공식적 문제 해결 시간 15분/실제 문제 해결 시간 최대 13분 추천.

Aufgabe 3 *Arbeitszeit: 15 Minuten*

Heute haben Sie einen wichtigen Termin beim Auslandsamt. Aber Ihre Dokumente sind noch nicht vorbereitet und Sie wollen den Termin auf nächste Woche verschieben.

Schreiben Sie eine E-Mail an der Beamten.
Entschuldigen Sie sich höflich und nennen Sie die Gründe.

- Schreiben Sie eine E-Mail (circa 40 Wörter).
- Vergessen Sie nicht die Anrede und den Gruß am Schluss.

답안작성

맛보기 문제 해석

쓰기 과업 3
🕐 소요시간: 15분

오늘 당신은 외국인청에서 중요한 일정이 있습니다. 하지만 당신의 서류들이 아직 준비가 되지 않았고, 당신은 그 일정을 다음 주로 미루고자 합니다.

그 공무원에게 이메일을 하나 쓰세요.
공손하게 사과하고 그 이유를 대세요.

- 이메일을 쓰세요. (약 40단어)
- 인사와 마무리 인사를 잊지 마세요.

맛보기 문제 풀이

과업3 예시답안

Sehr geehrte Damen und Herren,

ich möchte meinen Termin beim Auslandsamt auf nächste Woche verschieben, da meine Dokumente noch nicht vollständig vorbereitet sind. Ich entschuldige mich für die Unannehmlichkeiten und bitte um Ihr Verständnis.

Mit freundlichen Grüßen
Rosa Lee

해석

친애하는 신사 숙녀 여러분,

저는 외국인 청에서의 저의 일정을 다음 주로 미루고 싶습니다, 왜냐하면 저의 서류들이 아직 완벽하게 준비되지 않았기 때문입니다. 불편을 드려 죄송하고 양해를 구합니다.

친근한 인사를 담아서
Rosa Lee

Goethe Zertifikat B1

Sprechen

Überblick

말하기 영역은 총 3개의 파트(Teil)로 구성되어 있습니다.
말하기 영역은 총 15분 동안 수행하게 됩니다.
말하기 시험이 끝난 후 감독관들에게도
미소를 지으며 따뜻하게 작별 인사를 꼭 해 주세요.
말하기 시험은 응시자의 분위기가 생각보다 매우 중요합니다.

Teil	문제 유형	시간
1	시험 파트너와 함께 어떤 행사를 계획하기	3분
2	두 개의 주제 중 하나를 골라 발표하기	응시자당 3분
3	상대방의 발표 내용을 듣고 평가 및 질문하기	응시자당 2분

말하기 영역(Sprechen) | 유형 및 풀이 전략

총 15분으로 구성된 말하기 파트는 3개의 Teil로 구성되어 있습니다. 시험장에서 처음 보게 되는 응시자와 1:1로 짝을 이루어 대화하는 형식으로 진행됩니다. 아주 간혹 응시자가 지각을 했을 경우나 상대 응시자가 응시를 포기한 경우, 응시자가 홀수인 경우 시험 감독관과 1:1로 대화하며 과업을 수행하게 됩니다. 대기실에서는 그동안 연습했던 내용을 복기하는 시간을 갖습니다. 15분의 시간이 주어진다고는 하나, 실제로 순수하게 쓸 수 있는 시간은 10분 내외입니다. 자신이 하고자 하는 말을 메모할 수 있습니다. 하지만 사전이나 휴대폰의 사용은 금지됩니다.

시험이 시작되면 간단한 인사 후에 감독관이 응시자에 대해 간단한 질문을 합니다. (이름, 나이, 왜 독일어를 배우는지 등) 이 간단한 인사와 자기소개도 감독관에게 첫 인상을 심을 수 있는 중요한 기회이기 때문에 평소에 잘 준비해 가는 것이 좋습니다. 특히 자신의 정보에 대해서는 자연스럽게 말할 수 있게 평소에 많이 연습하는 것이 좋습니다.

📖 Teil 1

함께 어떤 행사(예: 이사, 학급 여행, 파티)를 계획하는 파트입니다. 제시문에 상황이 기술되어 있으니 자세히 읽고 어떤 상황인지 잘 파악해야 합니다.

💡 Teil 1 꿀팁

❶ 먼저 말하세요! 어차피 시험장에서 보고 말 사이입니다. 부끄러워하지 마시고 먼저 대사를 치세요. 이 파트는 주로 두 사람이 한 학급에 속한 친구인 상황 설정이 들어가 있기 때문에 거침없이 du를 쓰시면 됩니다. 한국인의 겸손함은 말하기에서는 과감히 벗어 버리시고 지금 이 순간 나는 매우 사교적인 독일인이다!!! 라는 생각으로 밝은 미소와 함께 말을 시작하시면 됩니다.

❷ 예시 문장이 몇 개 소개되어 있는데, 이 문장은 완벽한 문장이 아니라 비문입니다. (예: Wann kommen? 언제 오다?) 이 문장을 그대로 읽고 읊어 버린다면, 엄청난 감점이 있겠죠. 제시된 어휘를 사용하여 완벽한 문장으로 구사하는 것이 중요합니다.

❸ 단어나 문장의 끝을 얼버무리지 마세요. 자신 있게 끝까지 또박또박 발음합니다.

❹ 너무 많이 웃지는 마세요. 얼굴에 여유 있는 미소는 띄고 계시되, 어색함과 쑥스러움에 터지는 웃음은 호감 가는 행동이 아닙니다. 어깨를 펴시고 배에 힘을 딱 주시고 정확하게 말하는 연습을 평소에도 하세요.

❺ 상대방을 똑바로 쳐다보세요. 이 파트는 서로 의견을 주고받는 상황인데, 감독관을 너무 자주 쳐다보시면 불안해 보입니다. B1 말하기에서는 독일어 구사에 있어서 자연스러움을 가장 크게 평가합니다. 실제로 내가 친구와 어떤 계획에 대해 논의하고 있다고 상상하고 말하세요.

❻ 문법적 오류는 크지 않으면 괜찮습니다. 하지만 내가 방금 말한 것이 문법적으로 틀린 것을 인지했다면 바로 정정하세요. 그냥 놔두면 감점됩니다. 하지만 위트있게 바로 정정한다면 '이 응시자가 문법적 소양이 낮은 것은 아니구나'라는 인상을 줄 수 있습니다.

Teil 1

Gemeinsam etwas planen Dauer : circa drei Minuten

Ihre Nachbarn gehen in Urlaub und bitten Sie darum, sich um Ihre Haustiere zu kümmern.

Sprechen Sie über die Punkte unten, machen Sie Vorschläge und reagieren Sie auf die Vorschläge Ihres Gesprächspartners/Ihrer Gesprächspartnerin.

Planen und entscheiden Sie gemeinsam, was Sie tun möchten.

> Haustiere betreuen
> - Futter?
> - Spaziergang?
> - Wenn krank?
> - wie oft?
> - zu Hause oder mitnehmen?
> - Beim Schlafen?

맛보기 문제 해석

말하기 부문 1 함께 무엇인가를 계획하기   🕐 소요시간: 3분

당신의 이웃이 휴가를 가서 당신에게 자신의 반려동물을 돌봐줄 것을 부탁했습니다.

아래 항목들에 대해 이야기해 보세요. 제안을 하고 당신의 대화 상대의 제안에 반응해 보세요.

함께 무엇을 하고 싶은지 계획하고 결정하세요.

애완동물 돌보기

- 사료?
- 산책?
- 아프면?
- 얼마나 자주?
- 집에 두고 가나 데리고 가나?
- 잘 때에는?

말하기 팁

1. 예시에 나와 있는 단어는 키워드이므로 문장을 적절히 구성할 수 있어야 합니다. (채점 포인트)
2. 먼저 말하기를 시작하는 편이 좋은 인상을 주는 데 도움이 됩니다.
3. 문법적인 실수는 최대한 피해주세요.
4. 주로 친구와 함께 무언가를 계획하는 과업이니 반말은 'duzen'을 사용하면 됩니다.
5. 가상의 인물을 설정하고 언급해도 좋습니다. (다만, 그 인물에 대한 설명은 필요합니다.)

맛보기 문제 풀이

예시답안

Person A: Hallo, hast du schon gehört? Die Nachbarn fahren in den Urlaub und haben uns gefragt, ob wir uns um ihren Hund kümmern können.

  ⇨ 상대방과는 이미 알고 있는 사이인 것으로 상황 설정. 돌봐야 하는 동물을 '개'로 특정.

Person B: Ja, das habe ich mitbekommen. Ich finde, wir können das machen. Wie wollen wir das organisieren? Zuerst mal, was ist mit dem Futter?

  ⇨ 자연스럽게 상황 인지. 대화를 먼저 시작하지 않았다면 참고 사항의 첫 번째 항목을 먼저 언급하는 것이 좋음.

Person A: Der Hund bekommt zweimal täglich Futter, morgens und abends. Ich denke, wir können uns abwechseln, oder?

Person B: Das klingt gut. Und was ist mit den Spaziergängen? Der Hund braucht bestimmt auch Bewegung.

Person A: Ja, er braucht morgens und abends einen Spaziergang. Sollen wir das auch abwechseln? Zum Beispiel, ich mache die morgendlichen Spaziergänge und du die abendlichen?

Person B: Gute Idee. Was machen wir, wenn der Hund krank wird oder irgendetwas passiert?

Person A: Die Nachbarn haben gesagt, dass die Nummer des Tierarztes auf dem Küchentisch liegt. Wir sollten einfach die Nummer parat haben und im Notfall anrufen.

Person B: In Ordnung. Wie oft sollten wir nach dem Hund schauen? Reicht es zweimal täglich?

Person A: Ja, das denke ich auch. Morgens und abends füttern und spazieren gehen sollte ausreichen. Wollen wir den Hund bei ihnen zu Hause lassen oder zu uns nehmen?

Person B: Ich glaube, es ist am besten, wenn der Hund in seiner gewohnten Umgebung bleibt. Wir können ja immer wieder rübergehen.

Person A: Genau, das sehe ich auch so. Und beim Schlafen? Soll der Hund nachts bei uns sein oder bleibt er in seinem Zuhause?

Person B: Ich denke, er sollte zu Hause schlafen. Das ist sicherer für ihn und weniger stressig.

Person A: Alles klar, das klingt nach einem Plan. Also, wir kümmern uns um das Futter, die Spaziergänge, und achten darauf, dass er gesund bleibt. Perfekt!

Person B: Super, dann können wir den Nachbarn Bescheid geben, dass wir das übernehmen.

> **해석**

A: 안녕, 너 벌써 들었어? 그 이웃들이 휴가를 떠나고 우리에게 물어봤어, 우리가 그들의 강아지를 돌볼 수 있는지.

B: 응, 그거 들었어. 내 생각에 우리는 그것을 할 수 있을 것 같아. 그것을 어떻게 조직할까? 일단은, 사료는 어떻게 하지?

A: 그 강아지는 매일 두 번 사료를 먹어, 아침과 저녁에. 내 생각에 우리는 그것을 교차할 수 있을 것 같아, 그치?

B: 그거 좋은 생각이다. 그리고 산책은? 그 강아지는 아마 운동이 필요할 거야.

A: 응, 그는 아침과 저녁에 산책을 필요로 해. 우리가 그것을 또한 교차할까? 예를 들면, 내가 아침 산책을 하면 너는 저녁 산책을 하는 거야.

B: 좋은 생각이야. 만약 그 강아지가 아프거나 어떤 일이 일어나면 어떻게 하지?

A: 그 이웃들이 말했는데, 수의사의 번호가 부엌 탁자 위에 놓여 있다고 했어. 우리는 그 번호를 잘 가지고 있다가 위급시에 전화하면 돼.

B: 좋았어. 얼마나 자주 우리가 그 강아지를 들여다봐야 할까? 매일 두 번이면 될까?

A: 응, 나도 그렇게 생각해. 아침과 저녁에 사료 주고 산책하는 것으로 충분할 거야. 우리가 그 강아지를 그들의 집에 둘까 아니면 우리 집으로 데리고 올까?

B: 내 생각에는 그 강아지가 그의 익숙한 환경에 머무르는 것이 최선이라고 생각해. 우리는 계속 수시로 드나들면 되지.

A: 맞아, 나도 그렇게 생각해. 그리고 잘 때는? 그 강아지가 밤에는 우리 집에 있어야 할까 아니면 그의 집에 있어야 할까?

B: 내 생각에는 그가 집에서 자야 한다고 생각해. 그것이 그에게 더 안전하고 스트레스가 덜 할 것 같아.

A: 알았어. 좋은 계획이라고 생각해. 그러니까 우리는 사료, 산책을 책임지고 그가 건강을 잘 유지하는지 신경 쓰면 돼. 완벽해!

B: 아주 좋아, 그럼 우리가 그 이웃들에게 말할 수 있어, 우리가 무엇을 할지.

말하기 영역(Sprechen) | 유형 및 풀이 전략

Teil 2

응시자들이 가장 어려워하는 파트입니다. 제시되는 두 개의 주제 중 하나를 골라 3분간 프레젠테이션을 해야 합니다. ppt를 준비하는 게 아니고, 제시된 프레젠테이션 순서로 자신의 의견과 자신의 경험에 대해 발표하는 과업입니다. 주로 가벼운 사회현안이 등장합니다. (예: 초등학생 아이들에게 휴대폰이 필요한가? / 헬스장이 필요한가? 등) 발표 순서는 감독관이 정합니다. 발표할 때 공통적으로 언급해야 하는 것은, 1) 자신이 선택한 주제 소개와 발표 구성 순서 소개 2) 자신의 경험 3) 자신의 나라에서는 어떤 상황인지 소개 4) 장점과 단점을 언급하고 자신의 의견 피력 5) 마무리 인사입니다. 2), 3), 4) 번 사항은 경미하게 순서를 바꿔서 말하라고 제시하기도 하지만, 저 내용들은 반드시 모두 언급되어야 하므로 평소에 말하기 연습할 때 꼭 유념해야 합니다.

Teil 2 꿀팁

❶ 발표에서 언급해야 할 내용 사이에 들어갈 대사는 정해서 외우기! (이 책에 소개되어 있습니다.)

❷ 자신의 경험이 없더라도 간단히 지어낼 수 있는 상상력이 필요합니다. 주제가 심오하지 않기 때문에 최대한 단순화해서 머리속에서 내용에 살을 붙여 만들어 냅니다.

❸ 동의할 경우 장점을 부각, 반대할 경우 단점을 부각합니다. 그렇다고 그 어떤 단점도, 장점도 언급하지 않으면 안 됩니다. 자신의 의견을 뒤집을 수 없을 정도의 반대 의견을 한 번은 언급해 주고, 그럼에도 불구하고 나는 여기에 동의/반대한다는 방식으로 의견을 진행하면 됩니다.

❹ 첫 인사와 마무리 인사 역시 평소에 갑자기 말해도 자연스레 나올 수 있을 정도로 입에 붙여 둡니다.

Teil 2

Ein Thema präsentieren Dauer : circa drei Minuten

Wählen Sie ein Thema (Thema 1 oder Thema 2) aus.

Sie sollen Ihren Zuhörern ein aktuelles Thema präsentieren. Dazu finden Sie hier fünf Folien. Folgen Sie den Anweisungen links und schreiben Sie Ihre Notizen und Ideen rechts daneben.

Thema 1

Folie 1 — „Mama! Ich will einen Hund." Haustiere ab wann?

Stellen Sie Ihr Thema vor. Erklären Sie den Inhalt und die Struktur Ihrer Präsentation.

Folie 2 — Haustiere ab wann? Meine persönlichen Erfahrungen

Berichten Sie von Ihrer Situation oder einem Erlebnis im Zusammenhang mit dem Thema.

Folie 3 — Haustiere ab wann? Die Situation in meinem Heimatland

Berichten Sie von der Situation in Ihrem Heimatland und geben Sie Beispiele.

Folie 4 — Haustiere ab wann? Vor- und Nachteile & Meine Meinungen

Nennen Sie die Vor- und Nachteile und sagen Sie dazu Ihre Meinung. Geben Sie auch Beispiele.

Folie 5 — Haustiere ab wann? Abschluss & Dank

Beenden Sie Ihre Präsentation und bedanken Sie sich bei den Zuhörern.

맛보기 문제 풀이

말하기 부문 2   한 테마에 대해 발표하기   소요시간: 3분

테마 하나를 (테마1 혹은 테마2) 고르시오.

당신은 청중에게 현재 테마에 대해 발표해야 합니다. 그것을 위해 여기에 다섯 개의 슬라이드가 있습니다. 좌측의 안내를 따라서 당신의 메모와 아이디어를 우측 옆에 쓰세요.

도입하기

Guten Tag, mein Name ist Rosa Lee, und ich komme aus Südkorea. Heute möchte ich über das Thema sprechen: "Ab wann können Kinder ein Haustier haben?" Ich werde zuerst meine eigenen Erfahrungen teilen, dann die Situation in Korea erläutern und schließlich die Vorteile und Nachteile erwähnen.

안녕하세요. 제 이름은 Rosa Lee이고 한국 출신입니다. 오늘 저는 "몇 살때부터 아이들이 반려동물을 가질 수 있는가?"라는 주제에 대해 말하고자 합니다. 저는 우선 저의 개인적인 경험을 공유할 것이고, 한국의 상황에 대해 설명할 것이며 마지막으로 장점과 단점을 언급하겠습니다.

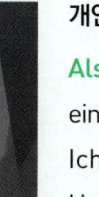

개인의 경험 언급

Als ich ein Kind war, hatte meine Familie weder einen Hund noch eine Katze, aber wir hatten Fische. Ich bekam mein erstes eigenes Haustier, einen Hamster, als ich zehn Jahre alt war. Dies lehrte mich Verantwortung und Fürsorge. Meine Eltern halfen mir, die Bedürfnisse des Hamsters zu verstehen, und es war eine wertvolle Lernerfahrung.

제가 아이였을 때, 우리 가족은 개도 고양이도 가지고 있지 않았습니다. 하지만 우리는 물고기들을 가지고 있었습니다. 저는 저의 첫, 고유의 반려동물을 받았는데 하나의 햄스터였습니다, 제가 열 살 때입니다. 이것은 저에게 책임감과 배려심을 가르쳐 주었습니다. 저의 부모님은 제가 그 햄스터의 요구를 이해하는 것을 도와주셨고 그것은 하나의 가치 있는 배움의 경험이었습니다.

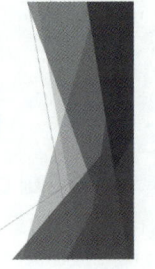

한국에서의 상황

In Südkorea gibt es keine festgelegte Regel, ab welchem Alter Kinder ein Haustier haben sollten. Oft hängt es von der familiären Situation und den individuellen Überzeugungen der Eltern ab. In städtischen Gebieten, wo Platz oft begrenzt ist, sind kleine Haustiere wie Hamster, Fische oder Vögel beliebter. In ländlichen Gebieten haben Familien eher Hunde oder Katzen. Eltern entscheiden oft anhand der Reife ihres Kindes, ob es bereit ist, die Verantwortung für ein Haustier zu übernehmen.

한국에서는 몇 살부터 아이들이 반려동물을 가져야 하는지에 대한 확고한 규칙은 없습니다. 종종 그것은 가족적인 상황이나 부모님들의 개별적인 신념에 따라 다릅니다. 공간이 자주 한정되어 있는 도시 지역들에서는 햄스터나 물고기, 새들과 같은 작은 반려동물들이 더 인기 있습니다. 시골 지역들에서는 가족들이 오히려 개들이나 고양이를 가집니다. 부모님들은 자주 그들의 아이의 성숙도에 의거하여 결정합니다. 반려동물에 대한 책임감을 짊어질 준비가 되었는지.

장/단점 언급

Nun erwähne ich einige Vorteile und Nachteile.

Zuerst können Kinder lernen, für ein Lebewesen zu sorgen, was ihnen Verantwortungsbewusstsein beibringt. Und der Umgang mit Haustieren kann Kindern helfen, soziale Fähigkeiten zu entwickeln und Empathie zu fördern. Schließlich kann man sagen, das Spielen und Spazierengehen mit Haustieren fördert die körperliche Aktivität und kann die Gesundheit verbessern.

Es gibt aber auch Nachteile. Haustiere benötigen viel Zeit und Pflege. Wenn Kinder nicht bereit sind, diese Verantwortung zu übernehmen, fällt sie auf die Eltern zurück.

Die Pflege eines Haustieres kann teuer sein, einschließlich Futter, Tierarztkosten und Zubehör.

Und einige Kinder könnten allergisch auf Tiere reagieren, was gesundheitliche Probleme verursachen kann.

이제 저는 장점과 단점을 언급하겠습니다.
우선 아이들은 그들에게 책임감을 가르쳐주는, 한 생명체를 돌보는 것에 대해 배울 수 있습니다. 그리고 반려동물과의 관계는 아이들을 도울 수 있습니다, 사회적 능력을 향상시키는 것과 공감능력을 촉진하는 것에서. 그리고 궁극적으로 반려동물들과 노는 것과 산책하는 것이 신체적인 활동을 장려할 수 있으며 이것은 건강을 향상시킬 수 있습니다.
하지만 또한 단점들도 있습니다. 반려동물들은 많은 시간과 돌봄을 필요로 합니다. 만일 아이들이 이러한 책임을 떠맡는 것에 준비가 되어 있지 않다면 그것은 부모님에게 돌아갑니다.
한 반려동물을 돌보는 것은 비쌀 수도 있습니다. 사료, 병원비 그리고 장비들을 포함하면. 그리고 몇 아이들은 동물 알레르기 반응을 가질 수 있는데 이것은 건강 문제를 야기할 수 있습니다.

마무리

Zusammenfassend lässt sich sagen, dass es keine einheitliche Antwort darauf gibt, ab wann Kinder ein Haustier haben können. Es hängt von der individuellen Reife des Kindes und den familiären Umständen ab. Die Vorteile sind zahlreich, aber es gibt auch Nachteile, die bedacht werden müssen. Eltern sollten diese Faktoren sorgfältig abwägen, bevor sie die Entscheidung treffen.

종합적으로 몇 살 때부터 아이들이 반려동물을 가질 수 있는지에 대해 단일화된 정답이 있을 수 없다고 말할 수 있습니다. 그것은 한 아이의 개인적인 성숙도와 가족적인 상황들에 따라 다릅니다. 장점은 수도 없이 많습니다, 하지만 고려되어야 할 단점들도 있습니다. 부모님들은 그들이 결정하기 전에 이러한 요소들을 신중히 검토해야 할 것입니다.

마지막 인사

Vielen Dank für Ihre Aufmerksamkeit.
경청해 주셔서 감사합니다.

말하기 팁
1. 굵은 글씨로 된 기본 틀 표현은 외워 주세요.
2. 작고 평범한 예시를 많이 들기: 거창하고 추상적 예시는 지양하는 것이 좋습니다.

말하기 영역(Sprechen) | 유형 및 풀이 전략

📖 Teil 3

이 파트는 사실상 Teil 2의 하위 항목입니다. 상대의 발표를 잘 듣고 그 발표를 간단히 평가하고 질문을 하는 파트입니다. 발표자는 그 질문에 적절히 대답합니다. 엄청난 토론이 오갈 필요는 없고, 질문 하나에 대답 하나를 적절히 하면 됩니다.

💡 Teil 3 꿀팁

❶ 상대방의 발표에 관대한 평가, 칭찬 많이 해 주세요. 상대방과 무리하게 논쟁을 하려 하지 말고 "너의 프레젠테이션을 잘 들었다. 정말 잘 구성되었고 좋았다." 정도로 가볍게 평가해 주시기 바랍니다.

❷ 질문은 구체적으로 하는 것이 좋습니다. 추상적이고 포괄적인 질문은 질문을 받는 사람도 대답하기 힘듭니다. 상대는 나의 경쟁상대가 아닌 동병상련(?)의 동지라고 생각하시고, 첨예하고 날카로운 질문보다는 구체적인 예시를 묻는 질문을 하는 것이 서로 좋습니다. 예를 들어 "네가/당신이 ~한 경험이 있었다고 했다. (상대방의 발표를 잘 들었다는 것에 대한 피력) 정말 흥미로운데, 구체적으로 어떤 일이 있었는지 간단히 설명해 줄 수 있는가?"라고 묻는 겁니다. 그러면 상대도 대답하기 쉽고, 질문을 하는 사람도 상대의 프레젠테이션을 잘 들었고 적절한 질문을 하는 인상을 줄 수 있습니다.

❸ 상대방의 질문을 잘 못 알아들었을 경우 차분하게 질문을 한 번 더 반복해 달라고 요청하세요. 이것은 감점 요소가 거의 되지 않습니다.

Teil 3

Über ein Thema sprechen

Nach Ihrer Präsentation:

Reagieren Sie auf die Rückmeldung und auf Fragen der Prüfer/-innen und des Gesprächspartners/der Gesprächspartnerin.

Nach der Präsentation Ihres Partners/Ihrer Partnerin:

a) Geben Sie eine Rückmeldung zur Präsentation Ihres Partners/Ihrer Partnerin (z. B. wie Ihnen die Präsentation gefallen hat, was für Sie neu oder besonders interessant war usw.).

b) Stellen Sie auch eine Frage zur Präsentation Ihres Partners/Ihrer Partnerin.

맛보기 문제 해석

말하기 부문 3 한 테마에 대해 이야기하기

당신의 발표 후에 :

시험 감독관과 대화 상대의 반응과 질문에 응답하세요.

당신의 대화 상대의 발표 후에 :

a) 대화 상대의 발표에 대해 반응하세요. (예: 발표가 어떻게 마음에 들었는지, 무엇이 새로웠으며 특히 흥미로웠는지 등)

b) 대화 상대의 발표에 대해 질문도 해 보세요.

> **전략**
>
> ❶ 발표 후에 감독관이 대화 상대에게 발표에 대한 반응과 질문을 하라고 유도합니다.
> 예시) 감독관 : Vielen Dank für Ihre Präsentation. Jetzt können Sie eine Rückmeldung geben und Fragen stellen. 발표에 감사드립니다. 이제 발표에 대한 반응과 질문을 할 수 있습니다.
>
> ❷ 상대방의 발표 후에 발표에 대한 간략한 평가를 한 후 질문을 합니다. 질문을 하기 위해서 상대방의 발표를 들을 때 키워드를 메모해 둡니다. 질문은 간단하고 직관적인 것이 좋으며, 상대방의 발표를 잘 들어 놓치는 내용이 없도록 합니다. 이미 발표한 내용에 대해 재차 질문하는 것은 감점을 초래할 수도 있습니다.
>
> ❸ 상대방의 발표에 대해 극단적으로 반대 의견을 내지 않는 편이 좋습니다. 이 부문에서 평가 요소는 상대방의 발표를 잘 들었으며 그에 대해 적절한 질문을 할 수 있는지, 나아가서는 말하기와 듣기 소통 능력이 어느 정도인지를 볼 뿐, 개개인의 가치판단이나 도덕적 잣대 등에 대한 심도 있는 평가가 아니라는 점을 잊지 말도록 합니다.

맛보기 문제 풀이

▌상대방의 발표에 대해 할 수 있는 반응 및 질문 예시

> Vielen Dank für die interessante Präsentation. Es war sehr interessant zu hören, wie das Thema in Südkorea gehandhabt wird. Meine Frage ist: Ab welchem Alter denken Sie, dass Kinder genug Verantwortungsbewusstsein haben, um sich selbstständig um ein Haustier zu kümmern?
>
> 흥미로운 프레젠테이션에 대해 감사합니다. 주제가 한국에서 다루어지는 방식을 듣는 것이 매우 흥미로웠습니다. 저의 질문은: 몇 살부터 당신은 아이들이 스스로 한 반려동물을 돌보기 위한 책임감을 충분히 가진다고 생각하십니까?

→ 상대방이 '정확히 몇 살에 반려동물을 가지면 좋은지'를 언급하지 않았다는 점을 질문함으로써 상대방의 발표를 경청했다는 것을 강조할 수 있습니다. (상대의 의견을 묻는 간단한 질문도 가능합니다.)

▌상대방의 발표 후 발표에 대한 평가/반응하기

> **Ich finde Ihre Präsentation sehr beeindruckend.**
> 저는 당신의 발표가 굉장히 인상 깊다고 생각합니다.
>
> **Vielen Dank für Ihre Präsentation. Das war eine sehr beeindruckende Präsentation.**
> 당신의 발표에 대해 감사합니다. 그것은 하나의 인상 깊은 발표였습니다.
>
> **Ich finde Ihre Präsentation sehr interessant und ich bin auch der Meinung.**
> 저는 당신의 발표가 굉장히 흥미롭다고 생각하고 저도 같은 의견입니다.
>
> **Vielen Dank für Ihre Präsentation. Das war eine sehr schön gestaltete Präsentation.**
> 당신의 발표에 대해 감사합니다. 그것은 하나의 멋지게 구성된 발표였습니다.
>
> **Vielen Dank für Ihre Präsentation. Ihre Präsentation war sehr gut gestaltet und ich bin davon begeistert.**
> 당신의 발표에 대해 감사합니다. 당신의 발표는 잘 구성되어 있으며 저는 그것에 감탄했습니다.
>
> **Vielen Dank für Ihre Präsentation. Ich finde Ihre Präsentation ausgezeichnet.**
> 당신의 발표에 대해 감사합니다. 저는 당신의 발표가 훌륭하다고 생각합니다.

Goethe Zertifikat B1

MODELLSATZ 1

ZERTIFIKAT B1　LESEN
MODELLSATZ 1　KANDIDATENBLÄTTER

Kandidatenblätter

Lesen
65 Minuten

Das Modul *Lesen* hat fünf Teile.
Sie lesen mehrere Texte und lösen Aufgaben dazu. Sie können mit jeder Aufgabe beginnen. Für jede Aufgabe gibt es nur eine richtige Lösung.

Vergessen Sie bitte nicht, Ihre Lösungen innerhalb der Prüfungszeit auf den **Antwortbogen** zu schreiben.

Bitte schreiben Sie deutlich und verwenden Sie keinen Bleistift.

Hilfsmittel wie z. B. Wörterbücher oder Mobiltelefone sind nicht erlaubt.

ZERTIFIKAT B1 LESEN
MODELLSATZ 1 KANDIDATENBLÄTTER

Teil 1 *Arbeitszeit: 10 Minuten*

Lesen Sie den Text und die Aufgaben 1 bis 6 dazu.

Wählen Sie: Sind die Aussagen Richtig oder Falsch?

Es war ein harter Tag

Hi, alle zusammen. Was geht's?

Mir geht's leider nicht so gut. Pfuii. Also passt auf. Ich wollte meine Kumpels in der Stadt endlich mal wieder sehen und mit denen mit 'nem Glas Bier quatschen. Das war mein Plan fürs Wochenende. Am Morgen stand ich früh genug auf. Die Verabredung war um 13 Uhr ausgemacht. Also sollte ich mich nicht beeilen. Ich hatte ruhig eine Kaffeepause auf'm Balkon und goss die Pflanzen. Zum Frühstück hatte ich ein winziges Brot frisch aus der Bäckerei. Alles war in Ordnung. Außer dem unerwarteten Problem: Meine Emma.

Ihr kennt sie ja meine kleine Hündin. Eigentlich war sie gestern irgendwie seltsam. Gestern, als ich zu Hause ankam, hat sie so ein bisschen komisch gebellt. Ihre Stimme war nicht wie gewohnt. Es wäre also, als würde sie vor Schmerzen stöhnt. Ich gab ihr einen Treat und sie wurde bald normal. Also, genauer gesagt, sie schien mindestens „normal" zu sein. Am Morgen war sie auch ok. Aber als ich langsam aus dem Haus losfahren wollte, hat sie plötzlich „geschrien"!

Sie war gerade vor dem Badezimmer und ihr Nacken sah schrecklich aus: Ihr Nacken schien abgebrochen zu sein. Sie konnte ihren Kopf nicht erheben. Ihr gesenkter Kopf richtete sich nach dem Boden. Und ununterbrochen hat sie geächzt. Ihre Augen waren voll von Tränen! Ich war so schockiert, dass ich sofort sie aufgehoben habe und mich zum Tierarzt drängte. Die Verabredung mit den Freunden oder die Stadt, den Termin.. alles war weg von meinem Kopf. Emma ist sonst immer sehr aktiv und gesund. Sie ist nie krank. Und sie ist nur noch 4 Jahre alt..! Als ich sie aus dem Tierheim adoptiert habe, habe ich ihr und auch mir versprochen, dass ich sie nie verlassen und immer schützen würde. Aber jetzt ist sie irgendwie krank. Da kann ich mir nicht verzeihen. Meine Augen waren auch voll von Tränen, da ich so große Angst hatte.

Beim Tierarzt waren wir zum Glück alleine, also konnte sie schnell untersucht werden. Zuerst gab es einen Bluttest: normal. Dann 'ne Harnuntersuchung: völlig in Ordnung. Und dann hat der Arzt mir empfohlen, ein Magnetresonanztomographie aufzunehmen, da sie ein Problem mit der Bandscheibe am Nacken haben könnte. Und das Resultat: das stimmt. Könnt ihr euch vorstellen, dass so ein kleiner Hund einen Bandscheibenvorfall hätte? Ich habe mich totgelacht aber noch mit Tränen in meinen Augen. Der Arzt meinte, dass sie ab jetzt eine Diät machen soll, da die Ursache davon das plötzliche Zunehmen sein könnte. Tatsächlich hat sie letzte 3 Monate schon 1,0 Kilo zugenommen.

Also, Gott sei Dank, sie ist nicht krank. Natürlich ist sie doch krank, hat sie Schmerzen am Nacken, aber wir haben den Grund herausgefunden und kann man wenigstens das Problem ohne Schwierigkeiten lösen. Das finde ich so dankbar, obwohl ich heute dafür etwa 720 Euro ausgeben musste. Haha, so ist das Leben. Aber muss man zugeben: Es war mir und der Emma ein harter Tag. Ab morgen könnt ihr uns jeden Tag mehr als 2 Stunden im Park spazieren sehen. lol

-Euer Frederik

*Magnetresonanztomographie : MRI auf Englisch

Beispiel

0	Frederik hat einen Hund.	~~Richtig~~	Falsch
1	Frederik hat sich mit seinen Freunden verabredet.	Richtig	Falsch
2	Schon seit dem Morgen ist bei ihm etwas schiefgelaufen.	Richtig	Falsch
3	Er erkannte das Problem mit seiner Hündin an ihren Augen.	Richtig	Falsch
4	Er hat sie sofort zum Arzt gebracht.	Richtig	Falsch
5	Nach der Untersuchung entdeckte man eine schwere Krankheit.	Richtig	Falsch
6	Die Hündin muss nun abnehmen.	Richtig	Falsch

ZERTIFIKAT B1 LESEN
MODELLSATZ 1 KANDIDATENBLÄTTER

Teil 2

Arbeitszeit: 20 Minuten

Lesen Sie den Text aus der Presse und die Aufgaben 7 bis 9 dazu.

Wählen Sie bei jeder Aufgabe die richtige Lösung a, b oder c.

Das Bühnenspektakel „Fairy Queen"
Berliner Figuralchor.

Das Publikum im englischen Theater des 17. Jahrhunderts liebte das große Bühnenspektakel der Semi-Oper, halb Theater, halb Oper. Henry Purcell komponierte mehrere solcher Werke. Mit „Fairy Queen" präsentierte er 1692 eine witzige Story zu Shakespeares Sommernachtstraum. „Fairy Queen" enthält viel von Purcells bester Musik: melancholische Liebesklagen, satirische Nummern, virtuose Tanzsätze und differenzierte, farbenreiche Instrumental- und Chorpassagen. Unter der Leitung von Gerhard Oppelt führen die Solisten Margaret Hunter, Rea Alaburic, Oscar Verhaar, Dávid Szegetváry und Jörg Gettschick zusammen mit Berlin Baroque die „Fairy Queen" in ihrer ursprünglichen musikalischen Fassung konzertant auf. Der Berliner Figuralchor übernimmt zusammen mit dem Kantatenchor der Cantores minores den chorischen Part.

Beispiel

0 Semi-Oper heißt die Oper, …
- a die mit dem Publikum zusammen gemacht wird.
- ☒ die Hälfte aus Oper und die andere Hälfte aus Theater besteht.
- c die Henry Purcell komponiert hat.

7 In diesem Text geht es um …
- a die Geschichte eines Stücks.
- b einen Komponisten, der weltberühmt ist.
- c die Informationen zu einem Theaterstück.

8 „Fairy Queen" …
- a kam 1692 auf die Bühne.
- b enthält kaum musikalische Elemente.
- c kommt aus Berlin.

9 Das englische Publikum …
- a genoss das Theaterstück von Mozart.
- b mochte die Semi-Oper.
- c hatte das Stück der Liebesgeschichte gern.

ZERTIFIKAT B1 LESEN
MODELLSATZ 1 KANDIDATENBLÄTTER

noch **Teil 2**

Lesen Sie den Text aus der Presse und die Aufgaben 10 bis 12 dazu.

Wählen Sie bei jeder Aufgabe die richtige Lösung a, b oder c.

Graffiti-Sprayer stoppen Schwebebahn

Wuppertal, 7. Oktober.

Unbekannte haben einen Zug der Wuppertaler Schwebebahn gestoppt und mit Graffiti besprüht. „Das ist sehr ungewöhnlich, das hatten wir so bislang noch nicht", sagte ein Sprecher der Wuppertaler Stadtwerke am Montag. Nach Angaben der Polizei hatten die Unbekannten den Zug am Sonntagmorgen gestoppt, indem einer von ihnen eine Tür blockierte, während mehrere andere sprühten. „Unser Fahrer ist eingeschritten und hat den Blockierer der Tür angesprochen", sagte der Sprecher. Die Unbekannten seien davon gerannt. Am Zug entstand durch die Farbattacke nach Angaben der Polizei ein Schaden von mehreren tausend Euro. Bislang galt die Schwebebahn als immun gegen Graffiti. Weil sie hoch oben in der Luft baumelt, war für Sprayer keine Chance.

---

10 In diesem Text geht es darum…
- a dass die jungen Künstler neue Werke vorstellen.
- b dass es ein unerwartetes Ereignis gab.
- c dass man sich immer mehr für Graffiti nteressiert.

11 In Wuppertal …
- a ist solches Ereignis noch nie passiert.
- b ist es nicht ungewöhnlich, dass man die Bahn blockiert.
- c ist das Graffiti-Spray beliebt.

12 Die Schwebebahn …
- a ist eine Chance, hoch oben in der Luft mal zu fahren.
- b erlaubt, gesprüht zu werden.
- c ist eine normale Bahn wie Straßenbahn.

ZERTIFIKAT B1	LESEN
MODELLSATZ 1	KANDIDATENBLÄTTER

Teil 3

Arbeitszeit: 10 Minuten

Lesen Sie die Situationen 13 bis 19 und die Anzeigen A bis J aus verschiedenen deutschsprachigen Medien. Wählen Sie: Welche Anzeige passt zu welcher Situation?

Sie können **jede Anzeige nur einmal** verwenden. Die Anzeige aus dem Beispiel können Sie nicht mehr verwenden. Für eine Situation gibt es **keine passende Anzeige**. In diesem Fall schreiben Sie **0**.

Verschiedene Personen suchen Angebote für verschiedene Kurse.

Beispiel

0 Fanz möchte eine Inlandsreise machen. Er ist im Süden Deutschlands geboren und diesmal möchte er etwas Besonderes erfahren: wie z.B. auf eine Insel zu fahren.　　Anzeige: e

13 Leonie hatte ein langes Semester. Sie möchte sich jetzt entspannen. Sie kann sich maximal 500 Euro für den Urlaub leisten.　　Anzeige: _____

14 Jessica hat vor langem eine Reise nach Südostasien gewonnen. Jetzt weiß sie nicht, wer sich inzwischen um ihre kleine Katze kümmern sollte.　　Anzeige: _____

15 Dennise hatte zu viel zu tun wegen der Hausarbeiten. Jetzt hat sie erst Zeit, sich um ihre Umgebung zu kümmern. Sie hat einen großen Garten aber sie hat keine Idee, wie sie ihn einrichten könnte.　　Anzeige: _____

16 Herr Kneider ist der Kursleiter und hat einen Sohn. Er ist erst 6 Jahre alt und wollte immer mit seinem Vater etwas unternehmen.　　Anzeige: _____

17 Sofia und Marta planen zusammen seit langem eine Reise. Sie interessieren sich für etwas Exotisches. Ihr Flug nach Indonesien wurde aus technischen Gründen abgesagt. Jetzt brauchen sie ein neues Reiseziel. Sicherheit ist am wichtigsten.　　Anzeige: _____

18 Levin möchte sein Englisch verbessern. Er hat nicht viel Zeit: so ungefähr 2 Wochen hat er frei und würde gern im Ausland einen Kurs machen.　　Anzeige: _____

19 Maximilian hat eine Freundin aus Spanien. Sie wird in den Ferien ihre Familie besuchen und da fährt er gerne zusammen mit. Er möchte als Souvenir etwas Kleines mitbringen.　　Anzeige: _____

a

• Modische Wohnung&Büro.co

Speisengerstraße 206

16554 Berlin

TERMINE

MONTAG BIS FREITAG

NACH

VEREINBARUNG

b

Europa Park

Unsere Öffnungszeiten:

- In der Sommersaison 2020 ist der Europa-Park vom 29.05.2020 bis 08.11.2020 unter der Woche von 9:00 bis 18:00 Uhr und am Wochenende von 9:00 bis 19:00 Uhr geöffnet.
- In der Zeit vom 15.08. bis 13.09. ist der Europa-Park täglich von 09:00 bis 19:00 Uhr geöffnet.

Auf dieser Seite lesen Sie alles Wissenswerte für einen unvergesslichen Familienausflug.

c

Meine HausTierbetreuung Leipzig

Tiersitter in Leipzig, Deutschland

Adresse: Prießnitzstraße 21, 04179 Leipzig, Deutschland

+43 1 996 21 18

d

Sicherheit im Bali Urlaub

Im Vergleich mit vielen anderen Reisezielen in Indonesien wird die Sicherheit der Touristen hier großgeschrieben und gilt daher als nicht **gefährlich und als sehr sicheres Reiseziel** für einen Bali Urlaub und für Bali Reisen. Grund dafür ist vor allen Dingen die Mentalität der Balinesen, aber auch die Präsenz der Sicherheitskräfte. Aktuelle Statistiken belegen, dass die Kriminalitätsrate von 2014 sowie 2015 unwahrscheinlich niedrig ausfällt.....

e

Hotelangebote Wenningstedt auf Sylt

SYLT - MON AMOUR!

Sylt - Entdecken und Genießen! Ein Urlaub der Extraklasse!

Werden Sie zum Sylter, lernen Sie unsere Insel in der Nordsee und ihre Bewohner kennen und lieben. Lassen Sie sich von den tollen Angeboten und Möglichkeiten verzaubern. Ob Flucht aus dem Alltag, Urlaub als einzelne Person, zu zweit oder mit der ganzen Familie, Kurzurlaub oder eine Auszeit nur für eine Nacht. Ob Wellnessreise oder Sport, Spiel und Spaß. SYLT - die berühmte Insel, umgeben von der Nordsee, mit den schönsten Stränden Deutschlands gesegnet. Entdecken und Genießen Sie Sylt!

ZERTIFIKAT B1 LESEN
MODELLSATZ 1 KANDIDATENBLÄTTER

f

Sprachreisen England
- Englische Sprachschulen in England

Unsere **Englisch**-Sprachschulen in **England** befinden sich in der pulsierenden Metropole London, den beliebten Küstenstädten Bournemouth und Brighton sowie in der geschichtsträchtigen Stadt Cambridge.

Tel. 0049 (0)89 599 45570

g

ABENTEUERREISEN

Bei diesen Abenteuerreisen wirst du selbst zum Entdecker! Besteige das höchste Bergmassiv Afrikas, wandel in den Regenwäldern Ugandas auf den Pfaden der mächtigen Berggorillas oder erlebe 1001 Abenteuer bei einer Wüsten-Expedition durch die Sahara! Einfach unvergessliche Erlebnisse für jeden Typ!
*Die Begleiter und unsere trainierten Experten sind immer dabei. Wir haben auch ärztliche Hilfskräfte.

h

Unser Leipzig-Laden Nr. 1

Im Jahr 1990 in Leipzig-Schleußig gegründet, befinden wir uns seit 1992 unter den Arkaden des Alten Rathauses.

In unserem Ladenbereich finden Sie großzügige Sortimentsbereiche, wie zum Beispiel: Leipzig-Literatur, Miniaturbücher, Leipzig-Souvenirs, Spielkarten, Stadtpläne und über 500 aktuelle und historische Ansichtskarten.

Des Weiteren bieten wir Ihnen jedes Jahr eine große Kalenderauswahl an.

i

Lerne eine neue Sprache in der Nachbarschaft

Weshalb sich ein Englischkurs lohnt

- Englisch ist eine globale Sprache mit circa 1,5 Milliarden Sprechern.
- Die Geschichte der englischen Sprache wird in drei Phasen unterteilt.
- Mit jedem Kurs werden die Fertigkeiten in der englischen Sprache Schritt für Schritt weiter ausgebaut.

j

Thermenurlaub ALL INCLUSIVE Sommerspecial - 5 Nächte

Hotel Birkenhof Therme

Bad Griesbach i. Rottal, Bayern

- 6 Tage / 5 Nächte im gemütlichen Zimmer inkl. ALL INCLUSIVE
- täglich reichhaltiges Frühstücksbuffet & Abendessen (Menü bzw. Buffet)
- täglich alkoholfreie Getränke, wie Softdrinks, Säfte und Wasser, sowie alkoholische Getränke wie Hauswein rot/weiß, Hausbier zum Abendessen (18-20 Uhr)
- täglich ein Mittagssnack

~~statt **344€**~~

6 Tage , 5 Nächte

p.P. ab **274€**

ZERTIFIKAT B1 LESEN
MODELLSATZ 1 KANDIDATENBLÄTTER

Teil 4

Arbeitszeit: 15 Minuten

Lesen Sie die Texte 20 bis 26. Wählen Sie: Ist die Person **für das Verbot**?

In einer Zeitschrift lesen Sie Kommentare zu einem Artikel über das Verbot von Radfahren ohne Helm.

Beispiel

0	Eva	☒ Ja	☐ Nein
20	Felix	Ja	Nein
21	Julia	Ja	Nein
22	Thomas	Ja	Nein
23	Annalisa	Ja	Nein
24	Olaf	Ja	Nein
25	Finn	Ja	Nein
26	Emilia	Ja	Nein

LESERBRIEFE

Beispiel

Als Kind lernt man Radfahren, sowohl in der Schule, als auch zu Hause von den Eltern. Da lernt man aus Sicherheitsgründen, wie man sich den Helm trägt und andere Zubehöre. Ich bin jetzt als eine Mutter stark dafür, dass man immer beim Radfahren einen Helm tragen muss. Das ist keine Auswahl, sondern eine Pflicht. Radfahren ist viel gefährlicher, als man normalerweise denkt.

Eva, 34, Hamburg

20

Ich besitze ein Fahrrad und immer pendle damit zur Uni. Manchmal ist am Morgen so hektisch, dass ich sogar meine Tasche vergesse. Und dazu noch einen Helm mitzunehmen ist zu umständlich. Ich fahre schon gut genug, also das Verbot selbst scheint mir zu viel übertrieben.

Felix, 20, München

21

Keiner ist dafür, dass es in Deutschland nicht genug Radwege gäbe. Die Straßen sind nett eingerichtet. Beim Fahren hat man keine Drohung von Unfällen mit den Autos. Ich verstehe nicht, warum man unbedingt so viele Schutzausrüstungen braucht. Die kosten Geld.

Julia, 25, Leipzig

22

Ich habe mal einen Unfall zwischen einem Rad und einem Hund gesehen. Der Hund war schwer verletzt. Es geht nicht nur um Geld oder Umständlichkeit, sondern unsere Sicherheit zählt. Der Helm symbolisiert nicht nur die Sicherheit für sich selbst, sondern auch die Rücksicht auf andere. Das nenne ich wohl die „Etikette".

Thomas, 29, Siegen

23

Ich dachte, dass Deutschland das fortgeschrittene Land von Radfahren sei, weil man hier sehr viel und häufig fährt. Aber es scheint mir unsicher, wenn ich z. B. Teenager ohne Ausrüstungen fahren sehe. Natürlich sind die Deutschen ja Profi-Radfahrer, aber trotzdem bräuchte man eine feste Regel zu Sicherheit.

Annalisa, 35, Bonn

24

Es gibt kein falsches Wetter, nur falsche Kleidung. Es gibt doch richtige Kleidung für eine bestimmte Aktivität. Im Büro muss man im Anzug, auf der Baustelle muss man in der Arbeitskleidung mit Helm. Der Helm gehört also zum Radfahren. Dafür muss man nicht lange diskutieren.

Olaf, 65, Gelsenkirchen

25

Verbieten muss man, wenn etwas sehr kritisch bzw. entscheidend ist. Wenn man z.B. ohne Führerschein ein Auto fährt, muss man das wirklich verbieten, da es ums Leben geht. Wir haben die sichersten Wege für Radfahrer. Im Ausland wäre es den Radfahrern Pflicht zu setzen, einen Helm zu tragen. Aber in Deutschland kann man meiner Ansicht nach ohne Helm fahren.

Finn, 42, Osnabrück

26

Im Auto ist man viel sicherer im Vergleich zu auf dem Motorrad, weil das Auto selbst funktioniert wie eine Schutzausrüstung. Und hat man da sogar auch einen Sicherheitsgurt. Aber beim Radfahren sowie Motorrad fahren hat man kaum Schutz. Der Helm ist das Minimum, um sich zu schützen. Und dafür muss es ein festes Gesetz geben.

Emilia, 37, Nürnberg

ZERTIFIKAT B1 LESEN
MODELLSATZ 1 KANDIDATENBLÄTTER

Teil 5 *Arbeitszeit: 10 Minuten*

Lesen Sie Aufgaben 27 bis 30 und den Text dazu.

Wählen Sie bei jeder Aufgabe die richtige a, b oder c.

Sie informieren sich über die Hausordnung des Duinrell Ferienparks, wo Sie mit Ihrer Familie am Wochenende besuchen würden.

27 Die Haustiere sind im Park …
- a überall verboten.
- b nur im Erlebnispark, im Wald und auf dem Campingplatz erlaubt.
- c überall mitzunehmen, solange sie angeleint sind.

28 Beim Eintritt zum Park …
- a muss man älter als 21 Jahre alt sein.
- b muss man das Passfoto vorzeigen.
- c muss man sich anweisen.

29 Im Park …
- a ist Alkohol überhaupt verboten.
- b wird teilweise überwacht.
- c darf gar nicht geraucht werden.

30 In der Unterkunft …
- a müssen alle älter als 21 Jahre alt sein.
- b darf man nicht rauchen.
- c müssen Erwachsene Kinder begleiten.

ALLGEMEINES

• ZUTRITT

Wenn Sie Duinrell betreten wollen, benötigen Sie eine gültige Zugangsberechtigung (Ihr Park- oder Tikibad-Ticket oder Ihre Duinrell-ID mit Ihrem Passfoto). Diese Zugangsberechtigung müssen Sie vorzeigen, wenn Sie dazu aufgefordert werden. Kinder unter 12 Jahren dürfen den Freizeitpark und das Tikibad nur in Begleitung eines Erwachsenen betreten. In jeder Unterkunft muss mindestens eine Person älter als 21 Jahre sein. Außerdem müssen Sie als Gast in der Lage sein, sich auszuweisen. Wenn Sie sich nicht ausweisen können, behält sich Duinrell vor, Ihnen den Zugang zum Park zu untersagen.

• ALKOHOL UND DROGEN

Der Konsum von Drogen sowie der übermäßige Konsum von Alkohol sind strengstens verboten. Sowohl in Duinrell als auch in Wassenaar ist es verboten, sich mit geöffneten Alkoholdosen oder -flaschen auf der Straße aufzuhalten.

• KAMERA-ÜBERWACHUNG UND (ATTRAKTIONS-)FOTOS

Um die Sicherheit und das Eigentum unserer Gäste zu schützen, ist in Duinrell eine Kameraüberwachung installiert. Bei einigen Attraktionen werden während einer Fahrt Aufnahmen gemacht. Diese Fotos werden am Ausgang der Attraktion auf Bildschirmen gezeigt und können gekauft werden. Es ist auch möglich, dass im Park Foto- oder Videoaufnahmen gemacht werden. Duinrell behält sich vor, dieses Material für Veröffentlichungen zu nutzen. Wollen Sie während Ihres Besuchs nicht fotografiert oder gefilmt werden? Dann meiden Sie bitte das Gebiet, in dem gerade Aufnahmen gemacht werden, und bitten Sie einen Mitarbeiter bzw. das Produktionsteam, Sie nicht zu fotografieren oder zu filmen.

• HAUSTIERE

Im Erlebnispark, im Waldgebiet und auf dem Campingplatz sind Haustiere nur zugelassen, wenn sie angeleint sind und keine Belästigungen verursachen. Im Duinhostel, in der Orangerie, den Restaurants, im Tikibad sowie auf der gesamten Duinrell Plaza sind Haustiere nicht gestattet. Sie sind verpflichtet, einen Hundekotbeutel mitzunehmen und zu benutzen.

• RAUCHEN

Das Rauchen ist in allen überdachten öffentlichen Räumen in Duinrell, auf den Attraktionen, in den Warteschlangen vor Attraktionen und im Tikibad sowie in den Unterkünften (Duingalow, Lodgezelt, Duinhostel oder Orangerie) nicht gestattet.

ZERTIFIKAT B1 | **HÖREN**
MODELLSATZ 1 | KANDIDATENBLÄTTER

Kandidatenblätter

Hören
40 Minuten

Das Modul *Hören* besteht aus vier Teilen. Sie hören mehrere Texte und lösen Aufgaben dazu.

Lesen Sie jeweils zuerst die Aufgaben und hören Sie dann den Text dazu.

Für jede Aufgabe gibt es nur eine richtige Lösung.

Vergessen Sie bitte nicht, Ihre Lösungen auf den **Antwortbogen** zu übertragen.
Dazu haben Sie nach dem Hörverstehen fünf Minuten Zeit.

Hilfsmittel wie z. B. Wörterbücher oder Mobiltelefone sind nicht erlaubt.

ZERTIFIKAT B1	HÖREN
MODELLSATZ 1	KANDIDATENBLÄTTER

Teil 1

Sie hören nun fünf kurze Texte. Sie hören jeden Text **zweimal**. Zu jedem Text lösen Sie zwei Aufgaben. Wählen Sie bei jeder Aufgabe die richtige Lösung.

Lesen Sie zuerst das Beispiel. Dazu haben Sie 10 Sekunden Zeit.

Beispiel

1 Der Anrufer muss den Termin absagen.   Richtig | ~~Falsch~~

2 Wann kommen sie an dem Ort an?
- a um 9 Uhr
- b um 9. 30 Uhr
- ☒ um 10.30 Uhr

Text 1

1 Frau Eberhart sollte Geld überweisen   Richtig | Falsch

2 Der Betrag...
- a wurde automatisch bezahlt.
- b muss noch bezahlt werden.
- c wurde am Montag bezahlt.

Text 2

3 Herr Weber hatte ein Vorstellungsgespräch am Dienstag.   Richtig | Falsch

4 Die Zeugnisse müssen ...
- a beglaubigt werden.
- b bis morgen abgegeben werden.
- c an Herrn Wagner geschickt werden.

Text 3

5 Alle Passagiere müssen aussteigen.   Richtig | Falsch

6 Man hat nach der Durchsage ...
- a im Zug Kleines zum Essen bekommen.
- b im Zug besser Masken zu tragen.
- c Reisemöglichkeiten nach Osnabrück.

ZERTIFIKAT B1   HÖREN
MODELLSATZ 1   KANDIDATENBLÄTTER

Text 4

7 Es gab einen Unfall, aber niemand ist gestorben.

| Richtig | *Falsch* |

8 Man muss ...

- a nur auf der 1 Spur fahren.
- b warten, bis alles wieder in Ordnung wird.
- c überholen.

Text 5

9 Das Wetter ist gewitterig.

| Richtig | *Falsch* |

10 Beim Blitzschlag...

- a sollte es 15 l/ m² pro Stunde regnen.
- b hagelt es.
- c muss man auf mögliche Gefahr aufpassen.

ZERTIFIKAT B1 HÖREN
MODELLSATZ 1 KANDIDATENBLÄTTER

Teil 2

Sie hören nun einen Text. Sie hören den Text **einmal**. Dazu lösen Sie fünf Aufgaben.

Wählen Sie bei jeder Aufgabe die richtige Lösung a , b oder c .

Lesen Sie jetzt die Aufgaben 11 bis 15. Dazu haben Sie 60 Sekunden Zeit.

Sie nehmen an einer Führung durch das Paul-Löbe-Haus teil.

11 Wo ist das Paul-Löbe-Haus?
- a In Berlin
- b In der Weimar Republik
- c Vor dem Reichstagsgebäude

12 Das Gebäude …
- a hat 2 Etagen.
- b ist 100 Meter lang.
- c hat 20 Sitzungssäle.

13 Paul Löbe ist …
- a 1857 geboren.
- b nach dem Krieg als Redakteur tätig gewesen.
- c 1949 gestorben.

14 Was ist NICHT nach seinem Namen benannt?
- a Straßen
- b Schule
- c Stadtteil

15 In dem Haus …
- a darf man nichts mitnehmen.
- b darf man nicht fotografieren.
- c findet man eine Toilette.

ZERTIFIKAT B1 HÖREN
MODELLSATZ 1   KANDIDATENBLÄTTER

Teil 3

Sie hören nun ein Gespräch. Sie hören das Gespräch einmal. Dazu lösen Sie sieben Aufgaben.

Wählen Sie: Sind die Aussagen *Richtig* oder *Falsch* ?

Lesen Sie jetzt die Aufgaben 16 bis 22. Dazu haben Sie 60 Sekunden Zeit.

Sie sind an einer Bushaltestelle und hören wie sich ein Mann und eine Frau über eine Veranstaltung unterhalten.

16 Sascha hat heute eine Aufnahmeprüfung.	Richtig Falsch
17 Früher haben Linda und Sascha zusammen ein Theaterstück gespielt.	Richtig Falsch
18 Linda möchte eine Ausbildung zur Theaterwissenschaft machen.	Richtig Falsch
19 Schauspieler dürfen ab und zu auf der Bühne Brillen tragen.	Richtig Falsch
20 Sie wollen nach der Prüfung Kaffee trinken gehen.	Richtig Falsch
21 Ihr Team hat im Wettbewerb gewonnen.	Richtig Falsch
22 Sascha hat den Text alles auswendig gelernt.	Richtig Falsch

Teil 4

Sie hören nun eine Diskussion. Sie hören die Diskussion **zweimal**. Dazu lösen Sie acht Aufgaben.

Ordnen Sie die Aussagen zu: **Wer sagt was**?

Lesen Sie jetzt die Aussagen 23 bis 30. Dazu haben Sie 60 Sekunden Zeit.

Die Moderatorin der Radiosendung „Unsere Welt" diskutiert mit der Lehrerin Ritta Schuster und dem Schüler Levin Knupfer zum Thema „Sollen die Kinder ein Handy besitzen?".

	Moderatorin	Frau Schuster	Levin
Beispiel			
0 Die Schüler benutzen in der Schule im Unterricht zu oft Handys.	a	☒	c
23 Es könnte in der Pubertät passieren, dass man verlegen wird, wenn man sich peinlich fühlt.	a	b	c
24 Dass man leichte Begriffe nicht kennt, ist eine Schande.	a	b	c
25 Dass die Kinder Handys haben, ist selbst kein Problem.	a	b	c
26 Zuhören, Fragen, Diskutieren gehören zu den klassischen Methoden beim Lernen.	a	b	c
27 Im Notfall brauchen wir Handys.	a	b	c
28 Frau Schuster hat recht.	a	b	c
29 Im Unterricht müssen Handys ausgemacht werden.	a	b	c
30 Zuhörer können auch ihre Meinung schreiben.	a	b	c

ZERTIFIKAT B1   **SCHREIBEN**
MODELLSATZ 1   KANDIDATENBLÄTTER

Kandidatenblätter

Schreiben
60 Minuten

Das Modul *Schreiben* besteht aus drei Teilen.
In den **Aufgaben 1** und **3**
schreiben Sie E-Mails.

In **Aufgabe 2**
schreiben Sie einen Diskussionsbeitrag.

Sie können mit jeder Aufgabe beginnen.
Schreiben Sie Ihre Texte auf die
Antwortbogen.

Bitte schreiben Sie deutlich und verwenden
Sie keinen Bleistift.

Hilfsmittel wie z. B. Wörterbücher oder
Mobiltelefone sind nicht erlaubt.

ZERTIFIKAT B1 — SCHREIBEN
MODELLSATZ 1 — KANDIDATENBLÄTTER

Aufgabe 1
Arbeitszeit: 20 Minuten

Sie waren auf einer Hochzeitsfeier von Bekannten.

Ihre Freundin/Ihr Freund war nicht dabei, da sie/er an dem Tag einen wichtigen Termin hatte.

– Beschreiben Sie: Wie war die Feier?

– Begründen Sie: Was fanden Sie besonders toll/nicht toll und warum?

– Machen Sie einen Vorschlag für ein Treffen.

Schreiben Sie eine E-Mail (circa 80 Wörter).

Schreiben Sie etwas zu allen drei Punkten.

Achten Sie auf den Textaufbau (Anrede, Einleitung, Reihenfolge der Inhaltspunkte, Schluss).

Aufgabe 2
Arbeitszeit: 25 Minuten

Sie haben im Fernsehen eine Diskussionssendung zum Thema „Plastiktüten müssen verboten werden" gesehen. Im Online-Gästebuch der Sendung finden Sie folgende Meinung:

Gästebuch

▶ 27. 03. 17:56

Also ich finde, dass es unrealistisch ist. Wenn man einkaufen geht, braucht man eine Tüte und bezahlt man sogar dafür Cents. Aber Plastiktüten ganz verbieten ist unlogisch. Das macht uns nur unbequem und ärgerlich. Und die Tüten können recycelt werden. Ich finde hier kein Problem.

▶ 28. 03. 16:20

Schreiben Sie nun Ihre Meinung zum Thema (circa 80 Wörter).

Aufgabe 3

Arbeitszeit: 15 Minuten

Ihr Chef, Herr Bauer, hat Sie zu seinem Geburtstagsparty eingeladen.
An dem Tag haben Sie aber einen anderen wichtigen Termin.

Schreiben Sie an Herrn Bauer.

Entschuldigen Sie sich höflich und berichten Sie, warum Sie nicht kommen können.

Schreiben Sie eine E-Mail (circa 40 Wörter).
Vergessen Sie nicht die Anrede und den Gruß am Schluss.

Kandidatenblätter

Sprechen
15 Min. für zwei Teilnehmende

Das Modul *Sprechen* besteht aus drei Teilen.
In **Teil 1** planen Sie etwas gemeinsam mit Ihrem Partner/Partnerin
(circa 3 Minuten).
In **Teil 2** präsentieren Sie ein Thema
(circa 3 Minuten). Wählen Sie ein Thema
(Thema 1 oder Thema 2) aus.
In **Teil 3** sprechen Sie über Ihr Thema und das Ihres Partners/Ihrer Partnerin
(circa 2 Minuten).

Ihre Vorbereitungszeit beträgt 15 Minuten.
Sie bereiten sich allein vor.
Sie dürfen sich zu jeder Aufgabe Notizen machen. In der Prüfung sollen Sie frei sprechen.

Hilfsmittel wie z. B. Wörterbücher oder Mobiltelefone sind nicht erlaubt.

ZERTIFIKAT B1 — SPRECHEN
MODELLSATZ 1 — KANDIDATENBLÄTTER

Teil 1

Gemeinsam etwas planen Dauer: circa drei Minuten

Ein Kollege wird nächste Woche umziehen und dafür braucht er Hilfe. Sie sind damit einverstanden, ihm zu helfen. Da er Ausländer ist, hat er kein Auto und weiß nicht, was er alles alleine machen soll. Überlegen Sie, wie Sie ihm helfen können.

Sprechen Sie über die Punkte unten, machen Sie Vorschläge und reagieren Sie auf die Vorschläge Ihres Gesprächspartners/Ihrer Gesprächspartnerin.

Planen und entscheiden Sie gemeinsam, was Sie tun möchten.

Beim Umzug helfen
- Auto? (Wessen?)
- Wer noch?
- Wie lange?
- wie oft?
- Wann und wo treffen?
- Anmeldung?

ZERTIFIKAT B1 SPRECHEN
MODELLSATZ 1 KANDIDATENBLÄTTER

Teil 2

Ein Thema präsentieren Dauer: circa drei Minuten

Wählen Sie ein Thema (Thema 1 oder Thema 2) aus.

Sie sollen Ihren Zuhörern ein aktuelles Thema präsentieren. Dazu finden Sie hier fünf Folien. Folgen Sie den Anweisungen links und schreiben Sie Ihre Notizen und Ideen rechts daneben.

Thema 1

Stellen Sie Ihr Thema vor. Erklären Sie den Inhalt und die Struktur Ihrer Präsentation.

Folie 1 – „Jetzt räumst du dein Zimmer auf!" – Sollten Kinder im Haushalt helfen?

Berichten Sie von Ihrer Situation oder einem Erlebnis im Zusammenhang mit dem Thema.

Folie 2 – Sollten Kinder im Haushalt helfen? – Meine persönlichen Erfahrungen

Berichten Sie von der Situation in Ihrem Heimatland und geben Sie Beispiele.

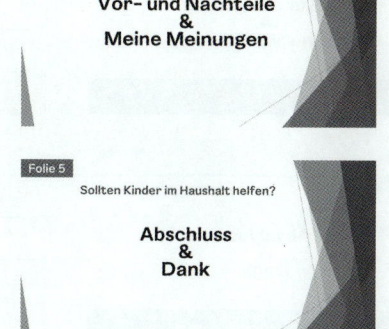

Folie 3 – Sollten Kinder im Haushalt helfen? – Die Situation in meinem Heimatland

Nennen Sie die Vor- und Nachteile und sagen Sie dazu Ihre Meinung. Geben Sie auch Beispiele.

Folie 4 – Sollten Kinder im Haushalt helfen? – Vor- und Nachteile & Meine Meinungen

Beenden Sie Ihre Präsentation und bedanken Sie sich bei den Zuhörern.

Folie 5 – Sollten Kinder im Haushalt helfen? – Abschluss & Dank

ZERTIFIKAT B1 SPRECHEN
MODELLSATZ 1 KANDIDATENBLÄTTER

Teil 2

Ein Thema präsentieren Dauer: circa drei Minuten

Wählen Sie ein Thema (Thema 1 oder Thema 2) aus.

Sie sollen Ihren Zuhörern ein aktuelles Thema präsentieren. Dazu finden Sie hier fünf Folien. Folgen Sie den Anweisungen links und schreiben Sie Ihre Notizen und Ideen rechts daneben.

Thema 2

Stellen Sie Ihr Thema vor. Erklären Sie den Inhalt und die Struktur Ihrer Präsentation.

Folie 1: „Muss ich kündigen?" — Rentenalter auf 70 Jahre?

Berichten Sie von Ihrer Situation oder einem Erlebnis im Zusammenhang mit dem Thema.

Folie 2: Meine persönlichen Erfahrungen

Berichten Sie von der Situation in Ihrem Heimatland und geben Sie Beispiele.

Folie 3: Die Situation in meinem Heimatland

Nennen Sie die Vor- und Nachteile und sagen Sie dazu Ihre Meinung. Geben Sie auch Beispiele.

Folie 4: Vor- und Nachteile & Meine Meinungen

Beenden Sie Ihre Präsentation und bedanken Sie sich bei den Zuhörern.

Folie 5: Abschluss & Dank

Teil 3

Über ein Thema sprechen

Nach Ihrer Präsentation:

Reagieren Sie auf die Rückmeldung und auf Fragen der Prüfer/-innen und des Gesprächspartners/der Gesprächspartnerin.

Nach der Präsentation Ihres Partners/Ihrer Partnerin:

a) Geben Sie eine Rückmeldung zur Präsentation Ihres Partners/Ihrer Partnerin (z. B. wie Ihnen die Präsentation gefallen hat, was für Sie neu oder besonders interessant war usw.).

b) Stellen Sie auch eine Frage zur Präsentation Ihres Partners/Ihrer Partnerin.

Goethe Zertifikat B1

MODELLSATZ
2

ZERTIFIKAT B1   **LESEN**
MODELLSATZ 2   KANDIDATENBLÄTTER

Kandidatenblätter

Lesen
65 Minuten

Das Modul *Lesen* hat fünf Teile.
Sie lesen mehrere Texte und lösen Aufgaben dazu. Sie können mit jeder Aufgabe beginnen. Für jede Aufgabe gibt es nur eine richtige Lösung.

Vergessen Sie bitte nicht, Ihre Lösungen innerhalb der Prüfungszeit auf den **Antwortbogen** zu schreiben.

Bitte schreiben Sie deutlich und verwenden Sie keinen Bleistift.

Hilfsmittel wie z. B. Wörterbücher oder Mobiltelefone sind nicht erlaubt.

ZERTIFIKAT B1   LESEN
MODELLSATZ 2   KANDIDATENBLÄTTER

Teil 1   *Arbeitszeit: 10 Minuten*

Lesen Sie den Text und die Aufgaben 1 bis 6 dazu.

Wählen Sie: Sind die Aussagen Richtig oder Falsch?

Was immer auch passiert, kann Freunde und Freude bringen

Es ist schon lange her, aber ich erinnere mich noch daran ganz genau. Es gibt immer etwas, was man nie vergisst. Schöne, oder aber auch richtig doofe Erinnerungen. Heute möchte ich euch von einer erzählen, die mir immer noch ein Lächeln aufs Gesicht zaubert. Ich weiß, dass das ungewöhnlich ist, da ich so ein Brummbärchen bin und mich immer über alles beschwere. Schließlich bin ich doch Kritikerin von Beruf. Aber heute relaxe ich mich ein bisschen und erzähle mal von etwas Schönem. :)

Meine Schwester und ich waren auf der Europareise. Wir wollten damals von Paris nach Bonn fahren. Dafür nahmen wir den ICE nach Deutschland, denn wir waren beide Anfang zwanzig und wollten Geld sparen, wie ihr euch sicher vorstellen könnt. Unser angespartes Taschengeld hatten wir bereits auf der Reise ausgegeben. Also hatten wir keine Plätze reserviert. Der Zug war voll, deshalb gab es keine andere Möglichkeit, als im Wagenübergang zu stehen. Dort waren schon zwei Jugendliche mit ihren Fahrrädern. Sie erzählten, dass sie auch eine Europareise gemacht hätten, aber ihre Fahrräder kaputt gegangen seien. Deshalb befänden sie sich auf dem Heimweg. Die zwei Jungs waren aus den Niederlanden. Wir unterhielten uns lange, bis wir an der Grenze zwischen Frankreich und Deutschland ankamen.

Auf einmal fragte uns der eine, warum wir nicht aussteigen. Ich wusste nicht, was er meinte. Da fügte er hinzu, dass der Zug beim nächsten Halt geteilt würde und unser Zugteil nach Amsterdam weiterführe. Deshalb sollten wir schnellstmöglich in den hinteren Zugteil umsteigen. Aber der Zug hatte an diesem Bahnhof nur drei Minuten Aufenthalt. Wir gerieten in Panik. Meine Schwester hatte einen großen Koffer dabei, und damit zu rennen schien uns unmöglich. Gott sei Dank haben die beiden uns geholfen. Einer von ihnen ist mit dem Koffer in der Hand mit uns bis zum hinteren Zugteil gelaufen, der andere hat den Bahnmitarbeitern die Situation erklärt. Ohne ihre Hilfe hätten wir den Zug verpasst.

Am nächsten Tag schrieb ich den Jungs eine Dankeschön-E-Mail. Sie antworteten mir sehr schnell und luden uns sogar in die Niederlande ein! Da wir sowieso schon immer mal dorthin wollten, waren wir eine Woche später in Amsterdam. Wir besuchten den Freizeitpark und wurden von ihnen auch zum Abendessen nach Hause eingeladen. Der Vater des einen sprach Deutsch. Die länderübergreifende Unterhaltung fand ich echt toll. Da sie auf dem Land wohnten, sind wir an einem Feldweg entlang Rad gefahren. Ich finde es faszinierend, dass man aufgrund einer zufälligen, kleinen Begebenheit neue Freunde finden kann. Wir stehen immer noch im Kontakt. Seit 13 Jahren nun schon! Ich denke gerne an sie.

Beispiel

0 Die Autorin schreibt über etwas Blödes.	Richtig	~~Falsch~~
1 Die Autorin ist normalerweise skeptisch.	Richtig	Falsch
2 Es waren im Zug keine Sitzplätze.	Richtig	Falsch
3 Die jungen Männer sind zusammen mit nach Deutschland gekommen.	Richtig	Falsch
4 Der vordere Zugteil fährt nach Amsterdam.	Richtig	Falsch
5 Sie sind alle zusammen nach Amsterdam gefahren.	Richtig	Falsch
6 Die Mädchen haben den Zug nicht verpasst.	Richtig	Falsch

ZERTIFIKAT B1 LESEN
MODELLSATZ 2 KANDIDATENBLÄTTER

Teil 2 *Arbeitszeit: 20 Minuten*

Lesen Sie den Text aus der Presse und die Aufgaben 7 bis 9 dazu.

Wählen Sie bei jeder Aufgabe die richtige Lösung a, b oder c.

Fördermittel für kulturelle Projekte zu vergeben

Der Fachbereich Kunst und Geschichte des Bezirks Reinickendorf vergibt für das Jahr 2021 wieder Mittel im Rahmen des Projektfonds Kulturelle Bildung für Projekte im Zusammenhang mit Künstlerinnen und Künstlern und Bildungseinrichtungen.

Voraussetzung für eine Antragstellung ist eine Zusammenarbeit zwischen einem Kunstpartner (Künstlerin oder Künstler, freie Gruppe, Kultureinrichtung) und einer Bildungs- und/oder Jugendeinrichtung (Schule, Kita, Jugendfreizeitstätte, u.a.).

Gefördert werden künstlerische Aktivitäten aus den Bereichen der Bildenden Kunst, Musik, Theater, Tanz, Literatur, Medien und spartenübergreifende Projekte. Ein Projekt kann mit bis zu 5.000 Euro gefördert werden, wobei sich die Mittel in Honorar- und Sachmittel aufgliedern. Eine Jury entscheidet über die eingereichten Anträge. Für die Auswahl ist neben der künstlerischen und der pädagogisch-partizipativen auch die inhaltliche Qualität der Projekte entscheidend.

Künstlerinnen und Künstler können bis zum 20. November 2020 Projektvorschläge einreichen an:

Bezirksamt Reinickendorf von Berlin, Fachbereich Kunst und Geschichte, c/o Museum Reinickendorf, Alt-Hermsdorf 35 13467 Berlin

---

Beispiel

0 Zum Kunstpartner gehört …

- [ ] a Antragstellung
- [ ] b Kita
- [x] c Künstlerin

---

7 Zur Antragstellung muss man …

- [ ] a eine Zusammenarbeit zwischen Kunstpartner und Bildungseinrichtung beweisen.
- [ ] b Künstler sein.
- [ ] c in der Kita zusammen arbeiten.

8 Die Anträge …

- [ ] a werden von einer Jury mit 5.000 Euro unterstützt.
- [ ] b werden nicht zurückgegeben.
- [ ] c werden auch inhaltlich bewertet.

ZERTIFIKAT B1 **LESEN**
MODELLSATZ 2 KANDIDATENBLÄTTER

9 In diesem Text geht es um ...
- a eine Stellenanzeige.
- b ein stadtliches Projekt für Kunst.
- c einen Wettbewerb im Fachbereich Kunst.

noch Teil 2

Lesen Sie den Text aus der Presse und die Aufgaben 10 bis 12 dazu.

Wählen Sie bei jeder Aufgabe die richtige Lösung a, b oder c.

Carl-Bosch-Oberschule soll für 31 Mio. Euro saniert werden

Das vermutlich größte Schulbauprojekt des Bezirks wird künftig die Carl-Bosch-Oberschule in der Frohnauer Straße in Hermsdorf sein. Erste Schätzungen gingen vor vier Jahren noch von 6 Mio. Euro Baukosten aus. Während der Abstimmung des Bezirks mit der zuständigen Senatsverwaltung addierten sich die Wünsche zur Sanierung und zur Erweiterung in eine sechszügige integrierte Sekundarschule auf über 31 Mio. Euro. Baumaßnahmen mit einem Investitionsvolumen von über 10 Mio. Euro verantwortet in der Regel die Senatsverwaltung. Die Anfrage des Bezirks auf Amtshilfe bei der Sanierung der Carl-Bosch-Schule wurde von der Senatsverwaltung für Stadtentwicklung und Wohnen jedoch überraschend abgelehnt. Der Bezirk muss das Bauprojekt jetzt komplett mit eigenem Personal stemmen.

10 In diesem Text geht es darum, ...
- a dass ein Bezirk eine neue Oberschule baut.
- b dass die Anfrage der Sanierung abgesagt.
- c dass eine Oberschule renoviert wird.

11 Das Projekt ...
- a soll das größte Schulbauprojekt sein.
- b soll vier Jahre dauern.
- c soll komplett investiert werden.

12 Die Baukosten wären ...
- a 6 Millionen Euro.
- b 31 Millionen Euro.
- c 10 Millionen Euro.

ZERTIFIKAT B1 — LESEN
MODELLSATZ 2 — KANDIDATENBLÄTTER

Teil 3   *Arbeitszeit: 10 Minuten*

Lesen Sie die Situationen 13 bis 19 und die Anzeigen A bis J aus verschiedenen deutschsprachigen Medien. Wählen Sie: Welche Anzeige passt zu welcher Situation?

Sie können **jede Anzeige nur einmal** verwenden. Die Anzeige aus dem Beispiel können Sie nicht mehr verwenden. Für eine Situation gibt es **keine passende Anzeige**. In diesem Fall schreiben Sie **0**.

Verschiedene Personen suchen Angebote für ihren Urlaub.

Beispiel
0 Herr Doktor Meyer ist letzten Monat in Rente gegangen. Jetzt möchte er sich gern ausruhen und sucht nach einer Entspannungsreise am besten am Meer.   Anzeige: e

13 Anja Schweier fährt gern Motorrad. Sie möchte in der Wüste mal Motorrad fahren.   Anzeige: _____

14 Alena Lexa hat 3 Kinder. Sie möchte mit ihrer ganzen Familie Urlaub machen. Die Kinder möchten etwas Sportliches unternehmen.   Anzeige: _____

15 Ludger Hegel möchte mit seinem alten Freund nach Österreich fahren. Sie haben ihre Unterkunft schon reserviert. Nur ist das Auto plötzlich kaputt gegangen. Sie wollen weder den Zug noch den Bus nehmen, da sie in Österreich auch frei fahren möchten.   Anzeige: _____

16 Otto Füssler interessiert sich für exotische Küchen. Er möchte gerne im Auslandsurlaub auch kochen lernen.   Anzeige: _____

17 Katina Schröger klettert gern. Sie möchte mal freies Klettern probieren.   Anzeige: _____

18 Pascal ist Ingenieur von Beruf. Er ist zu beschäftigt für eine lange Reise. Eine 2 tägige Kurztrip wäre für ihn genug. Er wohnt jetzt in Hamburg und möchte nicht so weit verreisen.   Anzeige: _____

19 Karoline ist gerade mit der Schule fertig. Sie hat viel Zeit und zwar 2 Monate. Inzwischen möchte sie gerne etwas lernen und Urlaub machen.   Anzeige: _____

a
ENGLISCH LERNEN IM KLEINSTAAT MALTA

Malta ist seit vielen Jahren ein beliebtes Ziel für Sprachschüler aus aller Welt. Beim **Programm International** lernen sie in einer Gruppe von Teilnehmern aus aller Welt bei einem muttersprachlichen Pädagogen. Bei den **Sprachkursen** hast du die Auswahl zwischen den Standard-, Intensiv- und Abiturkursen. Tolle **Unterkünfte** warten ebenfalls auf dich: Verbringe deine 2 monatigen Sprachferien bei einer maltesischen Gastfamilie, wohne auf dem Sprachschulcampus oder komme in einer Residenz unter - Dein Sprachurlaub auf Malta lässt keine Wünsche offen!

b
Mitfahrgelegenheit

Sa, 29. 11. Von Berlin nach Salzburg
ab 11.00 Uhr
Vom Berliner Hbf
30 Euro pro Person

c
Günstige Leihwagen Ab 8 Euro/Tag

Vergleichen Sie 900 verschiedene Vermieter in mehr als 60.000 Locations mit Preisversprechen!

d
Drei Tage Klettern im Grödner Tal, dem Alpinkletterherzen der Dolomiten. Dein Bergführer wird dich individuell beraten, welche der unerschöpflichen Möglichkeiten die richtige Wahl für dich ist. Das Grödnertal bietet alle Möglichkeiten dazu. Wir freuen uns, dich in dieses Paradies zu führen.

Aber Achtung: Suchtpotential!

e
Urlaub an der Nordsee. Strand, Meer und ganz viel Erholung!

Das Meer ist mal ganz still und wirkt einfach nur beruhigend auf Körper, Geist & Seele. In einem anderen Moment können die Wellen auch mal ganz hoch schlagen und Mutter Natur zeigt uns, wie viel Kraft in ihr steckt. **Ob Sonne, Wind oder Regen**: Ein Spaziergang entlang der Deiche und Strände ist Entspannung pur.

f
Herzlich Willkommen bei Wüstenfahrer Motorradreisen

www.wuestenfahrer.com

WÜSTENFAHRER - Motorradreisen
für Enduro-Fahrer/innen

KONTAKT / TELEFON

WÜSTENFAHRER REISEN

THOMAS TROSSMANN

Diessener Straße 36

86935 Rott / Lech

g

Familienurlaub & Eltern-Kind-Reisen 2020/2021 mit Frosch

www.frosch-sportreisen.de › familienurlaub

Alle Familienreisen in Frosch Familienclubs, Skiurlaub, Segeltörns und Aktivreisen für Familien im Überblick.

i

Kochkurs in Dresden erleben - Buchen Sie geniale Kochkurse

Anzeige·www.miomente.de/

Mit viel Lust am Genuss lernen Sie praktische Küchen-Tricks und raffinierte Geheimtipps. Entdecken Sie einzigartige Rezeptideen mit unseren individuellen Kochkursen! Gutscheine 3 Jahre gültig. Exklusive Geschenkboxen. Sofort selbst ausdrucken.

h

Städtereisen in Deutschland: Stadtführung als Kurzurlaub buchen!

Nach den Umgebungsfaktoren der Lage unterscheiden sich Hotels in Deutschland in Stadthotels und Landhotels, in Berghotels, Seehotels, Strandhotels sowie Waldhotels und Parkhotels. Zentral gelegene Stadthotels sind durch unmittelbare Nähe zum Stadtzentrum gekennzeichnet und bieten eine hervorragende Ausgangssituation für alle nennenswerten Sehenswürdigkeiten. Zentrumsnahe **Stadthotels** ermöglichen kurze Wege und stellen die Grundlage für eine erlebnisreiche Städtereise oder einen Städte-Kurztrip in Deutschland.

j

2-Tageswanderungen, Wochenend-Touren - mit Wegbeschreibung

- 1-Tageswanderungen; mit etwas Organisation können Tagestouren aus der gleichen Gegend zu einer Weekendtour zusammengelegt werden
- Trekkingtouren; Viele Mehrtageswanderungen eignen sich gut zum Herauspicken einer Wochenendtour
- Ideenliste für 2-Tageswanderungen; Zusätzlich zu den folgenden, teils ausführlich beschriebenen 2-Tageswanderungen gibt es auf der Wandersite eine Ideen-Sammlung von Touren mit Übernachtung in Hütten oder Berggasthäusern

ZERTIFIKAT B1 LESEN
MODELLSATZ 2 KANDIDATENBLÄTTER

Teil 4 Arbeitszeit: 15 Minuten

Lesen Sie die Texte 20 bis 26. Wählen Sie: Ist die Person **für Homeschooling**?

In einer Zeitschrift lesen Sie Kommentare zu dem Thema „Homeschooling".

Beispiel

| 0 Karl | ☒ Ja | ☐ Nein |

20 Ise	Ja	Nein		24 Jannina	Ja	Nein
21 Liane	Ja	Nein		25 Noel	Ja	Nein
22 Reiner	Ja	Nein		26 Robert	Ja	Nein
23 Jürgen	Ja	Nein

LESERBRIEFE

Beispiel

Statt den Druck auf Eltern und Schüler zu erhöhen, sollte das Angebot so sein, dass es auch für Eltern wie uns, für die die Anwesenheitspflicht in der Schule Freiheitsberaubung und Entmündigung bedeuten, einigermaßen erträglich ist. Wir wollen keine Ganztagsschule, sondern eine Beschränkung der Unterrichtszeit auf das Wesentliche. Auf die Kernkompetenzen! Ganztagsschule nur als Angebot!

Karl, 40, Berlin

20

Bei dieser Familie handelt es sich um eine Familie mit geregeltem Einkommen, hohem Bildungsstand der Eltern, ohne gefährliche politisch oder religiös radikale Ansichten, mit einer Mutter, die ganz offensichtlich nicht arbeiten geht und einem Vater, der genug Geld für 4 Personen scheffeln kann. Das ist - mit Verlaub - nicht gerade ein Durchschnittshaushalt.

Ise, 32, Heidelberg

21

Alle Kommentare zeugen von einer Unkenntnis, wie Lernen funktioniert. Man glaubt Kinder in einer Sache unterrichten zu müssen. Ich frage mich, wie haben Sie Ihre Kinder unterrichtet, Laufen zu lernen? Wie haben Sie Ihre Kinder unterrichtet, so etwas kompliziertes wie Sprache zu lernen? Warum glauben Sie, Ihre Kinder ab dem 6. oder 7. Lebensjahr beschulen zu müssen?

Liane, 27, Linz

22

Ich denke doch, dass auch in Deutschland sehr viele Kinder höherer Schulen von ihren Eltern unterrichtet werden und werden müssen, um bei der heutigen ineffektiven Unterrichtsgestaltung ausreichen zu lernen. Bei allen unseren Bekannten ist das so. Kinder von Eltern, die das nicht können, sind benachteiligt und haben es auf höheren Schulen sehr schwer.

Reiner, 31, Mainz

23

Meine Frau und ich leben seit 6 Jahren in den USA und seit 3 Jahren in Alaska, wo der Heimunterricht auch von der Regierung finanziell unterstützt wird (glaub so um die $1500/Kind/Jahr). Wir kennen etliche Studienabsolventen die zu Hause unterrichtet wurden... Soziale Kompetenz wird dann im Sportunterricht oder ähnlich erlangt... (wird auch vom State of Alaska gefördert..)

Jürgen, 51, Freiburg

24

Die Homeschüler haben zu Hause keine Labore für Physik, Chemie, Informatik, Mathematik, Biologie, Fremdsprachen. Sind diese Fächer unwichtig? Im Internet gibt es noch nicht alles.

Jannina, 40, Rosenheim

25

Ich als Lehrer von Homeschooling-Kindern kann beide Seiten verstehen. Vor allem vor dem Hintergrund, dass in Deutschland immer mehr Ganztagsschulen eingeführt werden, gibt es immer mehr Eltern, die nicht dulden wollen, dass der Staat die eigenen Kinder erzieht. Wichtig ist, dass die Kinder mindestens genauso gut sind, wie die von staatlichen Schulen. Aber das finde ich schwer.

Noel, 38, Lübeck

26

Homeschooling könnte nur gut funktionieren mit Privatlehrern, die nach Hause kommen. In Mathe, Physik sind Ideen wichtig. Diese kann nur ein guter Lehrer vermitteln. Es ist ein Unterschied zwischen: ich kann und ich verstehe es. Wie soll man Fremdsprachen selbst lernen oder Fehler korrigieren? Top Gymnasium wäre empfehlenswert. Es gibt Fernstudiengänge und die sind viel schwerer als Uni-Studium.

Robert, 36, Essen

ZERTIFIKAT B1 — LESEN
MODELLSATZ 2 — KANDIDATENBLÄTTER

Teil 5 *Arbeitszeit: 10 Minuten*

Lesen Sie Aufgaben 27 bis 30 und den Text dazu.

Wählen Sie bei jeder Aufgabe die richtige a, b oder c.

Sie informieren sich über den Tee mit Arzneimittel, den Ihr Arzt Ihnen verschrieben hat.

27 Wenn man die Einnahme vergessen hat, ...
- a braucht man verdoppelte Dosierung.
- b reicht nur eine Tasse.
- c sollte man der Anwendungsweise folgen.

28 Nebenwirkungen ...
- a treten nie auf.
- b sollten gemeldet werden.
- c müssen bemerkt werden.

29 Wenn man über Nebenwirkungen berichtet, ...
- a wenden sich die Ärzte an die Firma.
- b sollte man den Tee nicht mehr konsumieren.
- c ist es für die Entwicklung des Mittels hilfreich.

30 Der Tee ...
- a darf nicht von Kindern erfasst werden.
- b enthält 0,88 Wirkstoffe.
- c kann umgelagert werden.

Gebrauchsinformation - Bitte sorgfältig lesen!

Wenn Sie die Einnahme von Morgentau Magen- und Darm Tee vergessen haben:

Bei Einnahme zu geringer Mengen von Morgentau Magen- und Darm Tee oder wenn Sie die Einnahme von Morgentau Magen- und Darm Tee vergessen haben, nehmen Sie beim nächsten Mal nicht etwa die doppelte Menge, sondern führen die Anwendung, wie von Ihrem Arzt verordnet oder in der Dosierungsanleitung beschrieben, fort. Bei Fragen zur Klärung der Anwendung befragen Sie bitte Ihren Arzt oder Apotheker.

Meldung von Nebenwirkungen:

Wenn Sie Nebenwirkungen bemerken, wenden Sie sich an Ihren Arzt oder Apotheker. Dies gilt auch für Nebenwirkungen, die nicht in dieser Packungsbeilage angegeben sind. Sie können Nebenwirkungen auch direkt dem Bundesinstitut für Arzneimittel und Medizinprodukte, Abt. Arzneimittelsicherheit, Bundesstraße 37, D-10439 Berlin.

Indem Sie Nebenwirkungen melden, können Sie dazu beitragen, dass mehr Informationen über die Sicherheit dieses Arzneimittels zur Verfügung gestellt werden.

Wie ist Morgentau Magen- und Darm Tee aufzubewahren?

Arzneimittel für Kinder unzugänglich aufbewahren! Sie dürfen das Arzneimittel nach dem auf dem Umkarton und Umbeutel nach „Verwendbar bis" angegebenen Verfallsdatum nicht mehr verwenden.

Aufbewahrungsbedingungen:

Nicht über 25 Grad(Celsius) und nur in der Originalpackung lagern, um den Inhalt vor Feuchtigkeit und Licht zu schützen.

Weitere Informationen

Was Morgentau Magen- und Darm Tee enthält:

Ein Teeaufgussbeutel à 1,75g enthält die Wirkstoffe:

0,88g Kamillenblüten, geschnitten

0,59g Pfefferminzblätter, geschnitten

0,29g Kümmelfrüchte, zerkleinert

Wie Morgentau Magen- und Darm Tee aussieht und Inhalt der Packung:

Morgentau Magen- und Darm Tee ist ein Arzneitee. In einer Originalpackung befinden sich 8 Filterbeutel mit je 1,75g Arzneitee.

ZERTIFIKAT B1	HÖREN
MODELLSATZ 2	KANDIDATENBLÄTTER

Kandidatenblätter

Hören
40 Minuten

Das Modul *Hören* besteht aus vier Teilen. Sie hören mehrere Texte und lösen Aufgaben dazu.

Lesen Sie jeweils zuerst die Aufgaben und hören Sie dann den Text dazu.

Für jede Aufgabe gibt es nur eine richtige Lösung.

Vergessen Sie bitte nicht, Ihre Lösungen auf den **Antwortbogen** zu übertragen.
Dazu haben Sie nach dem Hörverstehen fünf Minuten Zeit.

Hilfsmittel wie z. B. Wörterbücher oder Mobiltelefone sind nicht erlaubt.

ZERTIFIKAT B1	HÖREN
MODELLSATZ 2	KANDIDATENBLÄTTER

Teil 1

Sie hören nun fünf kurze Texte. Sie hören jeden Text **zweimal**. Zu jedem Text lösen Sie zwei Aufgaben. Wählen Sie bei jeder Aufgabe die richtige Lösung.

Lesen Sie zuerst das Beispiel. Dazu haben Sie 10 Sekunden Zeit.

Beispiel

1 Es gab einen Unfall in Richtung Göttingen.   Richtig | ~~Falsch~~

2 In welche Richtung wird der Tunnel gesperrt?
- a Göttingen
- b Halle
- ⊠ Beide

Text 1

1 Herr Schmidt soll das Zugticket umbuchen.   Richtig | Falsch

2 Wann möchte die Familie Neuer zurückkommen?
- a am 26. November
- b 9 Uhr morgens
- c 6 Uhr abends

Text 2

3 Das Flugzeug hat sich nach Luxemburg gerichtet.   Richtig | Falsch

4 Wie viele Menschen sind gestorben?
- a 232
- b 223
- c 228

Text 3

5 Das ist eine Werbung für ein Gewinnspiel.   Richtig | Falsch

6 Im Camp kann man …
- a 350 Euro Unterstützung bekommen.
- b ausführliche Informationen erhalten.
- c auch feiern gehen.

ZERTIFIKAT B1 HÖREN
MODELLSATZ 2 KANDIDATENBLÄTTER

Text 4

7 Das ist eine Nachricht von einer Firma. | Richtig | *Falsch*

8 Das Museum hat geöffnet : ...
- [a] jeden Tag
- [b] am Mittag
- [c] jedes Wochenende

Text 5

9 Frau Kim bekommt ein neues Zimmer. | Richtig | *Falsch*

10 Das Zimmer...
- [a] liegt in der Veledastraße.
- [b] kostet 350 Euro kalt.
- [c] sollte zuerst besichtigt werden.

ZERTIFIKAT B1 HÖREN
MODELLSATZ 2 KANDIDATENBLÄTTER

Teil 2

Sie hören nun einen Text. Sie hören den Text **einmal**. Dazu lösen Sie fünf Aufgaben.

Wählen Sie bei jeder Aufgabe die richtige Lösung a, b oder c.

Lesen Sie jetzt die Aufgaben 11 bis 15. Dazu haben Sie 60 Sekunden Zeit.

Sie nehmen an einem Camp teil.

11 Die Teilnehmer an dem Camp …
- a sollten sich bei Problemen nur an den Campleiter wenden.
- b sollten vorsichtig sein.
- c sind jetzt am Eingang eines Berges.

12 Was bekommen die Teilnehmer verteilt?
- a Geschirr und Besteck
- b Zutaten und Wasser
- c Herde

13 Was macht man morgen?
- a Klettern
- b im Zelt bleiben
- c einen Besuch der Sternwarte

14 Am Donnerstag …
- a baut man ein Haus für Tiere.
- b macht man eine Wanderung.
- c macht man eine Abschiedsparty.

15 Wer keine Lust auf die Party hat, …
- a kann sofort den Ort verlassen.
- b kann die U-Bahn nehmen.
- c muss nichts sagen.

ZERTIFIKAT B1   HÖREN
MODELLSATZ 2   KANDIDATENBLÄTTER

Teil 3

Sie hören nun ein Gespräch. Sie hören das Gespräch einmal. Dazu lösen Sie sieben Aufgaben.

Wählen Sie: Sind die Aussagen Richtig oder *Falsch* ?

Lesen Sie jetzt die Aufgaben 16 bis 22. Dazu haben Sie 60 Sekunden Zeit.

Sie sind an einer Bushaltestelle und hören wie sich ein Mann und eine Frau über ihre WG unterhalten.

16 Fred hatte kein Zimmer bei ihm zu Hause.	Richtig	*Falsch*
17 Fred, Tanja und Sven wohnen zusammen in einer WG.	Richtig	*Falsch*
18 Seit September verhält sich Sven ungewöhnlich.	Richtig	*Falsch*
19 Svens Verhalten entspricht der Kriminalität.	Richtig	*Falsch*
20 Fred lädt Tanja zu seiner Geburtstagsparty ein.	Richtig	*Falsch*
21 Normalerweise kriegt man relativ einfach ein Zimmer in der Meistersingerstraße.	Richtig	*Falsch*
22 Der Partyraum kann man benutzen, erst wenn man zuvor reserviert.	Richtig	*Falsch*

ZERTIFIKAT B1 — HÖREN
MODELLSATZ 2 — KANDIDATENBLÄTTER

Teil 4

Sie hören nun eine Diskussion. Sie hören die Diskussion **zweimal**. Dazu lösen Sie acht Aufgaben.

Ordnen Sie die Aussagen zu: **Wer sagt was**?

Lesen Sie jetzt die Aussagen 23 bis 30. Dazu haben Sie 60 Sekunden Zeit.

Die Moderatorin der Radiosendung „Pro & Contra" diskutiert mit Herrn Wessels und Bettina zum Thema „Immer mehr Menschen haben ein eigenes Auto".

	Moderatorin	Herr Wessels	Bettina
Beispiel			
0 Immer mehr Menschen fahren eigene Autos.	☒	b	c
23 Das Verkehrssystem ist gut genug.	a	b	c
24 Man fängt normalerweise mit der Ausbildung an, wenn man 16 Jahre alt wird.	a	b	c
25 Die Wartezeit auf den Zug dauert 30 Minuten.	a	b	c
26 Die Haftung gilt ab 18 Jahren.	a	b	c
27 Jugendliche neigen oft dazu, sich in der Gruppe aufzuheben.	a	b	c
28 In den USA dürfen die 16 Jährigen schon fahren.	a	b	c
29 In Deutschland ist es sehr schwer, einen Führerschein zu machen.	a	b	c
30 Je früher man den Führerschein machen darf, desto besser.	a	b	c

ZERTIFIKAT B1 **SCHREIBEN**
MODELLSATZ 2 KANDIDATENBLÄTTER

Kandidatenblätter

Schreiben
60 Minuten

Das Modul *Schreiben* besteht aus drei Teilen.
In den **Aufgaben 1** und **3**
schreiben Sie E-Mails.

In **Aufgabe 2**
schreiben Sie einen Diskussionsbeitrag.

Sie können mit jeder Aufgabe beginnen.
Schreiben Sie Ihre Texte auf die
Antwortbogen.

Bitte schreiben Sie deutlich und verwenden
Sie keinen Bleistift.

Hilfsmittel wie z. B. Wörterbücher oder
Mobiltelefone sind nicht erlaubt.

ZERTIFIKAT B1 SCHREIBEN
MODELLSATZ 2 KANDIDATENBLÄTTER

Aufgabe 1
Arbeitszeit: 20 Minuten

Sie waren auf einer Hochzeitsfeier.

Ein Freund von Ihnen konnte nicht kommen, weil er beruflich unterwegs war.

– Beschreiben Sie: Wie war die Feier?

– Begründen Sie: Was fanden Sie gut oder schlecht?

– Machen Sie einen Vorschlag für ein Treffen.

Schreiben Sie eine E-Mail (circa 80 Wörter).

Schreiben Sie etwas zu allen drei Punkten.

Achten Sie auf den Textaufbau (Anrede, Einleitung, Reihenfolge der Inhaltspunkte, Schluss).

Aufgabe 2
Arbeitszeit: 25 Minuten

Sie haben im Fernsehen eine Diskussionssendung zum Thema „Hasskommentare im Netz" gesehen. Im Online-Gästebuch der Sendung finden Sie folgende Meinung:

Gästebuch

▶ 27. 08. 20:07

Redefreiheit muss immer geschützt werden. Ich kann alles schreiben bzw. sprechen, was ich denke. Redefreiheit ist also Meinungsfreiheit. Das kann man nicht verhindern. Wenn so, müssten wir nur eine bestimmte Ideologie haben. Das finde ich eher brutaler. Jeder muss veröffentlichen können, was er sagen möchte.

▶ 28. 08. 14:23

Schreiben Sie nun Ihre Meinung zum Thema (circa 80 Wörter).

Aufgabe 3

Arbeitszeit: 15 Minuten

Sie suchen einen Ferienjob. Auf einer Anzeige haben Sie gelesen, dass die Familie Müller jemanden sucht, der sich vormittags um die Kinder kümmern kann.

Schreiben Sie an Frau und Herr Müller. Erzählen Sie höflich, warum Sie für die Stelle geeignet sind.

    Schreiben Sie eine E-Mail (circa 40 Wörter).
    Vergessen Sie nicht die Anrede und den Gruß am Schluss.

ZERTIFIKAT B1 — **SPRECHEN**
MODELLSATZ 2 — KANDIDATENBLÄTTER

Kandidatenblätter

Sprechen
15 Min. für zwei Teilnehmende

Das Modul *Sprechen* besteht aus drei Teilen.
In **Teil 1** planen Sie etwas gemeinsam mit Ihrem Partner/Partnerin
(circa 3 Minuten).
In **Teil 2** präsentieren Sie ein Thema
(circa 3 Minuten). Wählen Sie ein Thema
(Thema 1 oder Thema 2) aus.
In **Teil 3** sprechen Sie über Ihr Thema und das Ihres Partners/Ihrer Partnerin
(circa 2 Minuten).

Ihre Vorbereitungszeit beträgt 15 Minuten.
Sie bereiten sich allein vor.
Sie dürfen sich zu jeder Aufgabe Notizen machen. In der Prüfung sollen Sie frei sprechen.

Hilfsmittel wie z. B. Wörterbücher oder Mobiltelefone sind nicht erlaubt.

ZERTIFIKAT B1 SPRECHEN
MODELLSATZ 2 KANDIDATENBLÄTTER

Teil 1

Gemeinsam etwas planen Dauer: circa drei Minuten

Die Lehrerin von Ihrem Kurs verlässt die Schule nächsten Monat. Diese Woche ist die letzte Woche für Sie in der Schule. Sie und Ihre Gruppe wollen für sie eine Abschiedsparty planen. Ein Geschenk wollen Sie auch vorbereiten.

Sprechen Sie über die Punkte unten, machen Sie Vorschläge und reagieren Sie auf die Vorschläge Ihres Gesprächspartners/Ihrer Gesprächspartnerin.

Planen und entscheiden Sie gemeinsam, was Sie tun möchten.

Eine Party planen

- Wann und wo?
- Was kaufen? mitbringen?
- Überraschungsparty?
- Wer macht was?
- Wen noch einladen?

ZERTIFIKAT B1 SPRECHEN
MODELLSATZ 2 KANDIDATENBLÄTTER

Teil 2

Ein Thema präsentieren Dauer: circa drei Minuten

Wählen Sie ein Thema (Thema 1 oder Thema 2) aus.

Sie sollen Ihren Zuhörern ein aktuelles Thema präsentieren. Dazu finden Sie hier fünf Folien. Folgen Sie den Anweisungen links und schreiben Sie Ihre Notizen und Ideen rechts daneben.

Thema 1

Stellen Sie Ihr Thema vor. Erklären Sie den Inhalt und die Struktur Ihrer Präsentation.	Folie 1: „Wir sind doch reif genug!" – Ab wann sollten Jugendliche Wahlrecht haben?
Berichten Sie von Ihrer Situation oder einem Erlebnis im Zusammenhang mit dem Thema.	Folie 2: Ab wann sollten Jugendliche Wahlrecht haben? – **Meine persönlichen Erfahrungen**
Berichten Sie von der Situation in Ihrem Heimatland und geben Sie Beispiele.	Folie 3: Ab wann sollten Jugendliche Wahlrecht haben? – **Die Situation in meinem Heimatland**
Nennen Sie die Vor- und Nachteile und sagen Sie dazu Ihre Meinung. Geben Sie auch Beispiele.	Folie 4: Ab wann sollten Jugendliche Wahlrecht haben? – **Vor- und Nachteile & Meine Meinungen**
Beenden Sie Ihre Präsentation und bedanken Sie sich bei den Zuhörern.	Folie 5: Ab wann sollten Jugendliche Wahlrecht haben? – **Abschluss & Dank**

ZERTIFIKAT B1 — SPRECHEN
MODELLSATZ 2 — KANDIDATENBLÄTTER

Teil 2

Ein Thema präsentieren Dauer: circa drei Minuten

Wählen Sie ein Thema (Thema 1 oder Thema 2) aus.

Sie sollen Ihren Zuhörern ein aktuelles Thema präsentieren. Dazu finden Sie hier fünf Folien. Folgen Sie den Anweisungen links und schreiben Sie Ihre Notizen und Ideen rechts daneben.

Thema 2

Stellen Sie Ihr Thema vor. Erklären Sie den Inhalt und die Struktur Ihrer Präsentation.	**Folie 1**: „Ich hab's geschafft!" — Extremsports: Ja oder Nein?
Berichten Sie von Ihrer Situation oder einem Erlebnis im Zusammenhang mit dem Thema.	**Folie 2**: Meine persönlichen Erfahrungen
Berichten Sie von der Situation in Ihrem Heimatland und geben Sie Beispiele.	**Folie 3**: Die Situation in meinem Heimatland
Nennen Sie die Vor- und Nachteile und sagen Sie dazu Ihre Meinung. Geben Sie auch Beispiele.	**Folie 4**: Vor- und Nachteile & Meine Meinungen
Beenden Sie Ihre Präsentation und bedanken Sie sich bei den Zuhörern.	**Folie 5**: Abschluss & Dank

Teil 3

Über ein Thema sprechen

Nach Ihrer Präsentation:

Reagieren Sie auf die Rückmeldung und auf Fragen der Prüfer/-innen und des Gesprächspartners/der Gesprächspartnerin.

Nach der Präsentation Ihres Partners/Ihrer Partnerin:

a) Geben Sie eine Rückmeldung zur Präsentation Ihres Partners/Ihrer Partnerin (z. B. wie Ihnen die Präsentation gefallen hat, was für Sie neu oder besonders interessant war usw.).

b) Stellen Sie auch eine Frage zur Präsentation Ihres Partners/Ihrer Partnerin.

Goethe Zertifikat B1

MODELLSATZ 3

ZERTIFIKAT B1 **LESEN**
MODELLSATZ 3 KANDIDATENBLÄTTER

Kandidatenblätter

Lesen
65 Minuten

Das Modul *Lesen* hat fünf Teile.
Sie lesen mehrere Texte und lösen Aufgaben dazu. Sie können mit jeder Aufgabe beginnen. Für jede Aufgabe gibt es nur eine richtige Lösung.

Vergessen Sie bitte nicht, Ihre Lösungen innerhalb der Prüfungszeit auf den **Antwortbogen** zu schreiben.

Bitte schreiben Sie deutlich und verwenden Sie keinen Bleistift.

Hilfsmittel wie z. B. Wörterbücher oder Mobiltelefone sind nicht erlaubt.

ZERTIFIKAT B1 LESEN
MODELLSATZ 3   KANDIDATENBLÄTTER

Teil 1

Arbeitszeit: 10 Minuten

Lesen Sie den Text und die Aufgaben 1 bis 6 dazu.

Wählen Sie: Sind die Aussagen Richtig oder Falsch?

Neues Studium, neues Leben

Ich bin ursprünglich aus Düsseldorf. Dort bin ich geboren, aufgewachsen und zur Schule gegangen. Düsseldorf ist schon eine schöne Stadt. Man kann viel erleben, es gibt gute Universitäten, viel Verkehr, die größte Karnevalsfeier Deutschlands usw. Nach dem Schulabschluss wollte ich aber irgendwie etwas anderes. Ich hatte mir überlegt, nach dem Abitur ein Philosophiestudium zu beginnen. Welche Universität ist für diesen Studiengang die beste? Viele haben mir gesagt, dass man Philosophie am besten in Heidelberg studieren kann. Also habe ich mich für die Karl-Ruprecht Universität Heidelberg entschieden.

In Heidelberg leben jedoch weder Verwandte noch Freunde von mir. Ich wäre dort ganz allein gewesen. Da ich mit drei Geschwistern aufgewachsen bin, wollte ich eigentlich meine Ruhe. Aber zu viel Ruhe könnte auch nicht gut sein. Also versuchte ich, eine WG zu finden. Im Internet habe ich ein paar nette WGs gefunden und Termine ausgemacht, um mich dort vorzustellen. Auf dem Weg zu der WG, die mir am besten gefallen hatte, sah ich ein Mädchen, das einer alten Frau beim Überqueren der Straße half. Ich saß im Bus und sah aus dem Fenster, also war das ein ganz kurzer Augenblick. Trotzdem konnte ich das Mädchen irgendwie nicht vergessen. Ich fand, sie hatte eine nette Ausstrahlung und ein sehr schönes Lächeln. Und irgendwann mal wollte ich sie wiedersehen und kennenlernen.

Die WG bestand aus zwei Jungs und einem Mädchen. Wir haben uns lange unterhalten. Ich fand sie sehr nett und hoffte, dass sie mich auch sympathisch fänden. Ich fühlte mich, als ob ich schon seit langem mit ihnen befreundet wäre. Und auch die Wohnung selbst war gemütlich. Es war ein Altbau mit großen Zimmern und Balkon. Meins wäre dann das Zimmer neben der Küche. Das hat mir auch gut gefallen, da ich gerne koche und sehr oft bis spät nachts lerne. Dann kann man sich schnell etwas aus dem Kühlschrank holen. Während des Gesprächs kam ein Mädchen zur Tür herein. Es war DAS Mädchen, das ich unterwegs gesehen hatte! Sie wohnte auch in dieser WG!

Die WG-Mitglieder haben mir heute per E-Mail zugesagt, dass ich bei ihnen wohnen kann. Sie hatten sich so schnell entschieden, damit ich alle anderen Interviewtermine absagen kann. Ich hatte so ein Glück. Alle Mitbewohner sind total nett. Das Beste ist, dass wir alle an derselben Uni studieren. Nina studiert sogar genau wie ich Philosophie. Nina heißt sie, also das Mädchen, das ich zuvor auf der Straße gesehen hatte. Jetzt habe ich eine neue Familie hier in der fremden Stadt Heidelberg. Ich bin gespannt, was mich noch alles erwartet!

Beispiel

0 Der Autor kommt aus einer Großstadt.   ~~Richtig~~   Falsch

1 Er ist mit 3 Geschwistern nach Heidelberg gezogen.   Richtig   Falsch

2 Er suchte nach WGs aber hatte keinen Erfolg.   Richtig   Falsch

3 Als er ein Mädchen gesehen hat, wollte er die Straße überqueren.   Richtig   Falsch

4 Die Leute fand der Autor zwar sympathisch aber die Wohnung hat ihm nicht so gut gefallen, da sie zu alt ist.   Richtig   Falsch

5 In der WG leben schon 4 Leute außer dem Autor.   Richtig   Falsch

6 Alle Mitbewohner studieren dasselbe Fach an der Uni.   Richtig   Falsch

ZERTIFIKAT B1 — **LESEN**
MODELLSATZ 3 — KANDIDATENBLÄTTER

Teil 2

Arbeitszeit: 20 Minuten

Lesen Sie den Text aus der Presse und die Aufgaben 7 bis 9 dazu.

Wählen Sie bei jeder Aufgabe die richtige Lösung a, b oder c.

Schwimmschule unterstützt krebskranke Mutter

Die Schwimmschule am Pfingstberg ist zur Zeit durch die Krise geschlossen und hat schwer zu kämpfen, um zu überleben. Nichtsdestotrotz haben wir uns entschlossen, einer ehemaligen Teilnehmerin, die mit beiden Töchtern bei uns den Schwimmkurs besucht hat, zu helfen. Die Mama hat Blutkrebs. Und ihr Ehemann ist schon vor 15 Jahren gestorben. Er ist an Herzinfarkt gestorben. Sie ist eine alleinerziehende Mutter und hat 2 Töchter und einen Sohn. Jetzt hat sie eine schwere Krankheit und das kann sie sich finanziell nicht leisten. Wir haben also eine Spendenaktion über WhatsApp und Facebook gestartet. Es haben sich einige hilfsbereite Eltern bereits erklärt mitzuhelfen, sodass wir gemeinsam eine Summe in Höhe von 270 Euro spenden können. Man sollte gemeinsam an die Situation rangehen, denn gemeinsam bilden wir eine starke Kette.

Wer auch spenden möchte, kann dies über Bankeinzug tun. Die Kontodaten kann man auf unserer Webseite finden: www.schwimmschule-pfingstberg.de

---

Beispiel

0 Die Schwimmschule am Pfingstberg ...
- [x] a leidet unter Wirtschaftskrise.
- [ ] b hat jetzt Schwimmkurse im Angebot.
- [ ] c kämpft gegen Krebs.

7 Im Text geht es darum, ...
- [ ] a dass es für die Mütter, die an Krebs gestorben sind, eine Spendenaktion geben wird.
- [ ] b dass es eine Spendenaktion gibt, die jeder mitmachen kann.
- [ ] c dass man für die armen Leute 279 Euro spenden sollte.

8 Die erkrankte Mutter ...
- [ ] a hat zwei Töchter.
- [ ] b hat ihren Mann vor 2 Jahren verloren.
- [ ] c ist finanziell stabil.

9 Die Spendenaktion …

- [a] starteten die Teilnehmer an der Schwimmschule.
- [b] hat mit großem Erfolg beendet.
- [c] läuft immer noch weiter.

noch **Teil 2**

Lesen Sie den Text aus der Presse und die Aufgaben 10 bis 12 dazu.

Wählen Sie bei jeder Aufgabe die richtige Lösung [a], [b] oder [c].

Veterinäramt hat sechs Hundewelpen gerettet

Das Veterinäramt Reinickendorf hat bei zwei Einsätzen im Sommer insgesamt sechs Hundewelpen bei illegalen Welpenhändlern sichergestellt. Die Tiere waren zu früh von dem Muttertier getrennt worden, verfügten über keine Herkunftsnachweise und sind vermutlich ungeimpft aus Osteuropa importiert worden. Bezirksstadtrat Mark (SPD) führt dazu aus: „Trotz der katastrophalen Unterbesetzung der Veterinärämter in ganz Berlin, konnten wir mit diesen kurzfristig angesetzten Einsätzen wieder unter Beweis stellen, dass wir illegalen Tierhandel in Reinickendorf nicht dulden. Durch unsere regelmäßigen Aktionen stellen wir sicher, dass der Handel in Reinickendorf auf einem niedrigen Niveau verbleibt."

Welpen sollten niemals auf der Straße oder in Privatwohnungen erworben werden. Wer einen Welpen kaufen will, sollte zu einem seriösen Züchter gehen und einen Herkunftsnachweis verlangen.

10 In diesem Text geht es darum, …

- [a] dass ein Amt die Welpenhändler kontrolliert.
- [b] dass die Welpen aus den illegalen Händlern gerettet wurden.
- [c] dass es immer noch illegalen Tierhandel gibt.

11 Der Bezirksstadtrat …

- [a] soll den Einsatz jetzt beenden.
- [b] wird die Händler weiter unter Kontrolle haben.
- [c] hat festgestellt, dass der Handel auf einem niedrigen Niveau verbleibt.

12 Die Welpen wären …

- [a] weder nachgewiesen noch geimpft.
- [b] mit ihrer Mutter importiert worden.
- [c] in einer Privatwohnung erworben worden.

ZERTIFIKAT B1 LESEN
MODELLSATZ 3 KANDIDATENBLÄTTER

Teil 3

Arbeitszeit: 10 Minuten

Lesen Sie die Situationen 13 bis 19 und die Anzeigen A bis J aus verschiedenen deutschsprachigen Medien. Wählen Sie: Welche Anzeige passt zu welcher Situation?

Sie können **jede Anzeige nur einmal** verwenden. Die Anzeige aus dem Beispiel können Sie nicht mehr verwenden. Für eine Situation gibt es **keine passende Anzeige**. In diesem Fall schreiben Sie **0**.

Verschiedene Personen suchen Angebote für verschiedene Reparaturen.

Beispiel

0 Frau Krause ist in eine neue Wohnung eingezogen. Seit gestern kann sie aber das Fenster nicht öffnen. Sie weiß nicht warum. — Anzeige: **g**

13 Marie hat seit 10 Jahren eine Waschmaschine. Seit gestern funktioniert sie nicht mehr. — Anzeige: _____

14 Roger hat ein Fahrrad. Die vordere Glühbirne flackert. Reparieren kann er leider nicht. — Anzeige: _____

15 Simon hat eine Spülmaschine zu Hause. Sie ist zu alt, deshalb hat er nach einer neuen gesucht. Jetzt hat er eine gute Spülmaschine gefunden aber weiß nicht, wie er sie installieren soll. — Anzeige: _____

16 Herr Winkler kennt sich nicht gut mit Computer aus. Der Bildschirm ist kaputt. Und der Speicher ist fast voll. — Anzeige: _____

17 Frau Lange hat eine Lederjacke von ihrer Großmutter bekommen. Jetzt ist die Jacke zu alt aber sie will gar nicht die Jacke wegschmeißen. — Anzeige: _____

18 Herr Roth hat einen Antragsring gekauft. Der Diamant ist aus der Fassung gefallen. Bis zum Heiratsantrag hat er nur noch eine Woche Zeit. — Anzeige: _____

19 Teresa hat einen Topf im Kaufhaus gekauft. Die Decke des Topfes ist jetzt kaputt. Sie hat keine Garantie. — Anzeige: _____

ZERTIFIKAT B1 — LESEN
MODELLSATZ 3 — KANDIDATENBLÄTTER

a

Elektroservice

Neu-Installationen Reparaturen

Hans-Peter

ACKERMANN

Elektromeister

Heiligensee, Fährstr.31a

403 76 90

inforlicht@web.de FAX 403 769 16

d

24H SERVICE

unbürokratisch – schnell – fair

IT – SERVICE & COMPUTERREPARATUR

im Kreis Düsseldorf

05250/93 62 44

✓ Virenentfernung   ✓ Notebook & PC Reparatur
✓ Datenrettung   ✓ DSL & Telefon Einrichtung
✓ EDV-Beratung   ✓ Netzwerk – Internet – WLAN
✓ Bürokommunikation ✓ Betriebssystem & Virtualisierung

b

Stundenrabatte

Räumungsverkauf

ALLES MUSS RAUS!

auf	auf	auf	auf
Wolle	Damen-	Schmuck	Topf
Leder	oberbekleidung	Ringe	Geschirr
Heimtextilien	Schuhe	Ohrringe	Lebensmittel
25% RABATT	**30% RABATT**	**45% RABATT**	**15% RABATT**

Die Rabatte werden an der Kasse abgezogen und sind nicht mit anderen Rabatten kombinierbar, die Rabatte gelten auch auf bereits reduzierte Ware.

c

ALBARTH ELEKTROSERVICE

Waschmaschinenreparaturen aller Fabrikate

Mobile Fachwerkstatt für Waschmaschinen, Geschirrspüler, Trockner, Kühlschränke, Herde, Mikrowellen

447 16 777 in Ihrer Nähe

täglich 7.30-22.00 Uhr auch Sonn- und Feiertagen

e

Leder Reparatur Salzburg:

wir reparieren, färben und pflegen Ihr Leder!

- Autoleder
- Lederjacken
- Bootsleder
- Möbelleder
- Türverkleidungen
- Ledertaschen
- Ledersessel
- Oldtimer
- Motorradleder
- Antikleder
- Ledercouchen
- Flugzeugsitze

f

Fahrräder
Accessoires und Zubehör

in nur 3 Tagen!

Fahrrad Doktor JASS

Friedrichstraße 45. Eppelheim

0173/ 5987 4421

---

g

FENSTER KLEMMEN?
SCHLIESSEN NICHT RICHTIG?
SCHWER BEDIENEN?
ZEIT FÜR
FENSTERWARTUNG!!!

PAUSCHALE AB GÜNSTIGE 9 € PRO FENSTER!!!

---

h

Uhren- und Schmuck-Reparaturservice

- ⇨ Schmuckreparaturen
- ⇨ Uhrenreparaturen
- ⇨ Batteriewechsel
- ⇨ Ohrlochstechen
- ⇨ Perlen aufziehen
- ⇨ Namensketten
- ⇨ Diamanten
- ⇨ Ihr Bild in Gold

Nur in 3 Tagen erhalten Sie Ihren Schmuck!

---

i

Goldschmiede

GOLDHAUS

Schmuck Reparatur

Ringe verkleinern?

Ketten löten?

Schmuck reinigen?

Armschmuck kürzen?

Ohrschmuck erneuern?

Ob Gold oder Silber bei uns liegt Ihr Schmuck *goldrichtig*.

Bernwardstr.7-31134 Hildesheim

051218754300

---

j

Wir reparieren ALLES!

- **Geschirr**
- **Besteck**
- **Gläser**
- **Becher**
- **Tassen**
- **Pfannen**
- **Töpfe**
- **Wasserkocher**
- **Waschbecken**
- **Küchentisch**

Was für Ihre Küche nötig ist!

www.schnellekueche.de

ZERTIFIKAT B1 — LESEN
MODELLSATZ 3 — KANDIDATENBLÄTTER

Teil 4

Arbeitszeit: 15 Minuten

Lesen Sie die Texte 20 bis 26. Wählen Sie: Ist die Person **für vegetarische Ernährung?**

In einer Zeitschrift lesen Sie Kommentare zu dem Thema „vegetarische Ernährung im Bezug auf Viehzucht als ethisches Problem".

Beispiel

0 Karsten — Ja — ~~Nein~~

20 Ines — Ja — Nein
21 Leonie — Ja — Nein
22 Nora — Ja — Nein
23 Paul — Ja — Nein
24 Norina — Ja — Nein
25 Peter — Ja — Nein
26 Sofia — Ja — Nein

LESERBRIEFE

Beispiel

Es muss doch möglich sein, jede Art von Tierhaltung, die nicht Tier gerecht ist, einfach zu verbieten. Dann wird das Fleisch halt teurer und weniger wird davon gegessen. Damit aber die Verbraucher nicht so leiden müssen, könnte ja die Mehrwertsteuer auf Tierfair und Biowaren abgeschafft werden.

Karsten, 25, Bern

20

Vegetarier müssten eigentlich gesünder leben. Der Grund ist aber nicht das fleischlose Essen. Hier wird eine Gruppe, welche das Essen manchmal schon zur Religion erhebt, mit dem Rest der Bevölkerung verglichen. In diesem großen Rest sind aber viele, die sich keinerlei Gedanken um das Essen machen. Für das Ernährungsproblem auf dieser Welt gibt es nur eine Lösung: Weniger Menschen.

Ines, 32, Hamburg

21

Der Mensch ist einfach von Natur aus ein sogenannter Mischesser. Die Natur hat nichts mit irgendwelchen Ideologien zu tun und lässt sich auch nicht überlisten. Zuviel Fleisch ist genauso ungesund wie gar kein Fleisch. Wie heißt es so schön - ausgewogene Ernährung.

Leonie, 21, Marburg

22

Zwei Drittel der landwirtschaftlichen Nutzfläche in Deutschland sind Wiesen und Weiden. Die kann man nur durch Fleischwirtschaft nutzen. Überdies haben wir nur eine Ernte im Jahr. Wenn man den Luxus Vegetarier zu sein nun mit der Tatsache vergleicht, ist Schichtsalat aus Kenia mitten im Winter nichts weniger als umweltfreundlich, wo Wassermangel steht.

Nora, 35, Magdeburg

23

Nach dem Desaster von Kopenhagen hätte man Hinweise zur Rettung des Planeten vor dem weiteren Anstieg der Treibhausgase erwarten können. Die industrielle Viehzucht verursacht nämlich mehr Emissionen als der Transportsektor. Meiner Meinung nach wäre es auch hilfreich, wenn man mal Vegetarier wird. Ich selbst versuche auch mindestens einmal pro Tag ganz vegetarisch zu essen.

Paul, 29, Hannover

24

Zur Zeit hat man genug Ernährungen. Früher brauchte man schon sehr viel Fleisch, nämlich hatte man damals körperlich viel zu tun. Und jetzt haben wir sogar KI: künstliche Intelligenz. Die Technik hat sich so weit entwickelt und jetzt brauchen die Menschen keine körperliche Energie mehr. Nun ist die Zeit, über andere Dinge zu überlegen. Zum Beispiel Umweltschutz.

Norina, 26, Frankfurt

25

Natürlich wäre es auch besser, wenn Fleisch aus kontrollierter Haltung stammen und nicht aus Massentierhaltung. Aber in der Tat ist es schwer zu realisieren. Also dann, wie wäre es, wenn man den Konsum von Fleisch ganz reduzieren würde? Dazu dient vegetarische Ernährung sicher.

Peter, 38, Bremen

26

Alle Argumente haben ihre Gründe. Ich habe mich auch mal dafür entschieden, Vegetarier zu werden. Der Grund dafür war ideologisch. Die intensive Tierhaltung schien mir brutal und sie ist auch schädlich für die Umwelt. Aber nach ein paar Monaten bin ich dann krank geworden. Diagnose: Mangelernährung. Vegetarische Ernährung selbst war nicht mein Ding. Aber ideologisch gesehen, hat sie schon eine Bedeutung.

Sofia, 33, Dresden

ZERTIFIKAT B1　　LESEN
MODELLSATZ 3　　KANDIDATENBLÄTTER

Teil 5

Arbeitszeit: 10 Minuten

Lesen Sie Aufgaben 27 bis 30 und den Text dazu.

Wählen Sie bei jeder Aufgabe die richtige a , b oder c .

Sie informieren sich über Hausordnung für Mehrfamilienhaus.

27 Während der Ruhezeiten ...
- a sind Radios, Fernseher verboten.
- b darf man keine Instrumente spielen.
- c kann man weniger als 2 Stunden musizieren.

28 Untersagt ...
- a werden Kinderwagen vor den Fluchtwegen.
- b werden Wasserleitungen.
- c ist das Lagern von feuergefährlichen Stoffen im Keller.

29 Die Mieter sollen ...
- a gemeinsame Flächen zusammen sauber machen.
- b einen Reinigungsplan stellen.
- c die Blumen gießen.

30 Die Wohnung ...
- a sollte während der kalten Jahreszeit geschlossen werden.
- b sollte mehrmals gelüftet werden.
- c gehört zu rauchfreien Gebieten.

Hausordnung für Mehrfamilienhaus

1. Ruhezeiten und Lärmvermeidung:

1.1. Jeder Mieter/jede Mieterin hat daran mitzuwirken, dass vermeidbarer Lärm in der Wohnung, im Haus, im Hof und auf dem Grundstück unterbleibt.

1.2. In den Zeiten zwischen 13.00 bis 15.00 Uhr sowie zwischen 22.00 Uhr und 7.00 Uhr ist besondere Rücksicht geboten. Während der Ruhezeiten sind Radios, Fernseher, CD-Player etc. mit Zimmerlautstärke zu nutzen.

1.3. In der Zeit der Mittagsruhe (13.00 bis 15.00 Uhr) und zwischen 19.00 Uhr 8.00 Uhr ist das Spielen von Instrumenten grundsätzlich untersagt. In den anderen Zeiten darf nicht länger als zwei Stunden am Tag musiziert werden.

1.4. An Sonn- und Feiertagen sind die Ruhezeiten ganztägig.

1.5. Bei Feiern aus besonderem Anlass sollten alle Mitbewohner rechtzeitig informiert werden.

2. Sicherheit:

2.1. Haustüren, Kellereingänge und Hoftüren sind in der Zeit von 22.00 bis 6.00 Uhr aus Sicherheitserwägungen immer geschlossen zu halten. Die Fluchtwege (Haus- und Hofeingänge, Treppen und Flure) sind grundsätzlich freizuhalten. Davon ausgenommen sind Kinderwagen, Gehhilfen und Rollstühle, soweit durch diese keine Fluchtwege versperrt und andere Mitbewohner unzumutbar behindert werden.

2.2. Während der kalten Jahreszeit sind Fenster im Keller, auf dem Speicher sowie im Treppenhaus geschlossen zu halten. Bei Regen und Unwetter sind Dachfenster zu verschließen und zu verriegeln.

2.3. Soweit dies für die Bewohner des Hauses erkennbar ist, sind Undichtigkeiten und sonstige Mängel an den Gas- und Wasserleitungen sofort an das zuständige Versorgungsunter- nehmen und den Vermieter zu berichten. Wird Gasgeruch in einem Raum bemerkt, darf dieser nicht mit eingeschaltetem Licht betreten werden. Elektrische Schalter sind nicht zu betätigen. Die Fenster sind zu öffnen, der Hauptabsperrhahn ist sofort zu schließen.

2.4. Das Grillen mit Holzkohle ist auf den Balkonen grundsätzlich nicht gestattet. Hierfür steht ggf. eine geeignete Fläche in der Nähe des Gebäudes zur Verfügung.

2.5. Das Lagern von feuergefährlichen, leicht entzündbaren sowie Geruch verursachenden Stoffen im Keller oder auf dem Dachspeicher ist untersagt.

3. Reinigung:

3.1 Haus und Grundstück sind in einem sauberen und reinen Zustand zu erhalten.

3.2. Der Vermieter stellt einen Reinigungsplan, nach dem die Mieter abwechselnd die gemeinschaftlich genutzten Flächen säubern müssen. Hierzu gehören Flure, Treppen, Fenster und Dachbodenräume sowie Zugangswege zum Haus, der Hof und Bürgersteige vor dem Haus sowie der Abstellplatz der Mülltonnen.

3.3. Beim Gießen von Blumen auf Blumenbrettern und in Blumenkästen auf dem Balkon und auf der Fensterbank ist darauf zu achten, dass das Wasser nicht an der Hauswand her- unterläuft und auf die Fenster und Balkone anderer Mieter tropft.

4. Müll:

4.1. Der im Haushalt anfallende Müll darf nur in die dafür vorgesehenen Mülltonnen und Container entsorgt werden. Sondermüll und Sperrgut müssen nach Vorschriften der Stadt gesondert entsorgt werden und gehören nicht in die hauseigenen Mülltonnen.

4.2. Der Müll ist entsprechend der behördlichen Vorschriften konsequent und ordnungsgemäß zu trennen.

5. Lüften & Rauchen:

5.1 Die Wohnung ist auch in der kalten Jahreszeit ausreichend durch Öffnen der Fenster zu lüften. Hat die Wohnung Fenster zum Treppenhaus hin, so dürfen diese nicht zur Entlüftung genutzt werden.

5.2 Das Rauchen im Treppenhaus, in den Fluren sowie im Keller ist untersagt.

ZERTIFIKAT B1 HÖREN
MODELLSATZ 3 KANDIDATENBLÄTTER

Kandidatenblätter

Hören
40 Minuten

Das Modul *Hören* besteht aus vier Teilen. Sie hören mehrere Texte und lösen Aufgaben dazu.

Lesen Sie jeweils zuerst die Aufgaben und hören Sie dann den Text dazu.

Für jede Aufgabe gibt es nur eine richtige Lösung.

Vergessen Sie bitte nicht, Ihre Lösungen auf den **Antwortbogen** zu übertragen.
Dazu haben Sie nach dem Hörverstehen fünf Minuten Zeit.

Hilfsmittel wie z. B. Wörterbücher oder Mobiltelefone sind nicht erlaubt.

ZERTIFIKAT B1	HÖREN
MODELLSATZ 3	KANDIDATENBLÄTTER

Teil 1

Sie hören nun fünf kurze Texte. Sie hören jeden Text **zweimal**. Zu jedem Text lösen Sie zwei Aufgaben. Wählen Sie bei jeder Aufgabe die richtige Lösung.

Lesen Sie zuerst das Beispiel. Dazu haben Sie 10 Sekunden Zeit.

Beispiel

1 Die Praxis hat auch am Wochenende geöffnet.   Richtig   ~~Falsch~~

2 Die Durchwahl von dem Notarzt lautet ...
- a 734/4479
- b 732/4479
- ☒ 732/4579

Text 1

1 Alle Teilnehmer bekommen Preise.   Richtig   Falsch

2 Was bekommt man hier nicht?
- a Railpass
- b Adventskalender
- c 5 Cent

Text 2

3 Herr Wang sollte die fehlenden Sachen mitbringen.   Richtig   Falsch

4 Was fehlt in der Bewerbung?
- a Bewerbungsantrag
- b Zertifikat
- c Passfoto

Text 3

5 Wegen Stau fährt man nur 20.   Richtig   Falsch

6 Zwischen Engelskirchen und Overath ...
- a gab es einen Unfall.
- b ist ein Leiche.
- c ist Ausfahrt blockiert.

ZERTIFIKAT B1 HÖREN
MODELLSATZ 3 KANDIDATENBLÄTTER

Text 4

7 Das ist eine Nachricht von einer Praxis. Richtig | Falsch

8 Was der Empfänger nicht tun muss, ist ...
- a Sommerjacken abholen.
- b in den Briefkasten sehen.
- c zur Apotheke gehen.

Text 5

9 Die Gepäckausgabe ist schon fertig. Richtig | Falsch

10 Das Gepäck befindet sich ...
- a am Ausgang 4.
- b am Ausgang 14.
- c am Ausgang 905.

Teil 2

Sie hören nun einen Text. Sie hören den Text **einmal**. Dazu lösen Sie fünf Aufgaben.

Wählen Sie bei jeder Aufgabe die richtige Lösung a, b oder c.

Lesen Sie jetzt die Aufgaben 11 bis 15. Dazu haben Sie 60 Sekunden Zeit.

Sie nehmen an einer Führung eines Museums teil.

11 Die Gebrüder Walz ...
- a haben viele verschiedene Reisen gemacht.
- b haben verschiedene Besteckarten importiert.
- c haben falsche Schritte gemacht.

12 Das Datum der Eröffnung des Museums ...
- a bezieht sich auf den Geburtstag ihrer Eltern.
- b bezeichnet die Formen des Bestecks.
- c ist noch nicht bekannt.

13 Ostasiatische Küche ...
- a basiert auf Reis.
- b kann man im Saal A finden.
- c ist besonders faszinierend für Kinder.

ZERTIFIKAT B1 | **HÖREN**
MODELLSATZ 3 | KANDIDATENBLÄTTER

14 Im Saal C …
- a muss man sich an die Kultur gewöhnen.
- b erfährt man ehemalige Esskulturen Europas.
- c erfährt man besonders die Kultur des Abendessens.

15 Im Erdgeschoss …
- a hat man Zeit zum Nachdenken.
- b kann man etwas verkaufen.
- c kann man etwas essen.

Teil 3

Sie hören nun ein Gespräch. Sie hören das Gespräch einmal. Dazu lösen Sie sieben Aufgaben.
Wählen Sie: Sind die Aussagen *Richtig* oder *Falsch* ?
Lesen Sie jetzt die Aufgaben 16 bis 22. Dazu haben Sie 60 Sekunden Zeit.

Sie sind an einer Bushaltestelle und hören wie sich ein Mann und eine Frau über ihren Sohn unterhalten.

16	Herr Grubber ist Flugbegleiter von Beruf.	Richtig	Falsch
17	Kurt ist der Sohn der Frau und er hat Ärger mit seiner Mama.	Richtig	Falsch
18	Die Mutter glaubt, ihr Sohn kann sich gut um Tiere kümmern.	Richtig	Falsch
19	Ihr Sohn möchte von der Wohnung ausziehen.	Richtig	Falsch
20	Für den Hund können die Eltern mehr Geld verdienen.	Richtig	Falsch
21	Herr Grubber ist der Lehrer von ihrem Sohn.	Richtig	Falsch
22	Sie haben sich für morgen verabredet.	Richtig	Falsch

ZERTIFIKAT B1 — HÖREN
MODELLSATZ 3 — KANDIDATENBLÄTTER

Teil 4

Sie hören nun eine Diskussion. Sie hören die Diskussion **zweimal**. Dazu lösen Sie acht Aufgaben.

Ordnen Sie die Aussagen zu: **Wer sagt was**?

Lesen Sie jetzt die Aussagen 23 bis 30. Dazu haben Sie 60 Sekunden Zeit.

Der Moderator einer Sendung diskutiert mit Anja Schweier und Thomas Helger zum Thema „Einzelkind?".

	Moderator	Frau Schweier	Herr Helger
Beispiel			
0 Die Familien werden immer kleiner.	a	⊠ b	c
23 Einzelkind hat es besser, da man weniger bezahlt.	a	b	c
24 Eine große Wohnung zu haben fällt einem zur Last.	a	b	c
25 Einzelkinder neigen zur Selbstsucht.	a	b	c
26 Mit einem Haustier lernt man auch das Zusammenleben.	a	b	c
27 Ob man Geschwister hat, spielt keine Rolle bei der Höflichkeit.	a	b	c
28 Normalerweise verbringen Kinder in einer Großfamilie mehr Zeit mit Großeltern.	a	b	c
29 Es gibt auch Kinder, die jedoch spät anfangen zu sprechen.	a	b	c
30 Einzelkinder gewöhnen sich besser an Gruppenarbeit.	a	b	c

ZERTIFIKAT B1 — **SCHREIBEN**
MODELLSATZ 3 — KANDIDATENBLÄTTER

Kandidatenblätter

Schreiben
60 Minuten

Das Modul *Schreiben* besteht aus drei Teilen.
In den **Aufgaben 1** und **3**
schreiben Sie E-Mails.

In **Aufgabe 2**
schreiben Sie einen Diskussionsbeitrag.

Sie können mit jeder Aufgabe beginnen.
Schreiben Sie Ihre Texte auf die
Antwortbogen.

Bitte schreiben Sie deutlich und verwenden
Sie keinen Bleistift.

Hilfsmittel wie z. B. Wörterbücher oder
Mobiltelefone sind nicht erlaubt.

ZERTIFIKAT B1 — SCHREIBEN
MODELLSATZ 3 — KANDIDATENBLÄTTER

Aufgabe 1
Arbeitszeit: 20 Minuten

Sie waren im Urlaub an einem See.

Erzählen Sie Ihrer Freundin oder Ihrem Freund von dem Urlaub.

– Beschreiben Sie: Mit wem waren Sie? Wo sind Sie geblieben?

– Begründen Sie: Was hat Ihnen gut gefallen?

– Machen Sie einen Vorschlag für ein Treffen.

Schreiben Sie eine E-Mail (circa 80 Wörter).

Schreiben Sie etwas zu allen drei Punkten.

Achten Sie auf den Textaufbau (Anrede, Einleitung, Reihenfolge der Inhaltspunkte, Schluss).

Aufgabe 2
Arbeitszeit: 25 Minuten

*Sie haben im Fernsehen eine Diskussionssendung zum Thema „Rechtschreibung ist überbewertet"
gesehen. Im Online-Gästebuch der Sendung finden Sie folgende Meinung:*

Gästebuch

▶ 20. 11. 23:08

Ich persönlich möchte später nicht zur Uni gehen. Hab von meinem Bruder gehört, dass man bei dem Abschlussarbeit an der Uni abgelehnt würde, wenn man in der Abhandlung Fehler gemacht hätte. Und sogar wegen winzigen Typos kann es auch passieren. Das finde ich zu übertrieben. Man braucht Sprachen, nur um miteinander zu kommunizieren. Auf Rechtschreibung zu viel aufzupassen scheint mir einfach umständlich.

▶ 21. 11. 10:28

Schreiben Sie nun Ihre Meinung zum Thema (circa 80 Wörter).

Aufgabe 3

Arbeitszeit: 15 Minuten

Sie sind in eine neue Wohnung eingezogen. Sie brauchen einen Tisch und haben eine Anzeige im Online-Gebrauchtmarkt gefunden, die Ihren gewünschten Tisch anbietet.

Schreiben Sie an den Verkäufer. Schlagen Sie höflich den Treffpunkt und die Uhrzeit vor.

Schreiben Sie eine E-Mail (circa 40 Wörter).
Vergessen Sie nicht die Anrede und den Gruß am Schluss.

ZERTIFIKAT B1   **SPRECHEN**
MODELLSATZ 3   KANDIDATENBLÄTTER

Kandidatenblätter

Sprechen
15 Min. für zwei Teilnehmende

Das Modul *Sprechen* besteht aus drei Teilen.
In **Teil 1** planen Sie etwas gemeinsam mit Ihrem Partner/Partnerin
(circa 3 Minuten).
In **Teil 2** präsentieren Sie ein Thema
(circa 3 Minuten). Wählen Sie ein Thema
(Thema 1 oder Thema 2) aus.
In **Teil 3** sprechen Sie über Ihr Thema und das Ihres Partners/Ihrer Partnerin
(circa 2 Minuten).

Ihre Vorbereitungszeit beträgt 15 Minuten.
Sie bereiten sich allein vor.
Sie dürfen sich zu jeder Aufgabe Notizen machen. In der Prüfung sollen Sie frei sprechen.

Hilfsmittel wie z. B. Wörterbücher oder Mobiltelefone sind nicht erlaubt.

ZERTIFIKAT B1 **SPRECHEN**
MODELLSATZ 3 KANDIDATENBLÄTTER

Teil 1

Gemeinsam etwas planen Dauer: circa drei Minuten

Ein Mitbewohner von Ihrer WG hat diese Woche Urlaub und ist für ein paar Tage weg. Er hat Sie darum gebeten, um sich um seine Katze zu kümmern. Seine Aufgaben in der WG sollten Sie auch zu zweit inzwischen teilen. Sprechen Sie darüber.

Sprechen Sie über die Punkte unten, machen Sie Vorschläge und reagieren Sie auf die Vorschläge Ihres Gesprächspartners/Ihrer Gesprächspartnerin.

Planen und entscheiden Sie gemeinsam, was Sie tun möchten.

Aufgaben teilen

- Was machen für Katze?
- Wer macht was?
- Wann zurück?
- Was machen, wenn Katze krank ist?

ZERTIFIKAT B1 SPRECHEN
MODELLSATZ 3 KANDIDATENBLÄTTER

Teil 2

Ein Thema präsentieren Dauer: circa drei Minuten

Wählen Sie ein Thema (Thema 1 oder Thema 2) aus.

Sie sollen Ihren Zuhörern ein aktuelles Thema präsentieren. Dazu finden Sie hier fünf Folien. Folgen Sie den Anweisungen links und schreiben Sie Ihre Notizen und Ideen rechts daneben.

Thema 1

Stellen Sie Ihr Thema vor. Erklären Sie den Inhalt und die Struktur Ihrer Präsentation.

Folie 1: „Stadt oder Dorf?" – Das Leben auf dem Land oder in der Stadt?

Berichten Sie von Ihrer Situation oder einem Erlebnis im Zusammenhang mit dem Thema.

Folie 2: Das Leben auf dem Land oder in der Stadt? – Meine persönlichen Erfahrungen

Berichten Sie von der Situation in Ihrem Heimatland und geben Sie Beispiele.

Folie 3: Das Leben auf dem Land oder in der Stadt? – Die Situation in meinem Heimatland

Nennen Sie die Vor- und Nachteile und sagen Sie dazu Ihre Meinung. Geben Sie auch Beispiele.

Folie 4: Das Leben auf dem Land oder in der Stadt? – Vor- und Nachteile & Meine Meinungen

Beenden Sie Ihre Präsentation und bedanken Sie sich bei den Zuhörern.

Folie 5: Das Leben auf dem Land oder in der Stadt? – Abschluss & Dank

ZERTIFIKAT B1 SPRECHEN
MODELLSATZ 3 KANDIDATENBLÄTTER

Teil 2

Ein Thema präsentieren Dauer: circa drei Minuten

Wählen Sie ein Thema (Thema 1 oder Thema 2) aus.

Sie sollen Ihren Zuhörern ein aktuelles Thema präsentieren. Dazu finden Sie hier fünf Folien. Folgen Sie den Anweisungen links und schreiben Sie Ihre Notizen und Ideen rechts daneben.

Thema 2

Stellen Sie Ihr Thema vor. Erklären Sie den Inhalt und die Struktur Ihrer Präsentation.	**Folie 1** — „Was ist besser?" — **Studium oder Ausbildung?**
Berichten Sie von Ihrer Situation oder einem Erlebnis im Zusammenhang mit dem Thema.	**Folie 2** — Studium oder Ausbildung? — **Meine persönlichen Erfahrungen**
Berichten Sie von der Situation in Ihrem Heimatland und geben Sie Beispiele.	**Folie 3** — Studium oder Ausbildung? — **Die Situation in meinem Heimatland**
Nennen Sie die Vor- und Nachteile und sagen Sie dazu Ihre Meinung. Geben Sie auch Beispiele.	**Folie 4** — Studium oder Ausbildung? — **Vor- und Nachteile & Meine Meinungen**
Beenden Sie Ihre Präsentation und bedanken Sie sich bei den Zuhörern.	**Folie 5** — Studium oder Ausbildung? — **Abschluss & Dank**

Teil 3

Über ein Thema sprechen

Nach Ihrer Präsentation:

Reagieren Sie auf die Rückmeldung und auf Fragen der Prüfer/-innen und des Gesprächspartners/der Gesprächspartnerin.

Nach der Präsentation Ihres Partners/Ihrer Partnerin:

a) Geben Sie eine Rückmeldung zur Präsentation Ihres Partners/Ihrer Partnerin (z. B. wie Ihnen die Präsentation gefallen hat, was für Sie neu oder besonders interessant war usw.).

b) Stellen Sie auch eine Frage zur Präsentation Ihres Partners/Ihrer Partnerin.

Goethe Zertifikat B1

MODELLSATZ
4

ZERTIFIKAT B1 — **LESEN**
MODELLSATZ 4 — KANDIDATENBLÄTTER

Kandidatenblätter

Lesen
65 Minuten

Das Modul *Lesen* hat fünf Teile.
Sie lesen mehrere Texte und lösen Aufgaben dazu. Sie können mit jeder Aufgabe beginnen. Für jede Aufgabe gibt es nur eine richtige Lösung.

Vergessen Sie bitte nicht, Ihre Lösungen innerhalb der Prüfungszeit auf den **Antwortbogen** zu schreiben.

Bitte schreiben Sie deutlich und verwenden Sie keinen Bleistift.

Hilfsmittel wie z. B. Wörterbücher oder Mobiltelefone sind nicht erlaubt.

ZERTIFIKAT B1 LESEN
MODELLSATZ 4 KANDIDATENBLÄTTER

Teil 1   *Arbeitszeit: 10 Minuten*

Lesen Sie den Text und die Aufgaben 1 bis 6 dazu.

Wählen Sie: Sind die Aussagen Richtig oder Falsch?

Mein Schutzengel

-Sabine Holz

Seit ich den Führerschein gemacht habe, fährt bei mir immer mein Schutzengel mit: ein Rosenkranz. Den hat mir meine Großmutter zur Taufe geschenkt. Sie ist letztes Jahr an Krebs gestorben. Wenn ich den Rosenkranz in der Hand halte, fühlt es sich an, als ob sie bei mir wäre. Ich habe ihn nicht nur im Auto, sondern auch sonst immer mit dabei, da ich mich so besser fühle. Ich glaube, er hat mir auch bei vielen Prüfungen geholfen.

Vor zwei Tagen war ich mit meinen Freundinnen bei einem Konzert unserer Lieblingsband. Vor dem Beginn des Konzertes wollten wir in einem Restaurant etwas essen. Die Konzerthalle war weit weg vom Lokal, deshalb mussten wir uns beeilen. Es war nämlich zeitlich etwas sehr eng. Wir bezahlten ganz schnell fürs Essen und machten uns auf den Weg zur Konzerthalle. Als wir so ungefähr die Hälfte der Strecke zurückgelegt hatten, bemerkte ich, dass ich meine Geldbörse im Restaurant liegen gelassen hatte. Und genau da drin steckte mein Schutzengel. Meine Mädels rieten mir, schnell beim Restaurant anzurufen. Sie dachten, dass wir sie nach dem Konzert in Ruhe abholen könnten. Ich rief also dort an und mein Portemonnaie wurde auch sicher bei der Kasse aufbewahrt. Die Frau sagte jedoch, dass das Restaurant bald schließe werde und ich erst morgen meine Geldbörse wiederbekommen könne.

Eigentlich war das kein Problem. Dem Restaurantbesitzer vertraute ich schon. Also lag es nicht daran, dass ich trotzdem irgendwie meine Geldbörse sofort wiederhaben wollte. Ohne den Rosenkranz hatte ich keine Lust, ins Konzert zu gehen. Ich bat meine Freundinnen um Verständnis und ging zurück zum Restaurant. Sie warnten mich, dass ich dann womöglich nicht mehr ins Konzert hineingelassen würde. Ohne zu zögern riet ich ihnen, nicht auf mich zu warten. Nach zehn Minuten hatte ich den Geldbeutel wieder in der Hand. Das Konzert sollte in weiteren zehn Minuten anfangen, und so schnell war ich auf keinen Fall. War das eine dumme Idee von mir gewesen? Ich bereute meine Entscheidung. Auch wenn ich noch so schnell rannte – es war nicht zu schaffen.

Da klingelte mein Handy: Jara, eine meiner Freundinnen in der Konzerthalle. Sie sagte, dass der Beginn des Konzertes sich wegen einer technischen Störung um eine halbe Stunde nach hinten verschob! Juhu! Ich lief noch schneller. Und was dann passierte, ist noch irrer: Mein Bruder fuhr mit seinem Auto vorbei. Er wollte in die Stadt und setzte mich an meinem Ziel ab. Ich hatte echt Schwein. Das Konzert war wie erwartet wundervoll. Und wieder einmal durfte ich die magischen Kräfte meines Schutzengels erleben.

Beispiel

0 Sabine hat den Rosenkranz nur in ihrem Auto dabei.	Richtig	~~Falsch~~

1 Sabine und ihre Freundinnen wollten fürs Essen nicht bezahlen.	Richtig	Falsch
2 Sie konnte erst an dem nächsten Tag beim Restaurant anrufen.	Richtig	Falsch
3 Sie wollte unbedingt sofort ihren Rosenkranz wiederhaben.	Richtig	Falsch
4 Sie wurde also ins Konzert eingelassen.	Richtig	Falsch
5 Jara unterstützt das Konzert technisch.	Richtig	Falsch
6 Sie ist bis zur Konzerthalle zu Fuß gelaufen.	Richtig	Falsch

ZERTIFIKAT B1 LESEN
MODELLSATZ 4 KANDIDATENBLÄTTER

Teil 2

Arbeitszeit: 20 Minuten

Lesen Sie den Text aus der Presse und die Aufgaben 7 bis 9 dazu.

Wählen Sie bei jeder Aufgabe die richtige Lösung a, b oder c.

Heißer September: Globale Temperaturen erreichen Rekordwerte

Die weltweiten Durchschnittstemperaturen haben im diesjährigen September einen Rekordwert erreicht. Der Monat war 0,57 Grad heißer als der Durchschnitt der Jahre 1981 bis 2010. Das teilte der Copernicus-Klimawandeldienst des Europäischen Zentrums für mittelfristige Wettervorhersage mit. Damit war der September dieses Jahres in etwa so warm wie der September 2016 – beide Monate teilen sich den Rekord.

Als besorgniserregend stufen die Klimaforscher des Copernicus-Programms ein, „dass die letzten vier Monate nun entweder Temperaturrekorde halten oder auf dem zweiten Platz landeten". So war der Juni 2019 der wärmste jemals gemessene Juni, der Juli sogar der wärmste Monat seit Beginn der Aufzeichnungen. Der August dieses Jahres war der zweitwärmste gemessene August. Der Rekord im September unterstreiche den langfristigen Trend. Im Mittel lagen die Temperaturen um 1,2 Grad über dem Niveau, das vor der Industrialisierung auf der Erde herrschte. Besonders heiß war es im Landesinneren und dem Osten der USA, in der Mongolei und Teilen der Arktis, und in fast ganz Europa. In Deutschland war der September dagegen eher durchschnittlich.

Beispiel

0 Die Temperatur im September dieses Jahres ...
- [x] a war am höchsten weltweit.
- [ ] b war durchschnittlich weltweit.
- [ ] c war höher als im Juli.

7 Im Text geht es um ...
- a Klimaanlagen.
- b Klimawandel.
- c Klimaschutzprogramm.

8 Der Juni 2019 ...
- a war der heißeste Monat des Jahres.
- b war wärmer als Juli.
- c war am heißesten im Vergleich zu bisherigen Junis.

9 Die Temperaturen ...

- a) waren in den USA besonders hoch.
- b) erreichten im September einen Rekordwert in Deutschland.
- c) waren 1,2 Grad niedriger als früher.

noch **Teil 2**

Lesen Sie den Text aus der Presse und die Aufgaben 10 bis 12 dazu.

Wählen Sie bei jeder Aufgabe die richtige Lösung a, b oder c.

365-Euro-Ticket für Schüler und Azubis

Nürnberg – Der Verkehrsverbund Großraum Nürnberg (VGN) zählt zu den größten Verkehrsverbünden in Deutschland, er umfasst ganz Mittelfranken, größere Teile von Ober- und Unterfranken sowie der Oberpfalz und steuert vereinzelt sogar Ziele in Schwaben, Ober- und Niederbayern an. Vom Schuljahr 2020/2021 an werden insgesamt 360.000 Schüler und Auszubildende diesen Verkehrsraum für einen Euro pro Tag ein Jahr lang nutzen können. Dies hat Ministerpräsident Markus Söder (CSU) nun in Nürnberg angekündigt. Ursprünglich hatte Söder prüfen lassen, das 365-Euro-Schülerticket bereits im laufenden Schuljahr starten zu lassen. Dies aber hatte sich als zu ehrgeiziger Plan erwiesen.

Am Donnerstag müssen noch die beteiligten Städte und Kreise über das geplante Ticket abstimmen, der Fürther Landrat Matthias Dießl (CSU) sieht aber gute Chancen, dass die Zustimmung „einstimmig" erfolgen wird. Die Kommunen müssen ein Drittel der Mehrkosten übernehmen, der Freistaat hat angekündigt, die restlichen zwei Drittel zu begleichen – was etwa 30 Millionen Euro entsprechen dürfte.

10 In diesem Text geht es um ...

- a) ein neues System, das letztes Jahr eingeführt wurde.
- b) Verkehrswohlfahrt in einigen Regionen.
- c) eine neue Politik für die Verkehrskontrolle.

11 Ab Schuljahr 2020/2021 ...

- a) kosten Fahrkarten 1 Euro pro Tag.
- b) können Schüler umsonst fahren.
- c) können Azubis für 1 Euro öffentliche Verkehrsmittel benutzen.

12 Die Mehrkosten ...

- a) übernimmt das Bundesland die ganze Menge.
- b) werden von Steuer bezahlt.
- c) werden teilweise von den Kommunen übernommen.

ZERTIFIKAT B1 — LESEN
MODELLSATZ 4 — KANDIDATENBLÄTTER

Teil 3 *Arbeitszeit: 10 Minuten*

Lesen Sie die Situationen 13 bis 19 und die Anzeigen A bis J aus verschiedenen deutschsprachigen Medien. Wählen Sie: Welche Anzeige passt zu welcher Situation?

Sie können **jede Anzeige nur einmal** verwenden. Die Anzeige aus dem Beispiel können Sie nicht mehr verwenden. Für eine Situation gibt es **keine passende Anzeige**. In diesem Fall schreiben Sie **0**.

Verschiedene Personen suchen Angebote für verschiedene Geschenke.

Beispiel

0 Stefanie hat eine Freundin, die bald als Austauschstudentin ins Ausland fliegt. Sie möchte ihr etwas schenken. Sie interessiert sich sehr für Schminken. — Anzeige: j

13 Maximilian heiratet bald und möchte seiner Schwiegermutter etwas Luxuriöses schenken. Es ist Herbst und wäre besser, wenn das Geschenk sich für die Jahreszeit eignet. — Anzeige: _____

14 Ninas Freund Kurt macht nächsten Monat eine exotische Reise und sie möchte ihm etwas schenken. In dem Land, das Kurt bald besucht, ist das Wasser nicht sauber. — Anzeige: _____

15 Klaras Oma hat bald Geburtstag. Sie wünscht sich dieses Jahr eine bunte Teekanne. — Anzeige: _____

16 Hanna ist gerade mit der Schule fertig und macht bald eine Weltreise. Ihre Eltern wollen nicht, dass ihr irgendetwas gefährliches passiert. — Anzeige: _____

17 Herr Großkopf hat einen Kollegen, der bald Geburtstag hat und mit seinen 2 Söhnen campen geht. Die Jungs spielen sehr gern Rätsel. — Anzeige: _____

18 Maria hat eine Freundin aus dem Deutschkurs. Sie geht bald nach Hause weg und Maria möchte ihr etwas schenken, was sie an Berlin erinnern würde. Die beiden sind noch nicht erwachsen. — Anzeige: _____

19 Victoria kennt seit Langem eine Nonne. Sie haben oft zusammen Kaffeepause und reden über Gott und Bibel. Heute hat Victoria gesehen, dass der Kaffeebehälter im Zimmer der Nonne leer ist. — Anzeige: _____

a

Bluesmart

Der US-Trolley (ab 34 Liter) auf vier Rädern ist ein Technik-Protz: Per integriertem Akku kann man Laptops und Smartphones unterwegs laden, den Koffer weltweit aufspüren. Die können eigenen Reisedaten tracken. Eine App warnt den Besitzer, wenn Diebe ihn entwenden wollen, und verschließt ihn.

www.eu.bluesmart.com

ab 350 Euro !

c

Live Escape Game

Das Prinzip: Mit Mitspielern ein Rätsel knacken und sich mit der Lösung aus einem verschlossenen Raum befreien, so die Spielidee – das gelingt nur mit Köpfchen und Intuition! Wer Interesse hat, findet bei Google unter ,Live Escape Games' entsprechende Angebote.

35 bis 70 Euro für zwei Spieler

b

FRAAS

Seit nunmehr 135 Jahren steht der Name Fraas für hochwertige und elegante Accessoires. Besonders ihre luxuriösen Kaschmir- und Seidenschals haben die Traditionsmarke berühmt gemacht.

Mo-Fr 10-19, Sa 11-18 Uhr

Friedrichstraße 55a

d

SOUND-RIESE

Der Bose SoundLink Color Bluetooth Speaker II

ist ein akustisches Kraftpaket auf Reisen. Der Lautsprecher passt in jede Hand- oder Umhängetasche, lässt sich leicht via Bluetooth koppeln, ist einfach zu bedienen und verliert sogar bei einer kleinen Wasserdusche nicht seinen guten Ton!

ab 120 Euro unter www.soundriese.de

e

Herbstspecial 4 für 3 im Hotel Schweizerhof in Saas-Fee

✓ 4 Übernachtungen im Doppelzimmer zum Preis von 3

✓ Persönlicher Taxidienst bei Ankunft/Abreise

✓ Willkommensdrink

✓ Warmes und kaltes Schlemmer Frühstücksbuffet

✓ Freier Zugang zum SPA „THE WAVE"

ab CHF 350.00 pro Person / Anreise am Sonntag oder Montag möglich

f

sicher saugen!

Bis zu 100 Liter belastetes Wasser wandelt der Life-Straw in bekömmliches Trinkwasser um. Kernstück ist ein 21 cm langes Rohr mit Hohlfasern, das Mikroorganismen durch Saugen herausfiltert. Der Filter für unterwegs erfüllt Trinkwasserstandards.

ab 26,50 Euro, www.waternlife.com

h

Berliner Senfsauce

Handgemacht, eine unvergleichliche Geschmacksexplosion!

Großartig zu Huhn, Fisch, Burger, Gemüse, Gegrilltem oder als Dip.

Preis: 4,50 Euro

EAT BERLIN – Haus der feinen Kost

g

Hier werden die Kaffeebohnen in drei Mühlen frisch gemahlen. Wer guten Kaffee schätzt, ist im Mi Onda richtig. Zwischen drei verschiedenen Röstungen können Kaffeegourmets hier wählen – je nachdem, ob man den Espresso mild oder kräftig mag. Dazu: exzellente Croissants und Franzbrötchen.

Frisch gemahlene Kaffeebohnen im Sonderangebot: 15 Euro/Packung

i

Berliner Whisky

Whisky besteht aus Malz und Wasser – in Berlin wird die Palette für den edlen Brand um Experimentierfreude und Mut erweitert.

j

Kiel's

Körperpflegeprodukte von Kopf bis Fuß – auch für Männer.

Bonus! Wer drei leere Behälter zurückbringt, bekommt ein Lipgloss umsonst.

Mo – Sa 11-20 Uhr

Münzstr.14-16

U8 Weinmeisterstraße

ZERTIFIKAT B1 — LESEN
MODELLSATZ 4 — KANDIDATENBLÄTTER

Teil 4 *Arbeitszeit: 15 Minuten*

Lesen Sie die Texte 20 bis 26. Wählen Sie: Ist die Person **für den Englischunterricht in der Grundschule**?

In einer Zeitschrift lesen Sie Kommentare zu dem Thema „Englisch in der Grundschule".

Beispiel

0 Jana	Ja	~~Nein~~

20 Heine	Ja	Nein		24 Johannes	Ja	Nein
21 Leon	Ja	Nein		25 Miriam	Ja	Nein
22 Karsten	Ja	Nein		26 Karina	Ja	Nein
23 Tatiana	Ja	Nein				

LESERBRIEFE

Beispiel

Ich bin eher dagegen. Die Kinder sollen auch noch Kinder bleiben dürfen und nicht immer nur lernen, lernen, lernen müssen. Also bitte nicht noch mehr Unterricht, auch wenn er Förderung heißt, sondern Konzentration auf Wesentliches und dafür wieder mehr Zeit einräumen, z.B. durch Streichung oder Kürzung von Englisch in der Grundschule.

Jana, 36, Bremen

20

Englisch in der Grundschule ohne Vokabeltraining, ohne Noten und ohne Klassenarbeiten macht abgesehen von Spaß überhaupt keinen Sinn, also entweder weg damit oder fundierter, das aber nur für Schüler, deren Leistungen in Deutsch und Mathematik gut genug sind. Schon mit Deutsch und Mathematik überforderte Schüler darf man nicht mit noch einem weiteren Lernfach vollständig abhängen.

Heine, 27, Bamberg

21

Ich fände Englisch in der Grundschule wegen der Freude am Lernen gut. Aber es wäre schöner, wenn es gesichert werden könnte, dass alle Kinder dasselbe Niveau erlernen könnten. Das Grundsätzliche, wie zum Beispiel, Lesen, Schreiben, Rechnen usw. braucht man sowieso zu lernen.

Leon, 20, Bochum

22

Ich finde es schon ok, dass die Kinder schon in der Grundschule Englisch lernen. Aber besser wäre erst ab 3. Klasse. Man kann nichts vieles von 6-7-jährigen Kindern erwarten. Sie können ja nur tanzen und singen. Lernen ist eher lesen und schreiben zu können. Dafür ist ab 1. Klasse viel zu früh.

Karsten, 17, Dortmund

23

Also ich glaube nicht, dass Englisch ab der 1. Klasse „sinnlos" ist. Meine Erfahrung als Englischtrainerin mit jahrelanger Erfahrung mit Schüler*innen und Überzeugung ist: Je eher Kinder eine andere Sprache hören und erfahren, desto besser. Wird Englisch nun in die 3. Klasse geschoben, ist das sicher kein „Beinbruch" für die Schüler*innen, aber damit ist auch klar: Es bleibt weniger Zeit, um sich der Sprache zu nähern.

Tatiana, 45, München

24

Ich frage mich mal: Warum gerade Englisch? Warum denn nicht Kunst, Theologie, Philosophie oder Religion?

Ich finde die Fächer noch wichtiger als eine Sprache zu lernen. Bei diesem richtigen Lernen kann man ja natürlich eine Abhandlung auf Englisch lesen. Eine Sprache funktioniert als ein Mittel zu etwas Tieferem.

Johannes, 26, Ulm

25

Kritische Stimmen, ob Kinder früh Englisch lernen müssen, gibt es viele. Tatsache ist aber: Englisch ist wichtig und wird in Zukunft zunehmend noch WICHTIGER werden.

Miriam, 31, Heidelberg

26

Effizienter als dieser halbgare Englischunterricht ist aus meiner Sicht die Sesamstraße. Die Kinder schauen auch so schon viel zu viel fern, dann kann es wenigstens die tägliche Sesamstraße im Original sein.

Karina, 33, Freiburg

ZERTIFIKAT B1 LESEN
MODELLSATZ 4 KANDIDATENBLÄTTER

Teil 5

Arbeitszeit: 10 Minuten

Lesen Sie Aufgaben 27 bis 30 und den Text dazu.

Wählen Sie bei jeder Aufgabe die richtige a, b oder c.

Sie informieren sich über Hausordnung in einem Studentenwohnheim.

27 Um ein Bild an die Wand zu malen, ...
- a sollte man extra Gebühren bezahlen.
- b muss man das mit dem Hausmeister besprechen.
- c muss man sich bei dem Vermieter melden.

28 Wenn man Probleme hat, ...
- a muss man sofort zum Hausmeister gehen.
- b muss man sofort schriftlich dem Vermieter Bescheid sagen.
- c muss es schriftlich dem Hausmeister mitgeteilt werden.

29 Während der Ruhezeit ...
- a sind Fernseher, Radio und Tongeräte untersagt.
- b sollte man auf die anderen Bewohner Rücksicht nehmen.
- c kann man analog musizieren.

30 Die Mieter ...
- a sollen selbst die Fenster saubermachen.
- b müssen jeden Tag die Küche putzen.
- c sollen immer die Fenster schließen.

Hausordnung

Das Zusammenleben in einer studentischen Hausgemeinschaft erfordert gegenseitige Rücksichtnahme aller Wohnheimbewohner. Um das ungestörte Zusammenleben und eine ordnungsgemäße Verwaltung zu erreichen, ist die nachfolgende Hausordnung einzuhalten. Es können sich je nach Haus Unterschiede ergeben. Daher wird Ihnen die Hausordnung bei Einzug persönlich übergeben, der Empfang wird von Ihnen quittiert.

I. Allgemeine Nutzungsbedingungen:

1. Die Mieträume sowie das vom Vermieter eingebrachte Inventar sind pfleglich zu behandeln.

   Wurde der Wohnraum seitens des Vermieters mit Mobiliar ausgestattet, so muss dieses beim Auszug vollständig vorhanden sein. Beim Auszug fehlendes oder unbrauchbar beschädigtes Mobiliar wird zu Lasten des Mieters durch den Vermieter wiederbeschafft.

2. Der Vermieter ist berechtigt, vom Mieter eingebrachtes Inventar auf dessen Kosten zu entfernen. Dies gilt auch für Gemeinschaftsräume.

3. Bauliche Veränderungen sind dem Mieter untersagt. Kleine bauliche Veränderungen, die Bohren und/oder Hämmern erforderlich machen, sowie die malermäßige Neugestaltung der Zimmer durch den Mieter sind mit dem Hausmeister abzustimmen. Fußbodenbeläge dürfen nicht fest verlegt werden und sind beim Auszug durch den Mieter zu entfernen.

4. Am Ende der Nutzung ist durch den Mieter das Zimmer so zu übergeben, dass es sofort wieder bezogen werden kann, d.h. grundgereinigt und mängelfrei entsprechend dem Standard des Hauses.

5. Der Mieter ist verpflichtet, Beschädigungen, Mängel und Systemausfälle umgehend schriftlich dem Hausmeister anzuzeigen. Für notwendige Reparaturen erteilt der Mieter einen entsprechenden Auftrag.

II. Schutz vor Lärm:

1. Vermeidbarer Lärm belastet unnötig alle Heimbewohner. Deshalb gelten allgemeine Ruhezeiten von 13 bis 15 Uhr und von 22 bis 6 Uhr, auch an Sonn- und Feiertagen.

2. Fernseh-, Radio- und Tongeräte sind stets auf Zimmerlautstärke einzustellen, die Benutzung im Freien darf die übrigen Bewohner nicht stören. Analog gilt dies für das Musizieren.

3. Sind bei hauswirtschaftlichen und handwerklichen Arbeiten belästigende Geräusche nicht zu vermeiden, so sind diese Verrichtungen werktags in der Zeit von 8 bis 12 Uhr und von 15 bis 20 Uhr vorzunehmen.

4. Lärmende Spiele und Sportarten (z.B. Fußballspielen) sind in Fluren, in Treppenhäusern und in sonstigen Nebenräumen nicht gestattet.

III. Reinigung:

1. Wohnheim und Grundstück sind rein zu halten. Verunreinigungen sind von den Mietern unverzüglich zu beseitigen. Die Zimmerreinigung erfolgt durch den Mieter, 4x jährlich sind die Zimmerfenster zu putzen.

2. Die Kücheneinrichtung ist regelmäßig vom Mieter zu reinigen. Der Kühlschrank ist monatlich zu reinigen, wenn erforderlich zu enteisen. Abfall und Unrat sind regelmäßig durch die Mieter zu entsorgen.

3. Die Zimmer sind auch in der kalten Jahreszeit ausreichend zu lüften. Dies erfolgt durch kurzfristiges, vollständiges Öffnen der Fenster mindestens 2x täglich. Bei Unwetter und Abwesenheit sind Fenster zu schließen.

ZERTIFIKAT B1 — **HÖREN**
MODELLSATZ 4 — KANDIDATENBLÄTTER

Kandidatenblätter

Hören
40 Minuten

Das Modul *Hören* besteht aus vier Teilen. Sie hören mehrere Texte und lösen Aufgaben dazu.

Lesen Sie jeweils zuerst die Aufgaben und hören Sie dann den Text dazu.

Für jede Aufgabe gibt es nur eine richtige Lösung.

Vergessen Sie bitte nicht, Ihre Lösungen auf den **Antwortbogen** zu übertragen.
Dazu haben Sie nach dem Hörverstehen fünf Minuten Zeit.

Hilfsmittel wie z. B. Wörterbücher oder Mobiltelefone sind nicht erlaubt.

ZERTIFIKAT B1	HÖREN
MODELLSATZ 4	KANDIDATENBLÄTTER

Teil 1

Sie hören nun fünf kurze Texte. Sie hören jeden Text **zweimal**. Zu jedem Text lösen Sie zwei Aufgaben. Wählen Sie bei jeder Aufgabe die richtige Lösung.

Lesen Sie zuerst das Beispiel. Dazu haben Sie 10 Sekunden Zeit.

Beispiel

1 Karin feiert heute ihren Geburtstag.   Richtig | ~~Falsch~~

2 John Lorenz ist ...
- a der Onkel des Jungen.
- ☒ der Direktor des Spiels.
- c der Besitzer des Cafés.

Text 1

1 Dennis konnte die Aufgabe nicht erledigen.   Richtig | Falsch

2 Das Referat findet ...
- a übernächste Woche statt.
- b bei einer Veranstaltung statt.
- c nächste Woche statt.

Text 2

3 Der Bluttest muss erneut durchgeführt werden.   Richtig | Falsch

4 Der Termin ...
- a bleibt der gleiche.
- b muss verschoben werden.
- c muss jetzt fest ausgemacht werden.

Text 3

5 Von 20 bis 21 Uhr muss man das Licht ausmachen.   Richtig | Falsch

6 Dabei hilft es, ...
- a eine Kerze anzuzünden.
- b alle Lampen auszuschalten.
- c Elektroenergie zu erkennen.

ZERTIFIKAT B1	HÖREN
MODELLSATZ 4	KANDIDATENBLÄTTER

Text 4

7 Frau Schuster ist noch nicht zu Hause.   Richtig   *Falsch*

8 Frau Schuster …
- a hat keine Informationen.
- b hat sich an Erika Mustermann gewandt.
- c wollte Max Mustermann sprechen.

Text 5

9 Es ist im Sommer.   Richtig   *Falsch*

10 Die Kunden bekommen Rabatt, …
- a wenn sie den 2. Stock besuchen.
- b wenn sie einen Blumentopf kaufen.
- c wenn sie zu Hause einen Garten hat.

Teil 2

Sie hören nun einen Text. Sie hören den Text **einmal**. Dazu lösen Sie fünf Aufgaben.

Wählen Sie bei jeder Aufgabe die richtige Lösung a , b oder c .

Lesen Sie jetzt die Aufgaben 11 bis 15. Dazu haben Sie 60 Sekunden Zeit.

Sie nehmen an einer Führung der Olympiahalle München teil.

11 Die Olympiahalle …
- a kann man nur mit dem Zug erreichen.
- b kann man mit dem Bus besuchen.
- c kann man nach der Führung besuchen.

12 Im Jahr 2009 …
- a ist die Halle saniert worden.
- b wurde hier für olympische Nutzung erbaut.
- c fanden viele verschiedene Konzerte statt.

13 Die Band „Deep Blue" …
- a hat hier 2012 bei einem Musikpreis gewonnen.
- b war zur Feier eingeladen.
- c hatte hier ein erfolgreiches Konzert.

ZERTIFIKAT B1　HÖREN
MODELLSATZ 4　KANDIDATENBLÄTTER

14　Es gab auch ein Experiment, ...

　　a　das mit Virologie zu tun hat.

　　b　das 6 Monaten gedauert hat.

　　c　das man mit echten Viren durchgeführt hat.

15　In der Halle ...

　　a　kann man nur Getränke trinken.

　　b　findet man keine Imbissbude.

　　c　kann man Geschenke kaufen.

Teil 3

Sie hören nun ein Gespräch. Sie hören das Gespräch einmal. Dazu lösen Sie sieben Aufgaben.
Wählen Sie: Sind die Aussagen Richtig oder Falsch?
Lesen Sie jetzt die Aufgaben 16 bis 22. Dazu haben Sie 60 Sekunden Zeit.

Sie sind im Bus und hören, wie sich ein Junge und eine Frau unterhalten.

	Richtig	Falsch
16　Vor drei Jahren haben sie sich mit Onkel Chris getroffen.	Richtig	Falsch
17　Tante Erika wird zum Eishockeyspiel die ganze Familie mitbringen.	Richtig	Falsch
18　Am Samstag besucht die Familie eine See.	Richtig	Falsch
19　Georgs Vater führt eine Firma.	Richtig	Falsch
20　Sein Vater könnte beim Ausflug fehlen.	Richtig	Falsch
21　Der Kunde ist sehr abhängig davon, wie der Vertrag läuft.	Richtig	Falsch
22　Die beiden hatten früher ein Problem am Flughafen.	Richtig	Falsch

ZERTIFIKAT B1 HÖREN
MODELLSATZ 4   KANDIDATENBLÄTTER

Teil 4

Sie hören nun eine Diskussion. Sie hören die Diskussion **zweimal**. Dazu lösen Sie acht Aufgaben.

Ordnen Sie die Aussagen zu: **Wer sagt was**?

Lesen Sie jetzt die Aussagen 23 bis 30. Dazu haben Sie 60 Sekunden Zeit.

Die Moderatorin der TV-Sendung „Diskussion Attraktion" diskutiert mit Jan Hafer und Linda Schmidt zum Thema „Fitnessstudio".

	Moderatorin	J. Hafer	L. Schmidt
Beispiel			
0 Man isst zu viel aber bewegt sich zu wenig.	☒	b	c
23 Gesundheitsproblem ist ein Teil von gesellschaftlichen Problemen.	a	b	c
24 Es gibt viele schöne Orte in Deutschland, um Sport zu treiben.	a	b	c
25 Die Kosten für Fitnessstudios variieren.	a	b	c
26 Im Fitnessstudio kann man Sport richtig lernen.	a	b	c
27 Die Fitnessstudios sind doch zu überflüssig.	a	b	c
28 Beim Fernsehen hat man flexible Zeitpläne.	a	b	c
29 Man hat heute kaum Zeit am Tag.	a	b	c
30 Man sollte jeden Tag regelmäßig Sport treiben.	a	b	c

ZERTIFIKAT B1 — **SCHREIBEN**
MODELLSATZ 4 — KANDIDATENBLÄTTER

Kandidatenblätter

Schreiben
60 Minuten

Das Modul *Schreiben* besteht aus drei Teilen.
In den **Aufgaben 1** und **3**
schreiben Sie E-Mails.

In **Aufgabe 2**
schreiben Sie einen Diskussionsbeitrag.

Sie können mit jeder Aufgabe beginnen.
Schreiben Sie Ihre Texte auf die
Antwortbogen.

Bitte schreiben Sie deutlich und verwenden
Sie keinen Bleistift.

Hilfsmittel wie z. B. Wörterbücher oder
Mobiltelefone sind nicht erlaubt.

ZERTIFIKAT B1   SCHREIBEN
MODELLSATZ 4   KANDIDATENBLÄTTER

Aufgabe 1
Arbeitszeit: 20 Minuten

Sie waren in einem Konzert von Ihrem Lieblingssänger.
Eine Freundin von Ihnen konnte nicht mitkommen, weil sie krank war.

– Beschreiben Sie: Wie war das Konzert?
– Begründen Sie: Was fanden Sie am besten/schlimmsten?
– Machen Sie einen Vorschlag für ein Treffen.

Schreiben Sie eine E-Mail (circa 80 Wörter).
Schreiben Sie etwas zu allen drei Punkten.
Achten Sie auf den Textaufbau (Anrede, Einleitung, Reihenfolge der Inhaltspunkte, Schluss).

Aufgabe 2
Arbeitszeit: 25 Minuten

Sie haben im Fernsehen eine Diskussionssendung zum Thema „Weihnachtsmann und Christkind: Darf man die Kinder anlügen?" gesehen. Im Online-Gästebuch der Sendung finden Sie folgende Meinung:

Gästebuch

▶ 20. 07. 16:22

Der Weihnachtsmann oder das Christkind entspringen zwar nicht in der Phantasie des Kindes, aber sie sind Teil der Phantasiewelt, in der das Kind sich entwickelt und in die es sich auch zurückziehen kann. Diese Welt steht neben der realen Welt und dient den Kindern als Aussichtspunkt, von dem aus es sich auf die realen Geschehnisse blicken lässt. Ihnen den Glauben an diese Weihnachtsrituale zu nehmen, heißt deshalb auch, sie ein Stück weit aus dieser Welt herauszuzerren.

▶ 21. 07. 20:16

Schreiben Sie nun Ihre Meinung zum Thema (circa 80 Wörter).

ZERTIFIKAT B1 SCHREIBEN
MODELLSATZ 4   KANDIDATENBLÄTTER

Aufgabe 3

Arbeitszeit: 15 Minuten

Ihre Chefin hat Ihnen eine Aufgabe gegeben, die Sie bis heute erledigen sollten. Aber Sie konnten es nicht schaffen.

Schreiben Sie an Ihre Chefin. Entschuldigen Sie sich höflich und berichten Sie, warum Sie die Aufgabe nicht fertig machen konnten.

Schreiben Sie eine E-Mail (circa 40 Wörter).

Vergessen Sie nicht die Anrede und den Gruß am Schluss.

ZERTIFIKAT B1 — **SPRECHEN**
MODELLSATZ 4 — KANDIDATENBLÄTTER

Kandidatenblätter

Sprechen
15 Min. für zwei Teilnehmende

Das Modul *Sprechen* besteht aus drei Teilen.
In **Teil 1** planen Sie etwas gemeinsam mit Ihrem Partner/Partnerin
(circa 3 Minuten).
In **Teil 2** präsentieren Sie ein Thema
(circa 3 Minuten). Wählen Sie ein Thema
(Thema 1 oder Thema 2) aus.
In **Teil 3** sprechen Sie über Ihr Thema und das Ihres Partners/Ihrer Partnerin
(circa 2 Minuten).

Ihre Vorbereitungszeit beträgt 15 Minuten.
Sie bereiten sich allein vor.
Sie dürfen sich zu jeder Aufgabe Notizen machen. In der Prüfung sollen Sie frei sprechen.

Hilfsmittel wie z. B. Wörterbücher oder Mobiltelefone sind nicht erlaubt.

ZERTIFIKAT B1 SPRECHEN
MODELLSATZ 4 KANDIDATENBLÄTTER

Teil 1

Gemeinsam etwas planen   Dauer: circa drei Minuten

Sie wollen dieses Jahr zusammen Urlaub machen. Ihre Familien kommen auch mit. Der Urlaub wird 4 Tage dauern.

Sprechen Sie über die Punkte unten, machen Sie Vorschläge und reagieren Sie auf die Vorschläge Ihres Gesprächspartners/Ihrer Gesprächspartnerin.

Planen und entscheiden Sie gemeinsam, was Sie tun möchten.

Urlaub Planen

- Wohin?
- Unterkunft?
- Wie hinkommen?
- Was machen?

ZERTIFIKAT B1 SPRECHEN
MODELLSATZ 4 KANDIDATENBLÄTTER

Teil 2

Ein Thema präsentieren Dauer: circa drei Minuten

Wählen Sie ein Thema (Thema 1 oder Thema 2) aus.

Sie sollen Ihren Zuhörern ein aktuelles Thema präsentieren. Dazu finden Sie hier fünf Folien. Folgen Sie den Anweisungen links und schreiben Sie Ihre Notizen und Ideen rechts daneben.

Thema 1

Stellen Sie Ihr Thema vor. Erklären Sie den Inhalt und die Struktur Ihrer Präsentation.

Folie 1: "I can speak English!" — Sollten Kinder Englisch lernen?

Berichten Sie von Ihrer Situation oder einem Erlebnis im Zusammenhang mit dem Thema.

Folie 2: Sollten Kinder Englisch lernen? — Meine persönlichen Erfahrungen

Berichten Sie von der Situation in Ihrem Heimatland und geben Sie Beispiele.

Folie 3: Sollten Kinder Englisch lernen? — Die Situation in meinem Heimatland

Nennen Sie die Vor- und Nachteile und sagen Sie dazu Ihre Meinung. Geben Sie auch Beispiele.

Folie 4: Sollten Kinder Englisch lernen? — Vor- und Nachteile & Meine Meinungen

Beenden Sie Ihre Präsentation und bedanken Sie sich bei den Zuhörern.

Folie 5: Sollten Kinder Englisch lernen? — Abschluss & Dank

ZERTIFIKAT B1 — SPRECHEN
MODELLSATZ 4 — KANDIDATENBLÄTTER

Teil 2

Ein Thema präsentieren Dauer: circa drei Minuten

Wählen Sie ein Thema (Thema 1 oder Thema 2) aus.

Sie sollen Ihren Zuhörern ein aktuelles Thema präsentieren. Dazu finden Sie hier fünf Folien. Folgen Sie den Anweisungen links und schreiben Sie Ihre Notizen und Ideen rechts daneben.

Thema 2

Folie 1 — „Ich esse kein Fleisch mehr!" — Schon als Kind vegan?

Stellen Sie Ihr Thema vor. Erklären Sie den Inhalt und die Struktur Ihrer Präsentation.

Folie 2 — Schon als Kind vegan? — Meine persönlichen Erfahrungen

Berichten Sie von Ihrer Situation oder einem Erlebnis im Zusammenhang mit dem Thema.

Folie 3 — Schon als Kind vegan? — Die Situation in meinem Heimatland

Berichten Sie von der Situation in Ihrem Heimatland und geben Sie Beispiele.

Folie 4 — Schon als Kind vegan? — Vor- und Nachteile & Meine Meinungen

Nennen Sie die Vor- und Nachteile und sagen Sie dazu Ihre Meinung. Geben Sie auch Beispiele.

Folie 5 — Schon als Kind vegan? — Abschluss & Dank

Beenden Sie Ihre Präsentation und bedanken Sie sich bei den Zuhörern.

ZERTIFIKAT B1 — SPRECHEN
MODELLSATZ 4 — KANDIDATENBLÄTTER

Teil 3

Über ein Thema sprechen

Nach Ihrer Präsentation:

Reagieren Sie auf die Rückmeldung und auf Fragen der Prüfer/-innen und des Gesprächspartners/der Gesprächspartnerin.

Nach der Präsentation Ihres Partners/Ihrer Partnerin:

a) Geben Sie eine Rückmeldung zur Präsentation Ihres Partners/Ihrer Partnerin (z. B. wie Ihnen die Präsentation gefallen hat, was für Sie neu oder besonders interessant war usw.).

b) Stellen Sie auch eine Frage zur Präsentation Ihres Partners/Ihrer Partnerin.

시원스쿨닷컴

독일어 능력시험 대비

ZERTIFIKAT DEUTSCH

한 권으로 끝내는

이로사 지음

이론부터 실전까지
영역별 맞춤 전략!

B1

이로사 선생님의
출제 포인트를
짚어주는
실전 종합서

해설집

S 시원스쿨닷컴

한 권으로 끝내는

독일어 능력시험 대비

ZERTIFIKAT DEUTSCH

이론부터 실전까지
영역별 맞춤 전략!

B1

S 시원스쿨닷컴

한 권으로 끝내는
ZD B1

초판 1쇄 발행 2024년 9월 27일

지은이 이로사
펴낸곳 (주)에스제이더블유인터내셔널
펴낸이 양홍걸 이시원

홈페이지 www.siwonschool.com
주소 서울시 영등포구 영신로 166 시원스쿨
교재 구입 문의 02)2014-8151
고객센터 02)6409-0878

ISBN 979-11-6150-892-4
Number 1-531108-25252500-09

이 책은 저작권법에 따라 보호받는 저작물이므로 무단복제와 무단전재를 금합니다. 이 책 내용의 전부 또는 일부를 이용하려면 반드시 저작권자와 ㈜에스제이더블유인터내셔널의 서면 동의를 받아야 합니다.

독일어 능력시험 대비

ZERTIFIKAT DEUTSCH

한 권으로 끝내는

이론부터 실전까지
영역별 맞춤 전략!

B1

S 시원스쿨닷컴

Zertifikat Deutsch B1 해설집 목차

I. 정답 및 해설 MODELLSATZ 1

MODELLSATZ 1 LESEN 006
MODELLSATZ 1 HÖREN 026
MODELLSATZ 1 SCHREIBEN 042
MODELLSATZ 1 SPRECHEN 046

II. 정답 및 해설 MODELLSATZ 2

MODELLSATZ 2 LESEN 054
MODELLSATZ 2 HÖREN 074
MODELLSATZ 2 SCHREIBEN 090
MODELLSATZ 2 SPRECHEN 094

III. 정답 및 해설 MODELLSATZ 3

MODELLSATZ 3 LESEN 102
MODELLSATZ 3 HÖREN 122
MODELLSATZ 3 SCHREIBEN 140
MODELLSATZ 3 SPRECHEN 144

IV. 정답 및 해설 MODELLSATZ 4

MODELLSATZ 4 LESEN 154
MODELLSATZ 4 HÖREN 174
MODELLSATZ 4 SCHREIBEN 192
MODELLSATZ 4 SPRECHEN 196

정답 및 해설 | MODELLSATZ 1 LESEN

읽기 부문 1 ⏱ 소요시간: 10분

다음 본문과 문제 1번부터 6번까지 읽으시오.

명제가 맞으면 참(Richtig), 틀리면 거짓(Falsch)을 선택하시오.

Es war ein harter Tag

Hi, alle zusammen. Was geht´s?

Mir geht´s leider nicht so gut. Pfuii. Also, <u>passt auf</u>. ❶ Ich wollte meine Kumpels in der Stadt endlich mal wieder sehen und mit denen mit ´nem Glas Bier quatschen. Das war mein Plan fürs Wochenende. Am Morgen stand ich früh genug auf. Die Verabredung war um 13 Uhr ausgemacht. Also sollte ich mich nicht beeilen. Ich hatte ruhig eine Kaffeepause auf´m Balkon und goss die Pflanzen. Zum Frühstück hatte ich ein winziges Brot frisch aus der Bäckerei. ❷ Alles war in Ordnung. Außer dem unerwarteten Problem: Meine Emma.

⓿ Ihr kennt sie ja meine kleine Hündin. Eigentlich war sie gestern irgendwie seltsam. Gestern, als ich zu Hause ankam, hat sie so ein bisschen komisch gebellt. Ihre Stimme war nicht wie gewohnt. Es wäre also, <u>als würde sie vor Schmerzen stöhnt</u>. Ich gab ihr einen Treat und sie wurde bald normal. Also, genauer gesagt, <u>sie schien mindestens „normal" zu sein</u>. Am Morgen war sie auch ok. Aber als ich langsam aus dem Haus losfahren wollte, hat sie plötzlich „geschrien"!

Sie war gerade vor dem Badezimmer und ❸ <u>ihr Nacken sah schrecklich aus</u>: Ihr Nacken schien abgebrochen zu sein. Sie konnte ihren Kopf nicht erheben. Ihr gesenkter Kopf richtete sich nach dem Boden. Und ununterbrochen hat sie geächzt. Ihre Augen waren voll von Tränen! ❹ <u>Ich war so schockiert, dass ich sofort sie aufgehoben habe und mich zum Tierarzt drängte</u>. Die Verabredung mit den Freunden oder die Stadt, den Termin.. alles war weg von meinem Kopf. Emma ist sonst immer sehr aktiv und gesund. Sie ist nie krank. Und sie ist nur noch 4 Jahre alt..! Als ich sie aus dem Tierheim adoptiert habe, habe ich ihr und auch mir versprochen, dass ich sie nie verlassen und immer schützen würde. Aber jetzt ist sie irgendwie krank. Da kann ich mir nicht verzeihen. Meine Augen waren auch voll von Tränen, da ich so große Angst hatte.

Beim Tierarzt waren wir zum Glück alleine, also konnte sie schnell untersucht werden. Zuerst gab es einen Bluttest: normal. <u>Dann ´ne Harnuntersuchung</u>: völlig in Ordnung. Und dann hat der Arzt mir empfohlen, ein Magnetresonanztomographie aufzunehmen, da sie ein Problem mit der Bandscheibe am Nacken haben könnte. Und das Resultat: das stimmt. Könnt ihr euch vorstellen, dass so ein kleiner Hund einen Bandscheibenvorfall hätte? Ich habe mich totgelacht aber noch mit Tränen in meinen Augen. ❻ <u>Der Arzt meinte, dass sie ab jetzt eine Diät machen soll</u>, da die Ursache davon das plötzliche Zunehmen sein könnte. Tatsächlich hat sie letzte 3 Monate schon 1,0 Kilo zugenommen.

❺ Also, Gott sei Dank, sie ist nicht krank. Natürlich ist sie doch krank, hat sie Schmerzen am Nacken, aber wir haben den Grund herausgefunden und kann man wenigstens das Problem ohne Schwierigkeiten lösen. Das finde ich so dankbar, obwohl ich heute dafür etwa 720 Euro ausgeben musste. Haha, so ist das Leben. Aber muss man zugeben: Es war mir und der Emma ein harter Tag. Ab morgen könnt ihr uns jeden Tag mehr als 2 Stunden im Park spazieren sehen. lol

-Euer Frederik

*Magnetresonanztomographie : MRI auf Englisch

어휘

r. Kumpel 동무, 친구들 (속어) | quatschen 수다 떨다 (속어) | gießen 물을 주다 | winzig 작은 | unerwartet 예기치 못한 | seltsam 이상한 | bellen 짖다 | vor A stöhnen : A로 인해 신음하다 | scheinen zu 부정사 : ~해 보이다 | erheben 들어 올리다 | ununterbrochen 끊임 없이 | ächzen 끙끙 거리다 | aufheben 들어 올리다 | zu 3 drängen 서둘러 (3격)으로 가다 | adoptieren 입양하다 | schützen 지키다 | verzeihen (3격)을 용서하다 | e. Harnuntersuchung 소변검사 | e. Bandscheibe 디스크 | s. Resultat 결과 | zunehmen 살찌다 | herausfinden 발견하다

구문 분석

>> Passt auf!
  원래 뜻: 조심해! 주의해!
  일상적인 뜻: 들어 봐봐, 이거 봐. – 말을 시작할 때 도입부로 쓰임

>> als würde sie vor Schmerzen stöhnt
  als 접속법 2식 조동사+ 동사원형 후치 : 마치~인양 = als ob 주어 + 접속법 2식 조동사 후치 (als würde sie vor Schmerzen stöhnen=als ob sie vor Schmerzen stöhnen würde)

>> sie schien mindestens „normal" zu sein
  scheinen + zu 부정사(후치) ~한 것처럼 보이다

>> Ich war so schockiert, dass ich sofort sie aufgehoben habe und mich zum Tierarzt drängte.
  so A, dass절 : dass절 할 정도로 A하다

>> Dann ´ne Harnuntersuchung
  ´ne=eine의 줄임말 (속어) einen=´nen 등 어미만 쓰는 경우가 많음

해석

힘든 하루였다

안녕, 모두들. 잘 지내?

나는 별로 못 지내. 휴.. 그러니까, 들어봐. 나는 드디어 다시(오랜만에) 시내에서 친구들을 만나서 그들과 함께 맥주를 마시며 수다를 떨고자 했어. 그게 내 주말 계획이었지. 아침에 나는 충분히 일찍 일어났어. 약속은 13시에 잡혀 있었어. 따라서 나는 서두를 필요가 없었지. 나는 여유롭게 커피휴식을 발코니에서 가졌고 식물에 물을 줬어. 아침식사로 나는 빵집에서 갓 구워 나온 작은 빵을 먹었지. 모든 것이 정상적이었어. 예기치 못한 문제를 제외하고 말이야. : 나의 엠마에 관한 이야기야.

너희들 내 작은 (암컷) 강아지를 알지? 그녀가 사실 어제 왠지 이상했어. 어제 내가 집에 도착했을 때, 그녀는 조금 이상하게 짖었어. 그녀의 목소리가 평소와는 달랐어. 그러니까 마치 그녀가 통증 때문에 신음하는 것처럼 들렸어. 나는 그녀에게 간식 하나를 줬고 그녀는 곧 평범해졌어. 더 정확히 말하자면, 그녀는 적어도 "정상적"인 것처럼 보였어. 아침에도 그녀는 괜찮았어. 하지만 내가 슬슬 집을 나서려 하자 그녀는 갑자기 "소리를 질렀어"!

그녀는 욕실 바로 앞에 있었고 그녀의 목은 끔찍해 보였어. 그녀의 목은 부러진 듯 보였어. 그녀는 그녀의 머리를 들지 못했어. 그녀의 수그려진 머리는 바닥을 향하고 있었어. 그리고 끊임없이 그녀는 신음소리를 냈어. 그녀의 눈은 눈물로 가득차 있었어! 나는 너무 놀라서 바로 그녀를 들어 올려 동물병원으로 향했어. 그 친구들과의 약속, 시내, 일정.. 모든 것들이 내 머리에서 사라졌어. 엠마는 평소에는 매우 활동적이고 건강해. 그녀는 아픈 적이 없어. 그리고 그녀는 오직 4살이야..! 그녀를 내가 동물보호소에서 입양했을 때 나는 그녀와 나에게 약속했어. 절대 그녀를 떠나지 않고 항상 지켜줄 것이라고! 하지만 그녀는 지금 왠지 아파. 나는 내 스스로를 용서할 수가 없어. 내 눈도 눈물로 가득찼어, 왜냐하면 나는 너무 두려웠기 때문이야.

동물병원에 다행히도 우리 밖에 없었어, 그래서 그녀는 빨리 검사를 받을 수 있었어. 우선 피검사: 정상. 그리고 소변검사: 완전히 정상. 그리고 나서 의사는 나에게 MRI를 찍을 것을 제안했어. 왜냐하면 그녀의 목 디스크에 문제가 있을 수도 있어서였어. 그리고 결과는: 그 말이 맞았어. 너희들은 이 작은 강아지가 디스크 문제를 가졌다는 것을 상상할 수나 있니? 나는 눈에 눈물이 아직 고인 채로 죽도록 웃었어. 의사가 말하기를, 그녀는 지금부터 다이어트를 해야 한다고 해. 왜냐하면, 그것의 원인이 갑작스럽게 살이 쪄서일 수도 있기 때문이야. 사실상 그녀는 지난 3개월동안 벌써 1킬로그램이나 늘었어.

그러니까, 다행이야. 그녀는 아프지 않아. 당연히 그녀는 목에 통증을 가지고 있지만, 우리는 이유를 발견해 냈고, 적어도 어려움 없이 그 문제를 해결할 수 있어. 그것을 너무 감사하게 생각해. 비록 오늘 그것을 위해서 대략 720유로를 지출해야 했지만. 하하. 인생이 그렇지. 하지만 인정해야 해. 오늘은 나에게 그리고 엠마에게 힘든 하루였어. 내일부터 너희들은 우리를 매일 2시간 이상 공원에서 산책하는 모습을 볼 수 있을 거야. ㅋㅋㅋ

- 너희들의 Frederik으로부터

예시문제

0 Frederik은 개 한 마리를 가지고 있다. ☒ Richtig   ☐ Falsch

1 Frederik 은 친구들과 만날 약속을 했다. ☒ Richtig   ☐ Falsch

2 아침부터 뭔가 일이 어긋났다.   Richtig   ~~Falsch~~

3 그는 그의 강아지의 문제를 그 강아지의 눈을 보고 알아 챘다.   Richtig   ~~Falsch~~

4 그는 바로 그 강아지를 의사에게 데려갔다.   ~~Richtig~~   Falsch

5 검사 후 심각한 질병을 발견해 냈다.   Richtig   ~~Falsch~~

6 그 강아지는 이제 살을 빼야 한다.   ~~Richtig~~   Falsch

[어휘]
schieflaufen 일이 어긋나다 | an 3 erkennen (3격)으로 알아 차리다

읽기 부문 2

소요시간: 20분

언론에서 추출된 텍스트를 읽고 문제 7번부터 9번까지 읽으시오.

a, b, c 중 각 문제에 알맞은 답을 고르시오.

Das Bühnenspektakel „Fairy Queen"

Berliner Figuralchor.

❾ Das Publikum im englischen Theater des 17. Jahrhunderts liebte das große Bühnenspektakel der Semi-Opera, ⓿ halb Theater, halb Oper. Henry Purcell komponierte mehrere solcher Werke. ❽ Mit „Fairy Queen" präsentierte er 1692 eine witzige Story zu Shakespeares Sommernachtstraum.

„Fairy Queen" enthält viel von Purcells bester Musik: melancholische Liebesklagen, satirische Nummern, virtuose Tanzsätze und differenzierte, farbenreiche Instrumental- und Chorpassagen. Unter der Leitung von Gerhard Oppelt führen die Solisten Margaret Hunter, Rea Alaburic, Oscar Verhaar, Dávid Szegetváry und Jörg Gettschick zusammen mit Berlin Baroque die „Fairy Queen" in ihrer ursprünglichen musikalischen Fassung konzertant auf. Der Berliner Figuralchor übernimmt zusammen mit dem Kantatenchor der Cantores minores den chorischen Part.

> **어휘**
>
> e. Bühne 무대 | s. Spektakel (떠들썩한) 연극 | r. Figuralchor 극합창단 | r. Sommernachtstraum 한 여름밤의 꿈 | enthalten 함유하다, 담고있다 | melancholisch 울적한 | e. Liebesklage 사랑의 탄식 | satirisch 풍자적인 | e. Nummer (뮤지컬) 노래, 넘버 | virtuos 뛰어난 | e. Passage 패시지 [음악 용어] | e. Leitung 지도 | r. Solist 솔로 | ursprünglich 원천적인 | e. Fassung 표현양식 | konzertant 협주곡 형식의 | aufführen 연주하다 | übernehmen 물려받다 떠맡다 | e. Kantate 칸타타 | chorisch 합창의

구문 분석

» mehrere solcher Werke
mehr → viel의 비교급 (뜻: 더 많은) 하지만, mehrer의 뜻은 "다수의" 라는 뜻.
solcher Werke는 여기에서 2격. 그러한 작품들의 다수를 이라고 해석해야 함.

해석

무대연극 "Fairy Queen"

베를린 극합창단

17세기의 영국 연극 관객은 이 대대적인 세미오페라-반은 연극, 반은 오페라로 구성된- 무대연극을 사랑했다. Henry Purcell 은 다수의 그러한 작품들을 작곡했다. 그는 1692년에 "Fairy Queen"을 통하여 셰익스피어의 한여름밤의 꿈의 한 유머러스한 이야기를 선보였다.

"Fairy Queen" 은 Purcell의 최고의 음악 중 많은 것들을 담고 있다: 울적한 사랑의 탄식, 풍자적인 넘버들, 뛰어난 춤들과 다채로운 악기와 합창 패시지들. Gerhard Oppelt의 지도하에 솔리스트들 Margaret Hunter, Rea Alaburic, Oscar Verhaar, Dávid Szegetváry 그리고 Jörg Gettschick이 베를린바로크와 함께 "Fairy Queen"을 그들의 원천적인 음악적 표현양식을 협주곡형식으로 선보인다. 베를린 극합창단은 함께 Cantores minores의 칸타타를 합창파트를 맡게 된다.

예시문제

0 세미오페라란 …을 뜻한다.
- a 관객과 함께 만들어지는
- ☒ b 반은 오페라, 반은 연극으로 구성된
- c Henry Purcell이 작곡한

7 이 글의 주요 내용은 …
- a 한 작품의 역사에 대한 것이다.
- b 세계적으로 유명한 한 작곡가에 대한 이야기이다.
- ☒ c 한 극작품에 대한 정보이다.

8 "Fairy Queen"은 …

- [x] a 1692년에 무대에 올려졌다.
- [ ] b 음악적인 요소를 거의 함유하고 있지 않다.
- [ ] c 베를린에서 왔다.

9 영국 관객들은 …

- [ ] a 그 모차르트의 극작품을 즐겼다.
- [x] b 이 세미 오페라를 좋아했다.
- [ ] c 그 사랑이야기의 작품을 좋아했다.

읽기 부문 2

언론에서 추출된 텍스트를 읽고 문제 10번부터 12번까지 읽으시오.

a, b, c 중 각 문제에 알맞은 답을 고르시오.

Graffiti-Sprayer stoppen Schwebebahn
Wuppertal, 7. Oktober.

Unbekannte haben einen Zug der Wuppertaler Schwebebahn gestoppt und mit Graffiti besprüht. ⑪ „Das ist sehr ungewöhnlich, das hatten wir so bislang noch nicht", sagte ein Spreheer der Wuppertaler Stadtwerke am Montag. Nach Angaben der Polizei hatten die Unbekannten den zug am Sonntagmorgen gestoppt, indem einer von ihnen eine Tür blokierte, während mehrere andere sprühten. „Unser Fahrer ist eingeschritten und hat den Blockierer der Tür angesprochen", sagte der Sprecher. Die Unbekannten seien davon gerannt. Am Zug entstand durch die Farbattacke nach Angaben der Polizei ein Schaden von mehreren tausend Euro. Bislang galt die Schwebebahn als immun gegen Graffiti. ⑫ Weil sie hoch oben in der Luft baumelt, war für Sprayer keine Chance.

어휘

stoppen 멈추다 | e. Schwebebahn 독일 도시 부퍼탈에 있는 하늘에 떠서 달리는 공공교통수단 | besprühen 물 등을 뿌려 적시다 | ungewöhnlich 흔하지 않은 | bislang 여태껏 | e. Angabe 진술 | einschreiten 대응하다, 개입하다 | r. Blockierer 막는 사람 | ansprechen 말을 걸다 | e. Farbattacke 색깔 공격 | r. Schaden 손상 | gelten als 4 (4격)으로 간주되다 | baumeln 매달려 흔들리다

구문 분석

>> **indem einer von ihnen eine Tür blockierte**
  (종속절) ~함으로써: 수단 *동사 후치

>> **seien**
  접속법 1식: -라고 하다. (전달하는 말)

해석

그래피티-스프레이를 뿌리는 사람들이 Schwebebahn을 멈추다

부퍼탈, 10월 7일, 신원미상의 사람들이 부퍼탈 Schwebebahn의 한 열차를 멈춰 세워서 그래피티(스프레이 페인트)를 뿌렸다. "이것은 굉장히 흔치 않은 일입니다. 이런 일을 우리는 여태껏 겪은 적이 없습니다." 부퍼탈 슈타트베어케(*Stadtwerke: 전력 관련된 일을 담당하는 일종의 관청. 우리 나라에서는 한전 정도의 일을 한다고 볼 수 있다.)의 대변인이 월요일에 말했다. 경찰의 진술에 따르면 신원미상의 사람들이 일요일 아침에 그 열차를 멈춰 세웠다. 다수의 다른 사람들이 스프레이를 뿌릴 동안 한 사람이 문 하나를 막았다. "우리의 기장(열차 운행자)은 적극 개입하여 문을 막고 있던 사람에게 말을 걸었다"고 대변인은 말했다. 그 신원미상의 사람들은 달아났다고 한다. 이 색깔공격으로 인해 경찰의 진술에 따르면 이 열차에 수천 유로의 손상이 발생했다. 지금까지 Schwebebahn은 그래피티 청정으로 간주되었다. 그것이 공중에 높이 매달려 있기 때문에 그래피티 스프레이를 뿌리는 사람들에게는 기회가 없었다.

10 이 글에서 주된 내용은 …
  a ☐ 젊은 예술가들이 새로운 작품을 소개한다는 내용이다.
  b ☒ 예상치 못한 사건이 있었다는 내용이다.
  c ☐ 사람들이 점점 그래피티에 흥미를 가진다는 내용이다.

11 부퍼탈에서는 …
  a ☒ 이러한 사건이 일어난 적이 없다.
  b ☐ 사람이 열차를 막는 일이 흔치 않은 일이 아니다.
  c ☐ 그래피티 스프레이가 인기가 많다.

12 Schwebebahn은 …
  a ☒ 높이 공중에서 한번 달려볼 수 있는 기회이다.
  b ☐ 스프레이 뿌려지는 것을 허용한다.
  c ☐ 전차(길에 다니는 열차)와 같이 흔한 열차이다.

읽기 부문 3

⏱ 소요시간: 10분

13번에서 19번까지 상황들을 읽고 A부터 J까지 다양한 독일어권 미디어로부터 추출한 광고를 읽으시오. 고르세요: 어떤 광고가 어떤 상황에 맞습니까?

당신은 모든 광고를 오직 한 번만 쓸 수 있습니다. 예시의 광고는 당신은 다시 쓸 수 없습니다. 한 상황에 대해서는 맞는 광고가 없습니다. 이 경우 0을 쓰십시오.

드디어 학기가 끝났고 당신의 동료들은 방학 계획을 세우고 싶습니다.

> **예시문제**
>
> **0** Franz는 국내여행을 하고 싶습니다. 그는 독일의 남쪽에서 태어났고 이번에는 무엇인가 특별한 것을 체험하고 싶습니다. : 예를 들어 한 섬으로 가기.   광고 : **e**

13 Leonie 는 하나의 긴 학기를 가졌습니다. (힘든 학기였다는 뜻) 그녀는 이제 쉬고 싶습니다. 그녀는 최대 500유로까지 휴가를 위해 쓸 수 있습니다.   광고 : **j**

14 Jessica는 오래전에 동남아 여행에 당첨되었습니다. 이제 그녀는 누가 그 동안(그 여행 동안) 그녀의 작은 고양이를 돌봐야 할지 알지 못합니다.   광고 : **c**

15 Dennise는 과제 때문에 할 일이 너무 많았습니다. 이제 그녀는 그녀의 주위를 돌볼 시간이 생겼습니다. 그녀는 큰 정원을 하나 가지고 있으나 그 정원을 어떻게 꾸며야 할지 모릅니다.   광고 : **0**

16 Kneider 씨는 이 수업의 담당 선생님이고 아들이 하나 있습니다. 그는 이제 겨우 여섯살이고 항상 그의 아버지와 무엇인가 재미있는 일을 하고 싶었습니다.   광고 : **b**

17 Sofia와 Marta는 함께 오래전부터 여행을 계획하고 있습니다. 그들은 무엇인가 이국적인 것에 관심이 있습니다. 그들의 인도네시아행 비행기가 기술적인 이유로 취소되었습니다. 이제 그들은 새로운 여행지가 필요합니다. 안전이 가장 중요합니다.   광고 : **g**

18 Levin은 그의 영어를 향상시키고 싶습니다. 그는 시간이 별로 없습니다. : 대략 2주 정도 그는 시간이 있고 외국에서 수업을 듣고 싶어 합니다.   광고 : **f**

19 Maximilian은 스페인 출신 여자친구가 있습니다. 그녀는 방학동안에 그녀의 가족을 방문할 것이고 거기에 그도 함께 기꺼이 동행합니다. 그는 기념품으로 무엇인가 작은 것을 가져가고자 합니다.   광고 : **h**

> **어휘**
>
> sich³ 4 leisten [재정적으로] (4격)을 감당하다

a

• **Modische Wohnung&Büro.co**
Speisengerstraße 206
16554 Berlin
TERMINE
MONTAG BIS FREITAG
NACH
VEREINBARUNG

해석

세련된 집&사무실.co

Soeisenger길 206

16554 베를린

일정

월요일에서 금요일까지

협의 하에

어휘

modisch 세련된 | r. Termin 일정 | nach Vereinbarung 협의 후 결정

b

Europa Park
Unsere Öffnungszeiten:

- In der **Sommersaison 2020** ist der Europa-Park vom **29.05.2020 bis 08.11.2020** unter der Woche von **9:00 bis 18:00 Uhr** und am Wochenende von **9:00 bis 19:00 Uhr** geöffnet.
- In der Zeit vom **15.08. bis 13.09.** ist der Europa-Park **täglich von 09:00 bis 19:00 Uhr** geöffnet.

Auf dieser Seite lesen Sie alles Wissenswerte ⓰ für einen unvergesslichen Familienausflug.

해석

Europa Park

우리의 개장 시간:

이번 2020년 여름시즌에 Europa-Park는 2020년 5월 29일부터 2020년 11월 8일까지 평일에는 9시부터 18시, 주말에는 9시부터 19시까지 열려 있습니다. 8월 15일부터 9월 13일까지 기간동안 Europa-Park는 매일 9시부터 19시까지 엽니다. 이 사이트에서 당신은 잊을 수 없는 가족 여행을 위한 알 가치가 있는 모든 것을 읽을 수 있습니다.

어휘

e. Saison 시즌 | unter der Woche 평일에 | wissenswert 알아둘 가치가 있는, 배울 만한 | unvergesslich 잊을 수 없는 | r. Familienausflug 가족 소풍

c

Meine HausTierbetreuung Leipzig

Tiersitter in Leipzig, Deutschland

Adresse: Prießnitzstraße 21, 04179 Leipzig, Deutschland

+43 1 996 21 18

해석

나의 반려동물 돌봄서비스

라이프치히

동물시터 라이프치히에서, 독일

주소: Prieß nitzstraß e 21, 04179 Leipzig, Deutschland

+43 1 996 21 18

어휘

e. Betreuung 돌봄

---

d

Sicherheit im Bali Urlaub

Im Vergleich mit vielen anderen Reisezielen in Indonesien wird die Sicherheit der Touristen hier großgeschrieben und gilt daher als nicht **gefährlich und als sehr sicheres Reiseziel** für einen Bali Urlaub und für Bali Reisen. Grund dafür ist vor allen Dingen die Mentalität der Balinesen, aber auch die Präsenz der Sicherheitskräfte. Aktuelle Statistiken belegen, dass die Kriminalitätsrate von 2014 sowie 2015 unwahrscheinlich niedrig ausfällt.....

해석

발리 휴가에서의 안전

많은 다른 인도네시아의 여행지와 비교했을 때 이곳 여행객의 안전은 강조되고, 따라서 발리 휴가와 발리 여행은 위험하지 않고 굉장히 안전한 여행지로 간주된다. 그 이유는 무엇보다도 발리인들의 정서와 안전인력의 현존이다. (안전 인력이 있기 때문이다.) 현재 통계들은 2014년과 2015년의 범죄율이 믿을 수 없이 낮다는 것을 증명한다... (후략)

어휘

e. Sicherheit 안전 | im Vergleich mit/zu ~와 비교하면 | großschreiben 대문자로 쓰다, 강조하다 | s. Reiseziel 여행지 | e. Mentalität 정신, 성향 | r. Balinese 발리 사람 | e. Präsenz 현재, 현존 | e. Sicherheitskraft 안전을 위한 인력 | belegen 증명하다 | e. Kriminalitätsrate 범죄율 | unwahrscheinlich 믿을 수 없는 | niedrig 낮은

e

Hotelangebote Wenningstedt ❶ auf Sylt

SYLT - MON AMOUR!

Sylt - Entdecken und Genießen! Ein Urlaub der Extraklasse!

Werden Sie zum Sylter, lernen Sie unsere Insel in der Nordsee und ihre Bewohner kennen und lieben. Lassen Sie sich von den tollen Angeboten und Möglichkeiten verzaubern. Ob Flucht aus dem Alltag, Urlaub als einzelne Person, zu zweit oder mit der ganzen Familie, Kurzurlaub oder eine Auszeit nur für eine Nacht. Ob Wellnessreise oder Sport, Spiel und Spaß. SYLT - die berühmte Insel, umgeben von der Nordsee, mit den schönsten Stränden Deutschlands gesegnet. Entdecken und Genießen Sie Sylt!

해석

호텔 상품 Wenningstedt auf Sylt (*Sylt 는 독일 북해에 있는 섬입니다. 관광지로 유명합니다.)

Sylt – mon amour(meine Liebe! 나의 사랑!)

Sylt – 발견하고 즐기세요! 특급의 휴가!

Sylt 사람이 되세요. 우리의 북해에 위치한 섬과 당신의 동네 사람들(거주민)을 새로이 사귀고 사랑하세요. 멋진 상품들과 가능성들로써 당신이 매혹되게 하세요. 일상으로부터의 도피이건, 혼자만의 휴가이건, 둘이서 건 혹은 가족 전체가 함께 하는 휴가이건. 짧은 휴가 혹은 오직 하룻밤의 휴식이건. 건강을 위한 여행이건 운동, 놀이 혹은 재미를 위한 여행이건. Sylt- 이 유명한 섬, 북해로 둘러싸인, 독일의 가장 멋진 해변들로 축복받은 섬. Sylt를 발견하고 즐기세요!

[어휘]

e. Extraklasse 특급 | sich lassen + 동사원형 (후치) : ~하게 하다 | verzaubern 매혹하다 | e. Auszeit 휴식 | umgeben von 3 (3격)으로 둘러싸인 | segnen 축복하다

f

Sprachreisen England

- ❶ Englische Sprachschulen in England

Unsere **Englisch**-Sprachschulen in **England** befinden sich in der pulsierenden Metropole London, den beliebten Küstenstädten Bournemouth und Brighton sowie in der geschichtsträchtigen Stadt Cambridge.
Tel. 0049 (0)89 599 45570

해석

영국 어학연수

– 영국에 있는 영어 어학원

우리 영국 영어 어학원은 역동적인 중심지인 런던과, 인기있는 예술의 도시들인 Bournemouth와 Brighton, 또한 역사를 품고 있는 도시인 캠브리지에 위치합니다.

[어휘]

e. Sprachreise 어학연수 (보통 짧게 여행 겸 다녀오는 연수) | sich befinden 위치하다 | pulsierend 역동적인 | e. Metropole 중심지 | geschichtsträchtig 역사를 품고 있는

g

ABENTEUERREISEN

Bei diesen Abenteuerreisen wirst du selbst zum Entdecker! ❶ Besteige das höchste Bergmassiv Afrikas, wandel in den Regenwäldern Ugandas auf den Pfaden der mächtigen Berggorillas oder erlebe 1001 Abenteuer bei einer Wüsten-Expedition durch die Sahara! Einfach unvergessliche Erlebnisse für jeden Typ! *Die Begleiter und unsere trainierten Experten sind immer dabei. Wir haben auch ärztliche Hilfskräfte.

해석

모험여행

이 모험여행에서 너는 스스로 탐험가가 될 거야! 아프리카의 가장 높은 산맥을 등반해봐, 우간다 우림의 강력한 산고릴라들의 오솔길을 거닐어 보거나 혹은 사하라를 가로지르는 사막탐험에서 1001개의 모험을 경험해 봐! 모든 타입에게 완전히 잊을 수 없는 경험들이야! *안내자와 훈련된 전문가가 항상 함께 합니다. 우리는 또한 의료적인 인력도 갖고 있습니다.

어휘

s. Abenteuer 모험 | r. Entdecker 발견자, 탐험가 | besteigen 등반하다 | s. Bergmassiv 산맥 | wandeln 거닐다 | r. Regenwald 우림 | r. Pfad 오솔길 | mächtig 강력한 | e. Wüste 사막 | e. Expedition 탐험 | ärztlich 의료적인

h

Unser Leipzig-Laden Nr. 1

Im Jahr 1990 in Leipzig-Schleußig gegründet, befinden wir uns seit 1992 unter den Arkaden des Alten Rathauses.

❶ In unserem Ladenbereich finden Sie großzügige Sortimentsbereiche, wie zum Beispiel: Leipzig-Literatur, Miniaturbücher, Leipzig-Souvenirs, Spielkarten, Stadtpläne und über 500 aktuelle und historische Ansichtskarten.

Des Weiteren bieten wir Ihnen jedes Jahr eine große Kalenderauswahl an.

해석

우리의 라이프치히-가게 넘버 원

1990년에 라이프치히-슐로이시히에 지어진, 우리는 1992년부터 구시청 아래의 아케이드에 위치하고 있습니다. 우리 가게 내에서는 당신은 대규모의 상품범위를 찾을 수 있습니다. (우리 가게에서 다양한 일련의 상품을 찾을 수 있습니다.) 예를 들어 : 라이프치히-문학, 미니어쳐 책들, 라이프치히 기념품, 게임용 카드, 도시지도들 그리고 500개가 넘는 현재와 역사적 그림엽서들 또한 우리는 매년 커다란 달력을 제공합니다.

어휘

e. Arkade 아케이드 | r. Bereich 지역, 범위 | großzügig 대규모의 | s. Sortiment 상품 | e. Ansichtskarte 그림엽서 | des Weiteren 또한, 더욱이 | r. Kalender 달력

i

Lerne eine neue Sprache in der Nachbarschaft

Weshalb sich ein Englischkurs lohnt

- Englisch ist eine globale Sprache mit circa 1,5 Milliarden Sprechern.
- Die Geschichte der englischen Sprache wird in drei Phasen unterteilt.
- Mit jedem Kurs werden die Fertigkeiten in der englischen Sprache Schritt für Schritt weiter ausgebaut.

해석

새로운 언어를 동네에서 배우세요

왜 영어수업이 가치가 있는지

- 영어는 약 15억 화자가 쓰는 글로벌한 언어이다.
- 영어의 역사는 3단계로 세분된다.
- 각각의 수업들로 영어 숙련도가 점차 확장된다.

[어휘]

e. Nachbarschaft 동네 | weshalb 왜 | sich lohnen 가치가 있다 | e. Milliarde 10억 | unterteilen 세분하다 | e. Fertigkeit 숙련, 능력 | ausbauen 확장하다 | Schritt für Schritt 점차, 단계적으로

j

Thermenurlaub ALL INCLUSIVE Sommerspecial - 5 Nächte

Hotel Birkenhof Therme

Bad Griesbach i. Rottal, Bayern

- 6 Tage / 5 Nächte im gemütlichen Zimmer inkl. ALL INCLUSIVE
- täglich reichhaltiges Frühstücksbuffet & Abendessen (Menü bzw. Buffet)
- täglich alkoholfreie Getränke, wie Softdrinks, Säfte und Wasser, sowie alkoholische Getränke wie Hauswein rot/weiß, Hausbier zum Abendessen (18-20 Uhr)
- täglich ein Mittagssnack

~~statt~~ **344€**

6 Tage , 5 Nächte

p.P. ab **274€**

해석

온천 휴가 모두 포함 여름 스페셜 5박

호텔 Birkenhof 온천

Bad Griesbach i. Rottal, Beyern (주소)

- 6일/5박 안락한 방에서 모든 사항 포함
- 매일 내용이 풍부한 아침 뷔페와 저녁 (코스요리 및 뷔페)
- 매일 무알콜 음료, 예) 탄산음료, 주스, 물, 또한 알콜 있는 음료, 예) 하우스와인 레드/화이트, 하우스맥주 를 저녁식사에 (제공) (18-20시)
- 매일 점심 간식

344유로 대신에 5박 6일에 1인당 274유로부터

어휘

e. Therme 온천 | reichhaltig 내용이 풍부한 | p.P. = pro Person 인당

읽기 부문 4

🕐 소요시간: 15분

20번부터 26번까지 글을 읽으시오. 고르세요: 이 사람은 그 금지에 찬성합니까?

한 잡지에서 당신은 "헬멧 없이 자전거 타기 금지"에 대한 기사에 달린 댓글을 읽습니다.

예시문제

| 0 Eva | ~~Ja~~ | Nein |

20 Felix	Ja	~~Nein~~
21 Julia	Ja	~~Nein~~
22 Thomas	~~Ja~~	Nein
23 Annalisa	~~Ja~~	Nein

24 Olaf	~~Ja~~	Nein
25 Finn	Ja	~~Nein~~
26 Emilia	~~Ja~~	Nein

LESERBRIEFE

예시문제

Als Kind lernt man Radfahren, sowohl in der Schule, als auch zu Hause von den Eltern. Da lernt man aus Sicherheitsgründen, wie man sich den Helm trägt und andere Zubehöre. Ich bin jetzt als eine Mutter stark dafür, dass man immer beim Radfahren einen Helm tragen muss. Das ist keine Auswahl, sondern eine Pflicht. Radfahren ist viel gefährlicher, als man normalerweise denkt.

Eva, 34, Hamburg

해석

어릴 때 학교에서 또 집에서 부모님에게 자전거 타기를 배운다. 그 때 안전상의 이유로 헬멧과 다른 부속품을 어떻게 착용하는지 배운다. 나는 지금 한 엄마로서, 항상 자전거를 탈 때 헬멧을 써야 한다는 것에 강하게 동의한다. 이것은 선택의 문제가 아니라 의무이다. 자전거 타기는 사람들이 보통 생각하는 것보다 훨씬 위험하다.

Eva, 34세, Hamburg

20

Ich besitze ein Fahrrad und immer pendle damit zur Uni. Manchmal ist am Morgen so hektisch, dass ich sogar meine Tasche vergesse. Und dazu noch einen Helm mitzunehmen ist zu umständlich. Ich fahre schon gut genug, also das Verbot selbst scheint mir zu viel übertrieben.

Felix, 20, München

21

Keiner ist dafür, dass es in Deutschland nicht genug Radwege gäbe. Die Straßen sind nett eingerichtet. Beim Fahren hat man keine Drohung von Unfällen mit den Autos. Ich verstehe nicht, warum man unbedingt so viele Schutzausrüstungen braucht. Die kosten Geld.

Julia, 25, Leipzig

22

Ich habe mal einen Unfall zwischen einem Rad und einem Hund gesehen. Der Hund war schwer verletzt. Es geht nicht nur um Geld oder Umständlichkeit, sondern unsere Sicherheit zählt. Der Helm symbolisiert nicht nur die Sicherheit für sich selbst, sondern auch die Rücksicht auf andere. Das nenne ich wohl die „Etikette".

Thomas, 29, Siegen

23

Ich dachte, dass Deutschland das fortgeschrittene Land von Radfahren sei, weil man hier sehr viel und häufig fährt. Aber es scheint mir unsicher, wenn ich z. B. Teenager ohne Ausrüstungen fahren sehe. Natürlich sind die Deutschen ja Profi-Radfahrer, aber trotzdem bräuchte man eine feste Regel zu Sicherheit.

Annalisa, 35, Bonn

해석

나는 자전거 하나를 가지고 있고 항상 그것으로 대학교를 통학한다. 가끔 아침에 너무 바빠서 나는 심지어 내 가방도 잊어 버린다. 게다가 거기에 헬멧까지 챙기는 것은 너무 귀찮다. 나는 이미 충분히 잘 탄다. 따라서 금지법 자체는 나에게 너무 과해 보인다.

Felix, 20세, München

해석

그 누구도 독일에 자전거 도로가 충분하지 않다고 하는 것에 동의하지 않을 것이다. 길들은 잘 구성되어 있다. (자전거) 탈 때 자동차와의 사고에 대한 위협은 없다. 나는 왜 사람들이 그렇게 많은 보호장구를 필요로 하는지 모르겠다. 돈이 드는데 말이다.

Julia, 25세, Leipzig

해석

나는 한번 자전거와 강아지의 사고를 본 적이 있다. 강아지는 심하게 다쳤다. 돈이나 귀찮은 게 문제가 아니라 안전이 중요하다. 헬멧은 자기 자신에 대한 안전 뿐만이 아니라 다른 사람들을 위한 배려를 상징하기도 한다. 이것을 나는 "에티켓"이라고 칭한다.

Thomas, 29세, Siegen

해석

나는 독일이 자전거 선진국이라고 생각했는데, 왜냐하면 여기에서는 사람들이 매우 많이, 자주 자전거를 타기 때문이다. 하지만 나에게 그것은 안전하게 보이지 않는데, 보호장치 없이 자전거를 타는 10대들을 보면 그렇다. 당연히 독일 사람들은 자전거 타기 전문가들이지만, 그럼에도 불구하고 안전을 위한 확고한 규칙이 필요한 것 같다.

Annalisa, 25세, Bonn

24

Es gibt kein falsches Wetter, nur falsche Kleidung. Es gibt doch richtige Kleidung für eine bestimmte Aktivität. Im Büro muss man im Anzug, auf der Baustelle muss man in der Arbeitskleidung mit Helm. Der Helm gehört also zum Radfahren. Dafür muss man nicht lange diskutieren.

Olaf, 65, Gelsenkirchen

25

Verbieten muss man, wenn etwas sehr kritisch bzw. entscheidend ist. Wenn man z.B. ohne Führerschein ein Auto fährt, muss man das wirklich verbieten, da es ums Leben geht. Wir haben die sichersten Wege für Radfahrer. Im Ausland wäre es den Radfahrern Pflicht zu setzen, einen Helm zu tragen. Aber in Deutschland kann man meiner Ansicht nach ohne Helm fahren.

Finn, 42, Osnabrück

26

Im Auto ist man viel sicherer im Vergleich zu auf dem Motorrad, weil das Auto selbst funktioniert wie eine Schutzausrüstung. Und hat man da sogar auch einen Sicherheitsgurt. Aber beim Radfahren sowie Motorrad fahren hat man kaum Schutz. Der Helm ist das Minimum, um sich zu schützen. Und dafür muss es ein festes Gesetz geben.

Emilia, 37, Nürnberg

해석

"틀린 날씨는 없다. 틀린 옷이 있을 뿐이다." 한 특정한 활동을 위한 올바른 옷은 존재한다. 사무실에서는 정장을, 공사장에서는 작업복과 헬멧을 써야 한다. 헬멧은 즉 자전거 타기에 속하는 것이다. 그것에 대해서 오래 토론할 필요가 없다.

Olaf, 65세, Gelsenkirchen

해석

무엇인가가 매우 심각하거나 결정적일 때 금지는 해야 한다. 예를 들어 면허증 없이 자동차를 모는 것은 정말 금지해야 한다. 왜냐하면 그것은 생명에 관한 문제이기 때문이다. 우리는 자전거 타는 사람들을 위한 가장 안전한 길들을 가지고 있다. 외국에서는 아마 자전거 타는 사람들에게 헬멧을 쓸 것을 의무로 제정할 것이다. 하지만 독일에서는 내 생각에는 헬멧 없이 자전거를 탈 수 있다.

Finn, 42세, Osnabrück

해석

자동차 안에서는 오토바이와 비교했을 때 훨씬 안전하다. 왜냐하면 자동차 자체가 보호장비처럼 작용하기 때문이다. 그리고 심지어 안전띠도 있다. 하지만 자전거를 탈 때나 오토바이를 탈 때 안전장치가 거의 없다. 헬멧은 스스로를 지키기 위한 최소한이다. 그리고 그것을 위해서 확고한 법률 제정이 필요하다.

Emilia, 37세, Nürnberg

어휘

r. Sicherheitsgründ 안전상의 이유 | s. Zubehör 부속품 | dafür ~에 찬성하는 | e. Pflicht 의무 | e. Schutzausrüstung 보호장비 | eingerichtet 구비된 | e. Umständlichkeit 성가심 | zählen 중요하다 | e. Rücksicht 배려 | e. Etikette 에티켓 | fortgeschritten 발전한 | r. Helm 헬멧 | e. Ansicht 관점 | schützen 보호하다

읽기 부문 5

⏱ 소요시간: 10분

27번부터 30번까지 읽고 본문을 읽으시오.

각 과업에 알맞은 정답을 a, b, c 중에 고르시오.

당신은 주말에 가족과 함께 방문할 Duinrell Ferienpark의 실내규정에 대해 정보를 얻고 있습니다.

27 애완동물은 공원에서 …
- a 모든 곳에서 금지되어 있다.
- ☒ b 오직 체험공원, 숲, 그리고 캠핑광장에서만 허용된다.
- c 목줄만 하고 있으면, 모든 곳에 데려갈 수 있다.

28 공원 입장 시에 …
- a 21살 이상이어야 한다.
- b 증명사진을 제시해야 한다.
- ☒ c 스스로를 증명해야 한다. (신분증을 보여야 한다.)

29 공원에서 …
- ☒ a 술은 전면 금지된다.
- b 부분적으로 감시된다. (카메라로)
- c 절대 담배를 피워서는 안 된다.

30 숙소에서 …
- a 모두가 21살 이상이어야 한다.
- ☒ b 담배를 피워서는 안 된다.
- c 성인이 아이와 동행해야 한다.

ALLGEMEINES

• ZUTRITT

Wenn Sie Duinrell betreten wollen, benötigen Sie eine gültige Zugangsberechtigung (Ihr Park- oder Tikibad-Ticket oder Ihre Duinrell-ID mit Ihrem Passfoto). Diese Zugangsberechtigung müssen Sie vorzeigen, wenn Sie dazu aufgefordert werden. Kinder unter 12 Jahren dürfen den Freizeitpark und das Tikibad nur in Begleitung eines Erwachsenen betreten. ㉚ In jeder Unterkunft muss mindestens eine Person älter als 21 Jahre sein. ㉓ Außerdem müssen Sie als Gast in der Lage sein, sich auszuweisen. Wenn Sie sich nicht ausweisen können, behält sich Duinrell vor, Ihnen den Zugang zum Park zu untersagen.

• ALKOHOL UND DROGEN

㉙ Der Konsum von Drogen sowie der übermäßige Konsum von Alkohol sind strengstens verboten. Sowohl in Duinrell als auch in Wassenaar ist es verboten, sich mit geöffneten Alkoholdosen oder -flaschen auf der Straße aufzuhalten.

• KAMERA-ÜBERWACHUNG UND (ATTRAKTIONS-)FOTOS

Um die Sicherheit und das Eigentum unserer Gäste zu schützen, ist in Duinrell eine Kameraüberwachung installiert. ㉙ Bei einigen Attraktionen werden während einer Fahrt Aufnahmen gemacht. Diese Fotos werden am Ausgang der Attraktion auf Bildschirmen gezeigt und können gekauft werden. Es ist auch möglich, dass im Park Foto- oder Videoaufnahmen gemacht werden. Duinrell behält sich vor, dieses Material für Veröffentlichungen zu nutzen. Wollen Sie während Ihres Besuchs nicht fotografiert oder gefilmt werden? Dann meiden Sie bitte das Gebiet, in dem gerade Aufnahmen gemacht werden, und bitten Sie einen Mitarbeiter bzw. das Produktionsteam, Sie nicht zu fotografieren oder zu filmen.

• HAUSTIERE

㉗ Im Erlebnispark, im Waldbiet und auf dem Campingplatz sind Haustiere nur zugelassen, wenn sie angeleint sind und keine Belästigungen verursachen. Im Duinhostel, in der Orangerie, den Restaurants, im Tikibad sowie auf der gesamten Duinrell Plaza sind Haustiere nicht gestattet. Sie sind verpflichtet, einen Hundekotbeutel mitzunehmen und zu benutzen.

• RAUCHEN

㉙ Das Rauchen ist in allen überdachten öffentlichen Räumen in Duinrell, auf den Attraktionen, in den Warteschlangen vor Attraktionen und im Tikibad ㉚ sowie in den Unterkünften (Duingalow, Lodgezelt, Duinhostel oder Orangerie) nicht gestattet.

어휘

betreten 입장하다 | r. Zugang 접근 | e. Berechtigung 권한 | vorzeigen 제시하다 | auffordern 요구하다 | vorbehalten 유보하다, 남겨두다, 여지를 두다 | untersagen 금지하다 | übermäßig 과량의 | sich aufhalten 체류하다 | s. Eigentum 유물 | e. Veröffentlichung 출판 | meiden 기피하다 | anleinen 끈을 매다 | e. Belästigung 골치 아픈 일 | verursachen 야기하다 | gestatten 허락하다 | verpflichtet 의무가 있다 | r. Hundekotbeutel 배변봉투 | überdacht 지붕이 있는 | e. Warteschlange 대기선

해석

보편적인 사항들

• 입장

Duinrell 에 입장하고자 하실 때 당신은 유효한 입장권이 필요합니다. (공원 혹은 Tikibad 티켓 혹은 당신의 Duinrell 회원권-증명 사진이 붙어 있는) 이러한 입장권은 요청될 시 보여주셔야 합니다. 12살 미만의 어린이는 성인의 동행이 있어야지만 놀이공원과 Tikibad에 입장할 수 있습니다. 숙소에서는 적어도 한 사람이 21살 이상이어야 합니다. 또한 당신은 손님으로서 스스로를 증명할 수 있는 상태여야 합니다. 만일 스스로의 신분을 증명할 수 없는 경우 Duinrell 은 당신의 공원 접근을 금지할 가능성을 열어두고 있습니다.

• 술과 약물류

약물과 과량의 술 소비는 엄격하게 금지됩니다. Duinrell 뿐만이 아니라 Wassenaar에서도 뚜껑이 열린 술 캔이나 병을 길에서 들고 있는 것을 금지합니다.

• 카메라- 감시와 (놀이기구) 사진들

안전과 손님들의 소유물을 지키기 위해서 Duinrell은 카메라 감시 시스템을 설치했습니다. 몇몇의 놀이기구에서는 운행 중에 촬영이 이루어집니다. 이 사진들은 놀이기구 출구에서 화면에 보여지고 구입할 수 있습니다. 또한 공원에서 사진이나 동영상이 촬영될 수 있습니다. Duinrell은 이 자료들을 출판물로서 간행할 수 있는 여지를 가지고 있습니다. 방문하신 기간 동안 사진이나 영상에 찍히고 싶지 않으십니까? 그렇다면 촬영이 이루어지고 있는 이 지역을 피해 주십시오. 그리고 우리의 직원이나 프로덕션 팀에 당신을 사진 찍거나 동영상 촬영하지 말라고 부탁하십시오.

• 애완동물

체험공원과 숲 지역 그리고 캠핑광장에서 애완동물은 오직 목줄을 하고 있을 때에만, 그리고 곤란한 일을 일으키지 않을 때만 입장이 허용됩니다. Duinhostel, Orangerie, 식당들, Tikibad 또한 Duinrell 플라자 전체 지역에는 애완동물이 허용되지 않습니다. 배변봉투를 지참하고 사용하셔야 할 의무가 있습니다.

• 흡연

흡연은 Duinrell의 모든 지붕 있는 공공 공간에서, 놀이기구 위에서, 놀이기구 앞 대기선에서 그리고 Tikibad와 숙소들 (Duingalow, Lodgezelt, Duinhostel oder Orangerie) 에서 허용되지 않습니다.

정답 및 해설 | MODELLSATZ 1 HÖREN

듣기 부문 1

소요시간: 10분

당신은 이제 다섯 개의 짧은 글을 듣게 됩니다. 각 글은 두 번 들려 드립니다. 각 글에 따라 두 개의 문제를 풀게 됩니다. 각 문제별로 맞는 답을 고르십시오.

우선 예시를 읽으십시오. 10초의 시간을 드립니다.

예시문제

01 전화 건 사람은 그 일정을 취소해야 한다. Richig ~~Falsch~~

02 그들은 그 장소에 언제 도착하는가?
a 9시
b 9시 30분
☒ c 10시 30분

스크립트

Sie hören eine Nachricht auf dem Anrufbeantworter.

Hallo, Jan. Hier ist Noah. Wir wollten morgen endlich mal Ski fahren gehen. Aber es gibt ein Problem mit meinem Auto: es ist zwar nicht kaputt, aber meine Schwester braucht es morgen dringend. ❶ Könnten wir stattdessen den Zug nehmen? Ich habe schon den Fahrplan nachgeschaut: ❷ wenn wir um 9 Uhr abfahren, kommen wir in 1,5 Stunden an. Es ist zwar etwas umständlicher als mit dem Auto zu fahren, aber ich hoffe das es trotzdem für dich ok ist. Ich warte auf deine Antwort.

해석

당신은 자동응답기의 한 메시지를 듣게 됩니다.

여보세요, Jan. 나 Noah야. 우리 내일 드디어 스키 타러 가기로 했잖아. 하지만 내 자동차에 문제가 생겼어. 고장 난 게 아니긴 한데, 내일 내 여동생이 급히 자동차가 필요해. 우리 그 대신 기차를 탈 수 있을까? 내가 이미 기차 시간표를 살펴봤어. 우리가 9시에 출발하면 1시간 반 후에 도착해. 자동차로 가는 것보다는 좀 더 귀찮을 거야. 하지만 그럼에도 네게 괜찮기를 바라. 너의 대답을 기다릴게.

어휘

zwar A, aber B : A이긴 하지만 B이다 | stattdessen 그 대신에 | umständlich 귀찮은 | einverstanden 동의한

지문 1

1 Eberhart 부인은 돈을 송금해야 한다. ~~Richtig~~ ☐ Falsch

2 그 납입료는 …
- [a] 자동적으로 지불된다.
- [x] b 아직 지불되어야 한다.
- [c] 월요일에 지불되었다.

스크립트

Sie hören eine Nachricht auf dem Anrufbeantworter.

Guten Tag, Frau Eberhart. Hier ist die Veleda Versicherung. Es geht um Ihren Monatsbetrag. ❷ Der Betrag wird monatlich am 5. automatisch ausgezahlt, aber diesen Monat ging das leider nicht. Ich befürchte, dass es technische Probleme gegeben hat. ❶, ❷ Könnten Sie den Betrag bis 8. Mai, also bis Montag auf unser Konto überweisen? Die Kontodaten haben wir Ihnen schon per E-Mail geschickt. Es tut mir sehr leid für die Unannehmlichkeit. Wir wünschen Ihnen noch einen schönen Tag, und ein schönes Wochenende.

해석

당신은 자동응답기의 한 메시지를 듣게 됩니다.

안녕하세요, Eberhart 부인. 여기는 Veleda 보험사입니다. 당신의 월별 납입료에 대한 이야기입니다. 납입료가 매달 5일에 자동적으로 출금됩니다만 이번 달에는 유감스럽게도 그렇게 할 수 없었습니다. 죄송하게도 기술적인 문제가 있었던 것 같습니다. 납입료를 5월 8일, 즉 월요일까지 저희 계좌로 송금해 주실 수 있으십니까? 계좌 정보는 이미 이메일로 보내 드렸습니다. 불편함을 드려 죄송합니다. 남은 하루 좋은 하루 보내시고 좋은 주말 보내세요.

어휘

r. Betrag 과금, 요금 | auszahlen 지불하다 | s. Konto 계좌 | überweisen 송금하다 | e. Unannehmlichkeit 불편

지문 2

3 Weber씨는 화요일에 면접이 있었다.

4 자격증들은 ...

Richtig | ~~Falsch~~

- [x] a 공증되어야 한다.
- [ ] b 내일까지 제출되어야 한다.
- [ ] c Wagner씨에게 보내져야 한다.

스크립트

Sie hören eine Nachricht auf dem Anrufbeantworter.

Guten Tag, Herr Weber. Hier spricht Christoph Opermann von der Firma Rosenberg. ❸ Das Interview heute war so beeindruckend, dass unser Chef Herr Wagner Sie gerne noch einmal kenenlernen würde. Hätten Sie Zeit am kommenden Dienstag, und zwar um 14 Uhr? Ah, und wir brauchen Ihre Zeugnisse bitte. Sie können auch Kopien einreichen, ❹ nur sollten sie beglaubigt sein. Wenden Sie sich einfach an mich, falls Sie weitere Fragen haben. Wir freuen uns auf Ihre Antwort.

해석

당신은 자동응답기의 한 메시지를 듣게 됩니다.

안녕하세요, Weber씨. Rosenberg 회사의 Christoph Opermann입니다. 오늘 면접이 정말 인상깊어서 우리의 사장님인 Wagner씨가 당신을 한번 더 만나뵙고 싶어 합니다. 따라서 오는 화요일에, 14시에 시간이 있으실까요? 아, 그리고 우리는 당신의 자격증 역시 필요합니다. 복사본으로 제출하실 수 있습니다. 하지만 공증이 되어 있어야 합니다. 질문이 더 있으시면 저에게 문의해 주세요. 답변 기다리겠습니다.

어휘

beeindruckend 깊은 인상을 주는 | kommend 오는 | einreichen 제출하다 | sich wenden an 4 (4격)에게 문의하다

지문 3

5 모든 승객들은 하차해야 한다. ~~Richtig~~ | Falsch

6 안내 방송에 따르면 ...

- [ ] a 기차 안에서 작은 먹을 것을 받았다.
- [x] b 기차 안에서 마스크를 쓰는 게 더 좋다.
- [ ] c 오스나브뤽으로 가는 연결편이 있다.

스크립트

Sie hören eine Durchsage im Zug.

Meine Damen und Herren, in wenigen Minuten erreichen wir Hamburg Hauptbahnhof. ❺ Dieser Zug endet dort. Wegen Bauarbeiten auf der Strecke zwischen Osnabrück und Bremen hatten wir leider 32 Minuten Verspätung. Wir bitten um Ihr Verständnis. Ihre Reisemöglichkeiten weiter nach Berlin finden Sie auf dem Gleis 5 um 17.39 Uhr, nach Köln auf Gleis 7 um 18.02 Uhr. ❻ Für hygienische Sicherheit empfehlen wir Ihnen im Zug möglichst immer die Masken zu tragen. Aus Sicherheitsgründen verkaufen wir keine Snacks mehr im Zug. Wir bitten um Ihr Verständnis.

해석

당신은 기차 안에서 안내 방송을 듣게 됩니다.

신사숙녀 여러분. 곧 우리는 함부르크 중앙역에 도착합니다. 이 기차는 그곳에서 종착합니다. 공사 때문에 오스나브뤽과 브레멘 사이 구간에서 유감스럽게도 32분의 연착시간이 있었습니다. 양해를 부탁드립니다. 계속해서 베를린으로 가실 손님은 5번 승강장에서 17시 39분에 연결편이, 쾰른으로는 7번 승강장에서 18시 2분에 연결편이 있습니다. 위생상 안전을 위하여 우리는 기차에서 가능한 한 항상 마스크를 쓰실 것을 권장합니다. 안전상의 이유로 기차 안에서 간식류는 판매하지 않습니다. 양해를 부탁드립니다.

어휘

erreichen 도달하다 | e. Bauarbeit 공사 | e. Strecke 구간 | e. Verspätung 연착 | s. Verständnis 이해 | e. Reisemöglichkeit 연결편

지문 4

7 사고가 있었으나 아무도 죽지 않았다.

8 사람들은 ...

Richtig	~~Falsch~~

☒ a 오직 1번 차선으로만 달려야 한다.
☐ b 모든 것이 정상화될 때까지 기다려야 한다.
☐ c 추월해야 한다.

스크립트

Sie hören eine Durchsage im Radio.

Eine Verkehrsmeldung. Achtung! Autofahrer auf der Autobahn A5 in der Nähe von der Raststätte Wetterau, wegen eines schweren Unfalls wurden die Leitplanken durchbrochen. ❼ Dadurch sind 2 Personen ums Leben gekommen und wegen des Brandes ist die Sicht sehr schlecht. Daher ist die zweite Spur in beide Richtungen gesperrt. Hier kann man natürlich gar nicht überholen. ❽ Sie können nur auf der ersten Spur ganz langsam fahren. Ich wiederhole, auf der A5 gab es einen Unfall. Bitte fahren Sie langsam. Die 2. Spur ist gesperrt.

해석

당신은 라디오에서의 안내 방송을 듣게 됩니다.

교통속보입니다. 주의하세요! 아우토반 A5구간 Wetterau 휴게소 근처의 운전자분들! 심한 사고로 인해 가드레일들이 부숴졌습니다. 이로 인해 2명이 사망하였습니다. 그리고 화재 때문에 시야가 아주 나쁩니다. 따라서 양 방향 2번 차선이 통제되었습니다. 여기에서는 당연히 절대로 추월할 수 없습니다. 1번 차선으로만 아주 천천히 달릴 수 있습니다. 반복합니다. A5 구간에서 사고가 있었습니다. 서행하세요. 2번 차선은 막혔습니다.

어휘

e. Verkehrsmeldung 교통 경보 | e. Raststätte 휴게소 | e. Leitplanke 도로 가드레일, 방호벽 | durchbrechen (뚫고 들어가서) 부수다 | ums Leben kommen 사망하다 | r. Brand 화재 | e. Sicht 시야 | e. Spur 차선 | e. Richtung 방향 | sperren 막다 | überholen 추월하다

지문 5

9 날씨가 악천후이다. ☒ Richtig ☐ Falsch

10 낙뢰가 떨어질 때에는 …

 a 시간당 15리터의 비가 온다고 한다.
 b 우박이 온다.
 ☒ c 발생 가능한 위험에 주의해야 한다.

스크립트

Sie hören einen Wetterbericht im Radio.

Der Wetterbericht. ❾ Es treten Gewitter auf. Dabei gibt es Sturmböen mit Geschwindigkeiten um 65 km/h sowie Starkregen mit Niederschlagsmengen um 15 l/m² in der Stunde sowie kleinkörnigen Hagel. ❿ Hinweis auf mögliche Gefahren: Örtlich kann es Blitzschlag geben. Bei Blitzschlag besteht Lebensgefahr! Vereinzelt können beispielsweise Bäume entwurzelt und Dächer beschädigt werden. Achten Sie besonders auf herabstürzende Äste, Dachziegel oder Gegenstände. Während des Platzregens sind kurzzeitig Verkehrsbehinderungen möglich.

해석

당신은 라디오에서의 일기예보를 듣게 됩니다.

날씨입니다. 악천후가 발생합니다. 거기에 폭풍을 동반한 바람이 시속 65킬로미터로 불 것이며 또한 강우량 시간당 15리터를 동반한 강한 비, 그리고 작은 우박이 떨어질 것입니다. 발생 가능한 위험에 대한 지침입니다. 지역적으로 낙뢰가 있을 수 있습니다. 낙뢰가 떨어질 때에는 치명적인 위험이 동반됩니다. 예를 들어 드물게 나무들이 뽑히거나 지붕이 파손될 수 있습니다. 특히나 떨어지는 나뭇가지, 지붕기와 혹은 사물들에 주의하십시오. 국지성 호우가 내리는 동안 단시간동안 교통 장애가 발생할 수 있습니다.

어휘

auftreten 등장하다 | e. Bö 돌풍 | r. Sturm 폭풍 | e. Geschwindigkeit 속력 | r. Starkregen 강한 비 | e. Niederschlagsmenge 강우량 | kleinkörnig 작은 알의 | r. Hagel 우박 | r. Hinweis 조언 (+auf) | e. Gefahr 위험 | örtlich 지역적으로 | r. Blitzschlag 낙뢰 | e. Lebensgefahr 생명의 위협 | vereinzelt 드물게 | entwurzeln 뿌리 뽑히다 | herabstürzend 떨어지는 | r. Ast 나뭇가지 | r. Platzregen 국지성 호우

듣기 부문 2

당신은 이제 하나의 글을 듣게 됩니다. 한 번 들려 드립니다. 이 글에 대해 다섯 개의 문제를 풀어야 합니다. 각 문제 당 a, b, c 중 알맞은 답을 고르시오.

지금 11번부터 15번까지 문제를 읽으세요. 60초의 시간을 드립니다.

당신은 das Paul-Löbe-Haus 의 가이드투어에 참석 중입니다.

스크립트

Ich freue mich, Sie heute hier zu dieser Führung begrüßen zu dürfen und hoffe, ⑪ Sie hatten bisher einen schönen Aufenthalt hier bei uns in Berlin. Mein Name ist Anke Weiß. Ihre Führungsbegleiterin. Ich möchte Ihnen heute die Geschichte des Hauses und des Politikers, Paul Löbe vorstellen. Gerade haben Sie das Reichstagsgebäude besichtigt. Neben dem Reichstagsgebäude liegt das Paul-Löbe-Haus. Benannt nach dem letzten demokratischen Reichstagspräsidenten der Weimarer Republik, gehört das Gebäude im Spreebogen zum „Band des Bundes", das die beiden früher getrennten Teile Berlins über die Spree hinweg verbindet. ⑫ Im rund 200 Meter langen und 100 Meter breiten Gebäude sind die 2 Sitzungssäle. Im Paul-Löbe-Haus befinden sich außerdem rund 510 Räume für die Bundesverwaltung, darunter für den Besucherdienst. ⑫ Das Haus besteht aus 2 Stockwerken. Paul Löbe, der Sozialdemokrat, wurde 1875 in Liegnitz geboren. Sein voller Name ist Paul Gustav Emil Löbe. Er war seit 1895 Mitglied der SPD. Er hat 1898 den SPD-Ortsverein von Ilmenau gegründet. ⑬ Nach Kriegsende war er als Redakteur tätig und eröffnete als Alterspräsident die feste Sitzung des ersten Deutschen Bundestages im Jahr 1949. ⑬ Nach seinem Tod 1967 ⑭ erinnert man sich an ihn mit dem Paul-Löbe-Weg in Göttingen. Nicht nur die Straße, sondern auch viele wichtige Orte sind nach seinem Namen benannt, zum Beispiel Paul-Löbe-Schule haben wir in Berlin, und wie Sie ja jetzt sehen, haben wir auch das Haus. Ich befürchte, ⑮ dass Sie keine Getränke bzw. Essen mitnehmen können. Bitte schließen Sie ihre Flasche und verstauen Sie sie in ihren Taschen. ⑮ Die Toilette befindet sich im Haus, im Erdgeschoss. Jetzt gehen wir rein und schauen uns die Details des Gebäudes an...

해석

오늘 이 투어에서 여러분에게 인사할 수 있어서 기쁩니다. 또한 바라건대, 지금까지 여기 이 베를린에서 머무셨던 기간이 멋진 체류였기를 바랍니다. 제 이름은 Anke Weiß입니다. 여러분의 가이드입니다. 저는 여러분에게 오늘 이 건물과 정치인 Paul Löbe의 역사에 대해 소개할까 합니다. 방금 여러분은 국회의사당 건물을 관람하셨습니다. 국회의사당 건물 옆에 Paul-Löbe-Haus 가 있습니다. 바이마르공화국의 마지막 민주주의 국회의장의 이름을 따 지어진, 이 건물은 Spreebogen에 있는 Band des Bundes에 속합니다. Band des Bundes는 예전에 나뉘어져 있던 베를린의 양쪽을 슈프레강을 건너 연결하고 있습니다. 대략 200미터 길이와 100미터 넓이의 이 건물 안에는 2개의 회의실이 있습니다. Paul-Löbe-Haus에는 그외에도 대략 510개의 국가 행사를 위한 방들이 있고, 그 중에는 방문객 접대를 위한 방들이 있습니다. 이 건물은 2개의 층으로 구성되어 있습니다. Paul-Löbe는 사민당원으로서 1875년 Liegnitz에서 태어났습니다. 그의 전체 이름은 Pau Gustav Emil Löbe입니다.

그는 1895년부터 사민당의 당원이었습니다. 그는 1898년에 Ilmenau의 사민당-동부연합을 창설했습니다. 종전 후에 그는 편집자로서 일했고 최고령자 의장으로서 첫 독일 국회의 고정 회의를 1949년에 열었습니다. 1967년 그의 죽음 후에 사람들은 그를 Göttingen에 있는 Paul-Löbe-Weg으로 기억하고 있습니다. 그 길뿐만이 아니라 많은 중요한 장소들이 그의 이름을 따서 이름 붙여졌습니다. 예를 들어 Paul-Löbe학교를 우리는 베를린에 가지고 있고, 지금 여러분이 보시다시피 또한 이 건물 역시 마찬가지입니다. 유감스럽지만, 여러분은 음료수나 음식을 안으로 가져가실 수 없습니다. 병 뚜껑은 닫아서 가방 안에 보관해주세요. 화장실은 건물 안, 지층에 있습니다. 이제 건물 안으로 들어가서 건물의 자세한 사항을 살펴보겠습니다. (…)

> **어휘**
>
> r. Aufenthalt 체류 | das Reichstagsgebäude 국회의사당 건물 | besichtigen 관람하다 | benannt nach 3 (3격)에 따라 이름지어진 | die Weimarer Republik 바이마르공화국 | Spreebogen 슈프레강 아치 [아치형으로 휘어 흐름] | Band des Bundes 베를린의 국회의사당이 있는 구역 인근을 지칭하는 말, 정치권가 | hinweg 건너서 | r. Sitzungssaal 회의실 (복수형 Sitzungssäle) | sich befinden 위치하다 | bestehen aus 3 (3격)으로 이루어지다 | r. Sozialdemokrat 사회민주주의자, 사회민주당원 | s. Mitglied 회원, 당원 | s. Kriegsende 종전 | r. Redakteur 편집자 | befürchten 두려워하다, 근심하다 [말을 공손하게 시작할 때 쓰임] | SPD (Sozial-Demokratische Partei Deutschlands) 사민당(사회민주당) | verstauen 차곡차곡 쌓다, 보관하다

11 Paul-Löbe-Haus는 어디에 있습니까?
- [x] a 베를린에
- [ ] b 바이마르공화국에
- [ ] c 국회의사당 건물 앞에

12 이 건물은 …
- [x] a 2개의 층을 가지고 있다.
- [ ] b 길이가 100미터이다.
- [ ] c 20개의 미팅룸을 가지고 있다.

13 Paul Löbe는 …
- [ ] a 1857년에 태어났다.
- [x] b 전쟁 후에 편집자로서 활동했다.
- [ ] c 1949년에 죽었다.

14 그의 이름을 따서 이름 붙여진 것이 아닌 것은?
- [ ] a 길
- [ ] b 학교
- [x] c 도시 구획(우리나라의 구 개념)

15 이 건물 안에서는 …
- [ ] a 아무것도 지참해 갈 수 없다.
- [ ] b 사진을 찍어서는 안 된다.
- [x] c 화장실을 하나 찾을 수 있다.

듣기 부문 3

당신은 이제 하나의 대화를 듣게 됩니다. 이 대화는 한 번 들려 드립니다. 여기에 대한 7개의 문제를 풀어야 합니다.

각 명제가 참입니까 거짓입니까?

16번부터 22번까지 읽으세요. 60초의 시간을 드립니다.

당신은 버스정류장에서 한 남자와 여자가 어떠한 한 행사에 대해 이야기를 나누는 것을 듣게 됩니다.

스크립트

M: Hey, Linda!

F: Hey, Sascha! Lange nicht mehr gesehen. Wie geht es dir denn?

M: Geht so. Und selbst? Du siehst toll aus, was gibt´s denn?

F: Ach, ⓰ heute habe ich die Aufnahmeprüfung.

M: Ach, die ist schon heute? Na, das schaffst du schon. Ich drück´dir ganz fest die Daumen.

F: Danke. Ich bin so nervös..

M: Och, komm schon. Du machst das schon, genauso wie letztes Mal beim Schulfest.

F: Ach, das ist schon lange her. Meinst du das Theaterspiel, oder?

M: Genau. Du warst herrlich. Du hast die Rolle von Sophie gespielt, oder?

F: Ja. Das Stück ist von Johann Wolfgang von Goethe. Nach der Aufführung habe ich erst gehört, dass mehr als 200 Zuschauer da waren. Verrückt! Ich hab´ nämlich gar nichts sehen können, als ich auf der Bühne war, da das Licht, also die Bühnenbeleuchtung zu stark war.

M: Ich verstehe. Und du hast auch gar keine Brille getragen, ne?

F: Stimmt. Sonst wird das Licht zurückgeworfen. ⓳ Also, eigentlich sind die Brillen auf der Bühne im Prinzip quasi „verboten".

M: Ach so. Das wusste ich gar nicht. Du hast das toll gemacht! Niemand hat bemerkt, dass du nervös warst. ⓱, ㉒ Deshalb habt ihr ja den ersten Preis gewonnen.

F: Ach.. das war schon vor 2 Jahren.

M: Ich finde, deine Stimme ist echt schön. ㉒ Hast du den ganzen Text auswendig gelernt?

F: Ja, schon. Mit dem Text bin ich sicher. Ich mache mir nur Sorgen, mit welchem Partner ich vorspielen werde. Ich hoffe, der Partner wäre nicht so nervös wie ich. Wenn ich jemanden sehe, der vor Nervosität zittert, zittere ich auch. Haha..

M: Mach dir keine Sorgen. Wenn du „sicher" wirst, fühlt sich dein Partner auch „sicher". Kümmere dich also um dich selbst zuerst!

F: Ja, du hast wahrscheinlich recht. Ich versuche es mal. Vielen Dank für die netten Wörter, Sascha.

M: Keine Ursache, Frau Laumann. Hahaha. ⓴ Nach der Prüfung gehen wir feiern! Ich kenne eine nette Kneipe in der Nähe von hier.

F: Ja, warum nicht? Sehr gern.

M: Wann ist die Prüfung zu Ende?

F: So gegen 17 Uhr?

M: Perfekt. Ich gehe gerade zur Stadtbibliothek, um die Bücher zurückzugeben. Dann komme ich so um 17.30 Uhr wieder hierher zurück.

F: Gut. Dann melde ich mich bei dir.

M: Ja, gut. Schreib mir einfach! Viel Glück!

F: Danke, bis nachher dann!

[어휘]

e. Aufnahmeprüfung 입학 시험 | s. Schulfest 학교 축제 | herrlich 멋진, 훌륭한 | e. Aufführung 공연, 상연 | r. Zuschauer 관중 | e. Bühnenbeleuchtung 무대 조명 | zurückwerfen 반사하다 | zittern vor 3 (3격)으로 인해 떨다 | sicher 걱정 없는, 안심하고 있는 | sich kümmern um 4 (4격)을 돌보다 | e. Kneipe 선술집 | nachher 나중에

구문분석

» Du schaffst es schon.
  너는 충분히 해낼 수 있어. (격려)

» Ich drücke dir ganz fest die Daumen.
  진심으로 행운을 빌어.

» Ich hab´ nämlich gar nichts sehen können
  haben + 동사원형 + 화법조동사 원형 : 화법조동사의 현재완료 (과거 사실 표현)

» indem 동사 후치
  ~하는 것으로써(수단)

» feiern gehen
  (술 한잔 하고 클럽 등 어른들이) 놀러 가다

» um A zu B
  A를 B하기 위하여(목적)

해석

남: 안녕, Linda!

여: 안녕, Sascha! 오랜만이다. 잘 지내니?

남: 그렇지 뭐. 너는? 멋져 보인다. 무슨 일이야?

여: **아, 오늘 나 입학 시험이 있어.**

남: 아, 그게 벌써 오늘이야? 넌 충분히 할 수 있어. 진심으로 행운을 빌게!

여: 고마워. 너무 떨린다.

남: 아, 무슨 소리야. 지난 번 학교 축제 때 했던 것처럼 해!

여: 아, 그거 진짜 오래 전이야. 너 그 연극 말하는 거지? 맞지?

남: 맞아. 너 진짜 멋졌어. 너는 Sophie역할을 연기했지, 그치?

여: 맞아. 그 작품은 괴테 작품이야. 연극 후에야 비로소 들었어, 그 때 200명 이상의 관객이 있었다며. 미쳤어! (나쁜 뜻은 아님. 대단하다는 뉘앙스) 나는 아무것도 볼 수 없었거든. 내가 무대 위에 있었을 때. 왜냐하면 그 조명, 그러니까 무대조명이 너무 강했기 때문이야.

남: 이해해. 너는 심지어 안경도 안 썼잖아, 안 그래?

여: 맞아. 그러지 않으면 불빛이 반사되거든. 그러니까 사실상 안경은 무대 위에서 원천적으로 "금지된" 것이나 다름이 없지.

남: 아, 그렇구나. 나는 그건 몰랐네. 그리고 넌 정말 멋지게 했어. 아무도 네가 그 때 긴장하고 있었는지 알아채지 못했어. **그래서 너희가 1등을 한 거야.**

여: 아휴.. 그건 벌써 2년 전 일이지 뭐.

남: 내 생각에는 너의 목소리가 정말 예쁜 것 같아. 너는 모든 글(여기에서는 대본)을 다 외웠니?

여: **응. 외웠지.** 대본에는 확신이 있어. 오직 내가 걱정되는 것은, 어떤 파트너랑 내가 연기하게 될지야. 바라건대, 파트너가 나처럼 이렇게 긴장하고 있지 않기를 바라. 내가 누군가가 긴장 때문에 떠는 것을 보면 나도 덩달아 떨리거든. 하하.

남: 걱정하지 마. "걱정이 없으면" 너의 파트너도 "걱정이 없을" 거야. 너 스스로 자신을 신경 써.

여: 응, 네 말이 맞는 것 같아. 노력해 볼게. 좋은 말 많이 해줘서 고마워, Sascha!

남: 천만에요, Laumann부인. 하하하. **시험 끝나고 한잔 하러 가자!** 이 근처에 괜찮은 선술집 하나를 아는데.

여: 그래, 왜 안되겠어? 좋지.

남: 시험 언제 끝나?

여: 17시 정도?

남: 완벽해. 나 지금 시립 도서관 가. 책들 반납하러. 그럼 17:30 즘에 다시 여기로 돌아 올게.

여: 좋아. 그럼 연락할게.

남: 응, 좋아. 문자 해줘. 행운을 빌어!

여: 고마워, 나중에 봐 그럼!

---

16 Sascha는 오늘 입학시험이 있다.　　　　　　　　　　　　　Richtig　~~Falsch~~

17 예전에 Linda와 Sascha는 함께 연극 공연을 했다.　　　　　Richtig　~~Falsch~~

18 Linda는 연극학 직업교육을 하고 싶다.	Richtig	~~Falsch~~
19 배우들은 무대 위에서 가끔 안경을 착용해도 된다.	Richtig	~~Falsch~~
20 그들은 시험이 끝나고 커피를 마시러 가고자 한다.	Richtig	~~Falsch~~
21 그녀의 팀은 경연에서 우승했다.	~~Richtig~~	Falsch
22 Sascha는 그 글을 전부 외웠다.	Richtig	~~Falsch~~

듣기 부문 4

당신은 이제 하나의 토론을 듣게 됩니다. 토론은 두 번 들려 드립니다. 여기에 8개의 문제를 풀어야 합니다.

각 진술을 맞추시오: 누가 무엇을 말했습니까?

지금 23번부터 30번까지 읽으세요. 60초의 시간을 드립니다.

라디오방송 "Unsere Welt (우리의 세계)"의 사회자는 여교사 Ritta Schuster 씨와 학생 Levin Knupfer와 "아이들이 휴대폰을 가져야 할까?"라는 주제로 토론합니다.

스크립트

M: Guten Abend, liebe Hörerinnen und Hörer. Herzlich Willkommen zu unserer Show „Unsere Welt". Das Thema heute ist : „Sollen Kinder ein Handy besitzen?". Dazu haben wir im Studio die Lehrerin, Ritta Schuster und den Schüler Levin Knupfer. Frau Schuster ist Englischlehrerin auf einem Gymnasium in Göttingen und Levin ist Schüler an einer Realschule. Hallo.

S/L: Hallo! Guten Abend.

M: Frau Schuster, Sie sind der Meinung, dass es ein großes Problem ist, dass immer mehr Kinder ein eigenes Handy haben und in die Schule mitbringen. Warum?

S: Genau. ⓿ Besonders in Englisch benutzen die Kinder zu oft Handys. Sie wollen ja die Wörter im Internet nachschlagen und den Übersetzer benutzen. Das finde ich nicht so gut. Im Sinne von Lernen gehört das nicht dazu. ㉑ Man muss aber Fragen stellen und manchmal ohne Hilfsmittel einfach mal selber die Lösungen finden.

M: Hmm... Passiert sowas häufig in der Klasse, Levin?

L: Eigentlich schon. In der Realschule sollen wir fleißig Englisch lernen. Im Lehrbuch gibt es tausende Wörter, die ich nicht kenne. Ab und zu benutze ich das Handy, um die Wörter nachzuschauen. Denn im Unterricht soll man zwar dem Lehrer zuhören, das weiß ich, ㉒ aber wenn ich alles fragen würde, was ich nicht weiß, würde die anderen stören.

S: Davor muss man keine Angst haben. Dafür sind wir doch da.

M: Warum denkst du, dass du andere stören würdest?

L: Ich meine, ㉔ das ist so ein bisschen peinlich, denn ich kenne so viele Wörter nicht: sogar ganz einfache Wörter nicht. Wenn ich jedes Mal alles fragen würde, dauert es zu lang. Und...wer weiß, jemand könnte über mich lachen.

S: Das kann der Lehrer im Unterricht schon kontrollieren.

M: Aber ich könnte es auch verstehen, was Levin meint. ㉓ In der Pubertät fühlt man sich sehr sensibel. Etwas Kleines könnte auch eine große Bedeutung haben. Meine Tochter ist nämlich auch so. (Lächeln)

S: Man muss sich den Schwerpunkt genau ansehen. ㉕ Natürlich können die Kinder ein eigenes Handy besitzen. Das ist doch gar kein Problem. Aber nicht im Unterricht. Ich glaube, die Kinder sollten sich während des Unterrichtes aufs Lernen konzentrieren. Beim Lernen braucht man immer noch ㉖ die klassischen Methoden: zuhören, fragen, diskutieren- und nicht aufs Handy starren.

M: Hmm... Was meinst du dazu, Levin?

L: Na, ich verstehe. Es kommt mir auch oft vor, wenn ich mein Handy anmache und nach den Wörtern googeln, finde ich etwas Interessantes, z. B. Videoclips oder so.. Dann vergesse ich den Unterricht und.. naja. So halt. ㉗ Wir brauchen immerhin Handys, um z.B. unsere Eltern dringend zu kontaktieren und so.

S: Aber nicht im Unterricht, stimmt´s?

L: Ja, Sie haben recht, glaube ich.

M: (Lächeln) Jetzt haben wir die Lösung gefunden, kann man sagen. Kinder brauchen Handys, da hat man nichts dagegen, ㉙ aber im Unterricht sollten die Kinder die Handys ausschalten und sich auf den Unterricht konzentrieren. Viele Dank für Ihre Meinung und die gute Diskussion. ㉚ Liebe Hörerinnen und Hörer, bitte schreiben Sie uns Ihre Meinung dazu, unter www.unsereWelt.de. Wir freuen uns auf Ihre Meinungen und wünschen Ihnen einen schönen Abend.

[어휘]

besitzen 소유하다 | s. Gymnasium 인문계 고등학교 | e. Realschule 실무를 배우는 고등학교 | der Meinung sein ~한 의견이다 | nachschauen 찾아보다, 확인하다 | im Sinne von ~의 의미에 | s. HIlfsmittel 도움 장치 | unbekannt 모르는 | zuhören 3 (3격)을 경청하다 | stören 괴롭히다, 방해하다 | peinlich 창피한 | kontrollieren 감독하다 | e. Pubertät 사춘기 | starren 응시하다 | immerhin 어쨌건 | vorkommen 드러나다, 나타나다

해석

사회자: 안녕하십니까, 친애하는 청취자 여러분. 우리 방송 "Unsere Welt"에 오신 것을 진심으로 환영합니다. 오늘의 주제는: 아이들이 휴대폰을 가져야 할까? 입니다. 여기에 이 스튜디오에 학교 교사 Ritta Schuster 씨와 고등학생 Levni Kunpfer를 모셨습니다. Schuster씨는 괴팅엔의 한 인문계 고등학교의 영어 선생님이고, Levin은 실업계 고등학교의 학생입니다. 안녕하세요.

Schuster 선생님/Levin: 안녕하세요.

사회자: Schuster선생님, 점점 많은 아이들이 자신의 휴대폰을 가지고 그것을 학교에 가지고 오는 것이 하나의 큰 문제라는 의견이신데, 왜 그러십니까?

S: 맞습니다. 특히나 영어시간에 아이들이 너무 자주 휴대폰을 씁니다. 그들은 인터넷에서 단어를 찾고 번역기를 이용하고 싶어합니다. 배움의 의미에 그것은 해당되지 않습니다. 저는 그것이 좋지 않다고 생각합니다. 하지만 질문을 하고 가끔은 도움을 주는 도구 없이 스스로 해결책을 찾아야 합니다.

사회자: 음... 이런 일이 자주 학급에서 일어나니, Levin?

L: 사실상 그렇죠. 우리는 실업계 고등학교에서 영어를 열심히 공부해야 합니다. 교과서에는 제가 모르는 단어가 수천개는 있어요. 저는 가끔 단어를 찾아보려 휴대폰을 써요. 왜냐하면, 그러니까, 수업 때는 선생님 말씀을 경청해야 한다는 것을 저도 알지만, 제가 모르는 것을 모든 것을 물어보게 된다면 다른 사람들을 방해하게 될 거예요.

S: 거기에 두려움을 가질 필요 없어. 우리는 그것을 위해서 있는 사람들이야.

사회자: 왜 네가 다른 사람들을 괴롭힐 것이라고 생각하니?

L: 그러니까, 조금 창피하지만 저는 정말 많은 단어를 모르거든요. 심지어 완전 단순한 단어들도 몰라요. 제가 매번 모든 것을 질문하게 된다면 시간이 오래 걸릴 거예요. 그리고, 누가 알겠어요. 누군가가 나를 비웃을 수도 있죠.

S: 그런 것은 선생님이 수업 시간에 충분히 조절할 수 있어.

사회자: 하지만 저도 그것은 이해할 수 있을지도 모르겠어요. 사춘기 때에는 매우 모든 것이 예민하게 느껴지죠. 무엇인가 작은 것도 큰 의미를 가질 수 있어요. 제 딸도 그렇거든요. (미소)

S: 중점을 정확히 봐야 합니다. 당연히 아이들은 휴대폰을 가질 수 있어요. 그것은 전혀 문제가 아닙니다. 하지만 수업에서는 아니죠. 제 생각에 아이들은 수업 시간 동안에는 공부에 집중해야 합니다. 공부할 때는 여전히 전통적인 방식인 경청하고 질문하고 토론하는 것이 필요합니다. 휴대폰을 응시하는 게 아니라요.

사회자: 음... 여기에 대해 어떻게 생각하니, Levin?

L: 뭐, 이해해요. 저도 제가 휴대폰을 켜서 단어를 찾다 보면 예를 들어 동영상 클립 같은 재미있는 것들을 발견하게 되는 경우가 생겨요. 그러면 수업을 잊어버리게 되죠. 뭐.. 그래요. 우리는 어쨌든 휴대폰이 필요해요. 급히 부모님에게 연락하기 위해서라든지..

S: 하지만 수업 중에는 아니지, 맞지?

L: 네. 선생님 말씀이 맞아요, 제 생각에.

사회자: (미소) 이제 우리는 해결책을 찾았다고 말할 수 있겠네요. 아이들은 휴대폰이 필요할 수 있습니다. 거기에 반대하지는 않습니다. 하지만 수업시간에는 아이들이 휴대폰을 끄고 수업에 집중해야 합니다. 의견과 좋은 토론에 감사드립니다. 친애하는 청취자 여러분, www.unsereWelt.de에 여러분의 의견을 적어 주세요. 우리는 여러분의 의견을 고대하고 있겠습니다. 남은 저녁 좋은 시간 되시길 바라겠습니다.

	Moderatorin	Frau Schuster	Levin
예시문제			
0 학생들은 학교에서 수업시간에 너무 자주 휴대폰을 쓴다.	a	☒	c
23 사춘기 때에는 창피하면 당황하게 되는 일이 일어날 수 있다.	☒	b	c
24 쉬운 개념을 알지 못하는 것은 수치이다.	a	b	☒
25 아이들이 휴대폰을 갖는 것 자체는 문제가 아니다.	a	☒	c
26 경청하기, 질문하기, 토론하기는 전통적인 학습방법에 속한다.	a	☒	c
27 긴급상황에서 우리는 휴대폰이 필요하다.	a	b	☒
28 Schuster 선생님 말씀이 맞다.	a	b	☒
29 수업시간에 휴대폰 전원은 꺼져야 한다.	☒	b	c
30 청취자는 그들의 의견을 적을 수 있다.	☒	b	c

정답 및 해설 | MODELLSATZ 1 SCHREIBEN

쓰기 과업 1

소요시간: **20분**

당신은 지인들의 결혼식에 다녀왔습니다.

당신의 친구(여자/남자 중 선택)는 그 날 다른 중요한 일정이 있어서 참석하지 못했습니다.

- 묘사하세요: 그 잔치가 어땠습니까? ❶
- 이유를 대세요: 무엇을 당신은 특히나 멋지다고/멋지지 않다고 생각했습니까? 그 이유는 무엇입니까? ❷
- 친구와 만남을 제안하세요. ❸

이메일을 하나 쓰세요. (약 80단어)

위 세 항목을 모두 언급하세요.

서지 양식에 주의하세요. (들어가는 인사말, 도입부, 세 항목의 순서, 마치는 말)

예시답안

Liebe[1] Paula[2,3],

hi, wie geht´s Dir?
Ich war letzten Samstag auf der Hochzeitsparty von Jutta und Max.
Du warst ja nicht da, weil du an dem Tag einen Termin hattest, ich weiß.
❶ Die Party war fantastisch! Wir haben bis um 5 Uhr morgens durchgehend gefeiert.
❷ Das Essen und Getränke waren total gut, da Jutta ein tolles Büffet bestellt hatte.
Wir haben zusammen gesungen, getrunken und getanzt.
❷ Die Freunde waren auch sehr nett, also fand ich die Atmosphäre der Party besonders gut.
❸ Wollen wir uns am kommenden Wochenende treffen?
Ich freue mich auf deine Antwort.

Liebe Grüße[4]

Rosa

---

1 친한 사이에서의 인사말(Anrede): Liebe 여자이름 / Lieber 남자이름
2 B1 쓰기 시험에서는 친구에게 편지를 쓰는 과업이 꼭 나옵니다. 가상의 친구 이름을 남/녀 별로 하나씩 준비해 둡시다.
3 Anrede를 쓰고 나서는 반드시 쉼표 후 칸을 바꾸어 소문자로 시작. 편지가 명사로 시작할 경우에만 대문자로 시작하고 나머지 경우에는 반드시 소문자로 시작.
4 마무리 인사를 잊지 마세요!
  친구 사이에서의 마무리 인사 : Liebe Grüße, Viele Grüße

예시답안 해석

단어 수: 97[5]

친애하는 Paula에게,

안녕! 잘 지내니?

나는 지난 토요일에 Jutta와 Max의 결혼식 파티에 다녀왔어.

너는 없었지, 왜냐하면 너는 그 날 일정이 있었기 때문이야. 알고 있어.

파티는 환상적이었어! 우리는 아침 5시까지 계속해서 파티를 했어.

음식과 음료가 굉장히 좋았는데, Jutta가 멋진 뷔페를 주문해 뒀기 때문이야.

우리는 함께 노래하고 마시고 춤 췄어.

친구들도 매우 친절했어. 그래서 나는 그 파티의 분위기가 특히나 좋다고 생각했어.

우리 오는 주말에 만날래?

너의 답장을 기다릴게.

사랑의 인사를 담아서

Rosa

---

[5] 평소 쓰기 연습을 할 때 단어 수를 세는 습관을 들이세요!

쓰기 과업 2

⏱ 소요시간: 25분

당신은 TV에서 "비닐봉투는 금지되어야 한다"는 주제의 토론 방송을 봤습니다. 인터넷 시청자 게시판에 당신은 다음과 같은 의견을 발견하게 됩니다.

시청자 게시판

▶ 03. 27. 17:56

그러니까 내 생각에는, 이것은 현실적이지가 않다. 장을 보러 가면 봉투가 필요하고 심지어 그것을 위해 돈을 지불한다. 하지만 비닐봉투를 완전히 금지하는 것은 논리적이지 않다. 그것은 그저 불편하고 짜증날 뿐이다. 그리고 봉투는 재활용 될 수 있다. 나는 여기에서 그 어떤 문제점도 발견할 수 없다.

▶ 03. 28. 16:20

주제에 대한 당신의 의견을 쓰세요. (약 80단어)

예시답안

Die Sorge um die Umwelt wird immer größer, da die Umweltverschmutzung immer schlimmer wird. Ich habe einmal im Fernsehen gesehen, dass immer mehr Schildkröten im Meer aus Versehen Plastiktüten essen und dadurch sterben. Ich finde, man benutzt zu viele Einwegtüten, obwohl man stattdessen eine Tasche aus Stoff benutzen kann. Meiner Meinung nach ist jetzt die Zeit, richtig die Umwelt zu schützen, indem man gesetzlich die Einweg Plastiktüten verbietet. Wir Menschen sind ja ein Teil von der Natur.

예시답안 해석

단어 수: 79

환경에 대한 걱정은 점점 커지고 있다. 왜냐하면 환경오염이 점점 심해지고 있기 때문이다. 나는 TV에서 보았는데, 점점 더 많은 거북이들이 실수로 비닐봉투를 먹고 그로 인해 죽어간다는 것을 보았다. 내 생각에는 사람들이 그 대신에 헝겊으로 된 가방을 사용할 수 있음에도 불구하고 지나치게 많은 일회용 봉투를 사용하는 것 같다. 내 생각에는 이제 법적으로 일회용 비닐봉투를 금지함으로써 제대로 환경을 지킬 시간이라고 생각한다. 우리 인간도 자연의 일부이다.

쓰기 과업 3

⏱ 소요시간: 15분

당신의 상사 Bauer 씨가 당신을 그의 생일파티에 초대했습니다.
그 날 당신은 다른 중요한 일정이 있습니다.

Bauer씨에게 글을 쓰세요. 공손하게 사과하고 왜 당신이 파티에 가지 못하는지 쓰세요.

이메일을 쓰세요. (약 40단어)
인사말과 마지막 인사를 잊지 마세요.

예시답안

Sehr geehrter Herr Bauer[6],

vielen Dank für Ihre Einladung.
Es tut mir leid. Leider kann ich zur Party nicht kommen, da ich an dem Tag einen wichtigen Termin habe. Ein Freund von mir kommt zu mir Besuch aus Japan. Ich muss ihn abholen.
Ich wünsche Ihnen trotzdem eine schöne Party.

Mit freundlichen Grüßen[7]
Rosa Lee[8]

예시답안 해석

친애하는 바우어씨께,

당신의 초대에 매우 감사드립니다.
유감스럽습니다. 유감스럽게도 저는 파티에 갈 수 없습니다, 왜냐하면 그 날 하나의 중요한 일정이 있기 때문입니다.
한 친구가 일본에서부터 저를 방문하러 옵니다. 저는 그를 마중나가야 합니다.
저는 당신에게 하지만 하나의 멋진 파티를 기원합니다.

친근한 인사를 담아서
이로사

---

6 공식적인 관계에서의 인사말 Sehr geehrte 여자/ Sehr geehrter 남자
7 공식적인 사이에서의 마무리 인사 : Mit freundlichen Grüßen, Mit bestem Gruß
8 공식적인 관계에서는 이름과 성까지 쓰기

정답 및 해설 | MODELLSATZ 1 SPRECHEN

말하기 부문 1 함께 무엇인가를 계획하기   소요시간: 3분

한 동료가 다음 주에 이사를 하고 그는 도움이 필요합니다. 당신들은 그를 돕기로 합의했습니다. 그가 외국인이기 때문에 그는 자동차도 없고, 혼자 무엇을 해야 하는지 알지 못합니다. 당신들이 그를 어떻게 도울 수 있을지 생각해 보세요.

아래 항목들에 대해 이야기해 보세요. 제안을 하고 당신의 대화 상대의 제안에 반응해 보세요. 함께 무엇을 하고 싶은지 계획하고 결정하세요.

이사할 때 돕기

- 자동차? (누구의?) ❶
- 누가 더? (도울 수 있나?) ❷
- 얼마나 오래? (소요시간) ❸
- 언제 그리고 어디에서 만나나? ❹
- 거주자 등록? ❺

예시답안

A: Unser Kollege James wird am kommenden Sonntag umziehen. Weißt du doch, oder?

B: Ja, natürlich. Wir wollen ihm helfen.

A: Genau. Ich glaube, wir brauchen ein Auto. Hast du ein Auto?

B: Nein, ich habe kein Auto.

A: ❶ Ich habe eins. Dann kein Problem.

B: Das klingt gut.

A: Aber brauchen wir nicht mehr Personen?

B: Doch, ich glaube, es ist schwer, zu dritt alles zu erledigen.

A: Genau. Hast du eine Idee?

B: ❷ Ich frage mal andere Kollegen auch. Max und Peter könnten uns auch gerne helfen.

A: Prima! ❸ Wie findest du, wie lange würde es dauern?

B: Ich glaube, einen ganzen Tag schon.

A: Ja. Dann je früher wir uns treffen würden, desto besser, glaube ich.

B: Ja. ❹ Treffen wir uns am Sonntag um 9 Uhr morgens. Wie wäre es mit vor dem Rathaus?

A: Einverstanden!

B: ❺ Da James aus den USA ist, sollen wir ihm auch bei der Anmeldung helfen.

A: Du hast recht. Das Amt ist erst am Montag geöffnet. Ich könnte ihm am Montag helfen.

B: Das ist sehr nett von dir. Ich komme auch gern mit!

A: Gut! Dann bis Sonntag!

B: Bis dann!

예시답안 해석

A: 우리 동료 제임스가 오는 일요일에 이사를 해. 너도 알고 있지?

B: 그럼. 우리는 그를 돕기로 했잖아.

A: 응. 내 생각에는 우리는 자동차가 필요할 것 같아. 너 자동차 있니?

B: 아니, 나는 자동차가 없어.

A: 내가 하나 있어. 그럼 문제 없지.

B: 그거 좋구나. (그거 듣기 좋구나.-동의하거나 맞장구칠 때 쓰는 표현)

A: 하지만 우리 더 많은 사람들이 필요하지 않아?

B: 필요하지. 내 생각에는 세 명에서 모든 것을 처리하는 것은 어려운 것 같아.

A: 맞아. 아이디어 있니?

B: 내가 다른 동료들한테도 물어볼게. Max와 Peter도 우리를 기꺼이 도와줄 수 있을 거야.

A: 좋아! 어떻게 생각해, 얼마나 걸릴 것 같아?

B: 내 생각에는 하루 종일 족히. (걸릴 것 같아.)

A: 응. 그럼 더 일찍 만날수록 더 좋겠다고 생각해.

B: 응. 일요일에 아침 9시에 만나자. 시청 앞에서 어때?

A: 동의해.

B: 제임스가 미국에서 왔기 때문에 우리가 거주자 등록할 때 그를 도와야 한다고 생각해.

A: 네 말이 맞아. 관청은 월요일이 되어야 열지. 내가 월요일에 그를 도울 수 있을 거야.

B: 너 참 친절하구나. 나도 기꺼이 함께 갈게.

A: 좋아! 그럼 일요일에 만나!

B: 그때 봐!

말하기 부문 2 한 테마에 대해 발표하기   ⏱ 소요시간: 3분

테마 하나를 (테마1 혹은 테마2) 고르시오.

당신은 청중에게 현재 테마에 대해 발표해야 합니다. 그것을 위해 여기에 다섯 개의 슬라이드가 있습니다.

좌측의 안내를 따라서 당신의 메모와 아이디어를 우측 옆에 쓰세요.

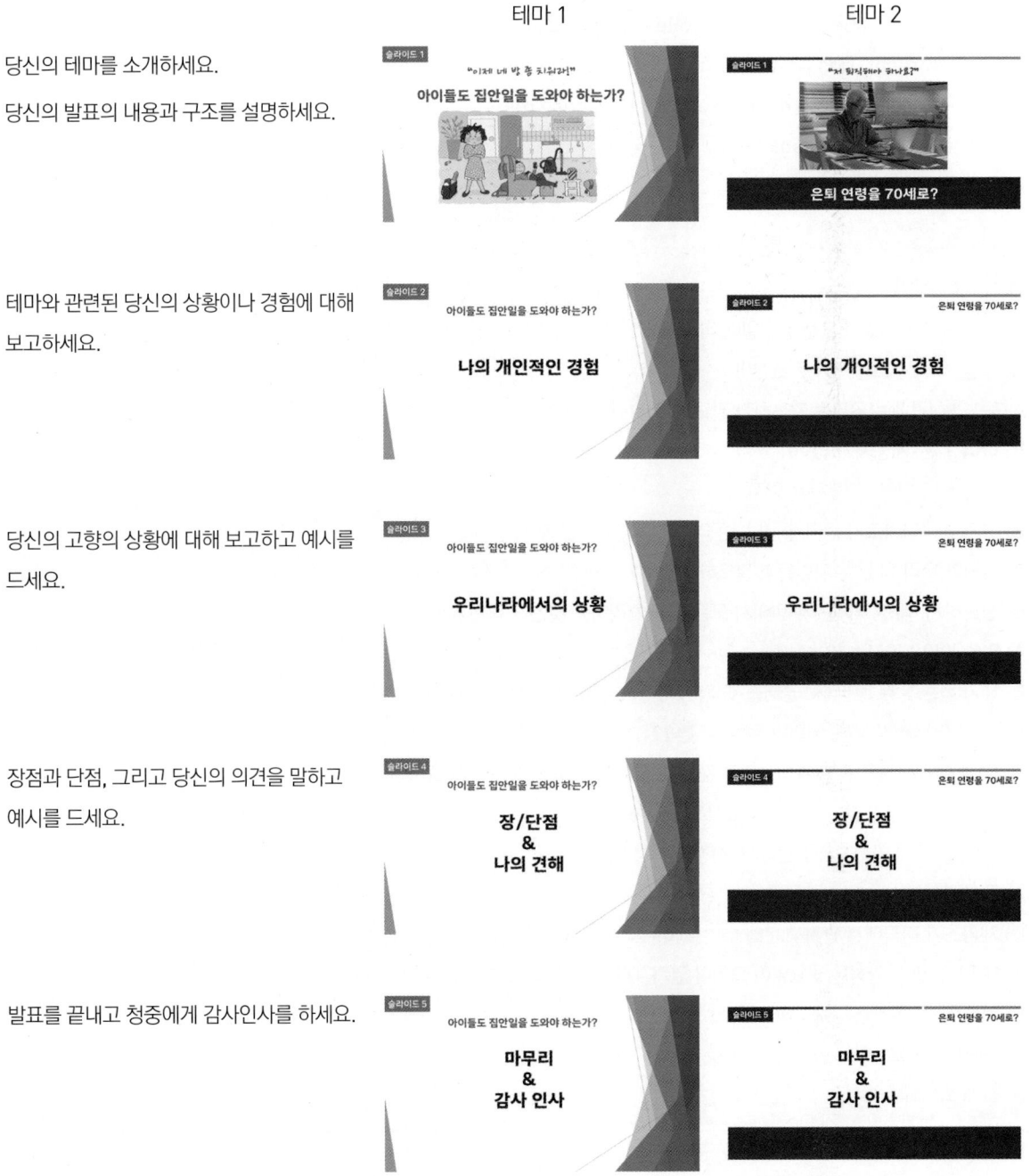

테마1 예시답안

테마
Sollten Kinder im Haushalt helfen?

도입하기
Das Thema meiner Präsentation ist „Sollten Kinder im Haushalt helfen?".
Meine Präsentation besteht aus folgenden Teilen.
Zuerst möchte ich Ihnen von meinen persönlichen Erfahrungen erzählen.
Danach beschreibe ich die Situation in meinem Heimatland.
Dann möchte ich über Vor- und Nachteile sprechen.
Zum Schluss sage ich meine Meinung.

문제 제기
Die Erziehung zu Hause spielt immer größere Rolle in der Gesellschaft.
Wer schon als Kind zu Hause Verantwortungsbewusstsein gelernt hat, hat kaum Probleme bzw. Ärger mit anderen.
Es geht um jetzt meine persönlichen Erfahrungen.
Als ich Grundschüler war, musste ich immer mein Zimmer selbst aufräumen. Das war meine Sache. Manchmal hat meine Mutter mir geholfen, wenn es zu schweren Sachen gab, aber sonst habe ich alles erledigt. Da habe ich die Zusammenarbeit gelernt.
Jetzt würde ich gerne über die Situation in Südkorea sprechen.
In meinem Heimatland sind traditionell die Frauen für den Haushalt zuständig. Heute arbeiten aber nicht nur Männer, sondern auch Frauen. Also teilt man den Haushalt jetzt. Nicht nur die Erwachsenen machen den Haushalt. Die Kinder helfen auch oft dabei. Ab und zu lässt man die Kinder einkaufen oder im Garten arbeiten. Das nennt man auf Koreanisch 심부름. Das ist eine kleine Bitte von den Eltern. Dadurch lernen die Kinder zum Beispiel Bezahlung an der Kasse oder sichere Behandlung des Werkzeuges. Damit kann man den Kindern Selbstbewusstsein beibringen.
Nun erwähne ich einige Vor- und Nachteile.
Wie ich schon erwähnt habe, können die Kinder dadurch vieles lernen, indem sie ihren Eltern beim Haushalt helfen. Wenn man schon als Kind selbst die grundsätzlichen Dinge erledigen kann, kann man ja später als Erwachsener alles ordentlich schaffen. Das ist ein großer Vorteil. Ein Nachteil wäre, wenn zum Beispiel die Kinder alleine einkaufen gehen, wäre es ein bisschen gefährlich, wegen Straßenverkehrs oder so. Aber darauf können die Eltern schon aufpassen.

마무리
Also, meiner Meinung nach sollten Kinder zu Hause im Haushalt helfen und dabei vieles lernen.
Das war meine Präsentation und vielen Dank für Ihre Aufmerksamkeit.

테마 1 예시답안 해석

테마
아이들도 집안 일을 도와야 하는가?

도입하기
저의 발표 테마는 "아이들도 집안일을 도와야 하는가?"입니다.
저의 발표는 다음 부분들로 구성되어 있습니다.
우선 저는 여러분에게 저의 개인적인 경험들에 대해 설명하고 싶습니다.
그리고 나서 제 고향 국가의 상황에 대해 묘사하겠습니다.
그리고 장점과 단점에 대해 말하고자 합니다.
마지막으로 저의 의견을 말하겠습니다.

문제 제기
집안에서의 교육은 사회에서 점점 더 큰 역할을 수행하고 있습니다.
아이일 때 벌써 집에서 책임감을 배웠던 사람은 다른 사람과 문제나 불화가 거의 없습니다.
이제 제 개인적인 경험에 대해 이야기하겠습니다.
제가 초등학생이었을 때, 저는 항상 제 방을 스스로 청소해야 했습니다. 그것은 저의 일이었습니다. 가끔 너무 무거운 것이 있으면 어머니가 저를 도와주시기도 했습니다. 하지만 그 외에 모든 것을 처리했습니다. 그 때 저는 협력을 배웠습니다.
이제 저는 한국의 상황에 대해 말하고자 합니다.
저의 고향에서는 전통적으로 여자들이 집안일을 담당합니다. 하지만 오늘날 남자들뿐만이 아니라 여자들도 일을 합니다. 따라서 지금은 집안 일을 분담합니다. 어른들만 집안일을 하는 것이 아닙니다. 아이들도 자주 돕습니다. 가끔 아이들에게 장을 보게 하거나 정원에서 일을 하게 합니다. 그것을 한국어로는 '심부름' 이라고 일컫습니다. 이것은 부모님들의 작은 부탁입니다. 그를 통해 아이들은 예를 들어 계산대에서 계산하기 혹은 도구의 안전한 사용을 배웁니다. 그럼으로써 아이들에게 자의식을 가르쳐 줄 수 있습니다.
이제 저는 몇몇의 장, 단점을 언급하겠습니다.
제가 이미 언급한 바와 같이 아이들은 부모님의 집안일을 도움으로써 많은 것들을 배울 수 있습니다. 어릴 때부터 스스로 기본적인 것들을 처리할 수 있으면 나중에 어른이 되어서도 모든 것들을 질서정연하게 해낼 수 있습니다. 이것은 하나의 큰 장점입니다. 단점은 예를 들어 아이들이 혼자서 장을 보러 가면 도로 교통 때문에나 다른 이유로 위험할 수 있다는 것입니다. 하지만 부모님들이 그것은 충분히 주의를 기울일 수 있습니다.

마무리
따라서 제 생각에는 아이들이 집에서 집안일을 돕고 많은 것들을 배워야 한다고 생각합니다.
이것이 제 발표였고 귀 기울여 들어주셔서 감사합니다.

테마 2 예시답안

테마
Rentenalter auf 70 Jahre?

도입하기
Guten Tag! Heute spreche ich über ein wichtiges Thema: „Rentenalter auf 70 Jahre?".
Zuerst rede ich über die Situation in Korea, die Vor- und Nachteile einer Anhebung des Rentenalters und am Ende meine eigene Meinung.

문제 제기
In Korea gibt es, wie in vielen anderen Ländern, immer mehr alte Menschen. Das heißt, weniger junge Leute müssen für die Renten der vielen alten Leute zahlen. Das gesetzliche Rentenalter in Korea ist jetzt 60 Jahre. Aber es wird diskutiert, ob man das Rentenalter auf 70 Jahre anheben sollte. Diese Debatte wird in der Politik und in der Gesellschaft intensiv geführt.

Jetzt kommen wir zu den Vor- und Nachteilen einer Anhebung des Rentenalters auf 70 Jahre. Erstens kann man über finanzielle Entlastung reden. Wenn das Rentenalter höher ist, muss der Staat weniger Renten zahlen. Das hilft, das Rentensystem stabil zu halten.

Zweitens, Erfahrene Arbeitskräfte. Ältere Arbeitnehmer haben viel Erfahrung und Wissen, von dem Unternehmen profitieren können.

Drittens kann ich die bessere Lebensqualität nennen. Viele Menschen sind heute gesünder und können länger arbeiten und aktiv sein.

Nun erwähne ich Nachteile.

Zuerst kann es Gesundheitsrisiken geben. Nicht alle Menschen können bis 70 Jahre arbeiten. Das kann zu gesundheitlichen Problemen führen.

Zweitens, Arbeitslosigkeit. Wenn ältere Menschen länger arbeiten, gibt es weniger Jobs für junge Menschen.

Zum Schluss, soziale Ungerechtigkeit. Menschen mit körperlich anstrengenden Berufen leiden mehr unter der Anhebung des Rentenalters als Menschen mit weniger belastenden Jobs.

Schließlich möchte ich meine eigene Meinung teilen. Ich finde, dass die Anhebung des Rentenalters auf 70 Jahre keine gute Lösung ist. Es ist wichtig, das Rentensystem zu stabilisieren, aber wir müssen auch an die gesundheitlichen und sozialen Auswirkungen denken. Eine pauschale Anhebung des Rentenalters ist unfair, besonders für Menschen mit körperlich anstrengenden Berufen.

Ich denke, flexiblere Modelle sind besser. Zum Beispiel könnte man ein Teilrentensystem einführen. Das bedeutet, dass Menschen ab einem bestimmten Alter in Teilzeit arbeiten und gleichzeitig eine teilweise Rente bekommen können. So können die Menschen je nach ihrer Situation und Gesundheit länger oder kürzer arbeiten.

마무리

Das war meine Präsentation zum Thema „Rentenalter auf 70 Jahre?" Vielen Dank für Ihre Aufmerksamkeit.

테마 2 예시답안 해석

테마
은퇴 연령을 70세로 올리기?

도입하기
안녕하세요! 오늘 저는 중요한 테마에 대해 이야기하고자 합니다: "은퇴 연령을 70세로?" 먼저 저는 한국의 상황에 대해 그리고, 은퇴 연령 인상의 장단점에 대해 이야기하고, 마지막으로 제 개인적인 의견을 나누겠습니다

문제 제기
한국에서는, 많은 다른 나라들과 마찬가지로, 노인 인구가 점점 많아지고 있습니다. 이는 더 적은 젊은 사람들이 많은 노인들의 연금을 지불해야 한다는 것을 의미합니다. 현재 한국의 법정 은퇴 연령은 60세입니다. 그러나 은퇴 연령을 70세로 올려야 하는지에 대한 논의가 진행되고 있습니다. 이 논의는 정치와 사회에서 집중적으로 이루어지고 있습니다.

이제 은퇴 연령을 70세로 올리는 것의 장단점에 대해 이야기하겠습니다.

첫째, 재정적 부담 경감에 대해 이야기할 수 있습니다. 은퇴 연령이 높아지면 정부는 연금을 적게 지급해야 합니다. 이는 연금 제도를 안정적으로 유지하는 데 도움이 됩니다.

둘째, 경험 많은 노동자들입니다. 나이 든 노동자들은 많은 경험과 지식을 가지고 있으며, 이는 회사에 도움이 될 수 있습니다.

셋째, 더 나은 삶의 질을 언급할 수 있습니다. 오늘날 많은 사람들은 더 건강하여 더 오래 일하고 활동할 수 있습니다.

이제 단점에 대해 언급하겠습니다.

첫째, 건강 위험이 있을 수 있습니다. 모든 사람들이 70세까지 일할 수 있는 것은 아닙니다. 이는 건강 문제로 이어질 수 있습니다.

둘째, 실업 문제입니다. 나이든 사람들이 더 오래 일하면 젊은 사람들을 위한 일자리가 줄어듭니다.

마지막으로, 사회적 불평등입니다. 육체적으로 힘든 일을 하는 사람들은 덜 힘든 일을 하는 사람들보다 은퇴 연령 인상에 더 많이 고통받습니다.

마지막으로 제 개인적인 의견을 나누고자 합니다. 저는 은퇴 연령을 70세로 올리는 것이 좋은 해결책이라고 생각하지 않습니다. 연금 제도를 안정화하는 것이 중요하지만, 우리는 또한 건강과 사회적 영향에 대해 생각해야 합니다. 은퇴 연령의 일률적인 인상은 특히 육체적으로 힘든 일을 하는 사람들에게 불공평합니다.

저는 더 유연한 모델이 더 좋다고 생각합니다. 예를 들어, 부분 연금 제도를 도입할 수 있을 것입니다. 이는 사람들이 특정 연령부터 파트타임으로 일하고 동시에 부분 연금을 받을 수 있다는 것을 의미합니다. 이렇게 하면 사람들은 자신의 상황과 건강에 따라 더 오래 또는 더 짧게 일할 수 있습니다.

마무리
이것이 테마 "은퇴 연령을 70세로?"에 대한 제 발표였습니다. 경청해 주셔서 감사합니다.

말하기 부문 3 한 테마에 대해 이야기하기

당신의 발표 후에 :

시험 감독관과 대화 상대의 반응과 질문에 응답하세요.

당신의 대화 상대의 발표 후에 :

a) 대화 상대의 발표에 대해 반응하세요. (예: 발표가 어떻게 마음에 들었는지, 무엇이 새로웠으며 특히 흥미로웠는지 등)
b) 대화 상대의 발표에 대해 질문도 해보세요.

테마 1에 대해 할 수 있는 질문 예시

1. Sie haben gesagt, dass Sie schon als Kind im Haushalt geholfen haben. War das nicht anstrengend?
   어릴 때부터 집안 일을 도우셨다고 하셨지요. 힘들진 않으셨습니까?

2. Wenn Sie später Kinder haben würden, würden Sie auch Ihre Kinder so erziehen, wie Sie zu Hause erzogen wurden?
   나중에 아이를 가지게 되시면 당신이 집에서 교육받으셨던 것처럼 교육하실 겁니까?

테마 2에 대해 할 수 있는 질문 예시

1. Besonders ist das Teilrentensystem sehr beeindruckend. Was meinen Sie, wenn man in Teilzeit arbeiten und teilweise Rente bekommen würde, wie viel Prozent von der Rente soll gerecht?
   특히나 부분 연금 제도가 매우 인상적입니다. 어떻게 생각하십니까, 만약 사람들이 파트타임으로 일하고 부분적으로 연금을 받게 된다고 한다면, 연금의 몇 퍼센트가 정당할까요?

2. Wenn ältere Menschen länger arbeiten, haben die jüngeren Menschen wirklich weniger Chancen? Ich sehe es anders. Es gibt bestimmte Bereiche, wo jüngere Menschen den Vorrang haben. Was meinen Sie dazu?
   나이가 더 많은 사람들이 더 오래 일한다면 젊은 사람들이 정말로 기회가 더 적을까요? 저는 그걸 다르게 생각합니다. 젊은 사람들이 우위를 차지하는 특정 분야들이 있습니다. 거기에 대해서는 어떻게 생각하십니까?

정답 및 해설 | MODELLSATZ 2 LESEN

읽기 부문 1

소요시간: 10분

다음 본문과 문제 1번부터 6번까지 읽으시오.

명제가 맞으면 참(Richtig), 틀리면 거짓(Falsch)을 선택하시오.

Was immer auch passiert, kann Freunde und Freude bringen

Es ist schon lange her, aber ich erinnere mich noch daran ganz genau. Es gibt immer etwas, was man nie vergisst. Schöne, oder aber auch richtig doofe Erinnerungen. ⓿ Heute möchte ich euch von einer erzählen, die mir immer noch ein Lächeln aufs Gesicht zaubert. ❶ Ich weiß, dass das ungewöhnlich ist, da ich so ein Brummbärchen bin und mich immer über alles beschwere. Schließlich bin ich doch Kritikerin von Beruf. Aber heute relaxe ich mich ein bisschen und erzähle mal von etwas Schönem. :)

Meine Schwester und ich waren auf der Europareise. ❸, ❺ Wir wollten damals von Paris nach Bonn fahren. Dafür nahmen wir den ICE nach Deutschland, denn wir waren beide Anfang zwanzig und wollten Geld sparen, wie ihr euch sicher vorstellen könnt. Unser angespartes Taschengeld hatten wir bereits auf der Reise ausgegeben. Also hatten wir keine Plätze reserviert. ❷ Der Zug war voll, deshalb gab es keine andere Möglichkeit, als im Wagenübergang zu stehen. Dort waren schon zwei Jugendliche mit ihren Fahrrädern. Sie erzählten, dass sie auch eine Europareise gemacht hätten, aber ihre Fahrräder kaputt gegangen seien. Deshalb befänden sie sich auf dem Heimweg. Die zwei Jungs waren aus den Niederlanden. Wir unterhielten uns lange, bis wir an der Grenze zwischen Frankreich und Deutschland ankamen.

Auf einmal fragte uns der eine, warum wir nicht ausstiegen. Ich wusste nicht, was er meinte. Da fügte er hinzu, ❹ dass der Zug beim nächsten Halt geteilt würde und unser Zugteil nach Amsterdam weiterführe. Deshalb sollten wir schnellstmöglich in den hinteren Zugteil umsteigen. Aber der Zug hatte an diesem Bahnhof nur drei Minuten Aufenthalt. Wir gerieten in Panik. Meine Schwester hatte einen großen Koffer dabei, und damit zu rennen schien uns unmöglich. Gott sei Dank haben die beiden uns geholfen. Einer von ihnen ist mit dem Koffer in der Hand mit uns bis zum hinteren Zugteil gelaufen, der andere hat den Bahnmitarbeitern die Situation erklärt. ❻ Ohne ihre Hilfe hätten wir den Zug verpasst.

Am nächsten Tag schrieb ich den Jungs eine Dankeschön-E-Mail. Sie antworteten mir sehr schnell und luden uns sogar in die Niederlande ein! ❺ Da wir sowieso schon immer mal dorthin wollten, waren wir eine Woche später in Amsterdam. Wir besuchten den Freizeitpark und wurden von ihnen auch zum Abendessen nach Hause eingeladen. Der Vater des einen sprach Deutsch. Die länderübergreifende Unterhaltung fand ich echt toll. Da sie auf dem Land wohnten, sind wir an einem Feldweg entlang Rad gefahren. Ich finde es faszinierend, dass man aufgrund einer zufälligen, kleinen Begebenheit neue Freunde finden kann. Wir stehen immer noch im Kontakt. Seit 13 Jahren nun schon! Ich denke gerne an sie.

> [!NOTE] 어휘

sich⁴ an etwas 4 erinnern (4격)을 기억하다 | richtig 제대로 | von etwas 3 erzählen (3격)에 대해 설명하다, 서술하다 | r. Kritiker/ e. Kritikerin 비평가 | ungewöhnlich 익숙하지 않은 | s. Lächeln 미소 (lächeln 미소짓다) | zaubern 마법을 써서 무엇인가를 만들다 | r. Brummbär / s. Brummbärchen 불평가, 짜증 잘 내는 사람 | sich⁴ über etwas 4 beschweren (4격)에 대해 불평하다 | schließlich 결국 | relaxen 긴장을 풀다 | dafür 그래서 | Anfang Zwanzig 20대 초반 (Mitte 중반, Ende 후반) | sich³ (etwas 4) vorstellen (4격을) 상상하다 | angespart 아껴 모은 | bereits 벌써 | ausgeben (돈을) 쓰다 | einen Platz/Plätze reservieren 좌석을 예약하다 | voll sein 가득 차 있다 | r. Wagenübergang 기차 칸 사이 공간 | r. Jugendliche 청소년 (형용사 어미변화 규칙에 따름-구문분석 참고) | kaputt gehen 고장나다 | sich⁴ befinden ~에 있다, 위치하다 | sich⁴ unterhalten 담소를 나누다 | e. Grenze 국경, 경계 | auf einmal 갑자기 | hinzufügen 덧붙이다 | r. Halt 정거장 | teilen 나누다 | weiterführen 계속해서 가다 | schnellstmöglich 가능한 한 빨리 | r. Aufenthalt 체류 | geraten 빠져들다 | dabeihaben 소지하다 | rennen 달리다 | scheinen ~해 보이다 | Gott sei Dank 다행이다, 다행히도 | r. pl. Bahnmitarbeiter 역무원 | verpassen 놓치다 | sowieso 어쨌거나 | dorthin 거기로 (dort+hin) | r. Freizeitpark 유원지, 놀이공원 | länderübergreifend 국경을 초월하는 | e. Unterhaltung 담소, 대화 | auf dem Land 시골에서 | r. Feldweg 들판 길 | entlang 4 (4격)을 따라서 | faszinierend 매혹하는, 멋진 | aufgrund 2 (2격)을 이유로 | zufällig 우연한 | e. Begebenheit 사건 | im Kontakt stehen 연락 중이다

구문 분석

» **etwas, was 동사 후치**
선행사 etwas, was, das, nichts 는 관계대명사 was 로 받는다.

» **ein Lächeln aufs Gesicht zaubern**
미소를 얼굴 위로 만들어 내기 때문에 auf + 4격

» **von etwas Schönem**
'etwas+형용사(앞에 대문자)es'는 형용사의 명사화이며 이는 중성명사로 취급된다. 명사화 된 형용사 뒤에 붙는 어미는 형용사 어미변화 규칙에 의거하여 결정된다. 중성명사 무관사 강변화 규칙이 적용되므로 3격 지배 전치사인 von 뒤에서는 어미-em 이 된다.

» **auf Europareise**
'여행 중이다' 라고 할 때 전치사 auf 를 쓰고 3격을 받는다. 예) Ich bin auf einer Betriebsreise. 나는 출장 중이다.

» **keine andere Möglichkeit, als im Wagenübergang zu stehen**
'~와는 다른' 이라고 할 때 ander 와 상응하는 접속사는 als 이다.

» **Sie erzählten, dass auch sie eine Europareise gemacht hätten, aber ihre Fahrräder kaputt gegangen seien. Deshalb befänden sie sich auf dem Heimweg.**
그들이 말한 내용을 전달하는 형식으로 기술하고 있으므로 접속법이 쓰였다. 여기에서는 접속법 1식이 쓰인 케이스이며, 접속법1식은 전달하는 말을 서술할 때 쓰인다. 접속법1식이 기존 직설법(평범한 일상 화법)과 모양이 같을 경우 접속법2식의 형태를 차용한다. 예) haben의 접속법1식 3인칭 복수 형태는 역시 haben이다. 접속법과 직설법에서 동사 모양 자체의 차이가 없으므로 이런 때는 접속법2식인 hätten을 차용한다. 접속법1식의 해석은 '~라고 하더라'이다. sich befänden 은 sich befinden의 접속법 형태이며 이 경우에도 마찬가지로 접속법1식과 직설법과 차이가 없으므로 접속법2식의 형태가 차용된 케이스이다.

- Da fügte er hinzu, dass der Zug beim nächsten Halt geteilt würde und unser Zugteil nach Amsterdam weiterführe.
    - geteilt würde 접속법2식 : 수동태인 geteilt wird를 접속법2식을 통하여 "분리될 것이다"로 해석된다.
    - weiterführe 접속법1식: 계속해서 간다고 한다.
- Ohne ihre Hilfe hätten wir den Zug verpasst.
    접속법2식 : 현재완료의 직설법 haben ... verpasst : 놓쳤다 → hätten ... verpasst: 놓쳤을 것이다

해석

무엇이든 일어나는 일은 우리에게 친구들과 기쁨을 가져다줄 수 있다

오래 된 일이지만 나는 아직도 정확히 기억하고 있어. 항상 누구나 절대 잊을 수 없는 일이 있기 마련이야. 멋진 기억, 혹은 또한 정말 어리석은 기억들 말이야. 오늘 나는 너희들에게 그 중에 하나를 이야기해 줄 건데, 나의 얼굴에 항상 미소를 만들어 내는 이야기야. 나도 알아, 이게 좀 어색하다는 걸. 나는 불평쟁이이고 항상 모든 것에 대해 불평하니까. 그리고 결국 나는 직업적으로도 비평가잖아. 하지만 오늘만큼은 좀 마음을 편하게 가지고 좋은 것에 대해 이야기해 볼게. :)

우리 언니와 나는 유럽 여행 중이었어. 우리는 그 때 파리에서 본으로 가려고 했지. 그래서 우리는 독일로 가는 ICE를 탔어. 우리 둘 다 20대 초반이었고 돈을 아끼고 싶었기 때문에, 너희들도 충분히 공감할 수 있는 것처럼 말이야. 우리가 아껴 모은 용돈을 우리는 벌써 여행에서 써 버렸어. 그래서 우리는 좌석을 예약하지는 않았어. 기차는 가득 차 있었고 기차 사이 공간에 서 있을 수밖에 없었지. 거기에 벌써 자전거를 가진 두 명의 남자 아이들이 있었어. 그들은, 그들도 유럽 여행 중이었는데 그들의 자전거가 고장났다고 설명했어. 그래서 그들이 지금 집에 가는 길이었지. 그 두 명의 소년들은 네덜란드 출신이었어. 우리는 오래 이야기를 나눴어. 우리가 프랑스와 독일 국경에 다다를 때까지.

갑자기 그 중 하나가 우리에게 물어봤어. 왜 우리가 내리지 않느냐고. 나는 그가 무슨 말을 하는지 몰랐어. 그 때 그가 덧붙이기를, 이 기차가 다음 역에서 분리되고 우리가 지금 타고 있는 기차 부분은 암스테르담으로 계속해서 간다고 했어. 그래서 우리는 최대한 빨리 기차 뒷 부분으로 옮겨 타야 했어. 하지만 기차는 이번 역에서 오직 3분만 정차를 했고 우리는 당황해서 공황상태에 빠졌어. 우리 언니는 큰 여행가방을 가지고 있었고, 그걸 가지고 뛰는 것은 우리에게 불가능해 보였어. 다행히도 그 둘이 우리를 도와줬어. 그들 중 한 명은 그 여행가방을 손에 들고 우리와 함께 기차 뒷 부분으로 달렸고, 다른 한 명은 역무원에게 이 상황을 설명했어. 그들의 도움이 없었더라면 우리는 기차를 놓쳤을 거야.

그 다음 날 나는 그 남자들에게 고맙다는 메일을 보냈어. 그들은 매우 빠르게 답장을 줬어. 그리고 심지어 네덜란드로 우리를 초대했어! 우리는 어쨌건 한번쯤 거기에 가 보고 싶었기 때문에 1주일 후에 암스테르담에 갔어. 우리는 유원지에도 갔고 그들에게 저녁식사 초대를 받아 집으로도 갔어. 한 명의 아버지는 독일어를 할 수 있었어. 그 국경을 초월한 대화가 참 멋지다고 생각되었어. 그들이 시골에 살았기 때문에 우리는 들판을 따라서 자전거도 탔어. 한 우연하고 작은 사건 때문에 새로운 친구를 찾을 수 있다는 것이 너무나도 환상적이라고(매혹적이라고) 생각해. 우리는 아직까지도 서로 연락하고 있어. 13년 전부터 지금까지 말이야! 나는 그들을 떠올리는 게 기뻐.

예시문제

0 이 작가(여자)는 무엇인가 좋지 않은 일에 대해 쓰고 있다. | ~~Richtig~~ | ~~Falsch~~

1 이 작가는 보통 회의적이다. | ~~Richtig~~ | Falsch

2 기차에 앉을 자리가 없었다. | ~~Richtig~~ | Falsch

3 그 젊은 남자들은 함께 독일로 왔다. | Richtig | ~~Falsch~~

4 기차 앞 부분은 암스테르담으로 간다. | ~~Richtig~~ | Falsch

5 그들은 모두 함께 암스테르담으로 갔다. | Richtig | ~~Falsch~~

6 그 소녀들은 기차를 놓치지 않았다. | ~~Richtig~~ | Falsch

어휘

skeptisch 회의적인 | r. Sitzplatz 좌석 (복수형 Sitzplätze) | vorder 앞 부분의 | r. Zugteil 기차 부분 | verpassen 놓치다

읽기 부문 2

🕐 소요시간: 20분

언론에서 추출된 텍스트를 읽고 문제 7번부터 9번까지 읽으시오.

a, b, c 중 각 문제에 알맞은 답을 고르시오.

Fördermittel für kulturelle Projekte zu vergeben

❾ Der Fachbereich Kunst und Geschichte des Bezirks Reinickendorf vergibt für das Jahr 2021 wieder Mittel im Rahmen des Projektfonds Kulturelle Bildung für Projekte im Zusammenhang mit Künstlerinnen und Künstlern und Bildungseinrichtungen.

❼ Voraussetzung für eine Antragsstellung ist eine Zusammenarbeit zwischen ⓿ einem Kunstpartner (Künstlerin oder Künstler, freie Gruppe, Kultureinrichtung) und einer Bildungs- und/oder Jugendeinrichtung (Schule, Kita, Jugendfreizeitstätte, u.a.).

<u>Gefördert werden künstlerische Aktivitäten aus den Bereichen der Bildenden Kunst, Musik, Theater, Tanz, Literatur, Medien und spartenübergreifende Projekte.</u> Ein Projekt kann mit bis zu 5.000 Euro gefördert werden, <u>wobei sich die Mittel in Honorar- und Sachmittel aufgliedern.</u> Eine Jury entscheidet über die eingereichten Anträge. ❽ Für die Auswahl ist neben der künstlerischen und der pädagogisch-partizipativen auch die inhaltliche Qualität der Projekte entscheidend.

Künstlerinnen und Künstler können bis zum 20. November 2020 Projektvorschläge einreichen an:

Bezirksamt Reinickendorf von Berlin, Fachbereich Kunst und Geschichte, c/o Museum Reinickendorf, Alt-Hermsdorf 35 13467 Berlin

---

어휘

fördern 장려하다 | s. / pl. Mittel 수단, 방법, (여기에서는) 자본 [복수형태] | kulturell 문화적인 | vergeben 수여하다 | r. Fachbereich 학문 분야 | r. Bezirk 범위, 구역 | im Rahmen 2 (2격)의 범위에서 | r. Projektfond 프로젝트의 기초, 프로젝트의 바탕 | im Zusammenhang mit ~와의 관련에서 | e. Bildungseinrichtung 교육기관 | e. Voraussetzung 전제조건 | r. Antrag 지원, 제안 | e. Antragsstellung 지원 | e. Zusammenarbeit 협업 | u.a. = und andere 등등 | e. bildende Kunst 조형예술 | spartenübergreifend 분야를 망라하는, 그 분야와 관련이 있는 | wobei (종속접속사) 그 때에, 그 부근에 | s. Honorar 보수, 사례 | s. Sachmittel 재료, 장치 | aufgliedern 분류하다, 배열하다 | e. Jury 심사위원(회) | einreichen 제출하다 | e. Auswahl 선택 | pädagogisch 교육적인 | inhaltlich 내용적인 | entscheidend 결정적인, 중대한 역할을 하는 | r. Projektvorschlag 프로젝트 제안(서)

구문 분석

» Gefördert werden künstlerische Aktivitäten aus den Bereichen der Bildenden Kunst, Musik, Theater, Tanz, Literatur, Medien und spartenübergreifende Projekte.
　수동태 문장에서 주어가 너무 길면 뒤로 빼고 과거분사를 맨 앞에 취하기도 한다.

» wobei sich die Mittel in Honorar- und Sachmittel aufgliedern.
　wobei가 접속사로 쓰이면 동사가 후치되고 '그 때 즈음에, 그 부근에' 라고 해석된다.

해석

문화적인 프로젝트들을 위한 장려금 수여

Reinickendorf 지역의 예술과 역사 학문 분야는 2021년을 위해 다시금 장려 자본을 수여한다. 문화적 교육의 프로젝트 기반의 범위에서 예술가들과 교육기간과 관계가 있는 프로젝트들을 위해서.

지원에 필요한 전제조건은 예술 파트너(예술가, 문화기관)와 교육 그리고/혹은 청소년 기관(학교, 어린이집, 청소년 수련관 등 등)의 협업이다.

조형예술, 음악, 연극, 춤, 문학, 미디어 그리고 분야를 망라하는 프로젝트들의 예술적인 활동들이 지원된다. 지원금이 보수와 재료에 드는 금액에 배치될 때, 한 프로젝트 당 5000유로까지 지원을 받을 수 있다. 한 심사위원이 제출된 지원서들에 대해 결정한다. 선택을 (받기) 위해서는 예술적이고 교육 관련적인 것과 더불어 프로젝트의 내용적인 질도 중요한 역할을 수행한다.

예술가들은 2020년 11월 20일까지 프로젝트 제안서를 아래에 제출할 수 있다.

<주소> Bezirksamt Reinickendorf von Berlin, Fachbereich Kunst und Geschichte, c/o Museum Reinickendorf, Alt-Hermsdorf 35 13467 Berlin

---

예시문제

0 예술 파트너에 해당되는 것은 …
- a 지원서
- b 어린이집
- ☒ c 예술가

7 지원서를 쓰기 위해 해야 하는 것은 …
- ☒ a 예술 파트너와 교육기관의 협업을 증명해야 한다.
- b 예술가여야 한다.
- c 어린이집에서 함께 일해야 한다.

8 지원서들은 …
- a 한 심사위원에 의해서 5000유로까지 지원받는다.
- b 돌려받을 수 없다.
- ☒ c 내용적으로도 평가된다.

9 이 글의 주된 내용은 …
- a 구인광고이다.
- ☒ b 예술을 위한 도시 차원의 프로젝트이다.
- c 예술 분야에서의 경연이다.

어휘

e. Kita (Kindertagesstätte) 어린이집 | beweisen 증명하다 | unterstützen 지원하다 | inhaltlich 내용적으로 | bewerten 평가하다 | e. Stellenanzeige 구인 광고 | stadtlich 도시 차원의 | r. Wettbewerb 경연

읽기 부문 2

언론에서 추출된 텍스트를 읽고 문제 10번부터 12번까지 읽으시오.

a, b, c 중 각 문제에 알맞은 답을 고르시오.

---

⑩ Carl-Bosch-Oberschule soll für 31 Mio. Euro saniert werden

⑪ <u>Das vermutlich größte Schulbauprojekt des Bezirks wird künftig die Carl-Bosch-Oberschule in der Frohnauer Straße in Hermsdorf sein.</u> Erste Schätzungen gingen vor vier Jahren noch von 6 Mio. Euro Baukosten aus. Während der Abstimmung des Bezirks mit der zuständigen Senatsverwaltung addierten sich die Wünsche zur Sanierung und zur Erweiterung in eine sechszügige integrierte Sekundarschule ⑫ auf über 31 Mio. Euro.

Baumaßnahmen mit einem Investitionsvolumen von über 10 Mio. Euro verantwortet in der Regel die Senatsverwaltung. Die Anfrage des Bezirks auf Amtshilfe bei der Sanierung der Carl-Bosch-Schule wurde von der Senatsverwaltung für Stadtentwicklung und Wohnen jedoch überraschend abgelehnt. Der Bezirk muss das Bauprojekt jetzt komplett mit eigenem Personal stemmen.

어휘

sanieren 보수하다 | vermutlich 예견컨대, 추측컨대 | s. Schulbauprojekt 학교 건립 프로젝트 | künftig 장래에 | e. Schätzung 짐작, 추산 | ausgehen von 3 (3격)으로 예상하다 | pl. Baukosten 건축 비용 | e. Abstimmung 투표, 표결 | zuständig 관련된 | e. Senatsverwaltung 시의회 당국 | addieren 더하다 | e. Sanierung 보수 | e. Erweiterung 확장 | sechszügig 6년짜리 학제의 | integrieren 합병하다 | e. Sekundarschule 초등학교 이후 가는 학교, 2차 학교 | e. Baumaßnahmen 건축 정책 | s. Investitionsvolumen 투자 양 | verantworten 책임을 지다, 떠맡다 | in der Regel 보통, 대부분 | e. Anfrage 문의 | e. Amtshilfe (관청의) 협조 | e. Stadtentwicklung 도시 개발 | jedoch 그러나, 그럼에도 불구하고 | überraschend 놀라운 | ablehnen 거절하다 | komplett 완전히, 완벽히 | s. Personal 인원 | stemmen 짐을 (머리로) 받들다, 떠받들다

구문 분석

» Das vermutlich größte Schulbauprojekt des Bezirks wird künftig die Carl-Bosch-Oberschule in der Frohnauer Straße in Hermsdorf sein.

werden + 동사원형(후치) : 미래시제 ~ 일 것이다.

해석

Carl-Bosch-고등학교가 3천 1백만 유로로 보수될 것이라고 한다

추측컨대 이 구역의 가장 큰 학교 건축 프로젝트는 앞으로 Hermsdorf의 Frohnauer가에 있는 Carl-Bosch고등학교가 될 것이다. 4년 전에 처음 예상은 건축비 6백만 유로로 예상되었다. 관련 시의회 당국과의 지역 투표 동안 보수와 6년제 통합 2차 학교로 확장하는 것에 대한 소망이 더해져서 3천 1백만 유로로 커졌다.

보통 시의회 당국이 천만 유로의 투자 비용으로써 건축정책을 책임진다. Carl-Bosch 학교의 보수에 있어서 관청의 협조에 대한 지역의 문의가 도시 개발과 거주 관청에 의해 그러나 놀랍게도 거절되었다. 이 지역은 이제 이 건축 프로젝트를 스스로의 인원으로 온전히 떠맡아야 한다.

---

10 이 글의 내용은 …

- a 한 구역이 새로운 고등학교를 짓는다는 내용이다.
- b 보수에 대한 문의가 거절되었다는 내용이다.
- ☒ c 한 고등학교가 보수된다는 내용이다.

11 이 프로젝트는 …

- ☒ a 가장 큰 학교 건축 프로젝트일 것이다.
- b 4년 걸린다고 한다.
- c 완전히 투자 받는다고 한다.

12 건축비는 …

- a 6백만유로이다.
- ☒ b 3천1백만유로이다.
- c 1천만 유로이다.

어휘

r. Bezirk 범위, 구역 | e. Oberschule 고등학교(우리나라의 고등학교와는 다른 개념) | absagen 거절하다 | renovieren 보수하다 | investieren 투자하다

읽기 부문 3

⏱ 소요시간: **10분**

13번에서 19번까지 상황들을 읽고 A부터 J까지 다양한 독일어권 미디어로부터 추출한 광고를 읽으시오. 고르세요: 어떤 광고가 어떤 상황에 맞습니까?

당신은 모든 광고를 오직 한 번만 쓸 수 있습니다. 예시의 광고는 당신은 다시 쓸 수 없습니다. 한 상황에 대해서는 맞는 광고가 없습니다. 이 경우 0을 쓰십시오.

다양한 사람들이 그들의 휴가를 위한 상품들을 찾고 있습니다.

예시문제	
0 Meyer박사는 지난 달에 은퇴했다. 지금 그는 쉬고 싶고 바닷가에서 쉬는 여행을 찾고 있다.	광고: **e**

13 Anja Schweier는 오토바이 타는 것을 좋아한다. 그녀는 사막에서 오토바이를 타 보고 싶다.	광고: **f**
14 Alena Lex는 세 명의 아이가 있다. 그녀는 그녀의 전체 가족과 휴가를 가고 싶다. 그 아이들은 무엇인가 운동적인 것을 해 보고 싶다.	광고: **g**
15 Ludger Hegel은 그의 오랜 친구와 오스트리아로 가고 싶다. 그들은 그들의 숙소를 벌써 예약했다. 오직 자동차가 갑자기 고장났다. 그들은 기차도 버스도 타고 싶지 않다. 왜냐하면 그들은 오스트리아에서 자유롭게 돌아다니고 싶기 때문이다.	광고: **c**
16 Otto Füssler는 이국적인 전통식에 관심이 있다. 그는 해외 여행에서 요리도 배워 보고 싶다.	광고: **0**
17 Katina Schröger는 암벽등반을 좋아한다. 그녀는 자유등반을 해 보고 싶다.	광고: **d**
18 Pascal 은 엔지니어이다. 그는 긴 여행을 하기에는 너무 바쁘다. 이틀 간의 짧은 여행이 그에게 충분할 것이다. 그는 지금 함부르크에 살고 있고 너무 멀리 여행을 떠나고 싶지는 않다.	광고: **h**
19 Karoline는 막 학교를 졸업했다. 그녀는 시간이 많은데 두 달의 시간이 있다. 그 사이에 그녀는 무엇인가를 배우고 싶고 휴가도 즐기고 싶다.	광고: **a**

a

ENGLISCH LERNEN IM KLEINSTAAT MALTA

⓲ **Malta ist seit vielen Jahren ein beliebtes Ziel für Sprachschüler aus aller Welt.** Beim **Programm International** lernen sie in einer Gruppe von Teilnehmern aus aller Welt bei einem muttersprachlichen Pädagogen. Bei den **Sprachkursen** hast du die Auswahl zwischen den Standard-, Intensiv- und Abiturkursen. Tolle **Unterkünfte** warten ebenfalls auf dich: Verbringe deine 2 monatigen Sprachferien bei einer maltesischen Gastfamilie, wohne auf dem Sprachschulcampus oder komme in einer Residenz unter - Dein Sprachurlaub auf Malta lässt keine Wünsche offen!

해석

작은 국가 Malta에서 영어 배우기

Malta는 수년 전부터 전 세계의 어학 학습자들을 위한 인기 있는 여행지입니다. 인터네셔널 프로그램에서 그들은 전 세계에서 온 참가자들로 이루어진 한 그룹 안에서 원어민 교육자들로부터 수업을 듣습니다. 어학 강좌에서는 스탠다드, 인텐시브 그리고 수능 강좌 사이에서 선택할 수 있어요. 멋진 숙소도 또한 너를 기다려. 너의 두 달간의 어학 연수를 Malta사람 홈스테이 가정에서 보내 봐. 어학원 캠퍼스에서 살아봐. 너의 어학휴가(짧은 어학 연수)는 아주 완벽할 거야!

[어휘]

r. Pädagoge 교육자 | r. Auswahl 선택 | e. Unterkunft 숙소 | keine Wünsche offen lassen (잘 구성되어) 더할 나위 없이 좋다

b

Mitfahrgelegenheit

Sa, 29. 11. Von Berlin nach Salzburg

ab 11.00 Uhr

Vom Berliner Hbf

30 Euro pro Person

해석

카풀

11월 29일 토요일 베를린에서 잘츠부르크

11시부터

베를린 중앙역에서 (출발)

인당 30유로

[어휘]

r. Hbf (Hauptbahnhof) 중앙역

c

⑮ Günstige Leihwagen Ab 8 Euro/Tag

Vergleichen Sie 900 verschiedene Vermieter in mehr als 60.000 Locations mit Preisversprechen!

해석

저렴한 렌트카 하루에 8유로부터
가격 보증과 함께 60.000개가 넘는 장소의 900개의 다양한 렌트사를 비교해 보세요.

어휘

r. Leihwagen 렌터카 | vergleichen 비교하다

d

Drei Tage Klettern im Grödner Tal, dem Alpinkletterherzen der Dolomiten. Dein Bergführer wird dich individuell beraten, welche der unerschöpflichen Möglichkeiten die richtige Wahl für dich ist. Das Grödnertal bietet alle Möglichkeiten dazu. Wir freuen uns, dich in dieses Paradies zu führen.
Aber Achtung: Suchtpotential!

해석

3일간의 암벽등반, Grödner 계곡, Dolomiten의 Alpinkletterherzen에서. 너의 산 가이드가 너를 개인적으로 조언해 줄거야, 너를 위해서 어떤 지치지 않는 가능성이 올바른 선택인지. Grödnertal은 모든 가능성을 제공한다. 우리는 너를 이 낙원으로 이끌 수 있어서 기쁘다. 하지만 주의하세요! 중독될 가능성이 있습니다!

어휘

s. Tal 계곡 | r. Bergführer 등산 가이드 | beraten 상담하다, 조언하다 | unerschöpflich 지치지 않는 | s. Paradies 낙원 | suchtpotential 중독될 잠재력이 있는

e

⓪ Urlaub an der Nordsee. Strand, Meer und ganz viel Erholung!

Das Meer ist mal ganz still und wirkt einfach nur beruhigend auf Körper, Geist & Seele. In einem anderen Moment können die Wellen auch mal ganz hoch schlagen und Mutter Natur zeigt uns, wie viel Kraft in ihr steckt. **Ob Sonne, Wind oder Regen**: Ein Spaziergang entlang der Deiche und Strände ist Entspannung pur.

해석

북해에서의 휴가. 해변, 바다 그리고 많은 힐링!
바다는 때로 완전히 고요하고 오직 안도감을 주며 몸과 정신에 작용한다. 다른 순간에는 파도가 또한 완전히 높게 칠 수 있고 우리의 대자연은 우리에게 얼마나 큰 힘이 그녀 안에 있는지 보여준다. 태양, 바람, 혹은 비. 둑과 해변을 따라 걷는 산책은 순수한 긴장완화 그 자체이다.

어휘

e. Erholung 힐링 | s. Meer 바다 | still 고요한 | wirken auf 4 (4격)에 작용하다 | beruhigend 고요하게 | e. Welle 파도 | e. Mutter Natur 대자연 | e. Kraft 힘 | entlang 2 (2격)을 따라서 | r. Deich 둑 | 명사+pur 그 자체, 순수한 바로 그것

f

Herzlich Willkommen bei Wüstenfahrer Motorradreisen

www.wuestenfahrer.com

WÜSTENFAHRER - Motorradreisen

für Enduro-Fahrer/innen

KONTAKT / TELEFON

WÜSTENFAHRER REISEN

THOMAS TROSSMANN

Diessener Straße 36

86935 Rott / Lech

해석

사막 라이더 오토바이 여행에 오신 것을 환영합니다.

www.wuestenfahrer.com

엔듀로 라이더들을 위한 사막 라이더- 오토바이 여행

연락처/전화

사막라이더 여행

THOMAS TROSSMANN

Diessener Straße 36

86935 Rott / Lech

어휘

e. Wüste 사막

g

Familienurlaub & Eltern-Kind-Reisen 2020/2021 mit Frosch

www.frosch-sportreisen.de › familienurlaub

Alle Familienreisen in Frosch Familienclubs, Skiurlaub, Segeltörns und Aktivreisen für Familien im Überblick.

해석

가족여행 & 부모님-자녀 여행 2020/2021 Frosch(개구리)와 함께

www.frosch-sportreisen.de › 가족여행

Frosch패밀리클럽의 모든 가족 여행, 스키휴가, 보트타기와 액티브 여행. 간략하게 보기.

어휘

r. Törn 항해 | r. Überblick 개괄, 개요

h

⑮ Städtereisen in Deutschland: Stadtführung als Kurzurlaub buchen!

Nach den Umgebungsfaktoren der Lage unterscheiden sich Hotels in Deutschland in Stadthotels und Landhotels, in Berghotels, Seehotels, Strandhotels sowie Waldhotels und Parkhotels. Zentral gelegene Stadthotels sind durch unmittelbare Nähe zum Stadtzentrum gekennzeichnet und bieten eine hervorragende Ausgangssituation für alle nennenswerten Sehenswürdigkeiten. Zentrumsnahe **Stadthotels** ermöglichen kurze Wege und stellen die Grundlage für eine erlebnisreiche Städtereise oder einen Städte-Kurztrip in Deutschland.

해석

독일에서의 도시 여행: 짧은 휴가로서 시티투어!
위치의 환경 요소에 따라 독일의 호텔들은 도시 호텔, 시골 호텔, 산 호텔, 호수 호텔, 해변호텔 및 숲속 호텔과 공원 호텔로 구분된다. 중심지에 놓인 도시호텔들은 도심가로 가는 즉각적인 거리로 특징지어지고 모든 언급할 만한 가치가 있는 관광지를 위한 탁월한 연결 통로를 제공한다. 중심지 가까이의 도시호텔들은 짧은 길을 가능하게 하고 경험할만한 것이 풍부한 도시 여행을 위한 근간을 제공하거나 단기 도시여행을 제공한다.

[어휘]

sich unterscheiden 구분되다 | sowie 및 | unmittelbar 즉각적인 | kennzeichnen 특징짓다 | hervorragend 탁월한 | ermöglichen 가능케 하다

i

Kochkurs in Dresden erleben - Buchen Sie geniale Kochkurse

Anzeige·www.miomente.de/

Mit viel Lust am Genuss lernen Sie praktische Küchen-Tricks und raffinierte Geheimtipps. Entdecken Sie einzigartige Rezeptideen mit unseren individuellen **Kochkursen**! Gutscheine 3 Jahre gültig. Exklusive Geschenkboxen. Sofort selbst ausdrucken.

해석

드레스덴에서 요리수업을 경험하기- 멋진 요리 수업들을 예약하세요

광고- www.miomente.de/

즐거움에 대한 열망을 가지고 실용적인 요리들을 배워 보세요! – 기술들과 세련된 비밀 팁들. 유니크한 레시피 아이디어를 우리의 개인 요리 수업과 함께 발견해 보세요. 수업 쿠폰은 3년간 유효합니다. 독점적인 선물 박스들! 즉시 직접 출력하세요.

> **어휘**
> r. Genuss 향유 | raffiniert 정련된, 세련된 | ausdrucken 출력하다

j

2-Tageswanderungen, Wochenend-Touren - mit Wegbeschreibung

- **1-Tageswanderungen**; mit etwas Organisation können Tagestouren aus der gleichen Gegend zu einer Weekendtour zusammengelegt werden
- **Trekkingtouren**; Viele Mehrtageswanderungen eignen sich gut zum Herauspicken einer Wochenendtour
- **Ideenliste für 2-Tageswanderungen**; Zusätzlich zu den folgenden, teils ausführlich beschriebenen 2-Tageswanderungen gibt es auf der Wandersite eine Ideen-Sammlung von Touren mit Übernachtung in Hütten oder Berggasthäusern

해석

이틀간의 하이킹, 주말 여행, 길 설명과 함께

- 하루 하이킹: 한 단체와 함께 같은 지역의 일일 투어들이 하나의 주말 투어로 합쳐질 수 있습니다.
- 트레킹 투어: 많은 수일 간의 하이킹들이 주말 투어의 액기스에 잘 어울립니다. (Herauspicken: 클라이맥스, 중요한 것, 필수)
- 이틀간의 하이킹을 위한 아이디어 리스트: 아래의 것에 추가적으로, 부분적으로 자세히 기술된 이틀간의 하이킹들은 하이킹 사이트에 움막이나 산장에서의 숙박을 포함한 투어들에 대한 아이디어 컬렉션으로 있습니다.

> **어휘**
> e. Wegbeschreibung 길 설명 | e. Gegend 지역 | zusammenlegen 합치다 | eignen sich zu 3 (3격)에 어울리다 | zusätzlich 추가적인 | teils 부분적으로 | ausführlich 상세한, 구체적인 | e. Hütte 오두막

읽기 부문 4

⏱ 소요시간: 15분

20번부터 26번까지 글을 읽으시오. 고르세요: 이 사람은 **홈스쿨링**에 찬성합니까?

한 잡지에서 당신은 "홈스쿨링"에 대한 기사에 달린 댓글을 읽습니다.

예시문제

번호	이름	Ja	Nein
0	Karl	~~Ja~~	Nein
20	Ise	Ja	~~Nein~~
21	Liane	Ja	~~Nein~~
22	Reiner	~~Ja~~	Nein
23	Jürgen	~~Ja~~	Nein
24	Jannina	Ja	~~Nein~~
25	Noel	Ja	~~Nein~~
26	Robert	Ja	~~Nein~~

LESERBRIEFE

예시문제

Statt den Druck auf Eltern und Schüler zu erhöhen, sollte das Angebot so sein, dass es auch für Eltern wie uns, für die die Anwesenheitspflicht in der Schule Freiheitsberaubung und Entmündigung bedeuten, einigermaßen erträglich ist. Wir wollen keine Ganztagsschule, sondern eine Beschränkung der Unterrichtszeit auf das Wesentliche. Auf die Kernkompetenzen! Ganztagsschule nur als Angebot!

Karl, 40, Berlin

해석

부모와 학생에게 압박감을 늘리는 대신, 이 제안은 다음과 같아야 한다. 학교에서의 출석 의무가 자유박탈과 금치산을 의미하는 우리와 같은 부모들에게도 어느 정도는 감당할만 한 것이어야 한다. 우리는 종일학교를 원하는 것이 아니라 본질적인 수업시간의 한정을 원한다! 종일학교는 선택할 수 있는 것이어야 한다!

Karl, 40세, Berlin

20

Bei dieser Familie handelt es sich um eine Familie mit geregeltem Einkommen, hohem Bildungsstand der Eltern, ohne gefährliche politisch oder religiös radikale Ansichten, mit einer Mutter, die ganz offensichtlich nicht arbeiten geht und einem Vater, der genug Geld für 4 Personen scheffeln kann. Das ist - mit Verlaub - nicht gerade ein Durchschnittshaushalt.

Ise, 32, Heidelberg

21

Alle Kommentare zeugen von einer Unkenntnis, wie Lernen funktioniert. Man glaubt Kinder in einer Sache unterrichten zu müssen. Ich frage mich, wie haben Sie Ihre Kinder unterrichtet, Laufen zu lernen? Wie haben Sie Ihre Kinder unterrichtet, so etwas kompliziertes wie Sprache zu lernen? Warum glauben Sie, Ihre Kinder ab dem 6. oder 7. Lebensjahr beschulen zu müssen?

Liane, 27, Linz

22

Ich denke doch, dass auch in Deutschland sehr viele Kinder höherer Schulen von ihren Eltern unterrichtet werden und werden müssen, um bei der heutigen ineffektiven Unterrichtsgestaltung ausreichend zu lernen. Bei allen unseren Bekannten ist das so. Kinder von Eltern, die das nicht können, sind benachteiligt und haben es auf höheren Schulen sehr schwer.

Reiner, 31, Mainz

해석

이러한 가족에게 있어서 중요한 것은 어느 정도 괜찮은 수입과 부모의 높은 교육수준, 위험한 정치적 혹은 종교적으로 극단적인 관점이 없고, 일을 가지지 않는 엄마와 4명을 위해서 충분한 돈을 긁어 모을 수 있는 아빠가 있어야 한다는 점이다. 이것은 실례지만, 평균적인 가정은 아니다.

Ise, 32세, Heidelberg

해석

모든 댓글들이 어떻게 배움이 기능하는지에 대한 무지를 증명하고 있다. 사람들은 아이들을 한편 가르쳐야 한다고 한다. 나는 자문한다. 당신은 아이들에게 달리기를 배우는 방법을 어떻게 수업으로 가르치나요? 어떻게 당신은 당신의 아이들에게 예를 들어 언어를 배우는 것과 같은 복잡한 것을 가르치나요? 왜 당신은 당신의 아이들을 7살 혹은 7살 때부터 학교에 보내야 한다고 생각하나요?

Liane, 27세, Linz

해석

나는, 독일에서도 매우 많은 고학년의 아이들이 그들의 부모로부터 가르침을 받고 받아야 한다고 생각한다. 오늘날의 비효율적인 수업방식에서 충분히 배우기 위해서 말이다. 우리의 모든 지인들에게서도 그것은 그러하다. 이것을 할 수 없는 부모의 아이들은 불리하며 높은 학교에서 어려움을 겪는다.

Reiner, 31세, Mainz

23

Meine Frau und ich leben seit 6 Jahren in den USA und seit 3 Jahren in Alaska, wo der Heimunterricht auch von der Regierung finanziell unterstützt wird (glaub so um die $1500/Kind/Jahr). Wir kennen etliche Studien-absolventen die zu Hause unterrichtet wurden... Soziale Kompetenz wird dann im Sportunterricht oder ähnlich erlangt... (wird auch vom State of Alaska gefördert..)

Jürgen, 51, Freiburg

24

Die Homeschüler haben zu Hause keine Labore für Physik, Chemie, Informatik, Mathematik, Biologie, Fremdsprachen. Sind diese Fächer unwichtig? Im Internet gibt es noch nicht alles.

Jannina, 40, Rosenheim

25

Ich als Lehrer von Homeschooling-Kindern kann beide Seiten verstehen. Vor allem vor dem Hintergrund, dass in Deutschland immer mehr Ganztagsschulen eingeführt werden, gibt es immer mehr Eltern, die nicht dulden wollen, dass der Staat die eigenen Kinder erzieht. Wichtig ist, dass die Kinder mindestens genauso gut sind, wie die von staatlichen Schulen. Aber das finde ich schwer.

Noel, 38, Lübeck

26

Homeschooling könnte nur gut funktionieren mit Privatlehrern, die nach Hause kommen. In Mathe, Physik sind Ideen wichtig. Diese kann nur ein guter Lehrer vermitteln. Es ist ein Unterschied zwischen: ich kann und ich verstehe es. Wie soll man Fremdsprachen selbst lernen oder Fehler korrigieren? Top Gymnasium wäre empfehlenswert. Es gibt Fernstudiengänge und die sind viel schwerer als Uni-Studium.

Robert, 36, Essen

해석

나의 부인과 나는 6년 전부터 미국에 살고 3년 전부터는 정부로부터 홈스쿨링이 경제적으로 지원이 되는 알래스카에 살고 있다. (아마 내 생각에는 1년에 한 아이당 1500달러 정도이다.) 우리는 몇몇 집에서 수업을 받았던 대학생 졸업생들을 알고 있다. 사회적인 경쟁은 체육 수업이나 비슷한 것에서 획득된다. (또한 알래스카의 주에서 장려되고 있다.)

Jürgen, 51세, Freiburg

해석

홈스쿨링 학생들은 집에서 물리학이나 화학, 컴퓨터공학, 수학, 생물학, 외국어를 위한 실험실(연구실)을 가지고 있지 않다. 이 과목들이 중요하지 않은가? 인터넷에 아직 모든 것이 있는 것이 아니다.

Jannina, 40세, Rosenheim

해석

홈스쿨링 선생님으로서 나는 양측 모두 이해할 수 잇다. 무엇보다도 독일에서 점점 더 많은 종일학교가 도입되고 있다는 배경 이전에 국가가 자신의 아이들을 교육하는 것을 참지 않는 부모들이 점점 낳아지고 있다. 중요한 것은, 아이들이 적어도 국립 학교의 아이들과 비슷하게 잘 해야 한다는 것이다. 하지만 나는 그것이 어렵다고 생각한다.

Noel, 38세, Lübeck

해석

홈스쿨링은 집으로 오는 개인교사(과외 선생님)이 있어야만 잘 작동할 수 있을 것이다. 수학과 물리학에서 아이디어들은 중요하다. 이것들은 오직 좋은 선생님만이 전달해 줄 수 있다. '내가 할 수 있다'와 '내가 이해한다' 사이에는 차이가 있다. 어떻게 외국어를 혼자서 스스로 배우거나 실수를 첨삭할 수 있을 것인가? 탑 인문계 고등학교가 추천할 만하다. 심화 학습반이 있고 그것은 대학 과정보다 훨씬 더 어렵다.

Robert, 36세, Essen

> **어휘**
>
> statt zu 부정사 : ~ 하는 대신에 | r. Druck 압박감 | erhöhen 높이다 | e. Anwesenheitspflicht 출석 의무 | e. Freiheits-beraubung 자유 박탈 | e. Entmündigung 금치산 [재산 및 자원을 마음대로 할 수 없는 상태를 비유적으로 표현] | einigermaßen 어느 정도 | erträglich 감당 가능한 | e. Beschränkung 제한, 한정 | s. Wesentliche 본질적인 것 | e. Kompetenz 자격, 권한 | es haldelt sich um 4 (4격)이 주된 내용이다 | geregelt 적당한 | r. Bildungsstand 교육 상태 | radikal 극단적인 | e. Ansicht 관점 | scheffeln 돈을 긁어 모으다 | mit Verlaub 실례지만, 미안하지만 | zeugen 증언하다 | e. Unkenntnis 무지 | s. Lebensjahr 나이 | beschulen 학교에 보내다 | ausreichen 충족하다 | benachteiligt 불리한 | etlich 적은, 약간의 | Studienabsolventen 대학 졸업자 | erlangen 다다르다 | fördern 촉진하다 | s. Labor (Laboratorium) 실험실, 연구실 | r. Hintergrund 배경 | einführen 도입하다 | vermitteln 중개하다, 전달하다 | r. Unterschied 차이 | empfehlenswert 추천할 만한 | r. Fernstudiengang 심화 학습 과정

읽기 부문 5

🕐 소요시간: 10분

27번부터 30번까지 읽고 본문을 읽으시오.

각 과업에 알맞은 정답을 a, b, c 중에 고르시오.

당신은 당신의 의사가 당신에게 처방한 의약 성분이 포함된 차에 대한 정보를 얻고 있습니다.

27 복용을 잊었을 경우 ...	a	두 배의 용량 복용이 필요하다.
	b	한 잔으로 충분하다.
	☒ c	복용 방법을 따라야 한다.

28 부작용은 ...	a	절대 나타나지 않는다.
	☒ b	보고되어야 한다.
	c	주의해야 한다.

29 부작용에 대해 보고하면, ...	a	의사들이 회사에 알린다(문의한다).
	b	차를 더 이상 소비하면 안 된다.
	☒ c	그 성분의 발전에 도움이 된다.

30 이 차는 ...	☒ a	아이들의 손이 닿으면 안 된다.
	b	0.88 작용물질을 포함하고 있다.
	c	다른 데에 옮겨 담아 보관할 수 있다.

Gebrauchsinformation - Bitte sorgfältig lesen!

Wenn Sie die Einnahme von Morgentau Magen- und Darm Tee vergessen haben:

㉗ Bei Einnahme zu geringer Mengen von Morgentau Magen- und Darm Tee oder wenn Sie die Einnahme von Morgentau Magen- und Darm Tee vergessen haben, nehmen Sie beim nächsten Mal nicht etwa die doppelte Menge, sondern führen die Anwendung, wie von Ihrem Arzt verordnet oder in der Dosierungsanleitung beschrieben, fort. Bei Fragen zur Klärung der Anwendung befragen Sie bitte Ihren Arzt oder Apotheker.

Meldung von Nebenwirkungen:

㉘ Wenn Sie Nebenwirkungen bemerken, wenden Sie sich an Ihren Arzt oder Apotheker. Dies gilt auch für Nebenwirkungen, die nicht in dieser Packungsbeilage angegeben sind. Sie können Nebenwirkungen auch direkt dem Bundesinstitut für Arzneimittel und Medizinprodukte, Abt. Arzneimittelsicherheit, Bundesstraße 37, D-10439 Berlin.

㉙ Indem Sie Nebenwirkungen melden, können Sie dazu beitragen, dass mehr Informationen über die Sicherheit dieses Arzneimittels zur Verfügung gestellt werden.

Wie ist Morgentau Magen- und Darm Tee aufzubewahren?

㉚ Arzneimittel für Kinder unzugänglich aufbewahren! Sie dürfen das Arzneimittel nach dem auf dem Umkarton und Umbeutel nach „Verwendbar bis" angegebenen Verfallsdatum nicht mehr verwenden.

Aufbewahrungsbedingungen:

Nicht über 25 Grad(Celsius) und ㉛ nur in der Originalpackung lagern, um den Inhalt vor Feuchtigkeit und Licht zu schützen.

Weitere Informationen

㉜ Was Morgentau Magen- und Darm Tee enthält:

Ein Teeaufgussbeutel à 1,75g enthält die Wirkstoffe:

0,88g Kamillenblüten, geschnitten

0,59g Pfefferminzblätter, geschnitten

0,29g Kümmelfrüchte, zerkleinert

Wie Morgentau Magen- und Darm Tee aussieht und Inhalt der Packung:

Morgentau Magen- und Darm Tee ist ein Arzneitee. In einer Originalpackung befinden sich 8 Filterbeutel mit je 1,75g Arzneitee.

> **어휘**
>
> sorgfältig 주의 깊게 | e. Einnahme 복용 | gering 낮은, 적은 | e. Menge 양 | doppelt 두 배의 | führen 이끌다, 안내하다 | e. Anwendung 사용, 적용 | verordnen 처방하다 | e. Dosierungsanleitung 복용 지침 | e. Klärung 해명, 명확화 | befragen 질문하다, 문의하다 | e. Nebenwirkung 부작용 | sich wenden an 4 (4격)에게 문의하다 | e. Packungsbeilage (약의) 설명서 | s. Arzneimittel 약, 약품 | r. Umkarton 외부 포장 | s. Verfallsdatum 유효기간, 만료일

해석

사용 정보- 부디 신중히 읽어 주세요!

만약 당신이 Morgentau 위-장 차 복용을 잊었을 경우
Morgentau 위-장 차를 너무 적은 양만 섭취하거나 복용을 잊으셨을 경우, 다음 회차에서 두 배의 양을 섭취하지 마시고 당신의 의사로부터 지시되거나 복용 안내에 서술된 것처럼 사용을 진행하십시오. 사용에 대한 설명에 문의사항이 있으시면 당신의 의사나 약사에게 문의하십시오.

부작용의 보고
만일 당신이 부작용을 알아채신다면, 당신의 의사나 약사에게 제보하십시오. 이것은 포장지에 기재되어 있지 않은 부작용에도 해당되는 사항입니다. 당신은 또한 부작용을 독일 식약처(주소)에 곧바로 제보하실 수 있습니다. 당신이 부작용들을 보고함으로써 이 의약품의 안전성에 대한 더 많은 정보를 제공 가능하게 하는 것에 기여하게 됩니다.

어떻게 Morgentau 위-장 차를 보관해야 할까요?
의약품을 아이들이 접근할 수 없게 보관하세요! 유통기간 이후에는 더 이상 복용하지 마시오.

보관 조건
습기와 빛으로부터 내용물을 보호하기 위해서 25도 이상에서 안 되고 오직 원래 포장지에서만 보관하십시오.

더 자세한 정보들
Morgentau 위-장 차에 함유된 것:
1회 분량 티백 당 1.75그람 작용물질 함유:
0.88그람 카모마일, 절단됨
0.59그람 페퍼민트 잎, 절단됨
0.29그람 커민열매, 잘게 분쇄됨

Morgentau 위-장 차의 외양과 내용물
Morgentau 위-장 차는 의료 차 입니다. Morgentau 위-장 차는 의료 차입니다. 원래 포장지에 1.75그람의 의료 차가 들어 있는 8개의 티백이 있습니다.

정답 및 해설 | MODELLSATZ 2 HÖREN

듣기 부문 1

당신은 이제 다섯 개의 짧은 글을 듣게 됩니다. 각 글은 두 번 들려 드립니다. 각 글에 따라 두 개의 문제를 풀게 됩니다. 각 문제별로 맞는 답을 고르십시오.

우선 예시를 읽으십시오. 10초의 시간을 드립니다.

예시문제

1 괴팅엔 방향에서 사고가 있었다.

2 터널의 어느 방향이 차단되나?

Richig ~~Falsch~~

a 괴팅엔
b 할레
☒ 양쪽

스크립트

Sie hören eine Durchsage im Radio.

Eine Verkehrsmeldung. A38 Göttingen - Halle zwischen Friedland und Arenshausen. Der Heidkopftunnel wird bis Ende April 2021 ❶ **wegen Bauarbeiten** im Wechsel nachmittags in Richtung Göttingen und vormittags und am Wochenende in Richtung Halle gesperrt. Während des Wechsels der Fahrtrichtung wird der Tunnel für jeweils eine halbe Stunde ❷ **in beiden Richtungen gesperrt**. Umleitungen sind beschildert.

해석

당신은 라디오에서의 안내 방송을 듣게 됩니다.

교통 정보입니다. A38 괴팅엔-할레 구간 Friedland 와 Arenshausen사이입니다. Heidkopf터널이 2021년 4월 말까지 **공사 때문에** 번갈아가면서 오후에는 괴팅엔 방향, 오전과 주말에는 할레 방향이 차단됩니다. 진행 방향을 바꾸는 동안 터널은 **양 방향 모두** 각 30분씩 차단됩니다. 우회는 표지판으로 안내됩니다.

어휘

e. Verkehrsmeldung 교통 정보 | im Wechsel 번갈아가면서 | sperren 차단하다 | e. Umleitung 우회(로) | beschildern 표지판으로 안내하다

지문 1

1 Schmidt 씨는 기차표를 바꿔 예약해야 한다.　~~Richtig~~　　Falsch

2 Neuer 씨 가족은 언제 돌아오고 싶어 합니까?
- a 11월 26일
- b 아침 9시
- ~~c 저녁 6시~~

스크립트

Sie hören eine Nachricht auf dem Anrufbeantworter.

Guten Tag, Herr Schmidt. Walter hier. Gestern hatte ich wegen der Zugtickets für die Familie Neuer angerufen. Gerade hat sich der Plan geändert und alles muss ganz plötzlich neu organisiert werden. Herr Neuer sagte, dass die Veranstaltung verschoben worden sei. Der neue Termin sei nun Ende November, und zwar vom 26. bis zum 30. ❶ Also, seien Sie so nett, den Zug nach Prag für den 14. November zu stornieren, und eine neue Reservierung für den 26. zu machen. Vorsichtshalber nenne ich Ihnen nochmals die Daten: Zugtickets für vier Personen von Berlin nach Prag und zurück. Die Abreise ist am 26. November, am besten wäre neun Uhr morgens. ❷ Die Rückkehr wäre dann am 30. November, die gewünschte Zeit wäre abends, gegen 18 Uhr. Ich bedanke mich für Ihre Mühe. Wenn Sie weitere Fragen haben, rufen Sie mich umgehend zurück. Auf Wiederhören.

해석

당신은 자동응답기의 한 메시지를 듣게 됩니다.

안녕하세요, Schmidt씨. Walter입니다. 어제 Neuer씨 가족 기차표 때문에 전화 드렸었습니다. 방금 계획이 바뀌어서 모든 것이 아주 갑자기 새로이 구성되어야 합니다. Neuer씨 말로는, 그 행사가 미루어졌다고 합니다. 새로운 일정은 이제 11월 말, 즉 11월 26일부터 30일입니다. 그러니까, 프라하로 가는 11월 14일 티켓을 취소해 주시고 26일 기차표 예약을 좀 해주시겠습니까? 확실히 하기 위해 제가 한 번 더 그 데이터들을 언급하겠습니다. 4명을 위한 기차표, 베를린에서 프라하까지 왕복. 출발은 11월 26일, 가장 좋은 것은 아침 9시. 돌아오는 차편은 11월 30일, 원하는 시간은 저녁 18시경. 노고에 감사드립니다. 질문이 있으시면 저에게 바로 전화 주세요. 안녕히 계세요.

어휘

verschieben 미루다 | stornieren 취소하다 | vorsichtshalber 확실하게 하기 위하여 | umgehend 즉시

지문 2

3 비행기는 룩셈부르크를 향하고 있었다.

4 몇 명의 사람들이 사망했습니까?

| Richtig | ~~Falsch~~ |

- [ ] a 232
- [x] b 223
- [ ] c 228

스크립트

Sie hören eine Eilmeldung im Fernsehen.

Eine Eilmeldung: Heute um 10 Uhr 32 ist ❸ **ein Flugzeug auf seinem Weg von Belgien nach Rom** in der Gegend um Luxemburg abgestürzt. Der Hergang muss noch geklärt werden. ❹ **Bei dem Unfall sind 223 Personen ums Leben gekommen**, darunter acht Deutsche. Es gab keine Überlebenden. Dies ist der erste Absturz der belgischen Fluggesellschaft, und natürlich der größte und tödlichste. Der belgische Präsident wird in einer Stunde dazu eine Pressekonferenz abhalten.

해석

당신은 텔레비전 프로에서 속보를 듣게 됩니다.

속보입니다: 오늘 10시 32분, 벨기에에서 로마로 가던 비행기가 룩셈부르크 근처에서 추락했습니다. 사건의 경위는 더 조사되어 밝혀져야 합니다. 이 사고에서 223명의 사람들이 사망하였고 그 중에 8명의 독일인들이 있습니다. 생존자는 없었습니다. 이것은 벨기에 항공의 첫 추락이며 당연히 가장 크고 가장 치명적입니다. 벨기에 대통령은 한 시간 후에 이 사고에 대한 기자회견을 가질 예정입니다.

어휘

e. Eilmeldung 속보 | abstürzen 추락하다 | ums Leben kommen (불의의 사고로) 죽다 | überleben 생존하다 | e. Pressekonferenz 기자회견

지문 3

5 이것은 한 경품게임에 대한 광고이다.

6 캠프에서 ... 할 수 있다.

| Richtig | ~~Falsch~~ |

- [a] 350 유로의 지원금 받기
- [b] 자세한 정보 받기
- [☒] 놀러도 가기

스크립트

Sie hören eine Durchsage im Radio.

Nun eine interessante Information für alle Schülerinnen und Schüler: Wolltet ihr schon immer mal eure Englischkenntnisse verbessern? Und zwar in einem englischsprachigen Land? ❺ Wir bieten tolle Kurse in England und auf Malta an, in super Unterkünften. Die Kurse dauern jeweils zwei Wochen und kosten nur 350 Euro. Ihr müsst nur wählen, wohin Ihr lieber wollt! Vormittags lernen, ❻ nachmittags feiern! Das Englischcamp wird von der Hans-Stiftung unterstützt. Ausführliche Informationen unter www.hans-camp.de.

해석

당신은 라디오에서의 안내 방송을 듣게 됩니다.

이제 모든 학생들을 위한 흥미로운 정보를 드리겠습니다: 너희들은 한번쯤 너희들의 영어 실력을 향상시키고 싶지 않았니? 자세히 말하자면 영어권 나라에서 말이야? 우리는 멋진 수업들을 영국과 몰타 섬에서 제공하고 있어. 아주 멋진 숙소에서. 그 수업들은 각 2주 동안 지속되고 350유로 밖에 하지 않아! 너희들은 그저 어느 곳으로 더 가고 싶은지 고르기만 하면 돼. 오전에는 공부하고 오후에는 놀기! 이 영어캠프는 Hans재단으로부터 지원받는다. 자세한 정보는 www.hans-camp.de에서.

[어휘]
jeweils 각각

지문 4

7 이것은 한 회사로부터 온 메시지이다.   Richig   ~~Falsch~~

8 이 박물관은 ... 열려있다.
- [ ] a 매일
- [ ] b 정오에
- [x] c 매 주말에

스크립트

Sie hören eine Nachricht auf dem Anrufbeantworter.

❼ Dies ist die automatische Telefonauskunft des Waldmuseums. Wir bedanken uns für Ihren Anruf. Leider rufen Sie außerhalb unserer Öffnungszeiten an. Wir haben montags, mittwochs und donnerstags von 9 bis 12 und von 14 bis 18 Uhr geöffnet. Dienstag ist Ruhetag. **❽ Freitags und am Wochenende haben wir durchgehend von 9 bis 18 Uhr geöffnet.** Der letzte Einlass ist um 17 Uhr. Für weitere Informationen wenden Sie sich bitte an unseren Online-Service unter www.Waldmuseum.de.

해석

당신은 자동응답기의 한 메시지를 듣게 됩니다.

이것은 Wald박물관의 자동 안내입니다. 전화 주셔서 감사합니다. 유감스럽게도 당신은 우리의 영업시간 외에 전화를 주셨습니다. 우리는 월요일, 수요일, 목요일 9시부터 12시, 14시부터 18시에 열려 있습니다. 화요일은 쉬는 날입니다. 금요일과 주말에는 9시부터 18시까지 내내 열려 있습니다. 마지막 입장은 17시입니다. 더 자세한 정보는 우리 온라인 서비스, 주소 www.Waldmuseum.de에 문의해 주세요.

어휘

außerhalb 2 (2격) 외에 | r. Ruhetag 쉬는 날 | durchgehend 계속해서 | r. Einlass 입장

지문 5

9 Kim 씨는 새 방을 하나 받는다.

10 그 방은 ...

~~Richtig~~   *Falsch*

☒ a   Veleda가에 위치한다.

☐ b   공과금 제외 350 유로이다.

☐ c   우선 먼저 봐야 한다.

스크립트

Sie hören eine Nachricht auf dem Anrufbeantworter.

Guten Tag, Frau Kim. Iris Walter hier. Sie haben sich um einen Platz im Studentenwohnheim beworben. ❾, ❿ Jetzt haben wir ein freies Zimmer in der Veledestraße, wo Sie am liebsten wohnen wollten. Es ist ein Einzelzimmer, möbliert, mit einem Waschbecken im Zimmer. Die Wohnfläche beträgt 18 Quadratmeter und ❿ es kostet 195 Euro warm pro Monat, inklusive Internetverbindung. Bad und Küche teilen Sie sich mit fünf Anderen. Die Kaution beträgt 350 Euro und kann bis nächsten Montag überwiesen werden. ❿ Bevor Sie das Wohnheim besichtigen, kommen Sie bitte zuerst zum Büro des Studentenwerks an der Uni. Die Vertragsdokumente sollten zuerst ausgefüllt werden. Kommen Sie bitte schon morgen zwischen 14 und 16 Uhr vorbei. Wenn Sie Fragen haben, rufen Sie mich an. Bis morgen! Auf Wiederhören.

해석

당신은 자동응답기의 한 메시지를 듣게 됩니다.

안녕하세요, Kim씨. Iris Walter입니다. 기숙사에 지원하셨죠. 지금 우리가 당신이 가장 살고 싶어 했던 Veleda가에 빈방을 하나 가지고 있습니다. 1인실이고, 가구가 완비되어 있으며 방 안에 세면대가 있습니다. 거주 면적은 18제곱미터이며 인터넷 연결까지 전부 합쳐서 한달에 195유로입니다. 욕실과 부엌은 다른 5명과 함께 공유합니다. 보증금은 350유로이며 다음 주 월요일까지 송금해 주시면 됩니다. 당신이 기숙사를 보시기 전에 먼저 대학교 학생지원처 사무실로 오세요. 계약서가 먼저 작성되어야 합니다. 내일 14시에서 16시 사이에 들러 주세요. 질문이 있으시면 전화 주세요. 내일 만나요! 안녕히 계세요.

어휘

s. Studentenwohnheim 기숙사 | wohnen 거주하다 | s. Einzelzimmer 1인실 | möbliert 가구가 있는 | s. Waschbecken 세면대 | e. Wohnfläche 주거 면적 | inklusive 포함된 | e. Internetverbindung 인터넷 연결 | teilen 나누다 | e. Kaution 보증금 | überweisen 송금하다 | s. Büro 사무실 | r. Vertrag 계약 | ausfüllen 작성하다, 채우다 | rufen 부르다, 전화하다

> 듣기 부문 2

당신은 이제 하나의 글을 듣게 됩니다. 한 번 들려 드립니다. 이 글에 대해 다섯 개의 문제를 풀어야 합니다. 각 문제 당 a, b, c 중 알맞은 답을 고르시오.

지금 11번부터 15번까지 문제를 읽으세요. 60초의 시간을 드립니다.

당신은 한 캠프에 참석 중입니다.

스크립트

Herzlich willkommen zu unserem Camp. Mein Name ist Andreas Hüstler, und ich bin euer Campleiter. Ich werde hier mit euch die nächsten drei Nächte verbringen. ⓫ Wenn es irgendein Problem gibt, kommt bitte sofort und gebt mir Bescheid. Ihr könnt euch auch an meine Kollegen wenden, die so wie ich eine gelbe Weste tragen. Denkt bitte daran, dass wir uns auf einem Berg befinden; das heißt, dass Sicherheit am wichtigsten ist. ⓫ Seid also bitte immer vorsichtig.

Euer Geschirr und Besteck habt ihr schon bekommen. Das werdet ihr bis zum Ende des Camps benutzen. Falls es kaputt geht, könnt ihr bei uns Neues bekommen. Passt aber gut darauf auf, denn die Menge ist begrenzt. Alle Mahlzeiten bereitet ihr selbst zu. ⓬ Wir versorgen euch nur mit den Zutaten und Wasser. Die Kochgelegenheiten sind hier vorne in der Nähe des Wasserrohrs. Da wir fünf Gruppen, aber nur zwei Kochstellen haben, ist natürlich Planung nötig. Wir haben genug Zeit für jede Mahlzeit. Also müsst ihr euch nicht beeilen.

Morgen wollten wir eigentlich zum Klettern gehen, aber aufgrund des Unfalls letzte Woche wurde der Bereich gesperrt. ⓭ Stattdessen besichtigen wir morgen schon die Sternwarte. Eigentlich war das für übermorgen geplant, aber da ist Regen angesagt und in dem Fall können wir sowieso keine Sterne sehen. Die Wettervorhersage sagt für Donnerstag eine Regenwahrscheinlichkeit von 100% voraus, also können wir dann übermorgen in unseren Zelten bleiben. Aber keine Sorge: Es wird keine Langeweile geben. ⓮ Wir basteln alle zusammen kleine Häuschen für Vögel, Eichhörnchen und Rehe. Die Tiere haben 2019 nach dem Waldbrand ihr Zuhause verloren. Viele Bäume sind zwar schon wieder nachgewachsen, aber sie brauchen noch mehr Unterschlupf bei Regen oder Schnee.

Am letzten Tag verteile ich Wanderkarten. Ihr habt drei Stunden Zeit zum Wandern. Nach dem Programm machen wir eine kleine Abschiedsparty in dem Café „Hüttchen" in der Nähe des Eingangs. Ihr seid herzlich eingeladen. ⓯ Wer keine Lust hat, kann aber natürlich auch sofort nach Hause fahren. Der Bus in die Stadt fährt alle zehn Minuten. Sagt mir einfach Bescheid, ob ihr an der Party teilnehmt.

Sicherlich habt ihr nun Hunger. Lasst uns anfangen zu kochen. Hier habt ihr die Zutaten, Gewürze und Soßen. Aus jeder Gruppe sollten zwei Personen die Sachen hier abholen. Bei Fragen stehe ich euch immer gerne zur Verfügung.

> **어휘**
>
> s. Camp 캠프 | verbringen 보내다 | sofort 즉시 | sich wenden an 4 (4격)에게 문의하다 | e. Weste 조끼 | vorsichtig 조심스러운 | s. Geschirr 그릇 | s. Besteck 식기 | bekommen 받다 | benutzen 사용하다 | kaputt 고장 난 | neu 새로운 | e. Menge 양 | begrenzen 제한하다 | e. Mahlzeit 식사 | zubereiten 준비하다 | versorgen 공급하다 | e. Zutat 재료 | e. Gelegenheit 기회 | s. Wasserrohr 수도, 급수관 | e. Planung 계획 | genug 충분한 | sich beeilen 서두르다 | klettern 등반하다 | r. Unfall 사고 | r. Bereich 지역 | sperren 차단하다 | e. Sternwarte 천문대 | e. Wettervorhersage 일기예보 | s. Zelt 텐트 | langweilig 지루한 | basteln 만들다 | s. Häuschen 작은 집 | r. Vogel 새 | s. Eichhörnchen 다람쥐 | s. Reh 사슴 | r. Baum 나무 | nachwachsen 다시 자라다 | r. Unterschlupf 피난처 | e. Wanderkarte 등산 지도 | wandern 등산하다 | s. Programm 프로그램 | e. Abschiedsparty 송별회 | s. Café 카페 | e. Einladung 초대 | teilnehmen an 3 (3격)에 참여하다

해석

우리 캠프에 온 것을 진심으로 환영한다. 내 이름은 Andreas Hüstler이고 너희들의 캠프 지도자야. 나는 여기에서 너희들과 앞으로 3박을 보내게 될 거야. 어떤 문제라도 있으면 즉시 와서 나에게 알려 주렴. 너희들은 나처럼 노란 조끼를 입은 나의 동료들에게도 문의할 수 있어. 우리가 산 위에 있다는 것을 명심하길 바라. 그 말인 즉 안전이 가장 중요하다는 것이야. 그러니까 부디 항상 조심하렴.

너희는 너희들의 그릇과 집기들을 이미 받았어. 그것을 너희들은 캠프가 끝날 때까지 사용하게 될 거야. 만약에 그것이 고장나면 너희들은 우리에게서 새로운 것들을 받을 수 있다. 하지만 조심하렴(조심히 사용하렴). 그 양이 한정이 되어 있기 때문이지. 모든 끼니는 너희들이 스스로 준비한다. 우리는 너희들에게 오직 재료와 물을 제공한다. 요리 장소는 여기 앞에 수도 호스 근처에 있다. 우리가 5개의 조이지만 오직 두 개의 조리대만 있기 때문에 당연히 계획이 필요하다. 우리는 매 끼니마다 충분한 시간을 가지고 있다. 따라서 너희들은 너무 서두를 필요가 없다. 내일 우리는 원래 암벽등반을 하러 가려고 했지만 지난 주에 있었던 사고 때문에 그 구역이 폐쇄됐다. 그 대신 우리는 내일 벌써(우선) 천문대를 관람한다. 원래 그것은 모레 계획되어 있었지만 비가 올 것이라고 예견되고 그럴 경우 우리는 어쨌거나 별들을 볼 수 없다. 일기예보에서 목요일에 비가 올 가능성을 100퍼센트라고 예견하고 있기 때문에 따라서 우리는 모레 텐트에서 머물 수 있다. 하지만 걱정하지 마. 지루하지는 않을 거야. 우리는 모두 함께 작은 집을 새들과 다람쥐, 사슴을 위해 지을 것이야. 이 동물들은 2019년에 숲의 화재 이후 보금자리를 잃어버렸다. 많은 나무들이 다시 자라나긴 했지만 그들은 비와 눈을 피할 더 많은 대피소가 필요해. 마지막 날에 내가 하이킹지도를 나눠 줄 거야. 너희들은 하이킹을 할 3시간의 시간을 가지고 있어. 프로그램 후에 우리는 작은 송별파티를 카페 작은 오두막이라는 곳에서 할 거야. 입구 근처에 있어. 너희들은 진심으로 초대되었어. (환영한다.) [파티에 올] 의향이 없는 친구들은 당연히 곧장 집으로 갈 수 있어. 시내로 가는 버스는 10분마다 한 번씩 운행한다. 너희들이 파티에 참석할지 나에게 그냥 말해 주렴.

너희들 분명히 배고플 거야. 요리를 시작하도록 하자. 여기에 너희들은 재료들과 향신료, 소스들을 가지고 있어. 각 그룹의 두 명이 여기에서 물건들을 가져가도록 하렴. 질문이 있으면 언제나 나를 찾아 주렴.

11 캠프의 참가자들은 …
- a 문제가 있을 때 오직 캠프지도자에게만 말해야 한다.
- ☒ b 조심해야 한다.
- c 지금 한 산의 입구에 있다.

12 참가자들은 무엇을 배분하여 받는가?
- a 그릇과 집기
- ☒ b 재료와 물
- c 아궁이

13 내일 무엇을 하는가?
- a 암벽등반
- b 텐트 안에서 머무르기
- ☒ c 천문대 방문

14 목요일에 …
- ☒ a 동물들을 위한 집 하나를 짓는다.
- b 하이킹을 한다.
- c 송별파티를 한다.

15 파티에 관심이 없는 사람은 …
- ☒ a 즉시 그 장소를 떠날 수 있다.
- b 지하철을 탈 수 있다.
- c 말 안 해도 된다.

어휘

verteilen 배부하다 | r. Herd 아궁이, 화덕

> 듣기 부문 3

당신은 이제 하나의 대화를 듣게 됩니다. 이 대화는 한 번 들려 드립니다. 여기에 대한 7개의 문제를 풀어야 합니다.
각 명제가 참입니까 거짓입니까?

16번부터 22번까지 읽으세요. 60초의 시간을 드립니다.

당신은 버스정류장에서 한 남자와 여자가 그들의 셰어하우스에 대해 이야기를 나누는 것을 듣게 됩니다.

스크립트

M: Hallo, Tanja. Wie geht´s? ❼ Wie ist es in deiner neuen WG? Alles OK?

F: Hey, Fred. Naja. Es geht schon. Die Mitbewohner sind nett und gut drauf.

M: Das klingt gut. Das freut mich.

F: Und selbst? Geht´s dir auch gut? ❼ Wie ist es denn bei dir in der WG?

M: Ach, ich werde bald umziehen. In ein Studentenwohnheim. Da habe ich endlich mein eigenes Zimmer.

F: Dein eigenes Zimmer? Was soll denn das denn heißen? In einer WG hast du doch auch schon eins.

M: Ach, du. Das glaubst du nicht. Also, in der WG, wo ich grad wohne, hat man kein eigenes Zimmer.

F: Quatsch. Da hat man dann einen Gemeinschaftsraum, meinst du das?

M: ❻ Ich hab' schon mein Zimmer. Und Küche, Bad, Wohnzimmer usw. teilt man sich. Aber...du kennst doch den Sven, oder?

F: Der Sven, der Informatik studiert?

M: Genau. Der managt unsere WG. Er macht die ganzen Zahlungen der Nebenkosten, also WLAN, Strom, Heizung etc.

F: Ja, das hast du schon mal erzählt. Und?

M: Und... ❽ Seit September steckt er seine Nase überall hinein. Das macht mich einfach wahnsinnig!

F: Er steckt seine Nase überall hinein? Du meinst, er mischt sich zu viel ein? Zum Beispiel?

M: Ach, das glaubst du nicht. Während ich dusche, reißt er plötzlich die Tür auf, und zwar richtig heftig. Und schreit: „Nicht so viel Wasser laufen lassen! Weißt du eigentlich, wieviel ich letzten Monat an die Wasserwerke bezahlt habe?" Unglaublich! Und schlägt die Tür zu. Ich stehe da und denke, hä? Was ist da gerade passiert? Ist das eigentlich normal? Sowas macht doch keiner. Sowas macht noch nicht mal meine Oma!

F: Was? Beim Duschen die Tür öffnen? Unglaublich... das ist doch... Verletzung der Privatsphäre, oder?

M: Sag ich doch. Ich hätte nie gedacht, dass mir so etwas mal passiert. Und... seltsamerweise hat er alle Schlüssel. Für alle Räume. Am Anfang habe ich gedacht, dass das eher aus Sicherheitsgründen so ist. Aber jetzt, da ich wegen anderer Vorkommnisse sowieso alles Vertrauen in ihn verloren habe, zweifle ich nun daran. ❾ Wer weiß, er hätte ja auch einfach in ein anderes Zimmer eindringen können.

F: Das wäre dann kriminell, eine Straftat. Und wenn es wirklich so wäre, dann hätte er psychische Probleme. Hoffentlich nicht, aber... naja.

83

M: Tja, es ist ja schon nicht normal, ohne zu klopfen die Türe zu öffnen, wenn man duscht. Das ist nicht nur mir passiert. Die anderen Jungs beschweren sich auch über ihn. Wir wollen deshalb alle ausziehen. ㉑ Gott sei Dank habe ich ein Einzelzimmer in der Meistersingerstraße bekommen. Du weißt, dass es sehr schwer ist, dort ein Zimmer zu bekommen.

F: Genau. Das freut mich für dich. Ich war dort mal auf einer Party von Linda. Und fand es ganz schön dort. Alles ist sehr gut organisiert; und dort gibt es Einzelzimmer mit eigenem Bad und Einbauküche. Das ist eher ungewöhnlich für ein Studentenwohnheim.

M: Ja, die Privatsphäre gefällt mir am besten. Nächsten Monat bin ich Sven dann los! Endlich!

F: Wann genau ziehst du um? Brauchst du Hilfe?

M: Nein, danke. Die Jungs helfen mir, also es geht schon. ㉑ Du musst aber zur Einweihungsparty kommen. ㉒ Es gibt einen extra Partyraum. Der muss nur vorher reserviert werden.

F: Natürlich. Sag mir nur Bescheid, wann und wo.

M: Ich schreib´ dir später. Oh, hier kommt mein Bus! Ciao, Tanja! Ich melde mich nachher.

F: Tschüss! Mach´s gut.

> [어휘]
> e. WG (Wohngemeinschaft) 셰어하우스 | e. Mitbewohnerin 룸메이트 | r. Gemeinschaftsraum 공동 휴게실 | r. Strom 전기 | e. Heizung 난방 | e. Tür 문 | r. Schlüssel 열쇠 | r. Raum 방 | s. Vorkommnis 발생한 일 | s. Vertrauen 신뢰 | e. Straftat 범죄 | e. Privatsphäre 개인적인 영역 | e. Hilfe 도움 | s. Einzelzimmer 1인실 | nächster 다음

해석

M: 안녕, Tanja. 잘 지내? 너의 새로운 셰어하우스는 어때? 다 괜찮아?

F: 안녕 Fred. 뭐, 괜찮아. 룸메이트들이 친절하고 좋아.

M: 그거 좋은걸. 기쁘네.

F: 그리고 너는? 넌 잘 지내? 너의 셰어하우스에선 어때?

M: 아, 나 곧 이사 갈 거야. 기숙사로. 거기에서는 내가 드디어 내 자신의 방을 가질 거야.

F: 너 자신의 방? 그게 무슨 말이야? 셰어하우스에서도 넌 너의 방을 가지고 있잖아.

M: 아, 야. 이걸 넌 믿지 못할 거야. 그러니까 내가 살고 있는 셰어하우스에서는 누구도 자기 자신의 방을 가지고 있지 않단다.

F: 말도 안 돼. 거기에 공동 공간 가지고 있는 거, 그거 말하는 거야?

M: 내 방이야 가지고 있지. 부엌, 욕실, 거실 등은 공유하지. 하지만... 너 Sven 알지, 그치?

F: 그 Sven, 컴퓨터 공학 전공하는?

M: 맞아. 걔가 우리 셰어하우스를 운영하잖아. 그가 전체 부가세 계산이랑 무선인터넷, 전기세, 난방비 등의 계산을 담당하거든.

F: 응, 그건 네가 이미 말해 줬어. 그런데?

M: 그리고.. 9월부터 그가 모든 곳에 간섭을 해. 그게 나를 그냥 미치게 만들어.

F: 모든 일에 간섭을 한다고? 네 말은 그러니까 그가 너무 많이 참견한다는 거야? 예를 들면?

M: 아, 진짜 너 못 믿을걸. 내가 샤워하는 동안에 걔가 갑자기 문을 활짝 열어. 게다가 심지어 엄청 세게. 그리고 소리질러. "물 많이 틀어 두지 마! 내가 지난 달에 수도세를 얼마나 많이 냈는지 알아? 믿을 수 없어!" 그리고는 문을 쾅 닫아. 나는 거기에 서서 생각하지. 엥? 지금 무슨 일이 일어난 거지? 이게 정상인가? 이런 일은 그 누구도 하지 않지. 이런 일은 우리 할머니도 한 적이 없다고!

F: 뭐? 샤워 중에 문을 연다고? 믿을 수가 없다. 이건... 사생활 침해잖아, 그치?

M: 내 말이 그 말이야. 나에게 이런 일이 일어날 것이라고 생각도 못했어. 그리고 이상하게도 그가 모든 열쇠들을 가지고 있어. 모든 방의 열쇠를 말이야. 처음에 나는 그게 안전의 이유로 그렇다고 생각했어. 하지만 지금, 내가 다른 일들 때문에 어쨌거나 그에 대한 신뢰를 모두 잃은 마당에, 의심하고 있어. 누가 알겠어. 그가 다른 방에 침입할 수 있었을지도 모르지.

F: 그건 범죄야. 그리고 진짜 만약에 그렇다면 걔 정신적으로 문제가 있는 거야. 그러지 않기를 바라지만.. 뭐..

M: 휴. 샤워할 때 노크도 안 하고 문을 여는 것 자체가 이미 정상이 아니지. 그게 나에게만 일어난 일이 아니야. 다른 남자애들도 걔에 대해 불평을 말해. 우리는 그래서 모두 이사 나가려고 해. 다행히도 나는 Meistersinger가에 1인실을 얻었어. 너 알지, 거기 방 얻기 매우 힘든 거.

F: 맞아. 축하해. (너에게 잘됐다. 그래서 나도 기쁘다.) 나 거기에 Linda의 파티 때문에 한 번 간 적 있어. 그리고 거기가 매우 좋다고 생각했어. 모든 것이 잘 구비되어 있어. 그리고 거기에 1인실이 욕실과 부엌이 딸려 있어. 기숙사에서 흔한 일은 아니지.

M: 맞아. 그리고 사생활이(보호가 되는 것이) 나에게는 가장 좋아. 다음 달이면 Sven으로부터 해방이야! 드디어!

F: 정확히 언제 이사해? 도움 필요하니?

M: 괜찮아. 남자애들이 나를 도와주니까 도움은 필요 없을 것 같아. 하지만 너는 반드시 집들이에는 와야 해. 파티룸이 따로 있어. 사전에 예약만 하면 돼.

F: 당연하지. 언제 어디인지 말만 해줘.

M: 내가 나중에 연락할게. 오, 내 버스 온다. 안녕 Tanja! 나중에 연락할게!

F: 안녕~ 수고해!

---

16 Fred는 집에 자기 방이 없었다.   Richtig   ~~Falsch~~

17 Fred, Tanja, Sven은 하나의 셰어하우스에 산다.   Richtig   ~~Falsch~~

18 9월부터 Sven이 이상하게 행동한다.   ~~Richtig~~   Falsch

19 Sven의 행동은 범죄에 준한다.   Richtig   ~~Falsch~~

20 Fred는 Tanja를 자신의 생일파티로 초대한다.   Richtig   ~~Falsch~~

21 보통 Meistersingerstraße에서 방을 비교적 쉽게 얻는다. Richtig   ~~Falsch~~

22 파티룸은 사전에 예약을 해야만 이용할 수 있다.   ~~Richtig~~   Falsch

> **듣기 부문 4**

당신은 이제 하나의 토론을 듣게 됩니다. 토론은 두 번 들려 드립니다. 여기에 8개의 문제를 풀어야 합니다.

각 진술을 맞추시오: **누가 무엇을 말했습니까?**

지금 23번부터 30번까지 읽으세요. 60초의 시간을 드립니다.

라디오방송 "Pro & Contra"의 사회자가 교사 Florian Wessel과 여학생 Bettina Hennig 과 함께 "16세부터 운전면허?"에 대해 토론하고 있습니다.

스크립트

M: Guten Abend, liebe Hörerinnen und Hörer. Herzlich willkommen zu unserer Sendung „Pro & Contra". Heute haben wir ein derzeit sehr aktuelles Thema: ⓪ **Immer mehr Menschen haben ein eigenes Auto.** Deshalb stellen wir die Frage: Sollen Jugendliche schon ab 16 Jahren Auto fahren dürfen? Manche sind aus den verschiedensten Gründen dagegen. Heute zu Gast bei uns im Studio sind Florian Wessel, Mathematiklehrer an einem Gymnasium, und Bettina Hennig, Schülerin an demselben Gymnasium wie Herr Wessel. Herzlich willkommen.

F: Guten Abend.

B: Hallo.

M: Soweit ich weiß, wird dieses Thema bei Ihnen sehr viel diskutiert, Herr Wessel. Ist das richtig?

F: Genau. Wir haben im Lehrplan zwei Stunden pro Woche das Fach „Diskussion". Dabei geht es darum, wie man logische Diskussionen führt. Also ein Teil des Faches Philosophie. Jede Klasse kann das Thema selbst wählen. Und momentan wählen die Schüler sehr häufig das Thema „Führerschein mit 16". Diese Woche haben schon fünf Klassen darüber diskutiert. Daran kann man sehen, wie sehr die Jugendlichen sich dafür interessieren.

M: Oh, sehr interessant. Also dann, was meinen Sie? Sind Sie Pro oder Contra?

F: Na, ich bin dagegen. Ich habe selber eine Tochter, die jetzt 16 Jahre alt ist. Und kann mir kaum vorstellen, dass sie selbst Auto fährt. Das ist zu gefährlich. Sie kennt sich mit den Verkehrsregeln nicht aus. Das ist das eine. ㉓ **Und eigentlich klappt das hier in Nordrhein-Westfalen gut mit den öffentlichen Verkehrsmitteln.** Man kann mit dem Bus oder mit der U-Bahn fahren. Mit dem Auto dauert es eher länger.

M: Verstehe. Und was meinst du dazu, Bettina? Du bist sicher für den Führerschein ab 16, oder?

B: (lächelt) Ja. Ich bin der Meinung, dass die Jugendlichen schon ein Auto brauchen. ㉔ **Mit 16 fängt man mit der Ausbildung an.** Ich selbst besuche das Gymnasium, aber viele meiner Freundinnen machen eine Lehre. Manchmal muss man dafür in eine andere Stadt. Ihre Eltern können sie ja nicht immer überall hinfahren. Und mit dem Zug... Sie wissen ja, wie unbequem das ist.

M: Stimmt. ㉕ **Wenn man sich nur eine Minute verspätet, muss man eine halbe Stunde lang auf den nächsten Zug warten.** (lacht)

B: Genau. Ich glaube, wir Jugendlichen brauchen kein schickes Auto. Wir wollen kein Auto, um cool zu sein. Wir brauchen es einfach.

F: Aber ihr könnt die Risiken im Straßenverkehr noch nicht so gut einschätzen. Und wenn dann ein Unfall passiert oder etwas am Auto kaputt geht - das alles könnt ihr euch nicht leisten. Das kostet ja auch viel Geld!

B: Ja, das wissen wir auch. Und deshalb brauchen wir eine gesetzliche Grundlage, auf der wir den Führerschein machen können. Ein Führerschein ist auch eine Art von Lehre. Dadurch lernt man Verantwortung im Straßenverkehr und wird sensibilisiert.

M: Aber dann gibt es immer noch ein Problem. ㉖ **Gesetzlich gesehen haftet man erst ab 18 Jahren.** Wenn per Gesetz der Führerschein ab 16 erlaubt würde, müsste auch das Haftungsalter heruntergesetzt werden.

F: Das ist auch ein systematisches Problem. Wir Lehrer machen uns auch Sorgen, weil wir so viel Erfahrung mit Teenagern haben. Mit 16 ist man sehr anfällig für Gruppenzwang. ㉗ **Man möchte sich von den anderen abheben.** Das ist in diesem Alter eine Art Sport. Das könnte beispielsweise dazu verführen, zu schnell zu fahren.

B: Ah, das ist doch übertrieben. Wir sind doch keine Kinder mehr.

F: Ja, ich weiß, es gibt bei uns viele reife und gute Schülerinnen und Schüler. Aber meiner Erfahrung nach gibt es diese Gefahr.

M: Ja, Sie haben recht. Das klingt ein bisschen gefährlich. ㉘ **In den USA und in Schweden darf man schon mit 16 Auto fahren.** Wann wird es in Deutschland endlich soweit sein?

F: Wie gesagt, es muss nicht soweit kommen. (lächelt) Wir haben genug Verkehr. ㉙ **Und wir sind stolz auf die strengen Vorgaben für den Führerschein.** Deshalb können wir uns Autobahn leisten, auf denen es keine Geschwindigkeitsbeschränkung gibt. Gegen die Unannehmlichkeiten beim Zugfahren, die Bettina erwähnt, sollte etwas unternommen werden. Aber dafür muss man die Altersbeschränkung für den Führerschein nicht heruntersetzen.

B: Ich selbst möchte sowieso erst Auto fahren, wenn ich erwachsen bin. Meine Eltern haben kein Geld, extra für mich ein Auto zu kaufen. ㉚ **Aber meiner Meinung nach wäre es besser, wenn man schon früher, also mit 16, mit Autos vertraut gemacht werden könnte:** und zwar richtig mit dem Erwerb des Führerscheins.

M: Vielen Dank, Herr Wessel und Bettina. Liebe Hörerinnen und Hörer, nun sind Sie an der Reihe. Schreiben Sie uns Ihre Meinung zu dem Thema „Führerschein ab 16"! Für die drei besten Kommentare haben wir wieder tolle Preise! Im Gästebuch unserer Webseite können Sie Ihre Meinung frei äußern. Wir hören uns dann nächste Woche wieder!

어휘

r. Hörer 청취자 | e. Show 쇼 | s. Thema 주제 | immer mehr 점점 더 많은 | r. Grund 이유 | s. Studio 스튜디오 | s. Gymnasium 김나지움 (독일의 중고등학교) | diskutieren 토론하다 | führen 이끌다 | Philosophie 철학 | wählen 선택하다 | häufig 자주 | r. Führerschein 운전면허 | vorstellen 상상하다 | gefährlich 위험한 | e. Verkehrsregel 교통규칙 | öffentlich 공공의 | pl. Verkehrsmittel 교통수단 | e. Ausbildung (직업) 교육

überall 어디든지 | unbequem 불편한 | verspätet 늦은 | s. Risiko 위험 | r. Straßenverkehr 도로 교통 | r. Unfall 사고 | leisten 감당하다 | e. Grundlage 기반 | e. Lehre 교육 | e. Verantwortung 책임 | sensibilisieren 민감하게 하다 | gesetzlich 법적으로 | haften 책임지다 | s. Alter 나이 | heruntersetzen 낮추다 | systematisch 체계적인 | anfällig 취약한 | r. Gruppenzwang 집단 압력 | abheben 두드러지다 | verführen 유혹하다 | übertrieben 과장된 | kindisch 유치한 | stolz 자랑스러운 | streng 엄격한 | e. Vorgabe 지침 | e. Geschwindigkeitsbeschränkung 속도 제한 | e. Unannehmlichkeit 불편함 | erwähnen 언급하다 | unternehmen 조치를 취하다 | e. Altersbeschränkung 연령 제한 | vertraut 익숙한 | richtig 제대로 | r. Erwerb 획득 | r. Kommentar 댓글 | s. Gästebuch 방명록 | e. Webseite 웹사이트 | äußern 표현하다

해석

M: 안녕하세요, 친애하는 청취자 여러분. 우리 방송 "Pro & Contra"에 오신 것을 환영합니다. 오늘 우리는 아주 최근의 (자주 거론되는) 주제를 가지고 왔습니다. 점점 더 많은 사람이 자가용을 소유합니다. 그래서 우리는 질문을 합니다. 청소년들도 16살부터 이미 자동차를 몰아도 될까? 몇몇 사람들은 다양한 이유로 반대합니다. 오늘 게스트로 우리 스튜디오에 인문계 고등학교 수학 선생님인 Florian Wessel과 같은 학교의 학생인 Bettina Hennig를 모셨습니다. 진심으로 환영합니다.

F: 안녕하세요.

B: 안녕하세요.

M: 제가 아는 한 이 주제는 당신의 (학교)에서 굉장히 많이 토론되지요, Wessel씨. 맞습니까?

F: 맞습니다. 우리는 교수 계획서에 일 주일에 두 시간 "토론" 과목을 가지고 있어요. 거기에서는 주된 내용이, 어떻게 논리적인 토론을 이끄느냐입니다. 즉 철학 과목의 한 부분입니다. 모든 학급은 주제를 스스로 선정할 수 있어요. 그리고 최근 학생들이 매우 자주 16세부터의 운전면허 주제를 선택합니다. 이번 주에 벌써 다섯 학급이 그것에 대해 토론했어요. 거기에서 얼마나 청소년들이 거기에 흥미를 가지고 있는지 엿볼 수 있지요.

M: 오, 아주 흥미롭군요. 그러니까 그러면, 당신의 생각은 어떻습니까? 찬성입니까 반대입니까?

F: 저는 반대입니다. 저도 딸이 하나 있어요. 지금 16살인. 그리고 저는 그녀가 스스로 자동차를 모는 것을 상상할 수가 없어요. 그녀는 교통 법규도 잘 몰라요. 그게 하나입니다. 그리고 사실상 여기 노르트라인 베스트팔렌 주에서는 대중교통으로 충분해요. 버스나 지하철을 타고 다닐 수 있어요. 자동차가 오히려 더 오래 걸리죠.

M: 이해합니다. 그리고 너는 어떻게 생각하니, Bettina? 너는 16세부터의 운전면허에 분명 찬성하겠지?

B: (미소짓는다.) 네. 저는 청소년들도 자동차가 필요하다고 생각하는 의견입니다. 16살에 직업교육을 시작합니다. 저도 인문계 고등학교를 다니긴 하지만 많은 제 친구들은 직업 교육을 받아요. 가끔 그것을 위해서 다른 도시도 가야 해요. 그들의 부모님들이 그들을 항상 여기저기에 태워다 줄 수 있는 건 아니잖아요. 그리고 기차로… 아시죠, 그게 얼마나 불편한지.

M: 맞아요. 1분만 늦어도 30분을 다음 기차를 기다려야 하죠. (웃음)

B: 맞아요. 내 생각에 우리 청소년들은 멋진 자동차가 필요하지 않아요. 우리는 멋져 보이기 위해서 자동차를 원하는 게 아니에요. 우리는 그냥 그것이 필요해요.

F: 하지만 너희들은 도로교통에서의 위험을 충분히 잘 예측할 수 없어. 그리고 만약에 사고가 나거나 자동차에 뭔가 고장이라도 나면 어떻게 할거야. 이 모든 것을 너희들은 감당할 수 없어. 그리고 돈도 많이 든다고.

B: 네, 그거 우리도 알아요. 하지만 그래서 우리는 우리가 면허를 딸 수 있는 법적인 토대가 필요한 거예요. 면허도 하나의 교육이에요. 그것을 통해서 도로교통에서의 의무를 배우고 촉각을 곤두세울 수 있죠.

M: 하지만 그러면 아직도 문제가 남아 있습니다. 법적으로 보자면 18세부터 법적 책임과 처벌을 받게 되어 있어요. 만약 법적으로 면허가 16세부터 허용이 된다면 처벌 연령 역시 낮추어 설정되어야 합니다.

F: 그것 역시 하나의 시스템적이니 문제이지요. 우리 선생님들도 걱정하고 있어요. 왜냐하면 우리가 십대 청소년들을 많이 겪어봤기 때문이에요. 16살에는 단체의 요구에 매우 전염되기 쉬워요. 다른 사람들과는 달리 돋보이고 싶어하죠. 이것은 이 나이에선 한 종류의 스포츠예요. 예컨대 과속하며 차를 모는 상황으로 잘못 이끌 수 있죠.

B: 아, 그건 너무 과장되었어요. 우리는 더 이상 아이가 아니에요.

F: 그래, 나도 알아. 우리 학교에는 많은 성숙하고 좋은 학생들이 있지. 하지만 내 경험상 이런 위험이 있어.

M: 네, 말씀이 맞아요. 조금 위험하게 들리네요. 미국에서나 스웨덴에서는 벌써 16세부터 자동차를 운전할 수 있습니다. 언제 독일은 그게 드디어 준비될까요?

F: 말한 바와 같이, 준비될 필요 없습니다. (웃음) 우리는 충분한 교통 수단을 가지고 있어요. 그리고 우리는 우리의 면허에 대한 엄격한 요구사항에 대해 자부심도 있어요. 그래서 우리는 속도제한이 없는 아우토반을 감당할 수 있지요. Bettina가 언급한 기차를 탈 때의 불편함에 대해서도 무엇인가 대책에 마련되어야 할 것입니다. 하지만 그렇다고 해서 면허에 대한 나이 제한을 낮출 필요는 없어요.

B: 어쨌든 저도 어른이 되면 자동차를 운전하고 싶긴 해요. 우리 부모님이 저를 위해 추가로 자동차를 살 돈은 없어요. 하지만 제 의견에는 사람들이 일찍부터, 즉 16살부터 자동차에 익숙해질 수 있다면 그게 더 좋다고 생각해요. 정확히 말하자면 제대로 면허를 획득하는 것 말이지요.

M: Wessel씨와 Bettina, 정말 감사합니다. 친애하는 청취자 여러분, 이제 여러분의 차례입니다. 우리에게 16세부터의 면허증에 대한 여러분의 의견을 써 주세요. 세 개의 가장 좋은 댓글을 위해 우리는 다시 멋진 상품을 가지고 있습니다. 우리의 웹사이트 시청자게시판에 당신의 의견을 자유롭게 개진할 수 있습니다. 우리는 그럼 다음 주에 다시 만나요!

	Moderatorin	Herr Wessels	Bettina
예시문제			
0 점점 더 많은 사람들이 자가용을 타고 다닌다.	☒ a	b	c
23 교통 체계가 충분히 좋다.	a	☒ b	c
24 보통 16살이 되면 직업교육을 시작한다.	a	b	☒ c
25 기차를 기다리는 시간이 30분이 걸린다.	☒ a	b	c
26 책임은 18세부터 해당된다.	☒ a	b	c
27 청소년들은 종종 무리에서 돋보이려는 경향이 있다.	a	☒ b	c
28 미국에서는 16세가 자동차를 운전할 수 있다.	☒ a	b	c
29 독일에서 면허를 따는 것은 어렵다.	a	☒ b	c
30 더 일찍 면허를 딸 수 있을수록 더 좋다.	a	b	☒ c

정답 및 해설 | MODELLSATZ 2 SCHREIBEN

쓰기 과업 1

⏱ 소요시간: 20분

당신은 한 결혼식에 다녀왔습니다.

당신의 한 친구가 일 때문에 어디에 가야 해서 결혼식에 참석할 수 없었습니다.

– 묘사하세요: 그 잔치가 어땠습니까? ❶

– 이유를 대세요: 무엇이 좋고/나쁘다고 생각했습니까? ❷

– 만남을 제안하세요. ❸

이메일을 하나 쓰세요. (약 80단어)

위 세 항목을 모두 언급하세요.

서지 양식에 주의하세요. (들어가는 인사말, 도입부, 세 항목의 순서, 마치는 말)

예시답안

Lieber Antonio,

hallo! Wie geht es dir?

Wie du weißt, war ich auf der Hochzeitsparty von Daniela und Michael.

Du warst leider nicht da.

❶ Die Feier war echt toll. ❷ Obwohl das Wetter nicht so gut war, haben wir alle draußen Fotos gemacht. Wir haben auch getanzt, und die Musik war total romantisch. Das Essen war auch voll lecker.

❸ Vielleicht hättest du am kommenden Wochenende Zeit? Ich würde dir gerne die Fotos von der Party zeigen. Und du erzählst mir bitte über deine Dienstreise. Schreib mir bitte zurück.

Liebe Grüße

Rosa

예시답안 해석

친애하는 Antonio,

안녕! 잘 지내?

네가 알다시피 나는 Daniela와 Michael의 결혼파티에 갔었어.

너는 유감스럽게도 없었지.

그 잔치는 정말 멋졌어. 비록 날씨가 그렇게 좋지 않았지만 우리는 모두 밖에서 사진을 찍었어. 우리는 또한 춤도 췄고, 그 음악은 매우 로맨틱했어. 음식도 매우 맛있었어.

혹시 오는 주말에 시간이 있니? 나는 너에게 그 파티에서 찍은 사진들을 보여주고 싶어. 그리고 너도 너의 출장에 대해 나에게 말해줘. 답장 줘.

사랑의 인사를 담아서

Rosa

쓰기 과업 2

소요시간: 25분

당신은 TV에서 "인터넷에서의 혐오 댓글"이라는 주제의 토론 방송을 봤습니다. 인터넷 시청자 게시판에 당신은 다음과 같은 의견을 발견하게 됩니다.

시청자 게시판

▶ 27. 08. 20:07

언론의 자유는 항상 보호되어야 한다. 나는 내가 생각하는 모든 것을 쓰거나 말할 수 있다. 언론의 자유는 그러니까 의견의 자유이다. 그것은 방해할 수 없다. 만약 그렇다면 우리는 아마 하나의 특정 이데올로기만을 가져야 할 것이다. 그것을 나는 오히려 더 잔인하다고 생각한다. 누구나가 말하고 싶어하는 것을 공공연하게 말할 수 있어야 한다.

▶ 28. 08. 14:23

주제에 대한 당신의 의견을 쓰세요. (약 80단어)

예시답안

Ich stimme dazu, dass die Redefreiheit der Menschen wichtig ist. Aber Hass darf man nicht immer veröffentlichen. Das ist nämlich ein Schaden der anderen. Man könnte ja Vorurteile haben und sogar jemanden hassen, aber wenn man genug zivilisiert bzw. erwachsen ist, muss man andere respektieren. Es gibt ein Sprichwort, „Wie du mir, so ich dir." Rechte sind nicht mehr absolut, wenn die jemandem schadet.

예시답안 해석

나는 사람들의 언론의 자유가 중요하다는 것에 동의한다. 하지만 증오는 항상 공공연하게 말하면 안 된다. 그것은 남을 해치는 것이기 때문이다. 사람들은 편견들을 가질 수도 있고 누군가를 싫어할 수도 있다. 하지만 충분히 시민화되어 있고 성숙하다면 다른 사람들을 존중해야 한다. "가는 말이 고와야 오는 말이 곱다" 라는 속담이 있다. 권리는 누군가를 해치면 더 이상 절대적이지 않다.

쓰기 과업 3

Arbeitszeit: 15 Minuten

당신은 방학 동안에 하는 아르바이트 자리를 찾고 있습니다. 한 광고에서 당신은 *Müller* 가족이 오전에 아이들을 돌볼 수 있는 누군가를 찾고 있다는 것을 읽었습니다.

Müller 씨 부부에게 쓰세요. 당신이 왜 그 자리에 적합한지 공손하게 설명해보세요.

이메일을 쓰세요. (약 40단어)
인사말과 마지막 인사를 잊지 마세요.

예시답안

Sehr geehrte Frau und Herr Müller,

mit großem Interesse habe ich Ihre Anzeige gelesen.
Da ich 2 kleine Brüder habe und mich immer um sie gekümmert habe, könnte ich auch auf Ihre Kinder gut aufpassen.
Während der Ferien habe ich vormittags immer Zeit.
Ich freue mich auf Ihre Antwort.

Mit bestem Gruß
Rosa Lee

예시답안 해석

친애하는 Müller 부인과 Müller 씨,

큰 흥미를 가지고 당신들의 광고를 읽었습니다.
제가 두 명의 어린 남자형제를 가지고 있고 항상 그들을 돌봐 왔기 때문에, 제가 당신의 아이들도 잘 돌볼 수 있을 것 같습니다.
방학 동안 저는 오전에 항상 시간이 있습니다.
답변을 고대하고 있겠습니다.

최고의 인사를 담아서
Rosa Lee

정답 및 해설 | MODELLSATZ 2 SPRECHEN

말하기 부문 1 함께 무엇인가를 계획하기   ⏱ 소요시간: 3분

당신의 수업의 선생님이 다음 달에 학교를 떠납니다. 이번 주가 그녀에게 학교에서의 마지막 주입니다. 당신과 당신의 그룹은 그녀를 위해 송별회를 계획하고 싶습니다. 선물도 하나 준비하고자 합니다.

아래 항목들에 대해 이야기해 보세요. 제안을 하고 당신의 대화 상대의 제안에 반응해 보세요.
함께 무엇을 하고 싶은지 계획하고 결정하세요.

파티 계획하기

- 언제, 어디에서? ❶
- 무엇을 삽니까/가져옵니까? ❷
- 깜짝 파티? ❸
- 누가 무엇을 합니까? ❹
- 누구를 더 초대할 겁니까? ❺

예시답안

A: Hey, hast du schon gehört? Unsere Lehrerin verlässt die Schule nächsten Monat.

B: Ja, ich hab's gehört. Das ist wirklich schade. Aber ich denke, wir sollten ihr eine schöne Abschiedsparty organisieren. Was meinst du?

A: Absolut. Das wäre eine großartige Idee! ❶ Also, wo könnten wir die Party veranstalten?

B: Wie wäre es mit dem Schulhof? Da haben wir genug Platz und die Atmosphäre ist auch schön.

A: Der Schulhof klingt gut. ❶ Und wann sollen wir die Party machen? Vielleicht am Freitag nach dem Unterricht?

B: Freitag nach dem Unterricht passt gut. Dann sind alle da und wir haben genug Zeit zum Feiern.

A: Super. ❷ Dann lass uns auch ein Geschenk für sie besorgen. Was könnte ihr gefallen?

B: Ich denke, ein schönes Fotoalbum mit Erinnerungen an unsere gemeinsame Zeit wäre toll. Vielleicht können wir auch jeder einen persönlichen Brief dazu schreiben.

A: Das ist eine wunderbare Idee. ❸ Und wie wäre es, wenn wir es als Überraschungsparty machen?

B: Ja, eine Überraschungsparty wäre perfekt! Aber wir müssen sicherstellen, dass niemand es ihr verrät.

A: Genau, das ist wichtig. ❹ Wer übernimmt welche Aufgaben? Ich könnte mich um das Geschenk kümmern und die Fotos sammeln.

B: Gut, ich kann die Dekoration organisieren. Vielleicht könnten wir auch einige Ballons und Banner besorgen.

A: Klingt klasse. Und wer kümmert sich um die Snacks und Getränke?

B: Vielleicht könnten wir das aufteilen. Jeder bringt etwas mit. Ich kann eine Liste machen, damit wir nichts vergessen.

A: Gute Idee. ❺ Wen sollen wir noch einladen? Nur unsere Klasse oder auch andere Lehrer?

B: Ich denke, es wäre schön, wenn wir auch ein paar andere Lehrer einladen.

A: Ja, das ist eine tolle Idee. Ich kann die Einladungen schreiben und verteilen.

B: Perfekt. Dann haben wir alles geplant.

A: Genau. Ich freue mich schon darauf. Ich bin sicher, sie wird sich sehr über die Party freuen.

B: Ja, hoffentlich. Also, bis Freitag! Wir treffen uns vorher noch, um alles vorzubereiten.

A: Ja, bis dann!

예시답안 해석

A: 얘, 들었어? 우리 선생님이 다음 달에 학교를 떠나신대.

B: 응, 들었어. 정말 안타깝다. 그런데 우리 선생님께 멋진 송별파티를 열어 드리는 게 어떨까 생각해. 어떻게 생각해?

A: 완전 좋은 생각이야! 그러면 파티를 어디서 열 수 있을까?

B: 학교 운동장은 어때? 거기에는 충분한 공간이 있고 분위기도 좋잖아.

A: 운동장이 좋겠네. 그럼 파티를 언제 열면 좋을까? 금요일 수업 후에 할까?

B: 금요일 수업 후가 좋겠어. 그러면 모두가 있을 거고, 충분히 즐길 시간이 있잖아.

A: 좋아. 그럼 선생님께 드릴 선물도 준비하자. 어떤 게 좋을까?

B: 우리 함께한 추억이 담긴 예쁜 사진첩이 좋을 것 같아. 그리고 각자 개인적인 편지도 하나씩 쓰면 좋겠어.

A: 그거 정말 좋은 생각이야. 그리고 이걸 깜짝 파티로 하면 어떨까?

B: 응, 깜짝 파티가 완벽할 거야! 하지만 아무도 선생님께 말하지 않도록 해야 해.

A: 맞아, 그게 중요해. 그럼 누가 어떤 일을 맡을지 정해 보자. 나는 선물을 맡을 수 있고 사진을 모을 수 있어.

B: 좋아, 나는 장식을 맡을 게. 아마 우리는 풍선이나 현수막 같은 것도 좀 준비할 수 있을 거야.

A: 멋지다. 그럼 간식과 음료는 누가 준비하지?

B: 우리가 분담할 수 있을 거야. 각자 뭔가를 가져오는 거지. 내가 리스트를 만들 수 있어, 우리가 잊어버리지 않도록.

A: 좋은 생각이야. 또 누구를 초대할까? 우리 반만 부를까 아니면 다른 선생님들도 초대할까?

B: 다른 선생님들도 몇 분 초대하는 게 좋을 것 같아.

A: 응, 그거 좋은 생각이야. 내가 초대장을 쓰고 나눠줄게.

B: 완벽해. 그럼 모든 계획이 다 되었네.

A: 맞아. 벌써 기대돼. 선생님이 정말 기뻐하실 거야.

B: 응, 그러기를. 그럼 금요일에 봐! 준비하기 위해서 먼저 만나자.

A: 응, 그때 보자!

말하기 부문 2 | 한 테마에 대해 발표하기

⏱ 소요시간: 3분

테마 하나를 (테마1 혹은 테마2) 고르시오.

당신은 청중에게 현재 테마에 대해 발표해야 합니다. 그것을 위해 여기에 다섯 개의 슬라이드가 있습니다.

좌측의 안내를 따라서 당신의 메모와 아이디어를 우측 옆에 쓰세요.

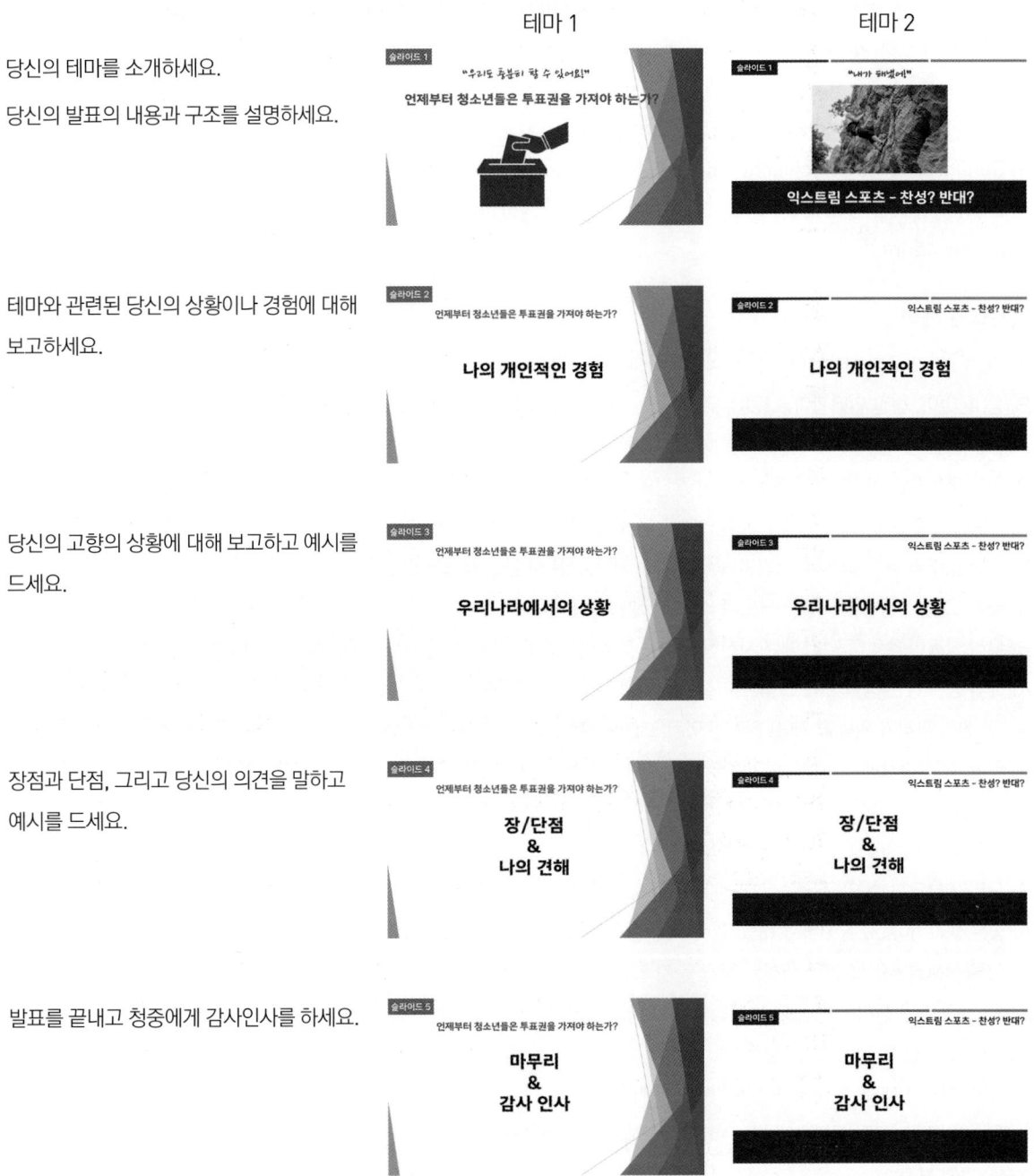

당신의 테마를 소개하세요.
당신의 발표의 내용과 구조를 설명하세요.

테마와 관련된 당신의 상황이나 경험에 대해 보고하세요.

당신의 고향의 상황에 대해 보고하고 예시를 드세요.

장점과 단점, 그리고 당신의 의견을 말하고 예시를 드세요.

발표를 끝내고 청중에게 감사인사를 하세요.

테마 1 예시답안

테마

Ab wann sollten Jugendliche Wahlrecht haben?

도입하기

Das Thema meiner Präsentation ist „Ab wann sollten Jugendliche Wahlrecht haben?".

Meine Präsentation besteht aus folgenden Teilen.

Zuerst möchte ich Ihnen von meinen persönlichen Erfahrungen erzählen.

Danach beschreibe ich die Situation in meinem Heimatland.

Dann möchte ich über Vor- und Nachteile sprechen.

Zum Schluss sage ich meine Meinung.

문제 제기

Als ich Schüler war, hatte ich großes Interesse an Politik. Da die Regierung dabei eine große Rolle spielt, wie viel Steuern man bezahlen soll oder wie das Schulsystem sich verändert, wollte ich schon selber wählen. Aber ich durfte nicht, weil ich zu jung für das Wählen war. Das fand ich schade.

Nun erwähne ich Vor- und Nachteile.

Wenn Jugendliche schon mit 17 wählen dürfen, könnte es den Politikern beziehungsweise der Regierungspartei einen großen Einfluss geben, beim Verfassen des Gesetzes. Das kann ein großer Vorteil sein. Weil, wenn so ist, dann können die Politiker nicht rücksichtslos eine dumme Entscheidung treffen, wie zum Beispiel das Abitur. Sie müssen sich besser überlegen, welches Gesetz für die Jugendlichen auch gut wäre und dann werden die Jugendlichen auch fair behandelt.

Ein Nachteil wäre, wenn die Jugendlichen ohne nachzudenken einfach wählen gehen würden. Das kann man aber in der Schule lehren. Ich glaube, die Jugendlichen sollen schon genau über Politik lernen und Wahlrecht und Verantwortungsbewusstsein als Bürger haben.

Jetzt spreche ich über die Situation in meinem Heimatland.

In Südkorea waren früher die Jugendlichen für Politik nicht so interessiert. Aber heutzutage sind sie ganz anders als früher. Sie sind auch bei der Demonstration dabei. Manche sind für bestimmte Parteien. Meiner Meinung nach sind die Jugendlichen in Korea schon reif genug für Wahlrecht. Sie diskutieren in der Schule über viele politische Themen. Es gibt tausende Kommentare unter den Artikeln im Internet über Politik, die von den jungen Leuten geschrieben wurden.

마무리

Also bin ich der Meinung, dass die Jugendlichen schon mit 17 Jahren Wahlrecht haben sollten.

Das war meine Präsentation und vielen Dank für Ihre Aufmerksamkeit.

테마 1 예시답안 해석

테마
언제부터 청소년들은 투표권을 가져야 하는가?

도입하기
저의 발표 테마는 "언제부터 청소년들은 투표권을 가져야 하는가?"입니다.
저의 발표는 다음 부분들로 구성되어 있습니다.
우선 저는 여러분에게 저의 개인적인 경험들에 대해 설명하고 싶습니다.
그리고 나서 제 고향 국가의 상황에 대해 묘사하겠습니다.
그리고 장점과 단점에 대해 말하고자 합니다.
마지막으로 저의 의견을 말하겠습니다.

문제 제기
제가 학생이었을 때 저는 정치에 큰 관심을 가지고 있었습니다. 얼마나 많은 세금을 내야 하는지, 교육 시스템이 어떻게 변화하는지에 있어서 정부가 큰 역할을 하기 때문에 저는 벌써 (오래 전부터) 직접 투표를 하고 싶었습니다. 하지만 저는 할 수 없었습니다. 왜냐하면 저는 투표하기에 너무 어렸기 때문입니다. 그것을 매우 아쉽게 생각했습니다.
이제 저는 장, 단점을 언급하겠습니다.
만일 청소년들이 17살 때부터 투표를 할 수 있으면 정치인 및 정부에게 법률 제정에 있어서 큰 영향을 줄 수 있을 것입니다. 왜냐하면, 만약 그러면, 정치인들이 조심성 없이 예를 들어 수학능력시험과 같은 어리석은 결정을 내릴 수 없기 때문입니다. 그들은 어떤 법이 청소년들에게도 좋은지 잘 생각해야 할 것이고, 그렇게 되면 청소년들도 공평하게 대우를 받을 것입니다. 단점은 만일 청소년들이 깊이 생각하지 않고 단순에 투표하러 간다면(그것이 단점인데). 그것은 학교에서 가르칠 수 있습니다. 제 생각에는, 청소년들이 정치에 대해 정확히 배우고 투표권과 시민으로서의 책임감을 가져야 한다고 생각합니다.
이제 저는 저의 고향 국가의 상황에 대해 말하겠습니다.
한국에서는 예전에 청소년들이 정치에 그렇게 관심이 없었습니다. 하지만 오늘날은 예전과 매우 다릅니다. 그들은 시위에 함께 참석합니다. 다수는 특정 정당들을 지지합니다. 제 생각에 한국의 청소년들은 투표권을 가지기에 이미 충분히 성숙합니다. 그들은 학교에서 많은 정치적인 테마에 대해 토론합니다. 인터넷 정치 기사 아래에 젊은이들로부터 쓰여진 수천개의 댓글이 있습니다.

마무리
따라서 저는 17살 때부터 청소년들이 투표권을 가져야 한다고 생각합니다.
이것이 제 발표였습니다. 귀 기울여 주셔서 감사합니다.

테마 2 예시답안

테마
Extremsport: Ja oder Nein?

도입하기
Guten Tag! Heute möchte ich über das Thema „Extremsport: Ja oder Nein?" sprechen. In meiner Präsentation werde ich zuerst über meine eigene Erfahrung berichten, die Situation in Korea erläutern, die Vor- und Nachteile von Extremsport darstellen und abschließend meine eigene Meinung dazu äußern.

문제 제기
Zuerst spreche ich über meine eigene Erfahrung.
Ich habe vor einem Jahr mit Klettern begonnen, was ein Extremsport ist. Am Anfang hatte ich Angst, aber mit der Zeit wurde ich mutiger. Ich habe gelernt, meine Grenzen zu überwinden und bin jetzt viel selbstbewusster.
Nun erwähne ich die Situation in Korea.
In Korea wird Extremsport immer beliebter. Viele junge Menschen interessieren sich für Sportarten wie Klettern, Surfen und Paragliding. Es gibt viele Vereine und Sportzentren, die solche Aktivitäten anbieten. Trotzdem gibt es auch viele Menschen, die denken, dass Extremsport zu gefährlich ist.
Jetzt möchte ich die Vor- und Nachteile von Extremsport erklären.
Der erste Vorteil ist Fitness. Extremsport hält den Körper fit und gesund.
Zweitens, Extremsport macht viel Spaß! Das hat meiner Meinung nach viele positive Seiten. Wenn man ein spannendes Hobby hat, hat man das positive Gefühl auch im ganzen Leben.
Drittens, Selbstbewusstsein. Man lernt, seine Ängste zu überwinden und wird selbstbewusster. Und diesen Vorteil finde ich am wichtigsten.
Es gibt aber auch ein paar Nachteile.
Erstens gibt es Verletzungsrisiko. Extremsport kann gefährlich sein und man kann sich dabei verletzen.
Zweitens ist es teuer. Die Ausrüstung und die Teilnahme an Kursen können teuer sein.
Abschließend möchte ich meine eigene Meinung teilen. Meiner Meinung nach überwiegen die Vorteile von Extremsport die Nachteile, solange man vorsichtig ist und gut vorbereitet ist. Extremsport hilft, den Körper fit zu halten und das Selbstbewusstsein zu stärken. Außerdem bietet er einzigartige Erlebnisse und viel Spaß.
Es ist wichtig, sich gut vorzubereiten und die Sportarten sicher auszuüben. Wenn man sich an die Regeln hält und verantwortungsvoll handelt, kann Extremsport eine tolle Bereicherung sein.

마무리
Das war also meine Präsentation. Vielen Dank für Ihre Aufmerksamkeit.

테마 2 예시답안 해석

테마
익스트림 스포츠 – 찬성? 반대?

도입하기
안녕하세요! 오늘 저는 "익스트림 스포츠 – 찬성? 반대?"에 대해 이야기하려고 합니다. 제 발표에서는 먼저 제 경험에 대해 이야기하고, 한국의 상황을 설명하며, 익스트림 스포츠의 장단점을 제시한 후, 마지막으로 제 개인적인 의견을 말씀드리겠습니다.

문제 제기
먼저 제 경험에 대해 이야기하겠습니다.

저는 1년 전부터 클라이밍을 시작했는데, 이는 익스트림 스포츠 중 하나입니다. 처음에는 두려웠지만, 시간이 지나면서 저는 더 용기가 생겼습니다. 저는 제 한계를 극복하는 법을 배웠고, 이제는 훨씬 자신감이 생겼습니다.

이제 한국의 상황을 언급하겠습니다.

한국에서는 익스트림 스포츠가 점점 더 인기를 끌고 있습니다. 많은 젊은이들이 클라이밍, 서핑, 패러글라이딩 같은 스포츠에 관심을 가지고 있습니다. 이러한 활동을 제공하는 많은 동호회와 스포츠 센터가 있습니다. 그럼에도 불구하고, 익스트림 스포츠가 너무 위험하다고 생각하는 사람들도 많습니다.

이제 익스트림 스포츠의 장단점을 설명하겠습니다.

첫 번째 장점은 피트니스(건강)입니다. 익스트림 스포츠는 몸을 건강하고 튼튼하게 유지시킵니다.

두 번째로, 익스트림 스포츠는 매우 재미있습니다! 제 생각에 이것은 많은 긍정적인 면이 있습니다. 흥미로운 취미가 있으면, 삶 전체에서 긍정적인 느낌을 가질 수 있습니다.

세 번째로, 자신감입니다. 사람들은 두려움을 극복하는 법을 배우고 자신감이 생깁니다. 저는 이 장점이 가장 중요하다고 생각합니다.

하지만 몇 가지 단점도 있습니다.

첫 번째로, 부상의 위험이 있습니다. 익스트림 스포츠는 위험할 수 있으며, 부상을 입을 수 있습니다.

두 번째로, 비용이 많이 듭니다. 장비와 강습에 참여하는 데에 드는 비용이 비쌀 수 있습니다.

마지막으로 제 개인적인 의견을 공유하고자 합니다. 제 생각에는 조심하고 잘 준비하면, 익스트림 스포츠의 장점이 단점보다 큽니다. 익스트림 스포츠는 몸을 건강하게 유지하고 자신감을 키우는 데 도움이 됩니다. 또한 독특한 경험과 많은 재미를 제공합니다.

잘 준비하고 안전하게 스포츠를 즐기는 것이 중요합니다. 규칙을 준수하고 책임감 있게 행동하면, 익스트림 스포츠는 멋진 삶의 활력소가 될 수 있습니다.

마무리
이상으로 제 발표를 마치겠습니다. 경청해 주셔서 감사합니다.

말하기 부문 3 한 테마에 대해 이야기하기

당신의 발표후에 :

시험 감독관과 대화 상대의 반응과 질문에 응답하세요.

당신의 대화 상대의 발표 후에 :

a) 대화 상대의 발표에 대해 반응하세요. (예: 발표가 어떻게 마음에 들었는지, 무엇이 새로웠으며 특히 흥미로웠는지 등)

b) 대화 상대의 발표에 대해 질문도 해보세요.

테마 1에 대해 할 수 있는 질문 예시

1. Sie haben gesagt, dass die Jugendlichen schon ab 17 Wahlrecht haben sollten. Aber warum 17? Kann man nicht schon ab 16 Jahren Wahlrecht haben?
   당신은 청소년이 17세부터 투표권을 가져야 한다고 말씀하셨습니다. 하지만 왜 17세입니까? 16세부터 투표권을 가질 수는 없습니까?

2. Es gibt auch Jugendliche, die von Politik keine Ahnung haben. Wie kann man sie lehren?
   정치를 모르는 청소년들도 있습니다. 어떻게 그들을 가르칠 수 있을까요?

테마 2에 대해 할 수 있는 질문 예시

1. Sie haben gesagt, dass Ihr Hobby Klettern ist. Wie viel Geld brauchen Sie für das Hobby?
   당신은 암벽등반이 취미라고 했습니다. 그 취미를 위해서 얼마나 많은 돈이 필요합니까?

2. Ich würde gerne auch mal Extremsport ausprobieren. Aber wenn man nicht genug Geld für die Ausrüstungen oder Kurse hat, kann man überhaupt den Sport unternehmen?
   저도 익스트림스포츠를 경험해 보고 싶네요. 그런데 장비들이나 강좌들을 위한 돈이 충분하지 않다면 전혀 그 스포츠를 할 수 없나요?

정답 및 해설 | MODELLSATZ 3 LESEN

읽기 부문 1 ⏱ 소요시간: 10분

다음 본문과 문제 1번부터 6번까지 읽으시오.

명제가 맞으면 참(Richtig), 틀리면 거짓(Falsch)을 선택하시오.

Neues Studium, neues Leben

⓪ Ich bin ursprünglich aus Düsseldorf. Dort bin ich geboren, aufgewachsen und zur Schule gegangen. Düsseldorf ist schon eine schöne Stadt. Man kann viel erleben, es gibt gute Universitäten, viel Verkehr, die größte Karnevalsfeier Deutschlands usw. Nach dem Schulabschluss wollte ich aber irgendwie etwas anderes. Ich hatte mir überlegt, nach dem Abitur ein Philosophiestudium zu beginnen. <u>Welche Universität ist für diesen Studiengang die beste?</u> Viele haben mir gesagt, dass man Philosophie am besten in Heidelberg studieren kann. Also habe ich mich für die Karl-Ruprecht Universität Heidelberg entschieden.

❶ In Heidelberg leben jedoch weder Verwandte noch Freunde von mir. Ich wäre dort ganz allein gewesen. Da ich mit drei Geschwistern aufgewachsen bin, wollte ich eigentlich meine Ruhe. Aber zu viel Ruhe könnte auch nicht gut sein. Also versuchte ich, eine WG zu finden. **❷** Im Internet habe ich ein paar nette WGs gefunden und Termine ausgemacht, um mich dort vorzustellen. Auf dem Weg zu der WG, die mir am besten gefallen hatte, sah ich ein Mädchen, **❸** das einer alten Frau beim Überqueren der Straße half. Ich saß im Bus und sah aus dem Fenster, also war das ein ganz kurzer Augenblick. Trotzdem konnte ich das Mädchen irgendwie nicht vergessen. Ich fand, sie hatte eine nette Ausstrahlung und ein sehr schönes Lächeln. Und irgendwann mal wollte ich sie wiedersehen und kennenlernen.

❺ Die WG bestand aus zwei Jungs und einem Mädchen. Wir haben uns lange unterhalten. **❹** Ich fand sie <u>sehr nett</u> und <u>hoffte, dass sie mich auch sympathisch fänden</u>. Ich fühlte mich, als ob ich schon seit langem mit ihnen befreundet wäre. **❹** Und auch die Wohnung selbst war gemütlich. Es war ein Altbau mit großen Zimmern und Balkon. Meins wäre dann das Zimmer neben der Küche. Das hat mir auch gut gefallen, da ich gerne koche und sehr oft bis spät nachts lerne. Dann kann man sich schnell etwas aus dem Kühlschrank holen. Während des Gesprächs kam ein Mädchen zur Tür herein. Es war DAS Mädchen, das ich unterwegs gesehen hatte! **❺** Sie wohnte auch in dieser WG!

Die WG-Mitglieder haben mir heute per E-Mail zugesagt, dass ich bei ihnen wohnen kann. Sie hatten sich so schnell entschieden, damit ich alle anderen Interviewtermine absagen kann. Ich hatte so ein Glück. Alle Mitbewohner sind total nett. **❻** Das Beste ist, dass wir alle an derselben Uni studieren. Nina studiert sogar genau wie ich Philosophie. Nina heißt sie, also das Mädchen, das ich zuvor auf der Straße gesehen hatte. Jetzt habe ich eine neue Familie hier in der fremden Stadt Heidelberg. Ich bin gespannt, was mich noch alles erwartet!

> **어휘**
>
> ursprünglich 원래, 근원적으로 | r. Studiengang 전공 과목 | sich entscheiden für 4 (4격)에 찬성하여 결정하다, (4격)하기로 결정하다 | pl. Verwandte 친인척 | e. Ruhe 고요함 | ausmachen (목적어로 일정이 오면) 일정을 협의하다, 잡다 | s. Überqueren (길) 건너기 | r. Augenblick 찰나 | e. Ausstrahlung 분위기, 아우라 | bestehen aus 3 (3격)으로 구성되다 | r. Altbau 구식 건축 양식 | sich etwas holen ~을 가져다가 먹다 | s. Mitglied 멤버 | zusagen 동의하다 | absagen 거절하다

구문 분석

» Welche Universität ist für diesen Studiengang die beste?
  마지막에 Universität 가 중복되므로 생략한 형태.

» ... hoffte, dass sie mich auch sympathisch fänden.
  finden의 접속법 2식 형태로서, 그들이 나를 호감간다고 여길지 아닐지 모르는 상황에서 가정법을 사용함으로써 희망을 표현함.

해석

새로운 전공, 새로운 삶

나는 본래 Düsseldorf 출신이다. 거기에서 나는 태어났고 자랐으며 학교에 다녔다. Düsseldorf는 하나의 멋진 도시이다. 사람들은 많은 것을 체험할 수 있다. 좋은 대학교들이 있고 교통도 많으며 독일의 가장 큰 카니발 축제가 있다. 학교 졸업 후 하지만 나는 왠지 무엇인가 다른 것을 원했다. 나는 수능 후 철학 학사를 시작하는 것에 대해 깊게 생각했다. 어떤 대학교가 이 전공과목에 최고로 좋을까? 많은 사람들이 나에게 말하기를 철학은 Heidelberg에서 가장 잘 전공할 수 있다고 한다. 그래서 나는 Karl-Ruprecht Universität Heidelberg(대학교 이름)로 결정했다.

Heidelberg에는 그러나 나의 친인척도 친구도 살고 있지 않다. 나는 거기에서 완전 혼자일 것이다. 내가 세 명의 형제자매들과 (함께) 자라서 나는 사실 나만의 고요함을 원했다. 하지만 너무 많은 고요함 역시 그렇게 좋지는 않을 것이다. 따라서 나는 셰어하우스(WG)를 찾기 위해 노력했다. 인터넷에서 몇 개의 괜찮은 셰어하우스를 찾았고 나를 거기에 소개하기 위해 일정을 잡았다. 나에게 가장 마음에 들었던 셰어하우스로 가는 길에 나는 한 소녀를 봤다. 그 소녀는 한 늙은 여자분이 길을 건너는 것을 도와주고 있었다. 나는 버스에 앉아서 창문으로 그것을 봤다. 즉 그것은 아주 짧은 찰나였다. 하지만 나는 왠지 그 소녀를 잊을 수가 없었다. 나는 그녀가 친절한 카리스마를 가졌고 아름다운 미소를 가졌다고 생각했다. 그리고 언젠가 그녀를 다시 만나 알게 되고 싶었다.

그 셰어하우스는 두 명의 소년과 한 명의 소녀로 이루어져 있었다. 우리는 오래 이야기를 나눴다. 나는 그들이 매우 친절하다고 생각했고, 그들 역시 나를 호감이 가는 사람이라고 생각해 주기를 바랐다. 나는 마치 벌써 오랫동안 그들과 친밀한 관계인 것처럼 느꼈다. 그리고 또 그 집 자체도 안락했다. 구식 건축물이었고 큰 방들과 발코니가 있었다. 나의 방은 부엌 옆에 있는 방이 될 것이다. 그것이 나의 마음에 들었다. 왜냐하면 나는 요리하는 것을 좋아하고 밤 늦게까지 자주 공부하기 때문이다. 그러면 빨리 냉장고에서 뭔가를 가져다가 먹을 수도 있다. 대화 동안에 한 소녀가 문으로 들어왔다. 그것은 내가 오는 길에 봤던 바로 그 소녀였다. 그녀도 이 셰어하우스에 살고 있었다!

그 셰어하우스 멤버들은 오늘 나에게 이메일로 내가 그들의 집에 살 수 있다고 수락했다. 그들은 굉장히 빨리 결정을 해서 내가 모든 다른 면접 일정을 취소할 수 있었다. 나는 운이 좋았다. 모든 동거인들이 매우 친절하다. 가장 좋은 것은 우리 모두가 같은 대학교에서 공부한다는 것이다. Nina는 심지어 나와 같은 과목인 철학을 전공한다. Nina라고 한다, 그러니까 내가 이전에 길에서 봤던 그 소녀 말이다. 이제 나는 새로운 가족을 여기 이 낯선 도시 Heidelberg에 가지고 있다. 무엇이 나를 기다릴지 매우 기대된다.

예시문제

0 저자는 대도시 출신이다.	~~Richtig~~	Falsch
1 그는 세 형제 자매와 함께 Heidelberg로 이사왔다.	Richtig	~~Falsch~~
2 그는 WG(셰어하우스)를 찾아다녔지만 성과가 없었다.	Richtig	~~Falsch~~
3 그가 그 소녀를 봤을 때 그는 길을 건너려고 했었다.	Richtig	~~Falsch~~
4 저자는 사람들은 좋다고 생각했으나 그 집은 그에게 마음에 들지 않았다. 집이 너무 오래됐기 때문이다.	Richtig	~~Falsch~~
5 셰어하우스에는 벌써 저자를 제외하고 4명이 살고 있다.	~~Richtig~~	Falsch
6 모든 동거인들은 대학교에서 같은 과목을 전공하고 있다.	Richtig	~~Falsch~~

어휘

zwar A, aber B: A이긴 하지만 B이다 | dasselbe [정관사+selb+형용사 어미] 동일한 과목

읽기 부문 2

소요시간: 20분

언론에서 추출된 텍스트를 읽고 문제 7번부터 9번까지 읽으시오.

a, b, c 중 각 문제에 알맞은 답을 고르시오.

Schwimmschule unterstützt krebskranke Mutter

0 Die Schwimmschule am Pfingstberg ist zur Zeit durch die Krise geschlossen und <u>hat schwer zu kämpfen</u>, um zu überleben. Nichtsdestotrotz haben wir uns entschlossen, einer ehemaligen Teilnehmerin, die mit beiden Töchtern bei uns den Schwimmkurs besucht hat, zu helfen. Die Mama hat Blutkrebs. **8** Und ihr Ehemann ist schon vor 15 Jahren gestorben. Er ist an Herzinfakt gestorben. [8]Sie ist eine alleinerziehende Mutter und hat 2 Töchter und einen Sohn. Jetzt hat sie eine schwere Krankheit und das kann sie sich finanziell nicht leisten. **7** Wir haben also eine Spendenaktion über WhatsApp und Facebook gestartet. Es haben sich einige hilfsbereite Eltern bereits erklärt mitzuhelfen, sodass wir gemeinsam eine Summe in Höhe von 270 Euro spenden können. Man sollte gemeinsam an die Situation rangehen, denn gemeinsam bilden wir eine starke Kette.

7, **9** Wer auch spenden möchte, kann dies über Bankeinzug tun. Die Kontodaten kann man auf unserer Webseite finden: www.schwimmschule-pfingstberg.de

어휘

unterstützen 지원하다 | krebskrank 암에 걸린 | e. Krise 위기 | kämpfen 투쟁하다 | überleben 생존하다 | sich entschließen 결정하다 | ehemalig 이전의 | r. Blutkrebs 혈액암 | r. Herzinfarkt 심근경색 | alleinerziehend 편모/편부의 | sich leisten (재정적으로) 감당하다 | hilfsbereit 도울 준비가 되어 있는

구문 분석

» haben schwer zu 부정사 ~하는 데에 어려움을 가지고 있다

해석

수영학원이 암에 걸린 엄마를 지원한다

Pfingstberg 수영학원이 최근에 (경제적) 위기로 문을 닫았고 생존하기 위해 투쟁하는 데에 어려움을 겪고 있다. 그럼에도 불구하고 우리는 그녀의 두 딸과 함께 우리 수영 강좌를 다녔던 예전 참가자 여자분을 돕기로 결정했다. 그 엄마는 혈액암을 앓고 있다. 그리고 그녀의 남편은 15년 전에 이미 죽었다. 그는 심근경색으로 죽었다. 그녀는 혼자 아이를 양육하는 엄마이고 두 명의 딸과 한 명의 아들을 가지고 있다. 지금 그녀는 심각한 질병을 가지고 있고 그것을 재정적으로 감당할 수 없다. 우리는 따라서 WhatsApp과 Facebook을 통한 모금활동을 시작했다. 몇몇 도울 준비가 되어 있는 부모들이 이미 함께 돕기로 합의가 되었고, 그럼으로써 우리가 함께 270유로에 달하는 총액을 기부할 수 있다. 함께 이 상황에 직면해야 한다. 왜냐하면 함께 하면 우리는 하나의 강한 연대를 만들어낼 수 있기 때문이다. 또한 기부하고 싶은 사람은 이것을 은행 입금으로 할 수 있다. 계좌 정보는 우리의 웹사이트에서 찾을 수 있다. (웹사이트 주소)

예시문제

0 Pfingstberg에 있는 수영학원은 …

☒ a 경제위기에 시달리고 있다.
☐ b 수영 강좌를 제공 중이다.
☐ c 암과 투쟁하고 있다.

7 이 글의 주된 내용은 …이다.

☐ a 암으로 죽은 엄마들을 위한 기부활동이 있을 예정이라는 것
☒ b 누구나 함께할 수 있는 기부활동이 있다는 것
☐ c 가난한 사람을 위해 279유로를 기부해야 한다는 것

8 그 병든 엄마는 …

☒ a 두 명의 딸이 있다.
☐ b 2년 전에 남편을 잃었다.
☐ c 경제적으로 안정적이다.

9 그 기부 활동은 …

☐ a 그 수영학원의 회원이 시작했다.
☐ b 큰 성과를 거두며 끝났다.
☒ c 아직도 진행 중이다.

읽기 부문 2

언론에서 추출된 텍스트를 읽고 문제 10번부터 12번까지 읽으시오.

a, b, c 중 각 문제에 알맞은 답을 고르시오.

Veterinäramt hat sechs Hundewelpen gerettet

❿ Das Veterinäramt Reinickendorf hat bei zwei Einsätzen im Sommer insgesamt sechs Hundewelpen bei illegalen Welpenhändlern sichergestellt. ⓬ Die Tiere waren zu früh von dem Muttertier getrennt worden, verfügten über keine Herkunftsnachweise und sind vermutlich ungeimpft aus Osteuropa importiert worden. Bezirksstadtrat Mark (SPD) führt dazu aus: „Trotz der katastrophalen Unterbesetzung der Veterinärämter in ganz Berlin, konnten wir mit diesen kurzfristig angesetzten Einsätzen wieder unter Beweis stellen, dass wir illegalen Tierhandel in Reinickendorf nicht dulden. ⓫ Durch unsere regelmäßigen Aktionen stellen wir sicher, dass der Handel in Reinickendorf auf einem niedrigen Niveau verbleibt."

Welpen sollten niemals auf der Straße oder in Privatwohnungen erworben werden. <u>Wer einen Welpen kaufen will</u>, sollte zu einem seriösen Züchter gehen und einen Herkunftsnachweis verlangen.

어휘

s. Veterinäramt 동물 보호 및 수의사 관청 | r. Hundewelpe 강아지 새끼 강아지 | retten 구하다 | r. Einsatz 투입 | illegal 불법적인 | r. Welpenhändler 강아지 상인 (강아지를 파는 사람) | s. Muttertier 엄마 동물 | verfügen über 4 (4격)을 보유하다 | r. Herkunftsnachweis 출신 증명 | vermutlich 예견컨대 | ungeimpft 접종 받지 않은 | importieren 수입하다 | r. Bezirksstadtrat 지역구 의원 | ausführen (여기에서는) 열거하다, 설명하다 | katastrophal 처참한, 재앙적인 | e. Unterbesetzung 정원 부족 | kurzfristig 단기간의 | ansetzen 투입하다 | r. Tierhandel 동물 거래 | dulden 인내하다 | niedrig 낮은 | s. Niveau 등급 | verbleiben 남아 있다, 머무르다 | erwerben 취득하다 | seriös 성실한 | r. Züchter 사육사 | verlangen 요구하다

구문 분석

» Wer einen Welpen kaufen will, ... : Wer로 시작하고 동사가 후치 될 경우, '~한 사람은' 이라고 해석하면 됩니다. 주어 역할을 하며 3인칭 단수 취급이 되므로, 주절의 동사는 3인칭 단수형이 바로 다음에 따릅니다.

해석

> ### 동물 보호 관청이 여섯 마리의 강아지를 구조했다
>
> Reinickendorf의 동물관청이 여름에 두 번의 투입으로 여섯 마리의 강아지들을 불법적인 강아지 상인으로부터 지켰다. 그 동물들은 어미로부터 너무 일찍 분리되었고 출생 증명도 처리되지 않았으며 예견컨대 접종도 받지 않고 동유럽에서 수입되었다. 지역구 의원 Mark(SPD당)는 여기에 대해 설명한다: 베를린 내의 동물 보호 관청의 재앙적인 인원부족에도 불구하고 우리는 이 짧은 기간에 도입된 투입으로써 다시 우리가 Reinickendorf에서의 불법 동물 거래를 좌시하지 않는다는 것을 명백히 했습니다. 우리의 규칙적인 활동을 통해서 우리는 Reinickendorf의 이 (동물)거래가 낮은 수준에 머물 것이라는 것을 확실히 합니다.
>
> 강아지들은 절대 길에서나 개인 집에서 취득될 수 없다. 강아지를 사고 싶은 사람은 성실한 사육사에게 가서 출생 증명서를 요구해야 한다.

10 이 글의 주된 내용은 …
- a 한 관청이 강아지 상인을 통제한다는 것이다.
- ☒ b 강아지들이 불법상인들로부터 구조됐다는 것이다.
- c 아직도 불법적인 동물 거래가 있다는 것이다.

11 그 지역구 의원은 …
- a 그 투입을 끝낼 것이라고 한다.
- ☒ b 그 상인들을 계속해서 관리할 것이다.
- c 통상이 낮은 수준에 머물고 있다는 것을 확인했다.

12 그 강아지들은 …일 것이다.
- ☒ a 증명되지도 않았고 접종 받지도 않았다.
- b 그것들의 어미와 함께 수입되었다.
- c 한 개인 가정에서 취득되었다.

어휘

beenden 끝내다 | verbleiben 머무르다 | unter Kontrolle haben 관리하다 | nachweisen 증명하다

읽기 부문 3

🕐 소요시간: **10분**

13번에서 19번까지 상황들을 읽고 A부터 J까지 다양한 독일어권 미디어로부터 추출한 광고를 읽으시오. 고르세요: 어떤 광고가 어떤 상황에 맞습니까?

당신은 모든 광고를 오직 한 번만 쓸 수 있습니다. 예시의 광고는 당신은 다시 쓸 수 없습니다. 한 상황에 대해서는 맞는 광고가 없습니다. 이 경우 0을 쓰십시오.

다양한 사람들이 다양한 수리를 위한 상품들을 찾고 있습니다.

예시문제	
0 Krause여사는 한 새로운 집에 이사 들어왔다. 어제부터 그녀는 하지만 창문을 열 수 없다. 그녀는 이유를 모른다.	광고 : **g**

13 Marie는 10년 전부터 세탁기 하나를 가지고 있다. 어제부터 그 세탁기가 더 이상 작동하지 않는다.	광고 : **c**
14 Roger는 자전거 하나를 가지고 있다. 앞 전조등이 깜빡깜빡거린다. 하지만 그는 유감스럽게도 수리를 할 수 없다.	광고 : **0**
15 Simon은 집에 식기세척기 하나를 가지고 있다. 그것은 너무 오래되었다. 그래서 그는 한 새로운 것을 찾고 있다. 지금 그는 하나의 좋은 식기세척기를 찾았는데 그것을 어떻게 설치해야 하는지 모른다.	광고 : **a**
16 Winkler 씨는 컴퓨터를 잘 다루지 못한다. 모니터가 고장났다. 그리고 하드디스크가 거의 가득 찼다.	광고 : **d**
17 Lange 씨는 그녀의 할머니로부터 한 가죽자켓을 받았다. 지금 그 자켓은 너무 오래되었지만 그녀는 그 자켓을 버리고 싶지 않다.	광고 : **e**
18 Roth씨는 프로포즈용 반지를 하나 샀다. 다이아몬드가 틀에서 빠졌다. 프로포즈일 까지 일 주일 시간이 있다.	광고 : **h**
19 Teressa는 백화점에서 냄비 하나를 샀다. 그 냄비의 뚜껑이 지금 고장났다. 그녀는 보증서가 없다.	광고 : **j**

a

Elektroservice

🟢 **Neu-Installationen / Reparaturen**

Hans-Peter

ACKERMANN

Elektromeister

Heiligensee, Fährstr.31a

403 76 90

inforlicht@web.de FAX 403 769 16

해석

전자 서비스

새 설치 / 수리

Hans-Peter Ackermann (상표)

전자 기기 장인

주소

전화번호

메일주소, 팩스

어휘

e. Installation 설치

b

Stundenrabatte
Räumungsverkauf
ALLES MUSS RAUS!

| auf
Wolle
Leder
Heimtextilien
**25%
RABATT** | auf
Damen-
oberbekleidung
Schuhe
**30%
RABATT** | auf
Schmuck
Ringe
Ohrringe
**45%
RABATT** | auf
Topf
Geschirr
Lebensmittel
**15%
RABATT** |

Die Rabatte werden an der Kasse abgezogen und sind nicht mit anderen Rabatten kombinierbar, die Rabatte gelten auch auf bereits reduzierte Ware.

해석

시간 당 할인

창고 대 방출

모든 것은 나가야 합니다!

| 울
가죽
섬유
25% 할인 | 여성 상의
신발
30% 할인 | 보석
반지
귀걸이
45% 할인 | 냄비
그릇
식료품
15% 할인 |

할인은 계산대에서 차감되며 다른 할인과 결합할 수 없습니다. 할인은 이미 할인된 상품에도 적용됩니다.

어휘

auf ~에 대한 할인이라고 할 때 '~에' 라는 뜻 | kombinierbar 결합 가능한

c

ALBARTH ELEKTROSERVICE

⓭ Waschmaschinenreparaturen aller Fabrikate

Mobile Fachwerkstatt für Waschmaschinen, Geschirrspüler, Trockner, Kühlschränke, Herde, Mikrowellen

447 16 777 in Ihrer Nähe

täglich 7.30-22.00 Uhr auch Sonn- und Feiertagen

해석

Albarth 전자 서비스

모든 공장의 세탁기 수리

세탁기, 식기세척기, 건조기, 냉장고, 인덕션, 전자렌지를 위한 이동 가능한 전문 수리소

447 16 777 당신 가까이에

매일 7:30~22:00, 일요일과 공휴일에도

어휘

s. Fabrikat 공장 제품

d

24H SERVICE

unbürokratisch – schnell – fair

IT – SERVICE & ⓰ COMPUTERREPARATUR

im Kreis Düsseldorf

05250/ 93 62 44

✓ Virenentfernung ✓ Notebook & PC Reparatur
✓ Datenrettung ✓ DSL & Telefon Einrichtung
✓ EDV-Beratung ✓ Netzwerk – Internet – WLAN
✓ Bürokommunikation ✓ Betriebssystem & Virtualisierung

해석

24시 서비스
관료적이지 않은-빠른-공평한
IT서비스&컴퓨터수리
Düsseldorf 근처
05250/93 62 44

✓ 바이러스 제거 ✓ 노트북&컴퓨터 수리
✓ 정보보호 ✓ DSL&전화 설비
✓ EDV-상담 ✓ 네트워크-인터넷-무선인터넷
✓ 사무실 커뮤니케이션 ✓ 운영체계&시각화

어휘

unbürokratisch 관료주의적이지 않은

e

Leder Reparatur Salzburg:

wir reparieren, färben und pflegen Ihr Leder! ⑰

- Autoleder
- Lederjacken
- Bootsleder
- Möbelleder
- Türverkleidungen
- Ledertaschen
- Ledersessel
- Oldtimer
- Motorradleder
- Antikleder
- Ledercouchen
- Flugzeugsitze

해석

가죽 수선 Salzburg

우리는 당신의 가죽을 수리하고, 염색하고 케어합니다.

- 자동차 가죽
- 가죽 자켓
- 부츠 가죽
- 가구 가죽
- 자동차 문 가죽
- 가죽 가방
- 가죽 소파
- 올드타이머
- 오토바이 가죽
- 앤틱 가죽
- 가죽 카우치
- 비행기 시트

f

Fahrräder
Accessoires und Zubehör

in nur 3 Tagen!

Fahrrad Doktor JASS

Friedrichstraße 45. Eppelheim

0173/ 5987 4421

해석

자전거

액세서리와 부속품

오직 3일 내로!

자전거 박사 JASS

Friedrichstra ß e 45. Eppelheim

0173/ 5987 4421

어휘

s. Zubehör 부속품

g

FENSTER KLEMMEN?
SCHLIESSEN NICHT RICHTIG?
SCHWER BEDIENEN?
ZEIT FÜR
FENSTERWARTUNG!!! ⓞ

PAUSCHALE AB
GÜNSTIGE 9 €
PRO FENSTER!!!

해석

창문 조이기?

제대로 안 닫혀요?

조작하기 어렵나요?

창문을 정비할 시간입니다!

다 합쳐서 저렴하게 9유로부터, 창문 하나 당!

h

Uhren- und Schmuck-Reparaturservice ⑱

⇨ Schmuckreparaturen   ⇨ Perlen aufziehen
⇨ Uhrenreparaturen   ⇨ Namensketten
⇨ Batteriewechsel   ⇨ Diamanten
⇨ Ohrlochstechen   ⇨ Ihr Bild in Gold

Nur in 3 Tagen erhalten Sie Ihren Schmuck!

해석

시계 그리고 보석 수리 서비스

⇨ 보석 수리   ⇨ 진주 뽑기
⇨ 시계 수리   ⇨ 이름 목걸이
⇨ 배터리 교체   ⇨ 다이아몬드
⇨ 귀 뚫기   ⇨ 당신의 사진을 금으로

오직 3일 후에 당신은 당신의 보석을 수령합니다

i

Goldschmiede

GOLDHAUS

Schmuck Reparatur

Ringe verkleinern?

Ketten löten?

Schmuck reinigen?

Armschmuck kürzen?

Ohrschmuck erneuern?

Ob Gold oder Silber bei uns liegt Ihr Schmuck *goldrichtig*.

Bernwardstr.7-31134 Hildesheim

051218754300

해석

금 세공사

Goldhaus

보석 수리

반지 줄이기?

목걸이 납땜하기?

보석 세척?

팔찌 줄이기?

귀걸이 새로 수리하기?

금이건 은이건 우리에게 당신의 보석은 금과 같습니다.

Bernwardstr.7-31134 Hildesheim

051218754300

j

Wir reparieren ALLES!

- Geschirr
- Besteck
- Gläser
- Becher
- Tassen
- Pfannen
- Töpfe ⑲
- Wasserkocher
- Waschbecken
- Küchentisch

Was für Ihre Küche nötig ist!

www.schnellekueche.de

해석

우리는 모든 것을 수리합니다!

- 그릇
- 집기
- 유리잔
- 컵
- 찻잔
- 팬
- 냄비
- 커피포트
- 세면대
- 식탁

부엌에 필요한 것들!

www.schnellekueche.de

읽기 부문 4

🕐 소요시간: 15분

20번부터 26번까지 글을 읽으시오. 고르세요: 이 사람은 **채식에 찬성합니까**?

한 잡지에서 당신은 윤리적 문제로서의 축산업에 관련한 채식에 대한 기사에 달린 댓글을 읽습니다.

예시문제		
0 Karsten	Ja	~~Nein~~

20 Ines	Ja	~~Nein~~	24 Norina	~~Ja~~	Nein
21 Leonie	Ja	~~Nein~~	25 Peter	~~Ja~~	Nein
22 Nora	Ja	~~Nein~~	26 Sofia	~~Ja~~	Nein
23 Paul	~~Ja~~	Nein			

LESERBRIEFE

예시문제

Es muss doch möglich sein, jede Art von Tierhaltung, die nicht Tier gerecht ist, einfach zu verbieten. Dann wird das Fleisch halt teurer und weniger wird davon gegessen. Damit aber die Verbraucher nicht so leiden müssen, könnte ja die Mehrwertsteuer auf Tierfair und Biowaren abgeschafft werden.

Karsten, 25, Bern

해석

동물에게 정당하지 않은 (동물을 제대로 다루지 않는) 모든 종류의 축산업을 금지하는 것이 가능해야 한다. 그러면 고기는 더 비싸지고 더 적게 먹힐(소비될) 것이다. 하지만 그로써 소비자가 너무 고통받을 필요가 없게 하기 위하여 동물보호(를 위해 동물실험 하지 않는 제품이나 활동)나 친환경 상품에 대한 부가세가 폐지될 수 있을 것이다.

Karsten, 25세 Bern

20

Vegetarier müssten eigentlich gesünder leben. Der Grund ist aber nicht das fleischlose Essen. Hier wird eine Gruppe, welche das Essen manchmal schon zur Religion erhebt, mit dem Rest der Bevölkerung verglichen. In diesem großen „Rest" sind aber viele, die sich keinerlei Gedanken um das Essen machen. Für das Ernährungsproblem auf dieser Welt gibt es nur eine Lösung: Weniger Menschen.

Ines, 32, Hamburg

해석

채식주의자는 사실 더 건강하게 살 수 있을 것이다. 여기에서 음식을 가끔 종교로 끌어올려 찬양하는 그룹과 그렇지 않은 나머지 국민들이 비교된다. 이 큰 "나머지"는 하지만 음식에 대해 딱히 생각을 하지 않는 다수이다. 이 세상에서 영양섭취 문제를 위해서는 오직 하나의 해결책만이 있다. : 인간이 더 줄어드는 것.

Ines, 32세, Hamburg

21

Der Mensch ist einfach von Natur aus ein sogenannter Mischesser. Die Natur hat nichts mit irgendwelchen Ideologien zu tun und lässt sich auch nicht überlisten. Zuviel Fleisch ist genauso ungesund wie gar kein Fleisch. Wie heißt es so schön - ausgewogene Ernährung.

Leonie, 21, Marburg

해석

인간은 단순히 자연적으로 말하자면 잡식성이다. 자연은 그 어떤 이데올로기와도 관련이 없으며 책략에 넘어가지도 않는다. 너무 많은 고기는 아예 고기가 없는 것만큼이나 건강하지 않다. 항상 말하듯이 균형잡힌 영양이 가장 중요하다.

Leonie, 21세, Marburg

22

Zwei Drittel landwirtschaftlichen Nutzfläche in Deutschland sind Wiesen und Weiden. Die kann man nur durch Fleischwirtschaft nutzen. Überdies haben wir nur eine Ernte im Jahr. Wenn man den Luxus Vegetarier zu sein nun mit der Tatsache vergleicht, ist Schichtsalat aus Kenia mitten im Winter nichts weniger als umweltfreundlich, wo Wassermangel steht.

Nora, 35, Magdeburg

해석

독일의 농경지의 2/3는 초원과 목초지다. 그것들은 오직 축산업을 통해서만 유용하게 쓸 수 있다. 게다가 우리는 1년에 오직 한 번의 수확을 한다. 호화로운 채식주의자로서 사는 것을 이 사실과 비교한다면 한 겨울에 물 부족 국가인 케냐에서 온 층층이 쌓은 형식의 샐러드는 친환경적이지 않은 것 이상 이하도 아니다.

Nora, 35세, Magdeburg

23

Nach dem Desaster von Kopenhagen hätte man Hinweise zur Rettung des Planeten vor dem weiteren Anstieg der Treibhausgase erwarten können. Die industrielle Viehzucht verursacht nämlich mehr Emissionen als der Transportsektor. Meiner Meinung nach wäre es auch hilfreich, wenn man mal Vegetarier wird. Ich selbst versuche auch mindestens einmal pro Tag ganz vegetarisch zu essen.

Paul, 29, Hannover

해석

코펜하겐의 재앙 이후에 아마도 온실가스의 계속되는 증가로부터 이 행성을 지키는 것에 대한 지침을 기대할 수 있었을지도 모른다. 공업적인 축산업은 운송분야보다 더 많은 배출을 유발하기 때문이다. 내 의견으로는 사람들이 한번쯤 채식주의자가 된다면 도움이 될 것 같다. 나 스스로도 하루에 적어도 한번은 완전히 채식을 하려고 노력한다.

Paul, 29세, Hannover

24

Zur Zeit hat man genug Ernährungen. Früher brauchte man schon sehr viel Fleisch, nämlich hatte man damals körperlich viel zu tun. Und jetzt haben wir sogar KI: künstliche Intelligenz. Die Technik hat sich so weit entwickelt und jetzt brauchen die Menschen keine körperliche Energie mehr. Nun ist die Zeit, über andere Dinge zu überlegen. Zum Beispiel Umweltschutz.

Norina, 26, Frankfurt

해석

근래 들어 사람들은 충분한 영양을 가지고 있다. 예전에는 굉장히 많은 고기를 필요로 했는데, 왜냐하면 그 때에는 육체적으로 할 일이 많았기 때문이다. 그리고 지금 우리는 심지어 인공지능을 가지고 있다. 기술이 굉장히 발전하여 지금 더 이상 인간은 신체적인 에너지를 필요로 하지 않는다. 이제 우리는 다른 것들에 대해 심사숙고해야 할 시간이다. 예를 들어 환경보호 말이다.

Norina, 26세, Frankfurt

25

Natürlich wäre es auch besser, wenn Fleisch aus kontrollierter Haltung stammen und nicht aus Massentierhaltung. Aber in der Tat ist es schwer zu realisieren. Also dann, wie wäre es, wenn man den Konsum von Fleisch ganz reduzieren würde? Dazu dient vegetarische Ernährung sicher.

Peter, 38, Bremen

26

Alle Argumente haben ihre Gründe. Ich habe mich auch mal dafür entschieden, Vegetarier zu werden. Der Grund dafür war ideologisch. Die intensive Tierhaltung schien mir brutal und sie ist auch schädlich für die Umwelt. Aber nach ein paar Monaten bin ich dann krank geworden. Diagnose: Mangelernährung. Vegetarische Ernährung selbst war nicht mein Ding. Aber ideologisch gesehen, hat sie schon eine Bedeutung.

Sofia, 33, Dresden

해석

당연히 고기가 공장식 사육이 아닌 관리된 사육으로부터 유래하면 더 좋을 것이다. 하지만 사실상 그것은 현실화되기 어렵다. 그렇다면 고기 소비를 완전히 줄인다면 어떨까? 거기에 채식주의 식단이 분명 도움이 될 것이다.

Peter, 38세, Bremen

해석

모든 주장들은 근거들이 있다. 나도 채식주의자가 되기로 결정했다. 거기에 대한 근거는 이데올로기적이다. 집약적인 동물 사육이 나에게는 잔인하게 보였고 그것은 또한 환경에 피해를 준다. 하지만 몇 달 후 나는 아팠다. 진단명은 영양 실조였다. 채식주의적인 영양섭취는 나에게 해당하는 것이 아니었다. 하지만 이데올로기적으로 봤을 때 그것은 이미 하나의 의미를 갖는다.

Sofia, 33세, Dresden

어휘

möglich 가능한 | verbieten 금지하다 | r. Verbraucher 소비자 | leiden 고통을 받다 | e. Mehrwertsteuer 부가세 | abschaffen 폐지하다 | r. Vegetarier 채식주의자 | gesund 건강한 | vergleichen 비교하다 | e. Bevölkerung 인구 | e. Lösung 해결책 | r. Mischesser 혼합식 하는 사람 | e. Ideologie 이념 | überlisten 속이다 | ungesund 건강에 해로운 | ausgewogen 균형 잡힌 | e. Ernährung 영양 | e. Landwirtschaft 농업 | e. Nutzfläche 이용 지역 | e. Wiese 초원 | e. Weide 목초지 | e. Ernte 수확 | r. Luxus 사치 | r. Umweltschutz 환경 보호 | kontrolliert 통제된 | e. Massentierhaltung 대량 사육 | realisieren 실현하다 | r. Konsum 소비 | s. Argument 논거 | intensiv 집중적인 | schädlich 해로운 | e. Umwelt 환경 | e. Mangelernährung 영양 실조

읽기 부문 5

소요시간: 10분

27번부터 30번까지 읽고 본문을 읽으시오.

각 과업에 알맞은 정답을 a, b, c 중에 고르시오.

당신은 다가구 주택에 대한 실내 규칙과 관련된 정보를 얻고 있습니다.

27 정숙 시간 동안에는 ...
- [a] 라디오와 TV가 금지된다.
- [b]̄ 악기 연주를 할 수 없다.
- [c] 2시간 미만으로 음악 연주를 할 수 있다.

28 금지되는 것은 ... 이다.
- [a] 비상구 앞의 유모차들
- [b] 수도시설
- [c]̄ 창고에 화재유발의 위험이 있는 물건 보관

29 세입자들은 ...
- [a]̄ 공동 공간을 함께 청소해야 한다.
- [b] 청소 계획서를 작성해야 한다.
- [c] 꽃에 물을 주어야 한다.

30 집은 ...
- [a] 추운 겨울 동안에 닫혀 있어야 한다.
- [b]̄ 수차례 환기되어야 한다.
- [c] 금연 구역에 속한다.

Hausordnung für Mehrfamilienhaus

1. **Ruhezeiten und Lärmvermeidung:**

1.1. Jeder Mieter/jede Mieterin hat daran mitzuwirken, dass vermeidbarer Lärm in der Wohnung, im Haus, im Hof und auf dem Grundstück unterbleibt.

1.2. In den Zeiten zwischen 13.00 bis 15.00 Uhr sowie zwischen 22.00 Uhr und 7.00 Uhr ist besondere Rücksicht geboten. **㉗ Während der Ruhezeiten sind Radios, Fernseher, CD-Player etc. mit Zimmerlautstärke zu nutzen.**

1.3. **In der Zeit der Mittagsruhe (13.00 bis 15.00 Uhr) und zwischen 19.00 Uhr 8.00 Uhr ist das Spielen von Instrumenten grundsätzlich untersagt.** In den anderen Zeiten darf nicht länger als zwei Stunden am Tag musiziert werden.

1.4. An Sonn- und Feiertagen sind die Ruhezeiten ganztägig.

1.5. Bei Feiern aus besonderem Anlass sollten alle Mitbewohner rechtzeitig informiert werden.

2. **Sicherheit:**

2.1. Haustüren, Kellereingänge und Hoftüren sind in der Zeit von 22.00 bis 6.00 Uhr aus Sicherheitserwägungen immer geschlossen zu halten. Die Fluchtwege (Haus- und Hofeingänge, Treppen und Flure) sind grundsätzlich freizuhalten. **㉘ Davon ausgenommen sind Kinderwagen, Gehhilfen und Rollstühle, soweit durch diese keine Fluchtwege versperrt und andere Mitbewohner unzumutbar behindert werden.**

2.2. Während der kalten Jahreszeit sind Fenster im Keller, auf dem Speicher sowie im Treppenhaus geschlossen zu halten. Bei Regen und Unwetter sind Dachfenster zu verschließen und zu verriegeln.

2.3. Soweit dies für die Bewohner des Hauses erkennbar ist, sind Undichtigkeiten und sonstige Mängel an den Gas- und Wasserleitungen sofort an das zuständige Versorgungsunter- nehmen und den Vermieter zu berichten. Wird Gasgeruch in einem Raum bemerkt, darf dieser nicht mit eingeschaltetem Licht betreten werden. Elektrische Schalter sind nicht zu betätigen. Die Fenster sind zu öffnen, der Hauptabsperrhahn ist sofort zu schließen.

2.4. Das Grillen mit Holzkohle ist auf den Balkonen grundsätzlich nicht gestattet. Hierfür steht ggf. eine geeignete Fläche in der Nähe des Gebäudes zur Verfügung.

2.5. **㉘ Das Lagern von feuergefährlichen, leicht entzündbaren sowie Geruch verursachenden Stoffen im Keller oder auf dem Dachspeicher ist untersagt.**

3. Reinigung:

3.1 Haus und Grundstück sind in einem sauberen und reinen Zustand zu erhalten.

3.2. ㉙ Der Vermieter stellt einen Reinigungsplan, nach dem die Mieter abwechselnd die gemeinschaftlich genutzten Flächen säubern müssen. Hierzu gehören Flure, Treppen, Fenster und Dachbodenräume sowie Zugangswege zum Haus, der Hof und Bürgersteige vor dem Haus sowie der Abstellplatz der Mülltonnen.

3.3. Beim Gießen von Blumen auf Blumenbrettern und in Blumenkästen auf dem Balkon und auf der Fensterbank ist darauf zu achten, dass das Wasser nicht an der Hauswand her- unterläuft und auf die Fenster und Balkone anderer Mieter tropft.

4. Müll:

4.1. Der im Haushalt anfallende Müll darf nur in die dafür vorgesehenen Mülltonnen und Container entsorgt werden. Sondermüll und Sperrgut müssen nach Vorschriften der Stadt gesondert entsorgt werden und gehören nicht in die hauseigenen Mülltonnen.

4.2. Der Müll ist entsprechend der behördlichen Vorschriften konsequent und ordnungsgemäß zu trennen.

5. Lüften & Rauchen:

5.1 ㉚ Die Wohnung ist auch in der kalten Jahreszeit ausreichend durch Öffnen der Fenster zu lüften. Hat die Wohnung Fenster zum Treppenhaus hin, so dürfen diese nicht zur Entlüftung genutzt werden.

5.2 ㉚ Das Rauchen im Treppenhaus, in den Fluren sowie im Keller ist untersagt.

어휘

mitwirken 협력하다 | unterbleiben 중단되다 | nutzen 사용하다 | untersagen 금지하다 | halten 유지하다 | freihalten 비워두다 | verschließen 닫다 | verriegeln 잠그다 | berichten 보고하다 | öffnen 열다 | gestatten 허용하다 | erhalten 유지하다 | säubern 청소하다 | achten 주의하다 | entsorgen 처리하다 | trennen 분리하다 | lüften 환기하다 | s. Mehrfamilienhaus 다가구 주택 | e. Ruhezeit 쉬는 시간 | e. Lärmvermeidung 소음 방지 | r. Mieter 세입자 | r. Lärm 소음 | r. Hof 뜰 | s. Grundstück 부지 | pl. Zeiten 시간대 | e. Rücksicht 배려 | r. Fernseher 텔레비전 | e. Zimmerlautstärke 방송 소리 | spielen 놀다 | s. Instrument 악기 | e. Ruhe 평온 | feiern 축하하다 | e. Sicherheit 안전 | e. Haustür 현관문 | r. Kellereingang 지하실 입구 | r. Fluchtweg 대피로 | r. Kinderwagen 유모차 | e. Gehhilfe 보행 보조기구 | r. Rollstuhl 휠체어

해석

다가구 주택을 위한 실내 규칙

1. 정숙시간과 소음방지

1.1. 모든 세입자들은 집 안, 건물 안, 뒷마당, 토지에서 예방 가능한 소음이 일어나지 않는 것에 기여할 필요가 있다.

1.2. 13시부터 15시 사이 시간 및 22시에서 7시 사이 시간의 정숙시간에는 특별한 배려가 필요하다. 정숙시간 사이에는 라디오, TV, CD플레이어 등은 방 음량으로 사용되어야 한다.

1.3. 정오 정숙시간 (13시부터 15시)과 19시부터 8시까지는 악기의 연주가 원칙적으로 금지된다. 다른 시간에는 하루에 2시간 이상 연주되어서는 안 된다.

1.4. 일요일과 휴일에는 정숙시간이 하루 종일이다.

1.5. 특별한 계기로 인해 파티를 할 경우 모든 세입자들에게 제때에 고지되어야 한다.

2. 보안

2.1. 집 문, 창고 입구 그리고 마당 문들은 22시부터 6시까지 안전을 고려하여 항상 닫혀진 상태로 유지되어야 한다. 비상구들(건물과 마당 입구, 계단 그리고 복도)들은 원칙적으로 비워 두어야 한다. 예외적으로 유모차, 이동 보조장치, 휠체어들은 그것들로 인해 비상구가 막히거나 다른 세입자들이 말도 안 되게 방해받지 않는 한 허용된다.

2.2. 추운 계절 동안에는 창고와 저장고, 계단의 창문은 닫혀진 채로 유지되어야 한다. 비가 오거나 악천후일 때는 다락 창문은 잘 잠가 빗장을 쳐야 한다.

2.3. 이것이 건물의 거주자들에게 인식 가능한 상태인 한, 누수나 그 외의 가스나 수도시설의 결함은 관련 공급회사와 건물주에게 즉시 보고되어야 한다. 한 방에서 가스냄새가 감지되면 전원이 들어온 전등을 들고 출입해서는 안 된다. 전자 스위치들은 조작되어서는 안 된다. 창문을 열어야 하고 중앙 벨브는 즉시 잠가야 한다.

2.4. 발코니에서 나무 숯으로 고기 등을 굽는 것은 원칙적으로 금지되어 있다. 이것을 위해 경우에 따라서는 건물 근처의 적합한 면적이 이용 가능하다.

2.5. 화재 위험이 있는, 불이 잘 붙거나 냄새를 유발하는 물건을 창고나 다락 공간에 보관하는 것은 금지된다.

3. 청소

3.1 건물과 토지는 깨끗하고 청결한 상태로 유지되어야 한다.

3.2. 건물주는 세입자들이 교대하며 공동적으로 사용되는 공간을 청소해야 할 청소 계획서를 작성한다. 여기에는 복도와 계단, 창문 그리고 다락 방들, 건물과 마당의 출입구, 건물 앞의 보행로 및 쓰레기통 세워두는 장소가 속한다.

3.3. 발코니와 창문의 꽃 울타리와 화분에 물을 줄 때 물이 건물 벽에 흐르거나 다른 세입자 창문이나 발코니에 떨어지지 않도록 주의를 기울여야 한다.

4. 쓰레기

4.1. 가정에서 생기는 쓰레기는 오직 그것을 위해 마련된 쓰레기통이나 컨테이너에 처리되어야 한다. 유해 폐기물과 대형폐기물은 시의 규정에 따라 따로 처리되어야 하며 주택 쓰레기통에 넣지 않는다.

4.2. 쓰레기는 당국의 지침에 따라 철저하고 규칙에 맞게 분류되어야 한다.

5. 환기 & 흡연

5.1 집은 추운 계절에 충분히 창문을 엶으로써 환기되어야 한다. 집이 계단 쪽으로 창문을 가지고 있다면 이 창문은 환기의 목적으로 사용되어서는 안 된다.

5.2 계단 복도, 복도 및 창고에서의 흡연은 금지되어 있다.

정답 및 해설 | MODELLSATZ 3 HÖREN

듣기 부문 1

당신은 이제 다섯 개의 짧은 글을 듣게 됩니다. 각 글은 두 번 들려 드립니다. 각 글에 따라 두 개의 문제를 풀게 됩니다. 각 문제별로 맞는 답을 고르십시오.

우선 예시를 읽으십시오. 10초의 시간을 드립니다.

예시문제

1 이 병원은 주말에도 열려 있다.   Richtig ~~Falsch~~ ☒

2 응급의사의 직통 번호는 … 이다.
   - a 734/4479
   - b 732/4479 ☒
   - c 732/4579

스크립트

Sie hören eine Nachricht auf dem Anrufbeantworter.

Praxis Doktor Heine, guten Tag. Leider rufen Sie außerhalb unserer Sprechzeiten an. ❶ Wir sind unter der Woche von 8 bis 11:30 und von 14:30 bis 17 Uhr für Sie da. Im Notfall steht Ihnen der Notarzt, Herr Doktor Herbert, zur Verfügung. ❷ Die Durchwahl lautet 732/4479. Sie können ihn natürlich auch am Wochenende erreichen.

해석

당신은 자동응답기의 한 메시지를 듣게 됩니다.

Heine 개인병원입니다. 안녕하세요. 유감스럽게도 당신은 우리의 영업시간 외에 전화를 거셨습니다. 우리는 주중 8시부터 11시30분, 14시 30분부터 17시까지 당신을 위해 있습니다. (열려 있습니다.) 응급상황에는 응급의사, Herbert 박사님이 계십니다. 직통번호는 732/4479입니다. 당신은 당연히 주말에도 그에게 연락할 수 있습니다.

어휘

r. Notfall 긴급 상황 | e. Durchwahl 직통 번호 | erreichen 4 (4격에) 도달하다

지문 1

1 모든 참가자들이 상품을 받는다.

2 여기에서 무엇을 받지 못하는가?

Richtig | ~~Falsch~~

- [a] 기차표
- [b] 대림절 달력
- [x] 5센트

스크립트

Sie hören eine Durchsage im Radio.

Nun wie gewohnt unser Gewinnspiel: Jeden Tag um Punkt 17 Uhr spielen wir ein Quiz! Die Lösung können Sie uns per SMS schicken. Nehmen Sie einfach teil und gewinnen Sie tolle Preise! ❶ Wer zuerst kommt, mahlt zuerst. Der schnellste Teilnehmer gewinnt einen Railpass durch ganz Deutschland. Natürlich hin und zurück. Ab dem zweitschnellsten Teilnehmer wird verlost. Bei der Verlosung gibt es viele verschiedene Geschenke zu gewinnen, ❷ wie zum Beispiel einen Adventskalender, eine CD, Konzertkarten, Schreibwaren und so weiter. Für die Teilnahme zahlen Sie nur fünf Cent pro SMS. Und natürlich zählt Schnelligkeit. Und jetzt geht´s los...

해석

당신은 라디오에서의 안내 방송을 듣게 됩니다.

이제 언제나처럼 우리의 (상품이 걸린) 게임시간입니다. 매일 17시 정시에 우리는 퀴즈 게임을 합니다. 정답을 당신은 우리에게 문자로 보낼 수 있습니다. 참여하셔서 멋진 상품들을 타 가세요. 선착순입니다. 가장 빠른 참가자는 독일 전역에서 쓸 수 있는 기차표를 얻게 됩니다. 당연히 왕복입니다. 두 번째 빠른 참가자부터는 추첨됩니다. 추첨에서 다양한 선물을 획득하실 수 있습니다. 예를 들어 대림절 달력, CD, 콘서트 티켓, 문구류 등등. 참가를 위해 당신은 문자에 대해 오직 5 센트만 계산하시면 됩니다. 당연히 속도가 중요합니다. 자 이제 출발합니다. (...)

어휘

Wer zuerst kommt, mahlt zuerst. 먼저 오는 사람이 먼저 식사를 한다 - 속담: 선착순이다 | e. Verlosung 추첨 | r. Adventskalender 대림절 달력 | e. Schreibware 문구류 | zählen 중요하다

지문 2

3 Wang 씨는 누락된 자료들을 가지고 와야 한다.　　Richtig　　~~Falsch~~

4 지원서에 무엇이 빠져 있나?

a ☐ 지원서류

b ☐ 자격증

c ☒ 여권사진

스크립트

Sie hören eine Nachricht auf dem Anrufbeantworter.

Guten Tag, Herr Wang. Hier spricht Anton Wieslinger von der Firma Johannes Versicherung. Herr Wang, Sie haben sich bei uns um eine Stelle als Kaufmann beworben. Wir haben Ihre Unterlagen bekommen und bemerkt, dass noch einiges fehlt. In Ihrem Lebenslauf steht „Zertifikat Deutsch B1", aber wir brauchen noch die beglaubigte Kopie des Zertifikats. ❹ Und wir hätten auch gerne ein Passfoto von Ihnen. ❸ Sie können uns alles per Post schicken. Die Beglaubigung muss per Post geschickt werden. Per Mail, reicht es leider nicht. Je eher, desto besser. Die Frist für die Bewerbung geht bis zum 19. September. Sie haben ja noch eine Woche Zeit. Wenn Sie weitere Fragen haben, stehe ich Ihnen gerne zur Verfügung.

해석

당신은 자동응답기의 한 메시지를 듣게 됩니다.

안녕하세요, Wang 씨. Johannes 보험사의 Anton Wieslinger입니다. 당신은 우리 회사의 영업사원으로 지원하셨습니다. 우리는 당신의 서류들을 받았고, 몇 가지가 누락되어 있음을 발견했습니다. 당신의 이력서에는 "ZD B1 독일어 자격증"이 쓰여 있습니다. 하지만 우리는 아직 자격증의 공증된 복사본이 필요합니다. 그리고 우리는 또한 당신의 여권사진도 가지고 싶습니다. 당신은 모든 것을 우편으로 우리에게 보낼 수 있습니다. 공증은 우편으로 보내져야 합니다. 이메일로는 유감스럽게도 충분하지 않습니다. 빠르면 빠를수록 좋습니다. 지원 기한은 9월 19일까지입니다. 당신은 일 주일의 시간이 남아 있습니다. 더 질문이 있으시면 언제든 연락 주세요.

어휘

sich bei 3 um 4 bewerben 회사 등(3격)에 자리(4격)를 얻으려 지원하다 | bemerken 눈치 채다 | fehlen 부족하다 | beglaubigt 공증된 | s. Zertifikat 증명서

지문 3

5 교통체증으로 20km밖에 못 달린다.

6 Engelskirchen과 Overath 사이에 …

| ~~Richtig~~ | Falsch |

- a 사고가 있었다.
- ☒ b 사체가 하나 있다.
- c 출구가 통제되었다.

스크립트

Sie hören eine Verkehrsmeldung im Radio.

Nun zur Verkehrsmeldung. Zwischen Kreuz Köln-Gremberg und Kreuz Köln-Ost ❺ 5 km Stau. Verkehrsstörung mittlere Geschwindigkeit 20 km/h mindestens 12 Minuten Zeitverlust. Achtung, Autofahrer, ❻ zwischen Engelskirchen und Overath gibt es einen toten Fuchs auf der Fahrbahn. Bitte vorsichtig fahren. Die Ausfahrt Wildeshausen-Nord wurde blockiert, da es einen Unfall gab. Die Unfallstelle ist noch nicht vollständig gesichert.

해석

당신은 라디오에서의 교통 안내 방송을 듣게 됩니다.

교통안내입니다. Köln-Gremberg와 Kreuz Köln-Ost 사이 구간 5킬로미터 정체. 20km 속도로 교통이 원활하지 못하여 12분 정도의 시간 손실(이 예상됩니다.) 운전자분들 주의해 주세요. Engelskirchen과 Overath 사이 구간, 도로 위에 한 마리의 죽은 여우가 있습니다. 조심히 운전해 주세요. Wildeshausen-Nord 출구가 차단되었습니다. 사고가 있었기 때문입니다. 사고 지점이 아직 완전히 안전 확보가 되지 않았습니다.

어휘

r. Stau 교통 체증 | e. Verkehrsstörung 교통 문제, 교통 장애 | r. Zeitverlust 시간 손실 | tot 죽은 | r. Fuchs 여우 | e. Ausfahrt 출구 | blockieren 차단하다

지문 4

7 이것은 한 개인병원으로부터의 메시지이다.

8 수신자가 하지 않아도 되는 것은 ... 이다.

Richtig | ~~Falsch~~

[x] a 여름 자켓 픽업하기
[ ] b 우편함 들여다 보기
[ ] c 약국 가기

스크립트

Sie hören eine Nachricht auf dem Anrufbeantworter.

❼ Hallo, mein Schatz. Bist du noch nicht da? Ich komme sogar noch später nach Hause als du. Tja, es gibt so viel zu tun. Du weißt ja, wie der Opermann ist. Warum gibt er mir immer so kurz vor dem Feierabend so viele Sachen zu erledigen? Puh... Naja, ich wollte dich fragen, ❽ ob du meine Jacken in der Reinigung abholen könntest. Ab morgen regnet es für ein paar Tage und es wird sehr kalt. Im Schrank hängen ja nur meine Sommerjacken. Ich könnte auch selbst bei der Reinigung vorbeigehen, aber ich bin mir nicht sicher, wann ich hier rauskomme. ❽ Und im Briefkasten liegt eine Nachricht von Frau Schubert. Es ist ein Rezept, das sie unserem Bello ausgestellt hat. Damit müsstest du zur Apotheke gehen und seine Medikamente abholen. Danke im Voraus. Ich melde mich, wenn ich hier losfahre. Liebe dich, bis dann. Tschüss!

해석

당신은 자동응답기의 한 메시지를 듣게 됩니다.

안녕, 내 사랑. 아직 안 왔어? 나는 심지어 너보다 더 늦게 집에 올 거야. 휴, 너무 할 일이 많아. 너도 알잖아, Opermann 씨가 어떤지. 왜 그는 항상 퇴근 직전에 그렇게 많은 처리해야 할 일을 주는 걸까? 휴.. 뭐, 나는 너에게 묻고 싶었어, 네가 나의 자켓을 세탁소에서 가지고 와 줄 수 있는지. 내일부터 비가 며칠동안 온다고 하고 추워 질 거야. 옷장에는 내 여름 자켓들만 걸려 있으니까. 내가 직접 세탁소에 들를 수도 있겠지만, 내가 언제 여기에서 나갈지 아직 확실치가 않아. 그리고 우체통에 Schubert 씨로부터의 메시지가 있어. 그것은 그녀가 우리의 Bello에게 발행한 처방전이야. 네가 그것을 가지고 약국에 가서 그의 약을 좀 가져와야 할 것 같아. 미리 고마워. 내가 출발하면 연락할게. 사랑해. 곧 봐. 안녕!

어휘

r. Feierabend 퇴근 | e. Reinigung 세탁소 | r. Briefkasten 우편함 | s. Rezept 처방전 | im Voraus 미리

지문 5

9 수하물 처리가 이미 완료되었다.

10 짐은 ... 위치한다.

~~Richtig~~   *Falsch*

- [a] 4번 출구에
- [x] 14번 출구에
- [c] 905번 출구에

스크립트

Sie hören eine Durchsage im Flughafen.

Achtung, eine Durchsage an alle Passagiere der Lufthansa LH 905 aus Düsseldorf: ❾ Die Gepäckausgabe ist nun für Sie bereit. Bitte begeben Sie sich zum Ausgang 14. Ich wiederhole: An alle Passagiere von Flug LH 905 aus Düsseldorf, ❿ Ihre Gepäckausgabe befindet sich bei Ausgang 14. Aufgrund einer technischen Störung hat sich die Ausgabe um ein paar Minuten verzögert. Wir bitten Sie um Ihr Verständnis.

해석

당신은 공항에서 안내 방송을 듣게 됩니다.

주의 집중해 주세요. 루프트한자 LH 905를 타고 Düsseldorf에서 오신 모든 승객분들을 위한 안내방송입니다. 수하물 처리가 이제 완료되었습니다. 14번 출구로 와 주십시오. 반복합니다. 모든 루프트한자 LH 905를 타고 Düsseldorf에서 오신 승객분들, 여러분의 수하물 처리가 14번 출구에서 준비되어 있습니다. 기술적 결함으로 수하물 출하가 몇 분 늦춰졌습니다. 양해를 부탁드립니다.

어휘

e. Gepäckausgabe (공항 등에서) 짐 찾는 곳 | r. Ausgang 출구, 게이트 | verzögern 늦추다

듣기 부문 2

당신은 이제 하나의 글을 듣게 됩니다. 한 번 들려 드립니다. 이 글에 대해 다섯 개의 문제를 풀어야 합니다. 각 문제 당 a, b, c 중 알맞은 답을 고르시오.

지금 11번부터 15번까지 문제를 읽으세요. 60초의 시간을 드립니다.

당신은 한 박물관의 가이드 투어에 참석 중입니다.

스크립트

Herzlich willkommen in unserem Museum, meine Damen und Herren. Mein Name ist Angela Bär, und ich darf Sie heute begleiten. Ich stelle Ihnen kurz die Geschichte unseres Museums und die Ausstellungsräume bzw. Bereiche vor.

Unser Museum wurde 1970 von den Gebrüdern Walz gegründet. Sie hatten die gemeinsame Idee, die internationale Küche hierher zu bringen und ihren Mitbürgern vorzustellen. Tom und Paul, die Gründer dieses Museums, haben sich sehr für Esskulturen interessiert. Es hat sie sehr fasziniert, dass es auf der Welt so unglaublich viele davon gibt. ⓫ Sie haben angefangen, Informationen, Fotos und verschiedene Besteckarten zu sammeln. Natürlich haben die beiden dafür zahlreiche Reisen durch die ganze Welt gemacht. Manchmal halfen ihnen Freunde oder Familienmitglieder. Schritt für Schritt haben sie sehr viele Stücke gesammelt und am 19.07.1970 konnten sie endlich dieses Museum hier eröffnen.

⓬ Die Zahlen, aus denen das Datum besteht, stehen für Besteck, wie zum Beispiel Stäbchen, Löffel und Messer. Die Zahl „0" bezieht sich auf die Teller. Witzig, oder?

Nun zeige ich Ihnen die Unterschiede zwischen den Bereichen. Wir widmen uns im Saal A der südostasiatischen Küche. Die Brüder sind besonders an den exotischen Kulturen interessiert. Dazu gehören zum Beispiel Indonesien, die Philippinen, Malaysia und Taiwan. ⓭ Deren Nahrung basiert auf Reis als Grundnahrungsmittel. Also könnte das für Sie interessant sein.

Im Saal B finden Sie die ostasiatische Küche. Dazu gehören Korea, Japan und ein Teil von China. Auch dort basiert die Ernährung wie in Südostasien auf Reis, aber auf eine ganz andere Weise. Sie werden überrascht sein. Das finde ich persönlich auch sehr interessant.

⓮ Im ersten Stock haben wir den Saal C für die abendländische Küche. Sie denken sich jetzt vielleicht, dass dieser Bereich etwas gewöhnlicher ist als die anderen, ⓮ aber wie ist es z.B. mit der Esskultur des 19. Jahrhunderts? Darüber wissen wir kaum etwas. Deshalb kann ich Ihnen garantieren, dass Sie auch dort in eine ganz neue Welt eintauchen können.

So, noch kurz eine kurze Information: im Erdgeschoss ist unser Souvenirladen. Dort können Sie kleine Andenken kaufen. ⓯ Sie können dort auch ein paar Spezialitäten aus aller Welt probieren und, falls gewünscht, erwerben. Jetzt fangen wir mit der Ausstellung im Saal A an. Bitte folgen Sie mir.

> **어휘**
>
> r. Souvenirladen 기념품 가게 | s. Andenken 기념품 | erwerben 구입하다 | e. Ausstellung 전시회 | r. Saal 전시실 | südostasiatisch 동남아시아의 | exotisch 이국적인 | s. Grundnahrungsmittel 주식품 | gewöhnlich 평범한 | abendländisch 서양의 | e. Esskultur 식문화 | faszinieren 매혹시키다 | garantieren 보장하다 | eintauchen 몰두하다 | widmen 헌신하다 | eröffnen 개장하다 | probieren 시도하다 | folgen 3 (3격)을 따르다

해석

우리 박물관에 오신 것을 진심으로 환영합니다, 신사 숙녀 여러분. 제 이름은 Angela Bär이고 제가 오늘 여러분을 안내할 것입니다. 여러분에게 짧게 우리 박물관의 역사와 전시관과 구역들에 대해 소개 드리겠습니다.

우리 박물관은 Walz형제에 의해 1970년에 설립하였습니다. 그들은 공동의 아이디어를 가지고 있었는데, 세계적인 식문화를 여기로 가져와서 시민들에게 소개하는 것이었습니다. 이 박물관의 설립자인 Tom과 Paul은 식문화에 관심이 지대했습니다. 세계에 그렇게나 믿을 수 없이 많은 식문화가 있다는 사실은 그들을 매우 매혹했습니다. 그들은 정보들과 사진들 다양한 집기 종류를 모으기 시작했습니다. 당연히 그들은 그것을 위해 셀 수 없이 많은 세계 여행을 했습니다. 가끔 친구들과 가족 구성원들이 그들을 도왔습니다. 점차적으로 그들은 많은 조각들을 모았고 1970년 7월 19일에 그들은 드디어 이 박물관을 개장할 수 있었습니다. 그 날짜를 이루고 있는 숫자들은 집기들을 나타냅니다. 예를 들어 젓가락, 수저 그리고 나이프요. 숫자 0은 접시에 관련이 있습니다. 재미있지요?

이제 제가 여러분에게 각 구역들의 차이에 대해 알려 드리겠습니다. 우리는 A홀을 동남아시아 식문화를 위해 헌정합니다. 그 형제들은 특히나 이국적인 문화에 흥미가 있었습니다. 여기에 예를 들어 인도네시아, 필리핀, 말레이시아 그리고 타이완이 속합니다. 그들의 음식은 기본영양섭취수단으로서 쌀에 근간을 두고 있습니다. 따라서 당신들에게 그것이 흥미로울 것입니다.

B홀에서는 동아시아 음식문화를 보실 수 있습니다. 거기에는 한국, 일본 그리고 중국의 일부분이 속합니다. 거기도 또한 식단이 동남아시아와 마찬가질 쌀에 기본을 두고 있습니다. 하지만 완전히 다른 방식으로 말이지요. 여러분은 놀라실 겁니다. 그것을 저 또한 개인적으로 굉장히 흥미롭게 생각합니다.

1층에 우리는 C홀을 서양 음식문화를 위해 가지고 있습니다. 당신들은 아마도 이 구역은 뭔가 다른 것들에 비해 익숙하다고 생각하실 텐데요, 하지만 예를 들어 19세기의 식문화라면 어떻습니까? 거기에 대해서 우리는 거의 아는 것이 없습니다. 따라서 제가 여러분에게 보증할 수 있는 것은, 당신들이 또한 하나의 완전히 새로운 세계에 들어갈 수 있다는 점입니다.

자, 짧은 정보 하나 더 드리겠습니다. 지층에는 우리의 기념품가게가 있습니다. 거기에서 여러분은 작은 기념품을 사실 수 있습니다. 당신들은 거기에서 또한 전 세계에서 온 몇몇 특산품을 맛보실 수 있고 원하시면 구입하실 수 있습니다. 지금 우리는 A홀 전시부터 시작합니다. 저를 따라와 주십시오.

11 Walz 형제는 …
- ☒ a 많은 다양한 여행들을 했다.
- ☐ b 다양한 집기들을 수입했다.
- ☐ c 발을 헛디뎠다.

12 그 박물관의 개장 날짜는 …
- ☐ a 그들 부모님의 생일과 관련이 있다.
- ☒ b 집기의 형상을 표현한다.
- ☐ c 아직 알려진 바가 없다.

13 동아시아 음식은 …
- ☒ a 쌀에 기반을 두고 있다.
- ☐ b A홀에서 볼 수 있다.
- ☐ c 특히나 아이들에게 매력적이다.

14 C홀에서는 …
- ☐ a 그 문화에 익숙해져야 한다.
- ☒ b 예전 유럽의 식문화를 경험할 수 있다.
- ☐ c 특히나 저녁식사 문화를 경험할 수 있다.

15 지층에서는 …
- ☐ a 깊이 생각할 시간이 있다.
- ☐ b 무엇인가를 팔 수 있다.
- ☒ c 무엇인가를 먹을 수 있다.

듣기 부문 3

당신은 이제 하나의 대화를 듣게 됩니다. 이 대화는 한 번 들려 드립니다. 여기에 대한 7개의 문제를 풀어야 합니다.
각 명제가 참입니까 거짓입니까?
16번부터 22번까지 읽으세요. 60초의 시간을 드립니다.

당신은 버스정류장에서 한 남자와 여자가 여자의 아들에 대해 이야기를 나누는 것을 듣게 됩니다.

스크립트

M: Guten Tag, Frau Weiß! Sind Sie auf dem Weg nach Hause?

F: Oh, Herr Gruber! Schön, Sie hier zu sehen. Ja, ich gehe nach Hause, und Sie?

M: Ich auch. Was für ein Glück, dass ich eine Begleitung für den langweiligen langen Weg nach Hause gefunden habe. Haha.

F: Haha. Das freut mich auch. Wie geht es Ihnen eigentlich? Wir haben uns lange nicht mehr gesehen. Und dabei wohnen wir doch Tür an Tür.

M: ⓰ Ich war auf Geschäftsreise in Rom. Es hat länger gedauert, als ich gedacht hatte.

F: Ach so.

M: Und alles ok bei Ihnen? Wie geht es Ihrer Familie?

F: ⓱ Ach, ja gut. Nichts Besonderes. Nur... unser Levin. Er ist mittlerweile sehr stur geworden.

M: Was meinen Sie damit?

F: Seit zwei Monaten bettelt er mich um einen Hund an.

M: Um einen Hund? Er möchte jetzt ein Haustier haben?

F: Ja, genau. Aus einem Tierschutzverein. Er macht seit letztem Jahr Freiwilligendienst dort. Das finden Kurt und ich natürlich gut. Jedes Wochenende. Er hat das noch nie versäumt. Ob es regnet oder schneit... Er arbeitet da sehr gern. Eines Tages hat er dort einen Hund gesehen. Und er sagt, genau diesen Hund möchte er haben. ⓲ Aber ich bin mir nicht sicher.

M: Worüber sind Sie sich nicht sicher?

F: ⓲ Na ja, ob mein Sohn reif genug ist, sich um ein Tier zu kümmern.

M: Aber er arbeitet dort freiwillig? Schon seit einem Jahr?

F: Ja, schon. Aber das heißt nicht... also die freiwillige Arbeit macht man nur ein oder zweimal in der Woche. Einen Hund ganz zu adoptieren ist... glaube ich was ganz anders.

M: Da haben Sie zwar recht, aber wenn es um die Reife geht, bin ich der Meinung, dass Sie sich keine Sorgen machen müssen. Levin ist schon 16 Jahre alt. In ein paar Jahren ist er erwachsen.

F: Ja, und genau das ist auch ein Punkt. ⓳ Er will in einer anderen Stadt studieren. Und wenn wir jetzt den Hund bekommen, dann ist es in einigen Jahren unklar, wer sich um den Hund kümmert.

M: Das ist allerdings ein Problem. Will er alleine wohnen?

F: Bislang ja. Er hat gemeint, dass er in eine WG möchte. Es gibt zwar tierfreundliche WGs, aber die sind bestimmt schwer zu finden, oder?

M: Das stimmt. Wenn die Leute in der WG mit dem Hund nicht einverstanden sind, dann müssen in ein paar Jahren Sie und Ihr Mann für den Hund sorgen, nicht Levin.

F: Ja.. ⑳ Und das wollen mein Mann und ich nicht. Es kostet viel Geld und Zeit. Wir wollten es nach Levins Auszug ruhig angehen lassen. Aber sich jetzt einen Hund zuzulegen, bedeutet wieder Erziehungsarbeit. So viel Energie haben wir nicht mehr, verstehen Sie?

M: Ja, absolut. Vielleicht kann ich mal mit ihm sprechen und ihm den Hund ausreden. Sein Plan scheint mir auch unrealistisch zu sein. ㉑ Ich war doch früher sein Nachhilfelehrer und vielleicht funktioniert es, wenn ein Außenstehender ihn überzeugt.

F: Oh, das wäre sehr nett von Ihnen. Vielen Dank!

M: (lächelt) Gerne. Wann soll ich vorbeikommen? Morgen schon?

F: Levin kommt heute erst sehr spät nach Hause, da er beim Training ist. Vielleicht hätten Sie morgen Abend Zeit? Kommen Sie doch zum Abendessen vorbei!

M: Oh, gut. Danke schön.

F: Ich danke Ihnen. Dann so gegen sechs Uhr?

M: Gut. Morgen habe ich sowieso frei. ㉒ Ich komme dann um sechs Uhr zu Ihnen.

F: Prima. Dann bis morgen! Vielen Dank nochmals.

M: Keine Ursache. Bis morgen, Frau Weiß.

어휘

e. Geschäftsreise 출장 | stur 완고한 | anbetteln 간청하다 | r. Tierschutzverein 동물보호 단체 | r. Freiwilligendienst 자원봉사 활동 | versäumen 빠지다, 놓치다 | adoptieren 입양하다 | reif 성숙한 | sich kümmern um 4 (4격)을 돌보다 | erwachsen 성인의 | tierfreundlich 동물 친화적인 | einverstanden 동의하는 | e. Erziehungsarbeit 교육적 업무 | angehen 접근하다 | r. Nachhilfelehrer 가정교사 | ausreden 변명하다 | unrealistisch 현실적이지 않은 | sprechen mit 3 (3격)과 이야기하다 | überzeugen 납득시키다 | r. Außenstehender 외부인 | vorbeikommen 들르다 | s. Training 훈련 | e. Ursache 원인 | gegen ~쯤

해석

M: 안녕하세요, Weiß부인! 집에 가시는 길인가요?

F: 오, Gruber씨! 만나서 반가워요. 네. 집에 가는 길이에요. 당신은요?

M: 저도요. 운이 좋네요, 제가 지루하고 긴 귀가 길에 동행자를 찾다니요. 하하.

F: 하하. 저도 기쁘네요. 잘 지내세요? 너무 오랜만이에요. 바로 옆집에 사는데 말이에요.

M: 저는 로마에 출장을 다녀왔어요. 제가 생각했던 것보다 더 오래 걸렸어요.

F: 아. 그렇군요.

M: 그리고 모든 게 다 괜찮아요? 가족은 어떻게 지내세요?

F: 네 잘 지내죠, 뭐. 특별한 것 없어요.. 오직.. 우리 Levin이요. 걔가 요즘 들어 고집이 세 졌어요.

M: 무슨 말씀이세요?

F: 두 달 전부터 걔가 저에게 강아지 한 마리를 졸라요.

M: 강아지를요? 그가 지금 애완동물을 원한다는 거예요?

F: 네. 동물 보호 단체로부터요. 그 아이가 작년부터 거기에서 자원봉사를 해요. 그걸 Kurt와 저는 당연히 좋게 생각해요. 매 주 말마다요. 그는 그것을 한 번도 놓친 적이 없어요. 비가 오나 눈이 오나. 그는 거기에서 일하는 것을 매우 좋아해요. 언젠가 그가 거기에서 한 강아지를 봤어요. 그리고 그가 말하기를 딱 그 강아지를 원한대요. 하지만 저는 잘 모르겠어요.

M: 뭘 잘 모르겠다는 말씀이세요?

F: 그러니까, 제 아들이 동물을 돌보기에 충분히 성숙한지에 대해서요.

M: 하지만 그가 거기에서 자원봉사로 일한다고요? 벌써 1년 전부터요?

F: 네, 맞아요. 하지만 그게 그 뜻은 아니죠.. 그러니까 자원봉사야 일 주일에 한 두 번만 하는 걸요. 한 강아지를 온전히 입양하 는 것은.. 제 생각에는 완전히 다른 문제예요.

M: 당신 말이 맞아요. 하지만 성숙함에 대한 이야기라면 제 의견에는 당신은 걱정할 필요가 없어요. Levin은 벌써 16살인걸요. 몇 년 후에 그는 성인이 되어요.

F: 네, 그것이 또 바로 하나의 쟁점이에요. 그 아이는 다른 도시에서 대학교를 다니고 싶어 해요. 그리고 우리가 지금 그 강아지 를 받으면, 그러면 몇 년 후에는 불확실해지죠, 누가 그 개를 돌볼 것인지가.

M: 그것도 어쨌든 문제네요. 그는 혼자 살기를 원하나요?

F: 지금까지는 그렇대요. 그가 말하기를 그는 한 셰어하우스에서 살고 싶대요. 물론 동물친화적인 셰어하우스도 있지만 분명히 찾기는 어려울 거예요, 그렇죠?

M: 맞아요. 셰어하우스의 사람들이 강아지에 동의하지 않으면 몇 년 후에 당신과 당신의 남편이 그 강아지를 돌봐야 하겠네요. Levin이 아니라.

F: 네.. 그리고 그걸 남편과 저는 원하지 않아요. 돈과 시간이 많이 든다고요. 우리는 Levin이 나가고 나서 좀 쉬고 싶었어요. 하 지만 지금 또 강아지 하나를 더한다는 것은.. 다시 양육일을 한다는 것을 의미해요. 그렇게나 많은 에너지는 우리에게 더 이 상 없어요. 이해하시죠?

M: 네, 완전히요. 아마 제가 그 아이와 이야기해 볼 수 있을 것 같아요. 그리고 설득해서 그 강아지를 포기하게 할 수 있을 것 같 아요. 그의 계획이 저에게도 비현실적으로 보이거든요. 제가 예전 그의 과외 선생님이었으니까 아마도 될 거예요, 제 삼자가 그를 설득하면 말이죠.

F: 오, 정말 친절하시군요. 감사합니다!

M: (가볍게 웃으며) 천만에요. 제가 언제 들러야 할까요? 내일 바로요?

F: Levin이 오늘 트레이닝이 있어서 늦게야 집에 와요. 혹시 내일 저녁에 시간 있으실까요? 저녁식사 하시러 저희 집에 들르세요!

M: 오, 좋아요. 감사합니다.

F: 제가 감사하죠. 그럼 한 여섯 시 즘에요?

M: 좋아요. 내일 어쨌든 저는 근무가 없어요. 제가 그럼 여섯 시에 당신의 집에 갈게요.

F: 최고예요. 그럼 내일 뵈어요. 다시금 감사드려요.

M: 천만에요. 내일 뵈어요, Weiß부인.

---

16 Grubber 씨는 직업적으로 승무원이다.   Richtig   ~~Falsch~~

17 Kurt 씨는 그 여자의 아들이며 그는 어머니와 갈등이 있다.   Richtig   ~~Falsch~~

18 그 엄마가 생각하기에 그녀의 아들은 동물들을 잘 돌본다.   Richtig   ~~Falsch~~

19 그녀의 아들은 집에서 이사 나가고 싶어 한다.   ~~Richtig~~   Falsch

20 그 강아지를 위해서 그 부모는 더 많은 돈을 벌 수 있다.   Richtig   ~~Falsch~~

21 Grubber 씨는 그녀의 아들의 선생님이다.   Richtig   ~~Falsch~~

22 그들은 내일 만날 약속을 잡았다.   ~~Richtig~~   Falsch

듣기 부문 4

당신은 이제 하나의 토론을 듣게 됩니다. 토론은 두 번 들려 드립니다. 여기에 8개의 문제를 풀어야 합니다.

각 진술을 맞추시오: 누가 무엇을 말했습니까?

지금 23번부터 30번까지 읽으세요. 60초의 시간을 드립니다.

한 방송의 사회자가 Anja Schweier와 Thomas Helger와 함께 "외동 아이?"에 대해 토론하고 있습니다.

스크립트

M: Guten Tag, meine Damen und Herren. Herzlich willkommen zurück zu unserer Sendung. Die heutige Diskussion geht über das Thema „Einzelkind". **⓪** Die Familien werden immer kleiner. Hat es Vor- oder Nachteile, ein Einzelkind zu sein? Zum Thema sind Anja Schweier und Thomas Helger zu Gast im Studio. Herzlich willkommen.

A/T: Hallo. / Guten Tag.

M: Frau Schweier, Sie haben drei Kinder?

A: Genau. Eine Tochter und zwei Söhne. Und wir wohnen auch mit meinen Eltern zusammen.

M: Eine große Familie. Haben Sie sich selbst dafür entschieden?

A: Ja. Mein Vater ist Rentner und meine Mutter ist Hausfrau. Sie sind viel zu Hause, da die beiden oft Knieschmerzen haben. Eigentlich haben sie auf dem Land gewohnt, weit weg von uns. Aber seit mein Vater in Rente gegangen ist, hatten sie auf dem Land nichts mehr zu tun. Also verkauften sie das Haus und zogen zu uns. Da wir im Erdgeschoss leben, gibt es keine Treppen. Das ist auch gut für sie. Und sie sind froh, mit ihren Enkelkindern zusammen zu wohnen.

M: Das klingt gut. Wie alt sind Ihre Kinder?

A: Zehn, sieben und sechs. Meine Tochter ist die Älteste.

M: Und Sie haben einen Sohn, Herr Helger?

T: Ja, der ist acht Jahre alt.

M: Was für Vorteile hat ein Einzelkind?

T: **㉓** Vor allem bei den Kosten. Man gibt weniger Geld aus. Und für eine Kleinfamilie braucht man keine große Wohnung. Wir brauchen nur ein Zimmer für das Kind. Das ist sicher ein großer Vorteil.

M: Das kann ich mir gut vorstellen.

A: Ja, im Gegensatz dazu hat unsere Wohnung vier Zimmer. Zum Glück haben wir eine Eigentumswohnung. **㉔** Aber wenn man jeden Monat Miete für eine so große Wohnung zahlen müsste, wäre das eine ganz schöne Belastung.

M: Gibt es auch Nachteile mit einem Einzelkind? Beispielsweise sind Einzelkinder eventuell zu verwöhnt, da es nur um sie geht. **㉕** Und sie könnten egoistisch werden, da sie nicht lernen, zu teilen. Was meinen Sie?

T: Tja, so heißt es. Aber meine Frau und ich erziehen unseren Sohn eher streng. Ich glaube, fast allen Eltern von Einzelkindern geht das so. Am Anfang haben wir uns auch Sorgen gemacht, ob er als Einzelkind zu einsam aufwachsen wird. Zu seinem dritten Geburtstag haben wir uns deshalb einen Hund angeschafft. Er passt gut auf ihn auf. ㉖ Dadurch lernt er auch das eher Zusammenleben und Verantwortungsgefühl. Also ich meine, auch ohne Geschwister geht´s gut. Bislang hat mein Sohn auch keine Probleme in der Schule. Er kommt gut mit seinen Freunden zurecht. Und der Lehrer hat auch gemeint, dass er rücksichtsvoll ist. ㉗ Also, meiner Meinung nach ist Höflichkeit nicht abhängig davon, ob man allein aufwächst.

A: Das stimme ich Ihnen zu. Was die Kinder verwöhnt, ist nicht die Tatsache, ob man Einzelkind ist oder Geschwister hat. Tatsächlich verwöhnen meine Eltern die Kinder viel zu sehr. Mein Mann und ich würden die Kinder gerne sehr streng erziehen. ㉘ Aber da wir beide den ganzen Tag arbeiten müssen, sind die Kinder mehr mit ihren Großeltern zusammen. Das ist bei den meisten Großfamilien so. Opa und Oma geben ihnen alles, was sie wollen. Tja, das ist dann ein Problem.

M: Sehr interessant. Ich habe auch mal in der Zeitung einen Artikel über eine Studie gelesen. Kinder mit Geschwistern fangen früher an zu sprechen. Dank der vielen Interaktion entwickelt sich die Sprache schneller. Das wäre dann also ein großer Vorteil.

A: Das stimmt. ㉙ Aber es gibt auch Ausnahmen. Aber Unsere Kinder haben relativ früh angefangen zu sprechen.

T: Ja, soweit ich mich erinnere, war unser Benno ein bisschen später dran mit dem Sprechen.

M: Interessant. Man sagt auch, dass Einzelkinder in Gruppen eher aktiver sind als diejenigen mit Geschwistern. ㉚ In einer Studie zeigte sich, dass Einzelkinder weniger Angst vor Zusammenarbeit haben. Das fand ich auch interessant. Möchten Sie auch etwas zum Thema „Einzelkind" sagen, liebe Zuschauer? Nach einer kurzen Werbepause sind wir wieder da. Bitte schreiben Sie uns Ihre Meinung auf unserer Webseite. Nach der Werbung diskutieren wir dann mit Ihren Einträgen im Gästebuch weiter.

> **어휘**
>
> pl. Knieschmerzen 무릎 통증 | in Rente gehen 은퇴하다 | nichts zu tun haben 할 일이 없다 | im Gegensatz zu ~와는 반대로 | e. Eigentumswohnung 자가 | e. Belastung 부담 | verwöhnt 버릇이 잘못 들은 | sich³ Sorgen machen 걱정하다 | anschaffen 사들이다 | aufpassen auf 4 (4격)을 돌보다 | s. Verantwortungsgefühl 책임감 | rücksichtsvoll 배려심 있는 | abhängig von 3 (3격)에 귀속된, 영향을 받는 | tatsächlich 사실상 | dank 3 (3격) 덕분에 | e. Interaktion 상호 작용 | e. Ausnahme 예외 | e. Werbepause 광고 시간

해석

M: 신사숙녀 여러분 안녕하십니까. 우리 방송에 다시 오신 것을 진심으로 환영합니다. 오늘 토론은 "외동 아이"에 대한 주제입니다. 가족이 점점 더 작아지고 있습니다. 외동인 것이 장점 혹은 단점을 가질까요? 이 주제에 대해 Anja Schweier씨와 Thomas Helger씨를 스튜디오에 모셨습니다. 진심으로 환영합니다.

A/T: 안녕하세요./안녕하십니까.

M: Schweier씨, 당신은 세 명의 아이를 가지고 계시죠?

A: 맞습니다. 딸 하나와 아들 둘이요. 그리고 우리는 저의 부모님과 함께삽니다.

M: 대가족이군요. 스스로 결정하신 건가요?

A: 네. 저희 아버지는 은퇴하셨고 저희 어머니는 주부세요. 그분들은 두분 다 무릎 통증이 있어서 집에 많이 계세요. 원래는 그들은 시골에 살았어요. 우리와는 멀리요. 하지만 저희 아버지가 은퇴하고 나서 그분들은 시골에서 할 일이 없었어요. 그래서 그분들은 집을 팔았고 우리 집으로 이사왔어요. 우리가 지층에 살아서 계단이 없어요. 그게 그분들에게 좋죠. 그리고 그분들은 손자들과 함께 사는 것에 대해 기뻐하세요.

M: 좋군요. 아이들이 몇 살이에요?

A: 열살, 일곱살 그리고 여섯살이요. 제 딸이 가장 첫째예요.

M: 그리고 당신은 아들 하나를 가지고 계시죠, Helger씨?

T: 네. 그 아이는 여덟살이에요.

M: 외동아이는 어떤 장점을 가집니까?

T: 무엇보다도 비용적인 면에서요. 더 적은 돈을 지출합니다. 그리고 소가족을 위해서 큰 집은 필요가 없어요. 우리는 오직 아이를 위해 하나의 방만 필요합니다. 그것이 확실히 하나의 큰 장점이겠지요.

M: 공감합니다.

A: 맞아요. 그와는 반대로 우리 집은 방이 네 개예요. 다행히도 우리는 자가입니다. 하지만 매달 이렇게 큰 집에 월세를 내야 한다면 그것은 꽤 큰 부담이 될 거예요.

M: 외동아이에 있어서 단점들도 있을까요? 예컨대 외동 아이들은 때로 너무 버릇이 없지요, 왜냐하면 모든 것이 그들 위주로 흘러가니까요. 그리고 그들은 나누는 것을 배우지 않기 때문에 이기적이 될 수도 있습니다. 어떻게 생각하십니까?

T: 뭐, 그렇다고 하는군요. 하지만 저의 부인과 저는 우리 아들을 오히려 엄격하게 교육합니다. 제 생각에 거의 모든 외동아이 부모님들에게서 마찬가지일 거예요. 처음에 우리는 마찬가지로 걱정을 했어요. 그 아이가 외동으로서 너무 외롭게 자랄 것에 대해서요. 그의 세 번째 생일을 맞아 우리는 그래서 강아지 한 마리를 입양했어요. 그는 그를 잘 돌봐요. 그것을 통해서 그는 또한 공생을 배우고 책임감도 배우지요. 즉, 제 생각에는 형제자매가 없어도 괜찮아요. 지금까지 저희 아들은 학교에서 문제도 없었어요. 그는 그의 친구들과 잘 어울려요. 그리고 선생님도 말씀하시기를, 그가 배려심이 좋다고 해요. 그러니까 제 생각에는 예의는 혼자 자란다는 것에 영향을 받지 않는 것 같아요.

A: 저도 거기에 동의합니다. 아이들을 버릇 나쁘게 하는 것은 외동이라든지 형제가 있다든지 하는 사실이 아니에요. 사실상 우리 부모님이 아이들 버릇을 너무 나쁘게 해요. 저의 남편과 저는 아이들을 굉장히 엄격하게 교육하고 싶어요. 하지만 우리 둘 다 하루 종일 일해야 하기 때문에 아이들은 조부모님과 더 많이 있어요. 이게 대부분의 대가족에서 그렇습니다. 할아버지 할머니는 그들에게 그들이 원하는 것을 다 줘요. 뭐, 그게 그럼 하나의 문제가 되죠.

M: 매우 흥미롭네요. 제가 신문에서 한 연구에 대한 기사를 읽었어요. 형제가 있는 아이들이 말을 더 빨리 하기 시작한다고요. 많은 상호작용을 통해 언어가 더 빨리 발달된다고 합니다. 그것은 그럼 하나의 큰 장점일 텐데요.

A: 맞아요. 하지만 예외도 있어요. 하지만 우리 아이들은 비교적 빨리 말을 하기 시작했어요.

T: 네, 제가 기억하는 한 우리 Benno는 조금 늦게 말하기 시작했어요.

M: 흥미롭네요. 외동아이들이 그룹 안에서 형제자매가 있는 아이들보다 오히려 더 적극적이라고 말하기도 합니다. 한 연구에서 밝혀진 바로는 외동아이들이 협업에 있어서 더 적은 두려움을 가지고 있다고 합니다. 그것을 저는 매우 흥미롭게 생각해요. 여러분도 "외동아이" 주제에 대해 무엇인가 말씀하시고 싶습니까, 시청자 여러분? 짧은 광고 후에 우리는 다시 돌아오겠습니다. 우리에게 여러분의 의견을 우리 웹사이트에 써 주세요. 광고 후에 여러분의 시청자 게시판 게시글을 가지고 함께 토론하겠습니다.

예시문제	Moderator	Frau Schweier	Herr Helger
0 가족이 점점 작아지고 있다.	⊠a	b	c
23 외동인 아이들이 더 좋은 상황이다, 돈을 더 적게 써서.	a	b	⊠c
24 큰 집을 갖는 것은 부담으로 작용한다.	a	⊠b	c
25 외동 아이들은 이기적인 경향이 있다.	⊠a	b	c
26 애완동물을 가지고도 공생을 배울 수 있다.	a	b	⊠c
27 형제를 가진 것은 공손함에 있어서 그 어떤 역할도 하지 않는다.	a	b	⊠c
28 보통 대가족의 아이들은 조부모님과 더 많은 시간을 보낸다.	a	⊠b	c
29 형제가 있지만 늦게 말문이 트이는 아이들도 있다.	a	⊠b	c
30 외동 아이들은 공동체 활동에 더 잘 적응한다.	⊠a	b	c

어휘

A fällt 3 : A가 (3격)에게 어떠하다 | e. Last 부담 | neigen zu 부정사 : ~하는 경향이 있다 | e. Selbstsucht 이기심 | sich gewöhnen an 4 (4격)에 적응하다

정답 및 해설 | MODELLSATZ 3 SCHREIBEN

쓰기 과업 1

소요시간: 20분

당신은 한 호숫가에서 휴가를 보냈습니다.

당신의 여자친구나 남자친구에게 휴가에 대해 설명하세요.

– 묘사하세요: 누구와 갔습니까? 어디에서 머물렀습니까? ❶
– 근거를 대세요: 당신에게 무엇이 마음에 들었습니까? ❷
– 만남을 제안하세요. ❸

이메일을 하나 쓰세요. (약 80단어)

위 세 항목을 모두 언급하세요.

서지 양식에 주의하세요. (들어가는 인사말, 도입부, 세 항목의 순서, 마치는 말)

예시답안

Lieber Christian,

hallo. Wie geht es dir denn?
Letzte Woche war ich am Bodensee mit meiner Familie.
❶ Wir sind in einem Ferienhaus geblieben.
❷ Das Wetter war herrlich und die Landschaft hat uns besonders gut gefallen.
Wir haben da natürlich sehr viele Fotos gemacht.
Und was hast du letzte Woche gemacht?
❸ Wollen wir dieses Wochenende ins Café gehen?
Ich zeige dir dann die Fotos vom Bodensee.
Ich freue mich auf deine Antwort.
Bis dann.

Liebe Grüße
Rosa

예시답안 해석

친애하는 Christian,

안녕. 잘 지내니?
지난 주에 나는 Bodensee에 우리 가족과 함께 갔어.
우리는 한 별장에서 머물렀어.
날씨가 너무나도 멋졌고 풍경이 우리에게 특히나 마음에 들었어.
우리는 거기에서 당연히 매우 많은 사진을 찍었어.
그리고 너는 지난 주에 뭐 했니?
이번 주말에 카페에 갈래?
내가 그럼 너에게 Bodensee에서 찍은 사진을 보여줄게.
너의 답장을 고대하고 있을게.
곧 보자.

사랑의 인사를 담아서
Rosa

쓰기 과업 2

소요시간: 25분

당신은 TV에서 "맞춤법이 너무 과대평가되었다."라는 주제의 토론 방송을 봤습니다. 인터넷 시청자 게시판에 당신은 다음과 같은 의견을 발견하게 됩니다.

시청자 게시판

▶ 20. 11. 23:08

나는 개인적으로 나중에 대학교에 가고 싶지 않다. 나는 내 남자형제로부터 들었는데, 논문에서 실수를 하면 대학 졸업 논문이 거절된다고 한다. 그리고 심지어 아주 경미한 오타로도 그런 일이 발생할 수 있다. 이것을 나는 너무 과장되었다고 생각한다. 서로 소통하기 위해 언어가 필요하다. 맞춤법에 너무 많이 주의를 기울이는 것은 나에게 너무 귀찮게 느껴진다.

▶ 21. 11. 10:28

주제에 대한 당신의 의견을 쓰세요. (약 80단어)

예시답안

Eine Sprache besteht aus nicht nur Sprechen, sondern auch Schreiben. Dazu gehört natürlich zuerst die Rechtschreibung. Sie ist wie eine Vereinbarung, die man einhalten muss. Wenn man jemandem über etwas informieren würde, muss der Inhalt deutlich sein. Und den klaren Inhalt kann man mithilfe der Rechtschreibung verwirklichen. Und wenn man gebildet ist, kennt man die Wichtigkeit der Rechtschreibung. Wir schreiben ja nicht nur Briefe an Freunde.

예시답안 해석

하나의 언어는 말하기로만 이루어져 있는 것이 아니라 쓰기로도 이루어져 있다. 거기에 당연히 제일 먼저 맞춤법이 속한다. 그것은 지켜야 하는 협정과도 같다. 누군가에게 무엇인가에 대해 정보를 전달하려고 한다면 그 내용이 정확해야 한다. 그리고 그 명료한 내용은 맞춤법의 도움으로 실현할 수 있다. 그리고 교양이 있으면 맞춤법의 중요성에 대해 알고 있다. 우리는 친구들에게 쓰는 편지만 쓰는 것이 아니지 않은가.

쓰기 과업 3 ⏱ 소요시간: **15분**

당신은 새로운 집에 이사 들어갔습니다. 당신은 책상 하나가 필요하고, 인터넷 중고시장에서 당신이 원하는 탁자를 제공하는 광고를 찾았습니다.

판매자에게 쓰세요. 공손하게 만날 장소와 시간을 제안하세요.

이메일을 쓰세요. (약 40단어)
인사말과 마지막 인사를 잊지 마세요.

예시답안

Sehr geehrte Damen und Herren,

mit großem Interesse habe ich Ihre Anzeige gelesen.
Der von Ihnen angebotene Tisch gefällt mir so gut und würde ich gerne kaufen.
Hätten Sie morgen Zeit, und zwar um 13.00 Uhr?
Wie wäre es, wenn wir uns am Marktplatz treffen würden?
Ich freue mich auf Ihre Antwort.

Mit freundlichen Grüßen
Rosa Lee

예시답안 해석

친애하는 신사숙녀 여러분,
큰 흥미를 가지고 당신의 광고를 읽었습니다.
당신으로 부터 제안된 탁자가 제 마음에 매우 들어서 사고 싶습니다.
내일 시간이 있으실까요, 즉 13시에요?
우리가 Marktplatz에서 만나면 어떨까요?
답변 기다리겠습니다.

친근한 인사를 담아서
Rosa Lee

정답 및 해설 | MODELLSATZ 3 SPRECHEN

말하기 부문 1 함께 무엇인가를 계획하기   ⏱ 소요시간: 3분

당신의 셰어하우스의 한 룸메이트가 이번 주에 휴가를 떠나고 며칠 동안 떠나 있습니다. 그는 당신에게 그의 고양이를 돌봐 달라고 부탁했습니다. 그의 셰어하우스 내의 과업 역시 당신 둘이서 그 동안 나눠야 합니다. 그것에 대해 말하세요.

아래 항목들에 대해 이야기해 보세요. 제안을 하고 당신의 대화 상대의 제안에 반응해 보세요.
함께 무엇을 하고 싶은지 계획하고 결정하세요.

과업 나누기

- 고양이를 위해 무엇을 하나? ❶
- 누가 무엇을 하나? ❷
- 언제 돌아오나? ❸
- 고양이가 아프면 무엇을 하나? ❹

예시답안

A: Hey, hast du schon mitbekommen, dass Max für ein paar Tage verreist?

B: Ja, er hat mich gebeten, mich um seine Katze zu kümmern.

A: ❶ Genau. Wir sollten uns überlegen, was wir machen könnten.

B: ❷ Ich könnte mich morgens um die Fütterung kümmern.

A: ❷ Gut, dann übernehme ich nachmittags die Fütterung und spiele ein bisschen mit der Katze.

B: Super. ❸ Wissen wir eigentlich, wann Max zurückkommt?

A: Ich glaube, er meinte, in etwa fünf Tagen. Aber er hat gesagt, er meldet sich nochmal kurz vorher.

B: Das ist gut zu wissen. ❹ Und was machen wir, wenn die Katze krank wird oder so?

A: Da sollten wir Max gleich anrufen und dann eventuell mit der Katze zum Tierarzt gehen.

B: Okay, das klingt vernünftig. Ich hoffe aber, dass alles gut geht und die Katze gesund bleibt.

A: Daumen drücken wir. Ich denke, wir haben alles abgesprochen.

B: Ja, ich denke auch. Danke, dass du das mit mir durchgesprochen hast.

A: Kein Problem. Wir machen das schon.

예시답안 해석

A: 얘, 너 막스가 며칠동안 여행 간다는 것을 들었니?

B: 응, 그가 나에게 그의 고양이를 돌봐 달라고 부탁했어.

A: 맞아. 우리는 생각해야 해, 우리가 뭘 할 수 있을지.

B: 나는 아침에 고양이 밥 주는 것을 담당할 수 있을 것 같아.

A: 좋아, 그럼 나는 오후에 밥 주는 것을 맡고 조금 그 고양이와 놀아줄게.

B: 아주 좋아. 우리 근데 막스가 언제 돌아오는지 알고 있나?

A: 내 생각에는, 그가 말했는데, 대략 5일 후에야. 하지만 그가 또한 말했어, 그가 한번 더 (돌아오기) 조금 전에 연락하겠다고.

B: 그것을 알게 되어 좋구나. 그리고 우리는 고양이가 만약 아프거나 하면 무엇을 할까?

A: 그때에는 우리는 곧장 막스에게 전화해야 해. 그리고 상황에 따라서 고양이와 동물병원에 가야지.

B: 알았어, 그거 이성적으로 들린다. 하지만 모든 것이 잘 진행되고 고양이가 건강하기를 바라.

A: 우리 행운을 빌어 보자고. 내 생각에 우리는 모든 사항을 다 얘기했어.

B: 맞아, 내 생각에도 그래. 고마워, 네가 나와 그것에 대해 의논해 준 것이.

A: 별 거 아냐. 우리는 잘 할 수 있어.

말하기 부문 2 한 테마에 대해 발표하기

소요시간: 3분

테마 하나를 (테마1 혹은 테마2) 고르시오.

당신은 청중에게 현재 테마에 대해 발표해야 합니다. 그것을 위해 여기에 다섯 개의 슬라이드가 있습니다. 좌측의 안내를 따라서 당신의 메모와 아이디어를 우측 옆에 쓰세요.

당신의 테마를 소개하세요.
당신의 발표의 내용과 구조를 설명하세요.

테마와 관련된 당신의 상황이나 경험에 대해 보고하세요.

당신의 고향의 상황에 대해 보고하고 예시를 드세요.

장점과 단점, 그리고 당신의 의견을 말하고 예시를 드세요.

발표를 끝내고 청중에게 감사인사를 하세요.

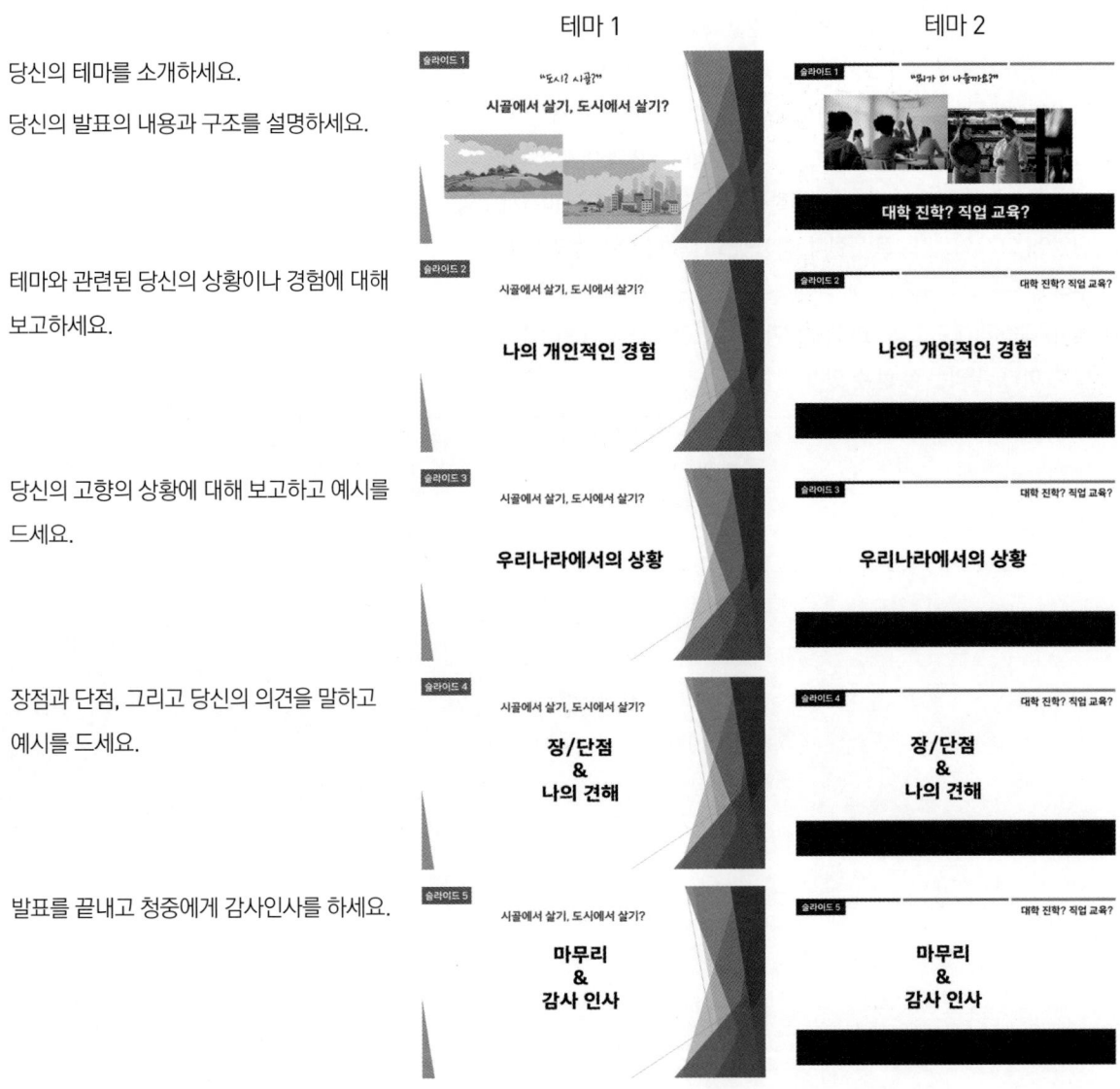

테마 1 예시답안

테마

Stadt oder Dorf? (Das Leben auf dem Land oder in der Stadt?)

도입하기

Das Thema meiner Präsentation ist „Das Leben auf dem Land oder in der Stadt?".
Meine Präsentation besteht aus folgenden Teilen.
Zuerst möchte ich Ihnen von meinen persönlichen Erfahrungen erzählen.
Danach beschreibe ich die Situation in meinem Heimatland.
Dann möchte ich über Vor- und Nachteile sprechen.
Zum Schluss sage ich meine Meinung.

문제 제기

Es gibt die Leute, die nur in der Stadt lebenslang leben möchten. Im Gegensatz dazu gibt es auch die Leute, die lieber auf dem Land wohnen.
Es geht jetzt um meine persönlichen Erfahrungen.
Ich bin in einer Großstadt geboren und aufgewachsen. Und ich wohne immer noch in der Stadt. Es gibt viele Verkehrsmittel und Einkaufszentren. Es ist einfach sehr bequem, hier zu wohnen. Meine ganze Familie ist mit dem Leben in der Stadt sehr zufrieden.
Jetzt würde ich gern über die Situation in meinem Heimatland sprechen.
Die Hauptstadt von Südkorea, Seoul, hat ca. 10 Millionen Einwohner, das heißt, ein Fünftel der ganzen Bürger von Südkorea leben in der Hauptstadt. Damit kann man sehen, dass die Leute in Südkorea lieber in der Stadt wohnen. Es gibt in Seoul viele Jobangebote, sehr gutes Verkehrssystem, viele Bildungsmöglichkeiten und so weiter. Auf dem Land wohnen meistens alte Leute. Sie sind normalerweise Bauern.
Nun erwähne ich einige Vor- und Nachteile.
Die Vorteile in der Stadt sind folgende: Erstens kann man in der Stadt viele gute Einkaufsmöglichkeiten haben. Und dank dem Verkehr kann man überall einfach hinfahren. Es gibt auch viele Möglichkeiten für Freizeit, zum Beispiel Disko, Kino, Theater, Freizeitpark und so weiter. Auf dem Land hat man auch einige Vorteile. Zum Beispiel, auf dem Land ist es ruhig und hat man dort frische Luft und viel Natur. Und die Miete ist nicht teuer.
Es gibt auch Nachteile. In der Stadt ist die Luft nicht so sauber. Man hat Lärm, Stau und hohe Mieten. Auf dem Land hat man kaum Chancen zur Vergnügung. Es gibt ganz selten Kinos, Geschäfte, Restaurants oder so. Das kann man langweilig finden.

마무리

Also, ich persönlich bevorzuge, in der Stadt zu wohnen. Meiner Meinung nach hat die Stadt mehr Vorteile als das Land.
Das war meine Präsentation. Vielen Dank für Ihre Aufmerksamkeit.

테마1 예시답안 해석

테마
시골에서 살기, 도시에서 살기?

도입하기
저의 발표 테마는 "시골에서 살기, 도시에서 살기?"입니다.
저의 발표는 다음 부분들로 구성되어 있습니다.
우선 저는 여러분에게 저의 개인적인 경험들에 대해 설명하고 싶습니다.
그리고 나서 제 고향 국가의 상황에 대해 묘사하겠습니다.
그리고 장점과 단점에 대해 말하고자 합니다.
마지막으로 저의 의견을 말하겠습니다.

문제 제기
평생 도시에서만 살고 싶어하는 사람들이 있습니다. 이와는 반대로 차라리 시골에서 살고 싶어하는 사람도 있습니다.
지금 저의 개인적인 경험에 대한 이야기를 하겠습니다.
저는 대도시에서 태어나서 자랐습니다. 그리고 저는 아직까지도 도시에 살고 있습니다. 여기에는 많은 교통수단과 쇼핑센터들이 있습니다. 여기에 사는 것은 매우 편리합니다. 저의 가족들 모두 도시에서의 삶에 굉장히 만족하고 있습니다.
이제 저는 제 고향의 상황에 대해 말하고자 합니다.
한국의 수도 서울은 약 천만 명의 인구를 가지고 있고, 그 말인 즉 한국의 전체 인구의 1/5이 수도에 살고 있다는 것입니다. 이것으로써 한국의 사람들이 도시에 사는 것을 더 좋아한다는 사실을 볼 수 있습니다. 서울에는 많은 직업 기회들이 있고 매우 좋은 교통 시스템, 많은 교육의 가능성 등이 있습니다. 시골에는 대부분 늙은 사람들이 삽니다. 그들은 보통 농부들입니다.
이제 저는 장점과 단점을 언급하겠습니다.
도시에서의 장점은 다음과 같습니다. 첫 번째로 도시에서 많은 좋은 쇼핑의 기회를 가질 수 있습니다. 그리고 교통 덕분에 쉽게 여기 저기 돌아다닐 수 있습니다. 또한 많은 여가시간을 즐길 기회도 있습니다. 예를 들어 클럽, 영화관, 극장, 놀이공원 등입니다. 시골에서도 몇 장점이 있습니다. 예를 들어 시골은 조용하고 거기에서는 공기가 신선하고 자연(적인 공간)이 많습니다. 그리고 월세도 비싸지 않습니다.
단점들도 있습니다. 도시에서는 공기가 그렇게 깨끗하지 않습니다. 소음과 교통체증, 높은 월세가 있습니다. 시골에서는 유흥의 기회가 많지 않습니다. 영화관도 거의 없고 가게나 레스토랑 등도 거의 없습니다. 이것은 지루하게 느껴질 수 있습니다.

마무리
따라서 저는 개인적으로 도시에서 사는 것을 선호합니다. 제 의견에는 도시에서 사는 것이 시골보다 더 장점이 많다고 생각합니다.
이것으로 제 프레젠테이션을 마칩니다. 경청해 주셔서 감사합니다.

테마 2 예시 답안

테마
Studium oder Ausbildung?

도입하기
Guten Tag! Heute möchte ich über das Thema „Studium oder Ausbildung?" sprechen.
In meiner Präsentation werde ich meine eigene Erfahrung berichten, die Situation in Korea erläutern, die Vor- und Nachteile eines Studiums und einer Ausbildung darstellen und abschließend meine eigene Meinung dazu äußern.

문제 제기
Ich fange mit meiner eigenen Erfahrung an. Ich habe mich nach der Schule für ein Studium entschieden. Ich wollte tieferes Wissen in meinem Fachbereich erlangen und hatte das Ziel, später in einer leitenden Position zu arbeiten. Das Studium war eine Herausforderung, aber ich habe viel gelernt und konnte mit guten Noten den Uniabschluss machen.

Nun stelle ich Ihnen die Situation in Korea vor.

In Korea ist der Druck, ein Studium zu absolvieren, sehr hoch. Viele Schüler und Eltern glauben, dass nur ein Universitätsabschluss zu einem guten Job und einem hohen sozialen Status führt. Trotzdem wird eine berufliche Ausbildung immer wichtiger. Besonders in technischen und spezialisierten Berufen sind gut ausgebildete Fachkräfte sehr gefragt.

Jetzt möchte ich die Vor- und Nachteile eines Studiums und einer Ausbildung erklären.

Das Studium hat folgende Vorteile:

Man hat vor allem breitere Karrieremöglichkeiten. Ein Studium eröffnet viele verschiedene berufliche Perspektiven.

Als Nächstes kann man beim Studium tiefes und theoretisches Wissen gewinnen. Im Studium lernt man viele theoretische Grundlagen und das ist geeignet für diejenigen, die über etwas genauer und tiefer studieren wollen.

Aber es gibt auch einige Nachteile.

Zuerst benötigt man Kosten und Zeit. Ein Studium ist teuer, besonders in Korea und dauert mehrere Jahre. Deswegen können nicht alle Leute an der Universität studieren, auch wenn sie studieren möchten.

Die Ausbildung hat auch Vor- und Nachteile.

Der erste Vorteil ist es, dass man bei der Ausbildung viele praktische Erfahrungen sammeln kann. Während der Ausbildung muss man auch im Betrieb arbeiten. Und das könnte einem beibringen, wie man sich in der Praxis verhalten soll, was aber nicht im Buch steht.

Zweitens kann man schneller ins Berufsleben einsteigen. Man ist schon viel trainiert worden und daher relativ einfacher von einer Firma eingestellt.

Drittens, was ich am besten finde, kostet eine Ausbildung weniger als ein Studium. Man verdient schon während der Ausbildung Geld. Auch wenn das Geld nicht sehr viel für zum Beispiel ein Monatsleben ist, trotzdem hat man weniger Belastung.

Aber es gibt auch einige Nachteile.

Man hat weniger Chancen, aufzusteigen. Ohne Studium sind die Möglichkeiten für höhere Positionen begrenzt. Besonders in Korea hat man kaum Chancen ohne Uniabschlüsse.

Und eine Ausbildung kann auf ein bestimmtes Berufsfeld beschränkt sein. Weil man zu spezialisiert einen Beruf lernt, könnte man nur ein eingeschränktes Spektrum haben.

Abschließend möchte ich meine eigene Meinung teilen. Ich finde, dass die Entscheidung zwischen Studium und Ausbildung von den individuellen Zielen und Interessen abhängt. Ein Studium ist ideal für diejenigen, die tiefes theoretisches Wissen und viele Karrieremöglichkeiten suchen. Eine Ausbildung ist besser für diejenigen, die praxisnah arbeiten und schnell ins Berufsleben einsteigen möchten.

Für mich persönlich war das Studium die richtige Wahl, aber ich sehe auch die Vorteile einer Ausbildung. Jeder sollte die Entscheidung treffen, die am besten zu den eigenen Zielen und Fähigkeiten passt.

마무리

Das war meine Präsentation. Vielen Dank für Ihre Aufmerksamkeit.

테마 2 예시답안 해석

테마
대학 진학? 직업 교육?

도입하기
안녕하세요! 오늘 저는 테마 "대학 진학? 직업 교육?"에 대해 이야기하려고 합니다. 제 발표에서는 먼저 제 경험에 대해 이야기하고, 한국의 상황을 설명하며, 대학 진학과 직업 교육의 장단점을 제시한 후, 마지막으로 제 개인적인 의견을 말씀드리겠습니다.

문제 제기
먼저 제 경험에 대해 이야기하겠습니다.

저는 학교를 졸업한 후 대학 진학을 선택했습니다. 저는 제 전공 분야에서 더 깊은 지식을 얻고, 나중에 관리직에서 일하고 싶었습니다. 대학 생활은 도전이었지만, 많은 것을 배웠고 좋은 성적으로 대학 졸업장을 딸 수 있었습니다.

이제 한국의 상황을 소개하겠습니다.

한국에서는 대학을 수료해야 한다는 압력이 매우 큽니다. 많은 학생과 부모는 대학 졸업장만이 좋은 직업과 높은 사회적 지위로 이끈다고 믿습니다. 그럼에도 불구하고, 직업도 점점 중요해지고 있습니다. 특히 기술 및 전문 직종에서는 잘 훈련된 전문 인력이 매우 필요합니다.

이제 대학 진학과 직업 교육의 장단점을 설명하겠습니다.

대학 진학의 장점은 다음과 같습니다:

먼저, 더 넓은 경력 기회를 제공합니다. 대학 교육은 많은 다양한 직업적 전망을 열어줍니다.

다음으로, 대학 교육에서는 깊고 이론적인 지식을 얻을 수 있습니다. 대학에서는 많은 이론적 기초를 배우며, 이는 더 깊이 있고 자세하게 공부하고 싶은 사람들에게 적합합니다.

하지만 몇 가지 단점도 있습니다.

먼저, 비용과 시간이 필요합니다. 특히 한국에서 대학 교육은 비용이 많이 들고 여러 해가 걸립니다. 따라서 대학을 다니고 싶어도 모든 사람들이 대학에 갈 수 있는 것은 아닙니다.

직업 교육도 장단점이 있습니다.

첫 번째 장점은 많은 실무 경험을 쌓을 수 있다는 것입니다. 직업 교육 동안 실제 현장에서 일해야 합니다. 그리고 이것이 사람들에게, 실전에서 어떻게 행동해야 하는지 가르쳐줄 수 있습니다. 이것은 책에는 쓰여 있지 않습니다. (책에서는 배울 수 없는 실전 행동 양식을 배울 수 있다는 뜻)

두 번째로, 더 빨리 직업에 진입할 수 있습니다. 이미 많은 훈련을 받았기 때문에 회사에서 비교적 쉽게 채용될 수 있습니다.

세 번째로, 제가 가장 좋다고 생각하는 점은 직업 교육이 대학 교육보다 비용이 적게 든다는 것입니다. 직업 교육 동안에도 돈을 벌 수 있습니다. 월 생활비로는 부족할 수 있지만, 부담이 적습니다.

하지만 몇 가지 단점도 있습니다.

첫 번째로, 승진 기회가 적습니다. 대학 학위 없이 더 높은 직위로 올라갈 수 있는 기회가 제한적입니다. 특히 한국에서는 대학 졸업장이 없으면 기회가 거의 없습니다.

두 번째로, 특정 직업 분야에 한정될 수 있습니다. 너무 전문화된 직업을 배우기 때문에 직업 선택의 폭이 좁아질 수 있습니다.

마지막으로 제 개인적인 의견을 말씀드리겠습니다. 대학 진학과 직업 교육 중 선택은 개인의 목표와 관심사에 달려 있다고 생각합니다. 대학 진학은 깊은 이론적 지식과 많은 경력 기회를 찾는 사람들에게 이상적입니다. 직업 교육은 실무 중심으로 일하고 빠르게 직업 생활에 진입하고 싶은 사람들에게 더 좋습니다.

저 개인적으로는 대학 진학이 올바른 선택이었지만, 직업 교육의 장점도 충분히 이해합니다. 각자 자신의 목표와 능력에 가장 잘 맞는 결정을 내려야 한다고 생각합니다.

마무리

이상으로 제 발표를 마치겠습니다. 경청해 주셔서 감사합니다.

| 말하기 부문 3 | 한 테마에 대해 이야기하기

당신의 발표 후에 :

시험 감독관과 대화 상대의 반응과 질문에 응답하세요.

당신의 대화 상대의 발표 후에 :

a) 대화 상대의 발표에 대해 반응하세요. (예: 발표가 어떻게 마음에 들었는지, 무엇이 새로웠으며 특히 흥미로웠는지 등)

b) 대화 상대의 발표에 대해 질문도 해보세요.

▎테마 1에 대해 할 수 있는 질문 예시

1. Sie haben gesagt, dass etwa 10 Millionen Einwohner in Seoul leben. Waren Sie beziehungsweise wohnen Sie in Seoul? Ich glaube, es ist sehr voll z.B. auf der Straße. Ist es manchmal für Sie nicht unbequem?
   당신은 대략 천만명의 사람들이 서울에 산다고 말했습니다. 당신은 서울에 있었거나 사십니까? 내 생각에는 예를 들어 길 위에 사람들이 너무 많을 것 같습니다. 그것이 당신에게 가끔 불편하진 않습니까?

2. Wenn man Ihr Land besuchen will, welche würden Sie gerne empfehlen, entweder die Stadt oder das Land?
   사람들이 만약 당신의 나라를 방문한다면, 당신은 도시와 시골 중 어디를 추천하고 싶습니까?

▎테마 2에 대해 할 수 있는 질문 예시

1. Ich glaube, in Korea hat man weniger Ausbildungsplätze als in Deutschland. Das Bildungssystem ist ja anders, aber ich glaube, trotzdem sind sie zu wenig. Was meinen Sie dazu?
   제 생각에는, 한국에는 직업교육의 자리가 독일에서 보다 적다고 생각합니다. 교육 시스템이야 다르지만, 제 생각에는, 그럼에도 불구하고 그것이 너무 적다고 생각합니다. 이것에 대해 어떻게 생각하십니까?

2. Ist es nicht gerecht, dass man nur mit dem Uniabschluss bessere Chancen hat? Muss es nicht geändert werden?
   대학 졸업장만으로 더 나은 기회들을 갖는다는 것이 공정하지 않은 것은 아닐까요? 이것이 바뀌어야 하지 않을까요?

정답 및 해설 | MODELLSATZ 4 LESEN

읽기 부문 1

소요시간: 10분

다음 본문과 문제 1번부터 6번까지 읽으시오.

명제가 맞으면 참(Richtig), 틀리면 거짓(Falsch)을 선택하시오.

Mein Schutzengel

-Sabine Holz

Seit ich den Führerschein gemacht habe, fährt bei mir immer mein Schutzengel mit: ein Rosenkranz. Den hat mir meine Großmutter zur Taufe geschenkt. Sie ist letztes Jahr an Krebs gestorben. Wenn ich den Rosenkranz in der Hand halte, fühlt es sich an, als ob sie bei mir wäre. ⓪ Ich habe ihn nicht nur im Auto, sondern auch sonst immer mit dabei, da ich mich so besser fühle. Ich glaube, er hat mir auch bei vielen Prüfungen geholfen.

Vor zwei Tagen war ich mit meinen Freundinnen bei einem Konzert unserer Lieblingsband. Vor dem Beginn des Konzertes wollten wir in einem Restaurant etwas essen. Die Konzerthalle war weit weg vom Lokal, deshalb mussten wir uns beeilen. Es war nämlich zeitlich etwas sehr eng. ❶ Wir bezahlten ganz schnell fürs Essen und machten uns auf den Weg zur Konzerthalle. Als wir so ungefähr die Hälfte der Strecke zurückgelegt hatten, bemerkte ich, dass ich meine Geldbörse im Restaurant liegen gelassen hatte. Und genau da drin steckte mein Schutzengel. Meine Mädels rieten mir, schnell beim Restaurant anzurufen. Sie dachten, dass wir sie nach dem Konzert in Ruhe abholen könnten. ❷ Ich rief also dort an und mein Portemonnaie wurde auch sicher bei der Kasse aufbewahrt. Die Frau sagte jedoch, dass das Restaurant bald schließe werde und ich erst morgen meine Geldbörse wiederbekommen könne.

Eigentlich war das kein Problem. Dem Restaurantbesitzer vertraute ich schon. ❸ Also lag es nicht daran, dass ich trotzdem irgendwie meine Geldbörse sofort wiederhaben wollte. Ohne den Rosenkranz hatte ich keine Lust, ins Konzert zu gehen. Ich bat meine Freundinnen um Verständnis und ging zurück zum Restaurant. Sie warnten mich, dass ich dann womöglich nicht mehr ins Konzert hineingelassen würde. Ohne zu zögern riet ich ihnen, nicht auf mich zu warten. Nach zehn Minuten hatte ich den Geldbeutel wieder in der Hand. Das Konzert sollte in weiteren zehn Minuten anfangen, und so schnell war ich auf keinen Fall. War das eine dumme Idee von mir gewesen? Ich bereute meine Entscheidung. Auch wenn ich noch so schnell rannte – es war nicht zu schaffen.

Da klingelte mein Handy: ❹ Jara, eine meiner Freundinnen in der Konzerthalle. Sie sagte, dass der Beginn des Konzertes sich wegen einer technischen Störung um eine halbe Stunde nach hinten verschob! Juhu! Ich lief noch schneller. Und was dann passierte, ist noch irrer: Mein Bruder fuhr mit seinem Auto vorbei. ❺ Er wollte in die Stadt und setzte mich an meinem Ziel ab. Ich hatte echt Schwein. Das Konzert war wie erwartet wundervoll. Und wieder einmal durfte ich die magischen Kräfte meines Schutzengels erleben.

> **어휘**
>
> r. Schutzengel 수호천사 l r. Rosenkranz 묵주 l e. Taufe 세례(식) l r. Krebs 암 l sterben an 3 질병(3격)으로 죽다 l s. Lokal 음식점 l sich beeilen 서두르다 l e. Strecke 구간, 노선 l zurücklegen (일정 거리를) 앞으로 나아가다 l s. Mädel : Mädchen의 속어 l s. Portemonnaie 필통, 파우치 l liegen an 3 (3격)에 중점이 있다, (3격)이 중요하다 l irre 헤매는, 놀라운, 이상한 l womöglich 아마도 l bereuen 후회하다

구문 분석

» als ob 동사 후치(주로 접속법2식) (실제로는 아니지만) 마치~인 것처럼
» ohne zu 동사원형 ~하지 않고
» Schwein haben 운이 좋다

해석

나의 수호천사

-Sabine Holz

내가 면허를 따고 나서부터 나는 항상 나의 수호천사와 함께 (운전해) 다닌다. (그것이 무엇이냐 하면: 문장에서 콜론(:)이 나오면 즉, 그것이 무엇이냐 하면 으로 해석하면 된다.) 묵주이다. 그것을 나의 할머니가 세례 받을 때 주셨다. 그녀는 작년에 암으로 돌아가셨다. 내가 묵주를 손에 쥐면 마치 그녀가 나의 곁에 있는 것처럼 느껴진다. 나는 그것을 자동차 안 뿐만이 아니라 항상 지니고 다닌다. 그러면 기분이 더 좋기 때문이다. 나는 그것이 또한 여러 시험들에서 나를 도와주었다고 생각한다.

이틀 전에 나는 나의 여자친구들과 우리가 가장 좋아하는 그룹의 콘서트에 갔다. 콘서트 시작 전에 우리는 레스토랑에서 무엇인가를 먹고 싶었다. 콘서트 홀은 식당에서 멀리 떨어져 있었다. 그래서 우리는 서둘러야 했다. 시간적으로 조금 촉박했기 때문이다. 우리는 식사를 굉장히 빨리 계산하고 콘서트 홀로 발길을 옮겼다. 우리가 대략 반 정도 왔을 때, 나는 내 지갑을 레스토랑에 두고 왔다는 것을 알아차렸다. 그리고 딱 거기에 나의 수호천사가 들어 있었다. 나의 숙녀들은(내 여자친구들은) 나에게 빨리 레스토랑에 전화해보라고 조언했다. 그들은 우리가 콘서트 끝난 후에 차분히 그것을 수령할 수 있으리라고 생각했다. 따라서 나는 그곳에 전화했고 나의 지갑은 또한 안전하게 계산대에 맡겨져 있었다. 그 여자는 그러나 말했다. 레스토랑이 곧 문을 닫을 것이고 내일이 되어서야 비로소 나의 지갑을 되찾을 수 있을 것이라고.

사실 그것은 문제가 아니었다. 그 레스토랑 주인을 나는 충분히 신뢰했다. 따라서 중점은, 내가 그럼에도 불구하고 나의 지갑을 즉시 찾고 싶다는 것이 아니었다. 그 묵주가 없이는 콘서트에 가고 싶지 않았다. 나는 내 여자친구들에게 양해를 구하고 레스토랑으로 돌아갔다. 그들은 나에게, 그럼 아마도 콘서트에 입장될 수 없지도 모른다고 충고했다. 망설임 없이 나는 그들에게 나를 기다리지 말라고 조언했다. 10분 후 나는 그 지갑을 다시 손에 넣었다. 콘서트는 10분 후에 시작할 것이고, 나는 어찌되었건 그렇게나 빠르지 못했다. 어리석은 생각이었던 것일까? 나는 나의 결정을 후회했다. 아무리 내가 빨리 뛰어도, 해낼 수 없었다.

그때 나의 휴대폰이 울렸다. Jara였다. 콘서트홀의 내 친구들 중 한 명. 그녀가 말하기를 콘서트 시작이 기술적인 결함으로 30분 늦추어졌다고 했다! 우와! 나는 더 빠르게 달렸다. 그리고 그 후 벌어진 일은 더 어이가 없다. 나의 남자형제가 자신의 자동차를 타고 지나갔다! 그는 시내 중심가로 갈 생각이었고 나를 나의 목적지까지 태워다 주었다. 나는 정말 운이 좋았다. 콘서트는 기대한 만큼 멋졌다. 그리고 다시 한번 나는 나의 수호천사의 마법적인 힘을 경험할 수 있었다.

예시문제

0 Sabine는 그 묵주를 자동차에만 가지고 다닌다. Richtig ~~Falsch~~

1 Sabine와 그녀의 친구들은 음식을 위해 계산하고 싶지 않았다. Richtig ~~Falsch~~

2 그녀는 그 다음날이 되어서야 레스토랑에 전화할 수 있었다. Richtig ~~Falsch~~

3 그녀는 무조건 그녀의 지갑을 즉시 되찾고 싶었다. ~~Richtig~~ Falsch

4 그녀는 따라서 콘서트에 입장되었다. ~~Richtig~~ Falsch

5 Jara는 그 콘서트를 기술적으로 지원한다. Richtig ~~Falsch~~

6 그녀는 콘서트 홀까지 걸어서 갔다. Richtig ~~Falsch~~

어휘

einlassen 들여보내다 | **unterstützen** 지원하다

읽기 부문 2

소요시간: 20분

언론에서 추출된 텍스트를 읽고 문제 7번부터 9번까지 읽으시오.

a, b, c 중 각 문제에 알맞은 답을 고르시오.

> ### Heißer September:
> ### Globale Temperaturen erreichen Rekordwerte
>
> ❶ Die weltweiten Durchschnittstemperaturen haben im diesjährigen September einen Rekordwert erreicht. Der Monat war 0,57 Grad heißer als der Durchschnitt der Jahre 1981 bis 2010. Das teilte der Copernicus-Klimawandeldienst des Europäischen Zentrums für mittelfristige Wettervorhersage mit. Damit war der September dieses Jahres in etwa so warm wie der September 2016 – beide Monate teilen sich den Rekord.
>
> Als besorgniserregend stufen die Klimaforscher des Copernicus-Programms ein, „dass die letzten vier Monate nun entweder Temperaturrekorde halten oder auf dem zweiten Platz landeten". ❽ So war der Juni 2019 der wärmste jemals gemessene Juni, der Juli sogar der wärmste Monat seit Beginn der Aufzeichnungen. Der August dieses Jahres war der zweitwärmste gemessene August. Der Rekord im September unterstreiche den langfristigen Trend. Im Mittel lagen die Temperaturen um 1,2 Grad über dem Niveau, das vor der Industrialisierung auf der Erde herrschte. ❾ Besonders heiß war es im Landesinneren und dem Osten der USA, in der Mongolei und Teilen der Arktis, und in fast ganz Europa. ❾ In Deutschland war der September dagegen eher durchschnittlich.

> [어휘]
>
> r. Durchschnitt 평균 | mittelfristig 중기의 | sich teilen 공유하다 | besorgniserregend 위협적인 | einstufen 등급을 매기다 | gemessen 측정된 | unterstreichen 밑줄 긋다, 강조하다 | im Mittel 평균적으로 | e. Industrialisierung 산업화 | herrschen 지배하다

해석

> # 뜨거운 9월:
> ## 세계 기온이 기록 수준에 도달하다
>
> 세계적인 평균기온이 올해 9월 기록 수준에 도달했다. 그 달은 1981년부터 2010년까지의 평균보다 0.57도 더 뜨거웠다. 중기 기상예보 유럽 센터의 코페르니쿠스 기후변화서비스가 그것을 보고했다. 올해의 9월이 2016년의 9월만큼이나 따뜻했다고 한다. 양측 모두 그 기록을 공유한다.
>
> 코페르니쿠스 프로그램의 기후 연구자들이 위협적인 수준이라고 등급을 매긴다. "지난 4개월 동안 이제 기온 기록을 지키거나 혹은 2위로 안착하거나이다." 2019년의 6월이 그 당시 측정된 가장 더운 6월이었고, 기록 시작 이래로 7월은 심지어 가장 더운 달이다. 올해 8월은 두 번째로 더운 것으로 기록된 8월이었다. 9월의 기록은 이 긴 기간의 경향성을 강조한다고 한다. 평균적으로 기온이 산업화 전 지구를 지배했던 단계보다 1.2도 더 높았다. 특히나 더웠던 것은 미국의 내륙지역과 동부지역, 몽골, 북극지방의 일부분들, 그리고 거의 유럽 전역이었다. 독일에서는 그와는 반대로 9월이 오히려 평균적이었다.

예시문제

0 올해 9월의 기온은 …
- [x] a 세계적으로 가장 높았다.
- [ ] b 세계적으로 평균적이었다.
- [ ] c 7월보다 높았다.

7 이 글의 주된 내용은 …
- [ ] a 에어컨에 관한 이야기이다.
- [x] b 기후변화에 대한 이야기이다.
- [ ] c 기후보호 프로그램에 대한 이야기이다.

8 2019년의 6월은 …
- [ ] a 그 해의 가장 더운 달이었다.
- [ ] b 7월보다 더웠다.
- [x] c 지금까지의 6월들과 비교했을 때 가장 더웠다.

9 기온은 …
- [x] a 미국에서 특히나 높았다.
- [ ] b 독일에서 9월에 기록수준에 이르렀다.
- [ ] c 예전보다 1.2도 더 낮았다.

어휘

e. Klimaanlage 에어컨 | r. Klimawandel 기후 변화 | r. Klimaschutz 기후 보호 | im Vergleich zu ~와 비교하면 | bisherig 지금까지의

읽기 부문 2

언론에서 추출된 텍스트를 읽고 문제 10번부터 12번까지 읽으시오.

a, b, c 중 각 문제에 알맞은 답을 고르시오.

365-Euro-Ticket für Schüler und Azubis

Nürnberg – Der Verkehrsverbund Großraum Nürnberg (VGN) <u>zählt zu</u> den größten Verkehrsverbünden in Deutschland, er umfasst ganz Mittelfranken, größere Teile von Ober- und Unterfranken sowie der Oberpfalz und steuert vereinzelt sogar Ziele in Schwaben, Ober- und Niederbayern an. ❿ , ⓫ Vom Schuljahr 2020/2021 an werden insgesamt 360.000 Schüler und Auszubildende diesen Verkehrsraum für einen Euro pro Tag ein Jahr lang nutzen können. Dies hat Ministerpräsident Markus Söder (CSU) nun in Nürnberg angekündigt. Ursprünglich hatte Söder prüfen lassen, das 365-Euro-Schülerticket bereits im laufenden Schuljahr starten zu lassen. Dies aber hatte sich als zu ehrgeiziger Plan erwiesen.

Am Donnerstag müssen noch die beteiligten Städte und Kreise über das geplante Ticket abstimmen, der Fürther Landrat Matthias Dießl (CSU) sieht aber gute Chancen, dass die Zustimmung „einstimmig" erfolgen wird. ⓬ Die Kommunen müssen ein Drittel der Mehrkosten übernehmen, der Freistaat hat angekündigt, die restlichen zwei Drittel zu begleichen – was etwa 30 Millionen Euro entsprechen dürfte.

어휘

r. Verkehrsverbund 교통 연합 | umfassen 포함하다 | ansteuern (항해) 키를 쥐다 [여기에서는 관장하다] | vereinzelt 따로따로 | ankündigen 통보하다 | ehrgeizig 야망 있는 | erweisen 증명하다 [여기에서는 재귀 용법으로 증명되다] | abstimmen 합의하다 | einstimmig 만장일치의 | pl. Mehrkosten 초과비용 | begleichen 지불하다

구문 분석

» zählt zu 3 (3격)에 포함되다

해석

학생들과 견습생들을 위한 365-유로-티켓

뉘른베르크 – 큰 공간 뉘른베르크 교통 연합은 독일에서 가장 큰 교통 연합에 속한다. 그것은 프랑켄 상하부의 중부 프랑켄 지역 전역 및 오버팔츠 지역을 포함하고 심지어 슈바벤과 바이에른 상 하부에서 각각 키를 잡고 있다. (비유적 표현: 관장하고 있다.) 2021/2021 학기부터 도합 360.000명의 학생들과 견습생들은 이 교통 구간을 하루에 1 유로로 1년 내내 사용할 수 있게 된다. 이것을 주 수상 Markus Söder(CSU)가 뉘른베르크에서 알렸다. Söder는 원래 이 365 학생티켓을 이미 진행 중인 학기 중에 시작하게 하는 것을 검토하게 했었다. 이것은 하지만 너무 야심찬 계획이라는 것이 증명되었다.

목요일에 관련 도시들과 구역들은 이 계획된 티켓에 대해 합의해야 한다. Fürth의 군수 Matthias Dießl(CSU)는 이 합의가 만장일치로 성공하게 되는 것을 좋은 기회로 바라보고 있다. 자치단체는 초과액의 1/3을 떠맡아야 하며, (바이에른)공화국은 약 3천만 유로에 달할 것으로 보이는 나머지 2/3를 지불할 것을 통보했다.

10 이 글에서 주된 내용은 …

- a 작년에 도입된 한 새로운 시스템에 대한 이야기이다.
- ☒ b 몇 지역 내의 교통 복지에 대한 이야기이다.
- c 교통 통제를 위한 한 새로운 정책에 대한 이야기이다.

11 2020/2021 학기부터 …

- ☒ a 차표가 하루에 1유로이다.
- b 학생들이 무료로 교통을 이용할 수 있다.
- c 견습생들이 1유로로 대중교통을 이용할 수 있다.

12 초과 비용은 …

- a 그 주가 전체 양을 떠맡는다.
- b 세금으로 지불된다.
- ☒ c 부분적으로 지방자치단체에 의해 맡아진다.

어휘

e. Verkehrskontrolle 교통 통제 | e. Verkehrswohlfahrt 교통 복지 | r. Azubi 견습생 | übernehmen 맡다, 떠맡다 | e. Kommune 지방자치단체

읽기 부문 3

🕐 소요시간: 10분

13번에서 19번까지 상황들을 읽고 A부터 J까지 다양한 독일어권 미디어로부터 추출한 광고를 읽으시오. 고르세요: 어떤 광고가 어떤 상황에 맞습니까?

당신은 모든 광고를 오직 한 번만 쓸 수 있습니다. 예시의 광고는 당신은 다시 쓸 수 없습니다. 한 상황에 대해서는 맞는 광고가 없습니다. 이 경우 0을 쓰십시오.

다양한 사람들이 다양한 선물들을 위한 상품을 찾고 있습니다.

예시문제

0 Stefanie는 곧 외국으로 교환학생을 떠나는 친구가 하나 있다. 그녀는 그녀에게 무엇인가 선물을 주고 싶다. 그녀는 메이크업에 상당히 관심을 가지고 있다.   광고 : **j**

13 Maximilian은 곧 결혼하고 그의 장모님에게 무엇인가 호화스러운 것을 선물하고 싶다. 지금은 가을이며 선물이 계절에 적절하면 더 좋을 것이다.   광고 : **b**

14 Nina의 남자친구 Kurt는 다음 달에 이국적인 여행을 떠난다. 그녀는 그에게 무엇인가 선물을 주고 싶다. Kurt가 곧 방문할 나라는 물이 깨끗하지 않다.   광고 : **f**

15 곧 Klara의 할머니의 생일이다. 그녀는 올해에 알록달록한 차주전자를 원한다.   광고 : **0**

16 Hanna는 방금 학교를 졸업했고 곧 세계 여행을 한다. 그녀의 부모님은 그녀에게 무엇이든 위험한 일이 일어나는 것을 원하지 않는다.   광고 : **a**

17 Großkopf 씨는 곧 생일이며 두 아들들과 함께 캠핑을 갈 직장 동료가 하나 있다. 그 아이들은 수수께끼 푸는 것을 매우 좋아한다.   광고 : **c**

18 Maria는 독일어 수업에서 사귄 한 여자친구를 가지고 있다. 그녀는 곧 집으로(고향으로) 떠나고 Maria는 그녀에게 Berlin을 떠올릴 무엇인가를 주고 싶다. 그 둘은 아직 성인이 아니다.   광고 : **h**

19 Victoria는 오래 전부터 한 수녀님을 알고 있다. 그들은 자주 함께 커피 휴식을 즐기며 신과 성경에 대해 이야기한다. 오늘 Victoria는 오늘 그 수녀님의 방에 있는 커피 보관함이 비어 있는 것을 보았다.   광고 : **g**

a

Bluesmart

⓰ Der US-Trolley (ab 34 Liter) auf vier Rädern ist ein Technik-Protz: Per integriertem Akku kann man Laptops und Smartphones unterwegs laden, den Koffer weltweit aufspüren. Die können eigenen Reisedaten tracken. Eine App warnt den Besitzer, wenn Diebe ihn entwenden wollen, und verschließt ihn.

www.eu.bluesmart.com

ab 350 Euro !

해석

Bluesmart

4개의 바퀴가 달린 US-트롤리(바퀴 달린 여행가방) (34리터 용량부터)는 테크닉 대장입니다.

결합된 배터리로 노트북과 스마트폰을 다니면서 충전할 수 있고 세계적으로 이 캐리어를 탐지할 수 있습니다. 이것들은 고유의 여행 정보를 추적할 수 있습니다. 만일 도둑들이 그것을 훔치려고 하면 어플리케이션이 소유자에게 경고를 하고 그것을 폐쇄합니다.

www.eu.bluesmart.com

350 유로부터!

어휘

r. Protz 자랑쟁이, 대장 | r. Akku 배터리 | aufspüren 감지하다 | tracken 추적하다 | r. Dieb 도둑 | entwenden 훔치다

b

FRAAS

⓭ Seit nunmehr 135 Jahren steht der Name Fraas für hochwertige und elegante Accessoires. Besonders ihre luxuriösen Kaschmir- und Seidenschals haben die Traditionsmarke berühmt gemacht.

Mo-Fr 10-19, Sa 11-18 Uhr

Friedrichstraße 55a

해석

FRAAS

135년전부터 Fraas라는 이름은 높은 가치와 우아한 액세서리를 나타냅니다. 특히 그것의 호화로운 캐시미어와 비단 스카프는 이 전통적인 브랜드를 유명하게 만들었습니다.

월-금 10-19시, 토 11-18시

Friedrich길 55a

어휘

nunmehr 이제부터 | hochwertig 높은 가치의 | e. Seide 비단

c

Live Escape Game

Das Prinzip: ⑰ Mit Mitspielern ein Rätsel knacken und sich mit der Lösung aus einem verschlossenen Raum befreien, so die Spielidee – das gelingt nur mit Köpfchen und Intuition! Wer Interesse hat, findet bei Google unter, Live Escape Games´entsprechende Angebote.

35 bis 70 Euro für zwei Spieler

해석

Live Escape Game

원칙: 함께 게임 하는 사람들과 하나의 수수께끼를 열고 그 해답을 가지고 한 폐쇄된 방을 탈출하는 것이 이 게임의 모티브이다. 이것은 오직 머리와 직감으로 가능하다. 흥미가 있는 사람들은 Google에서 Live Escape Game에 상응하는 상품들을 찾아 보시오.

게임 인원 2명당 35에서 70 유로

어휘

s. Prinzip 원칙 | knacken 깨서 열다 | befreien 해방시키다 | e. Intuition 직감

d

SOUND-RIESE

Der Bose SoundLink Color Bluetooth Speaker II

ist ein akustisches Kraftpaket auf Reisen. Der Lautsprecher passt in jede Hand- oder Umhängetasche, lässt sich leicht via Bluetooth koppeln, ist einfach zu bedienen und verliert sogar bei einer kleinen Wasserdusche nicht seinen guten Ton!

ab 120 Euro unter www.soundriese.de

해석

Sound Riese (Sound 거인)

Bose SoundLink Color Bluetooth Speaker II는 여행에서 사운드를 담당하는 세트이다. 그 스피커는 모든 핸드백과 숄더백에 맞고 블루투스를 통해 간단하게 연결되며 사용하기 쉽고 샤워할 때에도 심지어 그의 좋은 톤을 잃지 않는다.

120유로부터 www.soundriese.de에서

어휘

akustisch 어쿠스틱한 | r. Lautsprecher 스피커

e

Herbstspecial 4 für 3 im Hotel Schweizerhof in Saas-Fee

✓ 4 Übernachtungen im Doppelzimmer zum Preis von 3

✓ Persönlicher Taxidienst bei Ankunft/Abreise

✓ Willkommensdrink

✓ Warmes und kaltes Schlemmer Frühstücksbuffet

✓ Freier Zugang zum SPA „THE WAVE"

ab CHF 350.00 pro Person / Anreise am Sonntag oder Montag möglich

해석

가을 스페셜 4를 3으로 호텔 Schweizerhof in Saas-Fee

✓ 2인실 4박을 3박 가격으로

✓ 도착/체크아웃 시 개인적인 택시 서비스.

✓ 웰컴 드링크

✓ 따뜻하고 차가운 미식가 아침 식사 뷔페

✓ 스파 "THE WAVE"에 공짜 입장

인당 스위스 프랑 350 프랑부터 / 일요일이나 월요일에 체크인 가능

어휘

r. Zugang 입장, 접근

f

sicher saugen!

⓮ Bis zu 100 Liter belastetes Wasser wandelt der Life-Straw in bekömmliches Trinkwasser um. Kernstück ist ein 21 cm langes Rohr mit Hohlfasern, das Mikroorganismen durch Saugen herausfiltert. Der Filter für unterwegs erfüllt Trinkwasserstandards.

ab 26,95 Euro, www.waternlife.com

해석

안전하게 빨아 먹기!

100리터까지 오염된 물을 Life-Straw가 몸에 좋은 식수로 완전히 바꿉니다. 주된 부품은 21센티미터 길이의 솜이 들어 있는, 미생물을 빨아들임으로써 필터링하는 빨대입니다. 들고 다닐 수 있는 그 필터는 식수의 기준을 달성합니다.

26.95유로부터. www.waternlife.com

어휘

belastet 오염된 | bekömmlich 몸에 좋은 | s. Kernstück 중심이 되는 부품 | r. Rohr 빨대 | e. Hohlfaser 솜 필터

g

Hier werden die Kaffebohnen in drei Mühlen frisch gemahlen. Wer guten Kaffee schätzt, ist im Mi Onda richtig. Zwischen drei verschiedenen Röstungen können Kaffegoumets hier wählen – je nachdem, ob man den Espresso mild oder kräftig mag. Dazu:exzellente Croissants und Franzbrötchen.

❶❾ Frisch gemahlene Kaffeebohnen im Sonderangebot: 15 Euro/Packung

해석

여기에서 커피콩이 세 개의 방아에서 신선하게 갈아집니다. 좋은 커피를 소중히 여기는 사람은 여기 Mi Onda에 제대로 오신 겁니다.

커피 미식가들은 세 가지의 다양한 로스팅 중에서 고를 수 있습니다. -에스프레소를 부드럽게 혹은 강하게 마시는 것을 좋아하는지에 따라서- 거기에 추가적으로 훌륭한 크로아상과 프란츠브뢰첸(롤빵).

신선하게 막 갈아낸 커피콩을 특가 세일 중입니다. 15유로/한 팩

[어휘]

schätzen 평가하다, 소중히 여기다 | mahlen 갈다 | e. Röstung 로스팅

h

❶❽ **Berliner Senfsauce**

Handgemacht, eine unvergleichliche Geschmacksexplosion! Großartig zu Huhn, Fisch, Burger, Gemüse, Gegrilltem oder als Dip.
Preis: 4,50 Euro
EAT BERLIN – Haus der feinen Kost

해석

베를린의 겨자 소스

수제
비교할 수 없는 맛의 폭발!
닭, 생선, 버거, 채소에 완전 잘 어울림!
굽거나 혹은 찍어먹는 소스로.
가격: 4.50유로
EAT BERLIN – 섬세한 음식의 집

[어휘]

handgemacht 핸드메이드, 수제 | e. Explosion 폭발

i

Berliner Whisky

Whisky besteht aus Malz und Wasser – in Berlin wird die Palette für den edlen Brand um Experimentierfreude und Mut erweitert.

해석

베를린 위스키

위스키는 맥아와 물로 이루어져 있다. 베를린에서는 이 귀족 브랜드를 위해 다양성이 실험적 기쁨과 용기로 확장됩니다.

[어휘]

s. Malz 맥아 | e. Palette 팔레트 [다양성을 의미] | edel 귀족의

j

Kiel´s

❶ Körperpflegeprodukte von Kopf bis Fuß – auch für Männer.

Bonus! Wer drei leere Behälter zurückbringt, bekommt ein Lipgloss umsonst.

Mo – Sa 11-20 Uhr

Münzstr.14-16

U8 Weinmeisterstraße

해석

Kiel's

바디 케어 제품 머리부터 발끝까지 – 남성을 위한 것도 있습니다.

보너스! 빈 용기 3개를 가져오시는 분은 립글로스를 공짜로 얻습니다.

월-토 11-20시

Münzstr.14-16

U8 Weinmeisterstraße

어휘

r. Behälter (음료 등을 담는) 용기 | umsonst 무료로

읽기 부문 4

⏱ 소요시간: 15분

20번부터 26번까지 글을 읽으시오. 고르세요: 이 사람은 **초등학교에서의 영어수업에 동의합니까?**

한 잡지에서 당신은 "초등학교에서의 영어"라는 주제에 대한 댓글들을 읽습니다.

예시문제

0 Jana	Ja	~~Nein~~

20 Heine	~~Ja~~	Nein	24 Johannes	Ja	~~Nein~~
21 Leon	~~Ja~~	Nein	25 Miriam	~~Ja~~	Nein
22 Karsten	~~Ja~~	Nein	26 Karina	Ja	~~Nein~~
23 Tatiana	~~Ja~~	Nein			

LESERBRIEFE

예시문제

Ich bin eher dagegen. Die Kinder sollen auch noch Kinder bleiben dürfen und nicht immer nur lernen, lernen, lernen müssen. Also bitte nicht noch mehr Unterricht, auch wenn er Förderung heißt, sondern Konzentration auf Wesentliches und dafür wieder mehr Zeit einräumen, z.B. durch Streichung oder Kürzung von Englisch in der Grundschule.

Jana, 36, Bremen

해석

나는 오히려 거기에 반대한다. 아이들은 아직 아이들로 머무를 수 있어야 하고 항상 공부하고 공부하고 공부해야만 할 필요가 없어야 한다. 그러니까 부디 더 많은 수업 말고, 비록 그것이 독려를 의미한다 할지라도, 본질적인 것에 대한 집중과 그것을 위해 더 많은 시간을 집어 넣기를. 예를 들어 초등학교에서의 영어 수업의 삭제 내지는 축소를 통해서.

Jana, 36세, 브레멘

20

Englisch in der Grundschule ohne Vokabeltraining, ohne Noten und ohne Klassenarbeiten macht abgesehen von Spaß überhaupt keinen Sinn, also entweder weg damit oder fundierter, das aber nur für Schüler, deren Leistungen in Deutsch und Mathematik gut genug sind. Schon mit Deutsch und Mathematik überforderte Schüler darf man nicht mit noch einem weiteren Lernfach vollständig abhängen.

Heine, 27, Bamberg

해석

어휘 트레이닝과 점수, 학급 협업 없는 초등학교의 영어는 재미를 제외하고는 전혀 의미가 없다. 그러니까 아예 없애거나 더 공고히 해야 한다. 하지만 오직 독일어와 수학 성적이 좋은 학생들을 위해서만 말이다. 독일어와 수학으로 인해 이미 너무 부담을 받은 학생들을 더 많은 추가적인 과목으로 완전히 구속해서는 안 된다.

Heine, 27세, 밤베르크

21

Ich fände Englisch in der Grundschule wegen der Freude am Lernen gut. Aber es wäre schöner, wenn es gesichert werden könnte, dass alle Kinder dasselbe Niveau erlernen könnten. Das Grundsätzliche, wie zum Beispiel, Lesen, Schreiben, Rechnen usw. braucht man sowieso zu lernen.

Leon, 20, Bochum

해석

나는 초등학교에서의 영어가 배움의 기쁨 때문에 좋다고 생각한다. 하지만 모든 아이들이 같은 레벨을 배운다는 것이 확실시되면 더 좋겠다. 근본적인 것들, 예를 들어 읽기, 쓰기, 계산하기 등은 어차피 배울 필요가 있다.

Leon, 20세, 보훔

22

Ich finde es schon ok, dass die Kinder schon in der Grundschule Englisch lernen. Aber besser wäre erst ab 3. Klasse. Man kann nichts vieles von 6-7-jährigen Kindern erwarten. Sie können ja nur tanzen und singen. Lernen ist eher lesen und schreiben zu können. Dafür ist ab 1. Klasse viel zu früh.

Karsten, 17, Dortmund

해석

나는 아이들이 초등학교에서 벌써 영어를 배우는 것이 충분히 괜찮다고 생각한다. 하지만 더 좋은 것은 3학년 이상부터라고 생각한다. 6-7세의 아동들에게 많은 것을 기대할 수 없다. 그들은 오직 춤 추거나 노래할 수 있을 뿐이다. 배움이란 오히려 읽거나 쓸 수 있는 것이다. 그것을 위해서 1학년부터는 너무 이르다.

Karsten, 17세, 도르트문트

23

Also ich glaube nicht, dass Englisch ab der 1. Klasse „sinnlos" ist. Meine Erfahrung als Englischtrainerin mit jahrelanger Erfahrung mit Schüler*innen und Überzeugung ist: Je eher Kinder eine andere Sprache hören und erfahren, desto besser. Wird Englisch nun in die 3. Klasse geschoben, ist das sicher kein „Beinbruch" für die Schüler*innen, aber damit ist auch klar: Es bleibt weniger Zeit, um sich der Sprache zu nähern.

Tatiana, 45, Münch

해석

그러니까 나는 1학년부터 영어를 배우는 것이 "의미 없다"고는 생각하지 않는다. 다년간 학생들과의 경험과 신념을 가진 영어 훈련사로서의 나의 경험은, 아이들이 더 일찍이 하나의 다른 언어를 듣고 경험하면 할수록 더 좋다. 영어가 이제 3학년으로 밀린다면 그것은 학생들에게 "나쁜 것"은 확실히 아닐 것이다. 하지만 그것으로써 이것은 확실해진다. 그 언어와 친숙해질 시간이 줄어든다는 것이다.

Tatiana, 45세, 뮌헨

24

Ich frage mich mal: Warum gerade Englisch? Warum denn nicht Kunst, Theologie, Philosophie oder Religion?

Ich finde die Fächer noch wichtiger als eine Sprache zu lernen. Bei diesem richtigen Lernen kann man ja natürlich eine Abhandlung auf Englisch lesen. Eine Sprache funktioniert als ein Mittel zu etwas Tieferem.

Johannes, 26, Ulm

해석

나는 자문해 본다. 왜 하필 영어인가? 왜 예술과 신학, 철학이나 종교는 아닌가? 나는 이 과목들이 한 언어를 배우는 것보다 훨씬 중요하다고 생각한다. 이 제대로 된 배움 속에서 당연히 한 논문을 영어로 읽을 수도 있다. 하나의 언어는 더 깊은 것을 위한 수단으로서 작용한다.

Johannes, 26세, 울름

25

Kritische Stimmen, ob Kinder früh Englisch lernen müssen, gibt es viele. Tatsache ist aber: Englisch ist wichtig und wird in Zukunft zunehmend noch WICHTIGER werden.

Miriam, 31, Heidelberg

해석

아이들이 일찍 영어를 배워야 하는지에 대한 비판적인 의견들은 많다. 실상은 하지만, 영어는 중요하고 미래에 점점 더 중요해질 것이라는 점이다.

Miriam, 31세, 하이델베르크

26

Effizienter als dieser halbgare Englischunterricht ist aus meiner Sicht die Sesamstraße. Die Kinder schauen auch so schon viel zu viel fern, dann kann es wenigstens die tägliche Sesamstraße im Original sein.

Karina, 33, Freiburg

해석

이 설익은 영어 수업보다 더 효율적인 것은 내 생각에는 세서미스트릿(미국의 어린이 TV애니메이션)이다. 아이들은 티비를 많이 본다. 그럼 적어도 매일 보는 세서미스트릿이 진짜배기일 것이다.

Karina, 33세, 프라이부르크

> **어휘**
>
> e. Förderung 독려 | e. Streichung 줄 긋기 [글자에 가로줄을 긋는 것은 취소나 없앰을 말함] | abgesehen von 3 (3격)을 제외하고 | fundiert 공고한 | überfordern 부담을 주다 | vollständig 완전한 | erlernen 습득하다 | sowieso 어쨌거나 | e. Überzeugung 신념 | r. Beinbruch 다리 골절 | e. Theologie 신학 | halbgar 설익은

구문 분석

» ich fände ich finde의 접속법 2식: '~라고 생각한다'의 조심스러운 표현
» kein Beinbruch sein 나쁜 일이 아니다 [비유]

읽기 부문 5

소요시간: 10분

27번부터 30번까지 읽고 본문을 읽으시오.

각 과업에 알맞은 정답을 a, b, c 중에 고르시오.

당신은 한 기숙사의 실내 규정에 대한 정보를 얻고 있습니다.

27 벽에 그림을 그리기 위해서는 …
- a 추가 금액을 지불해야 한다.
- ☒ b 건물 관리인과 상담해야 한다.
- c 건물주에게 연락해야 한다.

28 문제가 있으면 …
- a 즉시 건물 관리인에게 가야 한다.
- b 즉시 서면상으로 건물주에게 알려야 한다.
- ☒ c 서면상으로 건물 관리인에게 전달되어야 한다.

29 휴식 시간 동안에는…
- a TV, 라디오, 소리가 나는 기계들은 금지된다.
- b 다른 거주자들을 배려해야 한다.
- ☒ c 무선으로 음악활동을 할 수 있다.

30 세입자들은 …
- ☒ a 스스로 창문을 청소해야 한다.
- b 매일 부엌을 청소해야 한다.
- c 항상 창문을 닫아야 한다.

Hausordnung

Das Zusammenleben in einer studentischen Hausgemeinschaft erfordert gegenseitige Rücksichtnahme aller Wohnheimbewohner. Um das ungestörte Zusammenleben und eine ordnungsgemäße Verwaltung zu erreichen, ist die nachfolgende Hausordnung einzuhalten. Es können sich je nach Haus Unterschiede ergeben. Daher wird Ihnen die Hausordnung bei Einzug persönlich übergeben, der Empfang wird von Ihnen quittiert.

I. Allgemeine Nutzungsbedingungen:

1. Die Mieträume sowie das vom Vermieter eingebrachte Inventar sind pfleglich zu behandeln.

   Wurde der Wohnraum seitens des Vermieters mit Mobiliar ausgestattet, so muss dieses beim Auszug vollständig vorhanden sein. Beim Auszug fehlendes oder unbrauchbar beschädigtes Mobiliar wird zu Lasten des Mieters durch den Vermieter wiederbeschafft.

2. Der Vermieter ist berechtigt, vom Mieter eingebrachtes Inventar auf dessen Kosten zu entfernen. Dies gilt auch für Gemeinschaftsräume.

3. Bauliche Veränderungen sind dem Mieter untersagt. Kleine bauliche Veränderungen, die Bohren und/oder Hämmern erforderlich machen, ㉗ sowie die malermäßige Neugestaltung der Zimmer durch den Mieter sind mit dem Hausmeister abzustimmen. Fußbodenbeläge dürfen nicht fest verlegt werden und sind beim Auszug durch den Mieter zu entfernen.

4. Am Ende der Nutzung ist durch den Mieter das Zimmer so zu übergeben, dass es sofort wieder bezogen werden kann, d.h. grundgereinigt und mängelfrei entsprechend dem Standard des Hauses.

5. ㉓ Der Mieter ist verpflichtet, Beschädigungen, Mängel und Systemausfälle umgehend schriftlich dem Hausmeister anzuzeigen. Für notwendige Reparaturen erteilt der Mieter einen entsprechenden Auftrag.

II. Schutz vor Lärm:

1. Vermeidbarer Lärm belastet unnötig alle Heimbewohner. Deshalb gelten allgemeine Ruhezeiten von 13 bis 15 Uhr und von 22 bis 6 Uhr, auch an Sonn- und Feiertagen.

2. ㉙ Fernseh-, Radio- und Tongeräte sind stets auf Zimmerlautstärke einzustellen, die Benutzung im Freien darf die übrigen Bewohner nicht stören. Analog gilt dies für das Musizieren.

3. Sind bei hauswirtschaftlichen und handwerklichen Arbeiten belästigende Geräusche nicht zu vermeiden, so sind diese Verrichtungen werktags in der Zeit von 8 bis 12 Uhr und von 15 bis 20 Uhr vorzunehmen.

4. Lärmende Spiele und Sportarten (z.B. Fußballspielen) sind in Fluren, in Treppenhäusern und in sonstigen Nebenräumen nicht gestattet.

III. Reinigung:

1. Wohnheim und Grundstück sind rein zu halten. Verunreinigungen sind von den Mietern unverzüglich zu beseitigen. 🟢 Die Zimmerreinigung erfolgt durch den Mieter, 4x jährlich sind die Zimmerfenster zu putzen.

2. 🟢 Die Kücheneinrichtung ist regelmäßig vom Mieter zu reinigen. Der Kühlschrank ist monatlich zu reinigen, wenn erforderlich zu enteisen. Abfall und Unrat sind regelmäßig durch die Mieter zu entsorgen.

3. 🟢 Die Zimmer sind auch in der kalten Jahreszeit ausreichend zu lüften. Dies erfolgt durch kurzfristiges, vollständiges Öffnen der Fenster mindestens 2x täglich. Bei Unwetter und Abwesenheit sind Fenster zu schließen.

[어휘]

erfordern 요구하다 | e. Rücksichtnahme 배려 | ordnungsgemäß 질서 있는, 합법적인 | e. Verwaltung 관리, 당국 | r. Empfang 수령 | quittiert 받았음을 증명하다 | s. Inventar 재산 | s. Mobiliar 동산 [부동산의 상대개념] | e. Lasten 부담 | baulich 건축상의 | s. Bohren 구멍 내기 (bohren 구멍을 파다) | r. Bodenbelag 바닥 재료 | verlegt (바닥재가) 덮인 | mängelfrei 결함 없는 | e. Verrichtung 실행, 집행 | vornehmen 착수하다, 시작하다 | enteisen 얼음을 제거하다 | entsorgen 제거하다 | kurzfristig 단기간의 | e. Abwesenheit 부재

해석

실내규정

학생 공동 거주 구역에서의 공생은 모든 거주자들의 상호간의 배려를 필요로 합니다. 방해 없는 공생과 질서정연한 행정을 성취하기 위해서 다음 실내규정을 지켜야 합니다. 집(혹은 건물)마다 차이가 생길 수 있습니다. 따라서 실내 규정은 이사 날에 개인적으로 배부되며 이 수령은 당신에 의해 증명됩니다.

I. 보편적인 사용 조건

1. 임대 공간 및 건물주에 의해 반입된 재산은 조심스럽게 다뤄져야 한다. 만일 임대공간이 건물주에 의해서 가구로 설치되었을 경우, 그대로 퇴거 시에 완전히 유지되어야 한다. 퇴거 시 누락되거나 사용할 수 없을 정도로 훼손된 가구는 세입자 부담으로 건물주에 의해서 다시 조달된다.

2. 건물주는 세입자로부터 반입된 재산은 그 가격을 지불하고 제거할 권리가 있다. 이것은 또한 공동 구역에도 해당된다.

3. 건축적인 변형은 세입자들에게 있어서 금지된다. 구멍을 뚫는 것과/혹은 망치질이 필요한 작은 건축적인 변형 및 세입자를 통한 방의 그림을 그림으로써 새로이 형태를 만드는 것은 건물 관리인과 협의가 필요하다. 바닥 교판은 완전히 고정되어 설치되어서는 안 되며 퇴거 시 세입자에 의해 제거되어야 한다.

4. 방은 세입자에 의해 사용 마지막에 즉시 입주 가능한 상태로 양도되어야 한다. 즉, 잘 청소되어야 하고 건물 기준에 상응하게 하자가 없어야 한다.

5. 세입자는 훼손, 결함, 그리고 시스템의 오류를 즉시 서면으로 건물 관리인에게 알려야 할 의무를 가진다. 필수적인 수리에 대해서는 세입자가 상응하는 임무를 나눠 가진다.

II. 소음으로부터의 보호

1. 피할 수 있는 소음은 불필요하게 모든 거주자들을 괴롭힌다. 따라서 보편적인 휴식시간(소음 없는 시간)이 13시부터 15시, 22시부터 6시까지, 또한 일요일과 휴일에도 해당된다.

2. TV, 라디오, 그리고 소리가 나는 기계들은 지속적으로 실내 음량으로 설정해야 한다. 야외에서의 사용은 다른 거주자들을 방해하지 않아야 한다. 음악 연주는 무선으로 할 수 있다. (직역: 이것은 음악 연주에 있어서 무선으로 간주된다.)

3. 집안일 그리고 수공업적인 일이 남을 방해할 만큼의 소음을 낼 수밖에 없는 경우, 이것의 실행은 평일 8시부터 12시, 15시부터 20시에 하도록 한다.

4. 소음을 유발하는 게임이나 운동 종목(예를 들어 축구 경기)는 복도, 계단 그리고 그 외의 본래의 거주 공간이 아닌 공간 들에서 할 수 없다.

III. 청소

1. 기숙사와 부지는 깨끗하게 유지해야 한다. 오염은 세입자들에 의해 지체 없이 제거되어야 한다. 방 청소는 세입자에 의해 이루어지며, 매년 4회 방 창문을 닦아야 한다.

2. 부엌 설비는 규칙적으로 세입자에 의해 청소되어야 한다. 냉장고는 달마다 청소해야 하며, 필요 시 얼음을 제거해야 한다. 쓰레기와 폐기물은 규칙적으로 세입자에 의해 버려져야 한다.

3. 방들은 또한 추운 계절에도 충분히 환기되어야 한다. 이것은 짧게, 적어도 매일 두 번 완전히 창문을 엶으로써 가능하다. 악천후와 부재중일 시 창문은 닫혀 있어야 한다.

정답 및 해설 | MODELLSATZ 4 HÖREN

듣기 부문 1

당신은 이제 다섯 개의 짧은 글을 듣게 됩니다. 각 글은 두 번 들려 드립니다. 각 글에 따라 두 개의 문제를 풀게 됩니다. 각 문제별로 맞는 답을 고르십시오.

우선 예시를 읽으십시오. 10초의 시간을 드립니다.

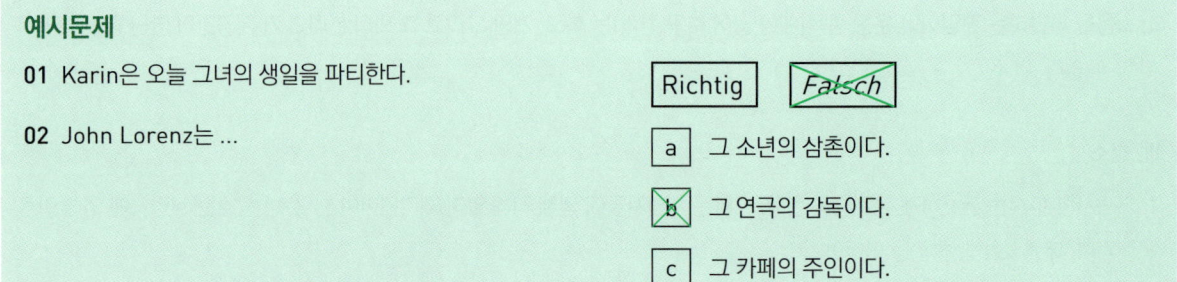

스크립트

Sie hören eine Nachricht auf dem Anrufbeantworter.

Hallo, Karin. Hier ist Levin. Du, es tut mir leid, aber ich kann heute leider nicht kommen, weil ich noch länger arbeiten muss. ❶ Ich hoffe, dass Du trotzdem eine schöne Einweihungsparty hast. Ich hatte zwar schon eine Kleinigkeit für dich vorbereitet, aber, tja, das kann ich dir ja auch noch wann anders geben. Hast Du vielleicht am Sonntag Zeit? ❷ Ich habe nämlich zwei Theaterkarten für das Stück von John Lorenz, dem Regisseur von „Das Geheimnis des Schlosses"! Den findest Du doch am besten, oder? Dank meines Onkels konnte ich Karten für die Uraufführung bekommen. Also, die Vorstellung beginnt um 18.30 Uhr. Wir könnten uns schon vorher im Café Krone treffen, wenn du Lust hast. Also, ruf mich zurück. Und nochmals Entschuldigung, dass ich heute bei der Party fehle. Ich warte auf deine Antwort. Tschüss!

해석

당신은 자동응답기의 한 메시지를 듣게 됩니다.

안녕, Karin. 나 Levin이야. 얘, 미안해. 하지만 나는 오늘 유감스럽게도 갈 수 없어. 왜냐하면 내가 더 일을 해야 하기 때문이야. 바라건대 네가 그럼에도 불구하고 멋진 집들이 파티를 하길 바라. 나는 벌써 너를 위해 작은 것을 준비하긴 했는데, 하지만, 뭐. 그것은 네게 다른 언젠가 줄 수 있겠지. 너 혹시 일요일에 시간 있니? 왜냐하면 나에게 "그 성의 비밀"의 감독인 John Lorenz의 작품 연극 티켓이 두 장 있거든. 너는 그를 최고라고 생각하잖아, 그렇지? 내 삼촌 덕분에 초연 티켓을 얻을 수 있었어. 그러니까 공연은 18시 30분에 시작해. 우리는 그 전에 카페 Krone에서 만날 수 있을지도 몰라. 네가 그럴 의향이 있다면 말이야. 그러니까 다시 전화 줘. 그리고 다시 한번 미안해, 내가 오늘 파티에 못 가서. 너의 대답을 기다릴게. 안녕!

어휘

e. Einweihungsparty 집들이 파티 | e. Uraufführung 초연

지문 1

1 Dennis는 그 과제를 처리할 수 없었다.

2 그 발표는 ...

| Richtig | ~~Falsch~~ |

☒ a 다 다음 주에 거행된다.

☐ b 한 행사에서 거행된다.

☐ c 다음 주에 거행된다.

스크립트

Sie hören eine Nachricht auf dem Anrufbeantworter.

Hallo, Dennis. Hier ist Miriam. Es tut mir leid, dass du seit vorgestern krank bist. Hoffentlich bist du bald wieder fit. Ich rufe wegen einer wichtigen Neuigkeit von Herrn Schuster an: Er hat gesagt, dass die Vorlesung nächste Woche ausfallen wird. Aber das Problem ist, dass du ja in dem Seminar eigentlich ein Referat halten solltest. An dem Tag muss er unbedingt an einer Veranstaltung teilnehmen, ❷ also das heißt, dein Termin wird auf die übernächste Woche verschoben. Das finde ich viel besser, da du jetzt sowieso krank bist. ❶ Also, du musst dir keine Sorgen machen und hast jetzt mehr Zeit, deine Arbeit in Ruhe fertig zu machen. Über die Ersatzvorlesung sprechen wir erst, wenn er wieder da ist. Ruhe dich gut aus, und wir sehen uns erst übernächste Woche wieder. Tschüss und gute Besserung!

해석

당신은 자동응답기의 한 메시지를 듣게 됩니다.

안녕, Dennis. 나 Miriam이야. 네가 그저께부터 아프다니 유감이야. 바라건대 곧 다시 건강해지길. 내가 너에게 전화를 건 것은, Schuster교수님으로부터 중요한 새 소식이 있어서야. 그가 말하기를 다음 주 강의가 휴강일 거래. 하지만 문제는, 네가 그 세미나(강의) 때 원래는 발표를 했어야 했지. 그 날 그가 반드시 한 행사에 참여해야 해서, 즉 그 말은, 너의 일정이 다 다음주로 밀렸다는 것이야. 나는 이게 더 좋다고 생각해, 왜냐하면 네가 어쨌든 지금 아프니까. 그러니까 너는 걱정할 필요 없고 시간이 더 많아. 너의 과제를 침착히 마무리할. 보강에 대해서는 그가 돌아오면 비로소 이야기하기로 했어. 잘 쉬어 그리고 우리는 다 다음주에나 되어서 다시 만나자. 안녕 그리고 얼른 나아!

어휘

e. Neuigkeit 새로운 것, 소식 | ausfallen 휴강하다 | e. Ersatzvorlesung 보강

지문 2

3 그 혈액 검사는 다시 시행되어야 한다. Richtig | ~~Falsch~~

4 일정은 ...
- [a] 똑같이 그대로 있다.
- [x] 미뤄져야 한다.
- [c] 지금 딱 정해져야 한다.

스크립트

Sie hören eine Nachricht auf dem Anrufbeantworter.

Hallo, Herr Sollmet. Ingrid Wald hier, von der Praxis Doktor Grunder. Herr Sollmet, Sie haben einen Termin am Mittwoch um 10.15 Uhr. ❸ Da das Ergebnis Ihres letzten Bluttests noch nicht da ist, ❹ muss die Untersuchung leider verschoben werden. Deswegen schlage ich vor, dass Sie nicht am Mittwoch, sondern am Donnerstag vorbeikommen, wenn es für Sie in Ordnung ist. Die Uhrzeit bleibt die gleiche. Ich verschiebe den Termin jetzt erst mal auf Donnerstag. Ansonsten noch rufen Sie uns so schnell wie möglich zurück und nennen uns bitte eine Alternative. Ich entschuldige mich für die Unannehmlichkeit und bitte Sie um Ihr Verständnis. Auf Wiederhören!

해석

당신은 자동응답기의 한 메시지를 듣게 됩니다.

안녕하세요, Sollmet씨. Grunder박사님 개인병원의 Ingrid Wald입니다. 당신은 수요일 10시 15분에 예약이 있으십니다. 당신의 지난 번 혈액 검사의 결과가 아직 나오지 않았기 때문에 검진이 유감스럽게도 미뤄져야 할 것 같습니다. 따라서 괜찮으시면 당신이 수요일이 아닌 목요일에 들르시는 것을 제안 드립니다. 시간은 그대로 같습니다. 일단 지금 예약을 목요일로 미뤄 두겠습니다. 가능한 한 빨리 저희에게 회신해 주시어 다른 대안(다른 예약일)을 알려 주세요. 불편을 드려 죄송합니다. 양해를 부탁드립니다. 안녕히 계십시오!

어휘

s. Ergebnis 결과 | e. Untersuchung 검사 | verschieben 미루다 | e. Unannehmlichkeit 불편함

지문 3

5 20시부터 21시까지 불을 꺼야 한다.   ☐ Richtig   ☒ ~~Falsch~~

6 도움이 되는 것은 …

a ☐ 촛불을 하나 켜는 것이다.

b ☒ 모든 전등을 끄는 것이다.

c ☐ 전자에너지를 인식하는 것이다.

스크립트

Sie hören eine Durchsage im Radio.

Eine geniale Bürgeraktion! Machen Sie mit! Anlässlich des Welt-Strom-Tages organisieren wir eine „dunkle Stunde". Das ganze Dorf wird von 20 bis 21 Uhr - also eine Stunde lang - ganz ohne Licht auskommen. ❻ Wer sich beteiligen will, schaltet zu Hause alle Elektrogeräte ab. Alles, was leuchtet, soll ausgemacht werden. ❺ Die Teilnahme ist natürlich freiwillig. Aus Sicherheitsgründen ist es nicht empfehlenswert, stattdessen Kerzen anzuzünden. Diese Aktion soll uns den Stellenwert des Stroms vor Augen führen.

해석

당신은 라디오에서의 안내 방송을 듣게 됩니다.

하나의 천재적인 시민 행동! 함께 하세요! 세계 전기의 날을 맞이하여 우리는 하나의 "어두운 시간"을 기획합니다. 마을 전체가 20시부터 21시까지, 즉 한 시간 동안 완전히 불빛 없이 꾸려집니다. 참가하고 싶은 분은 집에서 모든 전자기계의 전원을 꺼 주세요. 불빛이 나는 모든 것들은 전원을 꺼야 합니다. 참가는 당연히 자율입니다. 안전의 이유로 대신 촛불을 켜는 것은 추천되지 않습니다. 이 행사는 우리에게 전기의 가치를 눈 앞으로 끌어올 것입니다.

어휘

anlässlich 2 (2격)을 맞이하여 | sich beteiligen 참여하다 | anzünden 불을 붙이다

지문 4

7 Schuster 씨는 아직 집에 없다.

8 Schuster 씨는 ...

| Richtig | ~~Falsch~~ |

a ☐ 그 어떤 정보도 가지고 있지 않다.

b ☐ Erika Mustermann에게 문의했다.

c ☒ Max Mustermann씨와 통화하고 싶었다.

스크립트

Sie hören eine Nachricht auf dem Anrufbeantworter.

Guten Tag, hier spricht Max Mustermann, Vertriebsleiter der Muster AG. ❽ Frau Schuster, leider konnte ich Ihrem Anruf nicht entgegennehmen, da ich außer Haus war. ❼ Und jetzt sind Sie glaube ich unterwegs. Da Sie keine Nachricht hinterlassen haben, weiß ich nicht, worum es geht. Am besten erreichen Sie mich montags bis freitags von 14 bis 18 Uhr. In dringenden Fällen wenden Sie sich bitte an meine Kollegin Erika Mustermann unter ihrer Nummer 0314 78 92. Herzlichen Dank und auf Wiederhören.

해석

당신은 자동응답기의 한 메시지를 듣게 됩니다.

안녕하세요, Muster주식회사의 판매부장 Max Mustermann입니다. Schuster 씨, 유감스럽게도 저는 당신의 전화를 받을 수 없었습니다. 제가 외근 중이었기 때문입니다. 그리고 지금 당신은 아마도 밖에 계시겠군요. 당신이 메시지를 남기지 않으셔서 저는 무슨 이야기가 중요한지 알지 못합니다. 당신은 저에게 월요일부터 금요일 14시부터 18시까지 가장 잘 연락이 닿을 수 있습니다. 긴급 상황에는 저의 동료인 Erika Mustermann에게 0314 78 92번호로 연락 주세요. 진심으로 감사합니다. 안녕히 계세요.

어휘

entgegennehmen 3 (3격)에 응답하다 | hinterlassen 남기다 | sich wenden an 4 (4격)에 문의하다

지문 5

9 여름이다.

10 손님들은 ... 할인을 받는다.

	Richtig	Falsch
a	☒ 그들이 2층을 방문하면	
b	그들이 화분을 하나 사면	
c	그들이 집에 정원이 있으면	

(Richtig에 X 표시, 9번 정답)

스크립트

Sie hören eine Durchsage im Möbelhaus.

Meine sehr verehrten Damen und Herren, herzlich willkommen in unserem Möbelhaus. ❾ **Anlässlich des Sommeranfangs bieten wir Ihnen besonders viele Superpreise!** Die richtige Ausstattung für die Gartenarbeit brauchen Sie nicht lange zu suchen: Im zweiten Stock haben wir eine ganze Abteilung nur zum Thema Garten. Dort finden Sie alles für Ihre Ideen zur Verschönerung Ihres Gartens, von Samen bis hin zu großen Gartenmöbeln! ❿ **Auf alle Garten-Produkte bekommen Sie 20% Rabatt.** Und zu jedem Blumentopf bekommen Sie die Erde gratis dazu!

해석

당신은 가구점에서의 안내 방송을 듣게 됩니다.

나의 친애하는 신사 숙녀 여러분, 우리 가구점에 오신 것을 진심으로 환영합니다. 여름 시작을 맞이하여 우리는 여러분에게 특별히 많은 특가를 제공합니다. 정원일을 위한 제대로 된 장비를 오래 찾아 다니실 필요 없습니다. 2층에 우리는 전체 섹션을 오직 정원 테마로만 꾸며 놓았습니다. 거기에서 당신은 당신의 정원을 더 아름답게 꾸며 줄 당신의 아이디어를 위한 모든 것을 찾으실 수 있습니다. 씨앗부터 커다란 정원 가구까지! 모든 정원 제품들에 있어서 여러분은 20% 할인을 받습니다. 그리고 모든 화분에 흙을 공짜로 드립니다.

어휘

r. Sommeranfang 여름 시작 | e. Ausstattung 장비 | r. Blumentopf 화분

듣기 부문 2

당신은 이제 하나의 글을 듣게 됩니다. 한 번 들려 드립니다. 이 글에 대해 다섯 개의 문제를 풀어야 합니다. 각 문제 당 a, b, c 중 알맞은 답을 고르시오.

지금 11번부터 15번까지 문제를 읽으세요. 60초의 시간을 드립니다.

당신은 뮌헨의 올림픽홀의 가이드 투어에 참가하고 있습니다.

스크립트

Guten Tag, meine Damen und Herren. Willkommen in der Olympiahalle München. Darf ich mich kurz vorstellen? Ich heiße Georg Winter, Ihr Begleiter für diese Führung. Sie sind mit der Bahn gekommen, oder? Hier direkt vor dem Stadion gibt es auch viele Bushaltestellen. Ich habe gehört, dass Sie nach unserer Führung eine Stunde zur freien Verfügung haben. ⓫ **Da empfehle ich Ihnen, mit dem Bus die Gegend zu erkunden.** Hier in der Nähe gibt es ein paar sehenswerte Orte.

Die Olympiahalle München wurde für die Austragung der Olympischen Sommerspiele 1972 erbaut. ⓬ **Im Jahr 2009 wurde sie renoviert** und ihr Fassungsvermögen auf 12.463 Sitzplätze erweitert. Zwar war sie ursprünglich für die Olympiade gedacht, aber heute finden hier auch verschiedene außersportliche Veranstaltungen statt. ⓭ **Vor zehn Jahren hat beispielsweise die Band „Deep Blue" hier mit großem Erfolg ein Konzert gespielt.** Seither finden hier jedes Jahr viele verschiedene Musikereignisse statt, von Heavy Metal bis zu Orchestermusik. Man sagt, die Olympiahalle sei eine Traumbühne für Künstler. 2012 fanden hier auch die Music-Awards statt. Dazu waren mehr als 200 Künstler bzw. Musiker eingeladen, und es kamen über 10.000 Zuschauer. Das war ein riesiges Event.

Hier finden aber nicht nur Veranstaltungen, sondern auch Experimente statt. ⓮ **Um Erkenntnisse über die Ausbreitungsgeschwindigkeit von Viren zu erlangen, führte man hier vor sechs Monaten einen Versuch durch.** Dabei wurde kein echtes Virus benutzt, sondern mittels 3D-Technik simuliert. Dieses Experiment war ein großer wissenschaftlicher Erfolg.

Nun ein paar Anmerkungen: In die Halle dürfen Sie keine Getränke mitnehmen. Wasser ist aber erlaubt. Insbesondere sind zuckerhaltige Getränke streng verboten. ⓯ **Auch Essen ist nicht gestattet. Draußen gibt es eine Imbissbude.** Nach der Führung können Sie sich dort etwas holen. Fotografieren können Sie gerne. Und wenn Sie Ihre schönsten Fotos via SNS hochladen und mit dem Hashtag #OlympiahalleMünchen versehen, bekommen Sie von uns ein kleines Geschenk. Also, machen Sie so viele Fotos wie möglich. Jetzt kommen Sie bitte hierher, die Tour beginnt.

어휘

r. Begleiter 인솔자, 동반자 | e. Verfügung 사용 (zu Verfügung 사용 가능한 상태로) | sehenswert 볼만한 | s. Fassungsvermögen 용량 수용 능력 | ursprünglich 원래 | s. Musikereignis 음악 이벤트 | s. Virus 바이러스 (복수: Viren) | erlangen 도달하다

해석

안녕하세요, 신사숙녀 여러분! 뮌헨 올림픽홀에 오신 것을 환영합니다. 제가 잠시 제 소개를 해도 될까요? 제 이름은 Georg Winter이며 여러분의 가이드입니다. 여러분은 기차를 타고 여기에 오셨죠, 그렇죠? 여기 바로 경기장 앞에 또한 많은 버스 정류장들이 있습니다. 제가 듣기로는 여러분이 우리 투어 후에 한 시간 자유 시간을 가지고 계신다고 하죠. 여러분에게 버스를 타고 이 근처를 탐방하실 것을 추천 드립니다. 여기 근처에 몇몇 볼만한 장소들이 있어요.

뮌헨 올림픽홀은 1972년 하계 올림픽 개최를 위해 지어졌습니다. 2009년에 보수되었고 12.463개의 좌석으로써 수용 공간이 넓어졌습니다. 원래는 올림픽을 위한 용도이긴 했지만, 오늘날 여기에서 다양한 운동 외적인 행사들이 열립니다. 10년 전에는 예를 들어 밴드 "Deep Blue"가 여기에서 큰 성과를 거두며 콘서트를 했죠. 그 때부터 여기에서 매년 많은 다양한 음악 행사가 열립니다. 헤비메탈부터 오케스트라까지요. 사람들이 말하기를 이 올림픽홀이 예술가들에게 꿈의 무대라고 하더군요. 2012년에 여기에서 뮤직어워드가 열렸습니다. 200명이 넘는 예술가들과 음악가들이 거기에 초대되었고 10.000명이 넘는 관람객이 왔어요. 그것은 하나의 엄청난 행사였습니다.

여기에 하지만 행사만 열리는 것이 아니라 실험도 개최됩니다. 바이러스의 전파속도에 대한 정보(앎)를 얻기 위해 여기에서 6개월 전에 한 실험을 진행했습니다. 그 때에 진짜 바이러스가 사용되지는 않았고, 3D기술을 이용하여 시뮬레이션(가상 실험)을 했습니다. 이 실험은 큰 학문적 성과를 거두었습니다.

이제 몇 가지 안내 사항입니다. 홀 안에서는 음료수를 가지고 들어가실 수 없습니다. 하지만 물은 허용됩니다. 특히나 설탕이 들어 있는 음료는 엄격하게 금지됩니다. 음식도 금지됩니다. 바깥에는 간식차가 있습니다. 투어 후 여러분은 거기에서 무엇인가를 사 드실 수 있습니다. 사진은 마음껏 찍으실 수 있습니다. 그리고 여러분이 가장 좋은 사진을 SNS에 올리시면, 그리고 해시태그 #OlympiahalleMünchen를 추가하시면 우리로부터 작은 선물을 하나 받게 되실 겁니다.

그러므로 가능한 한 많은 사진을 찍으세요. 이제 이쪽으로 오세요. 투어가 시작됩니다.

---

11 올림픽홀은 …
- a 오직 기차로만 갈 수 있다.
- ☒ b 버스를 타고 방문할 수 있다.
- c 투어 후에 방문할 수 있다.

12 2009년에 …
- ☒ a 이 홀은 보수되었다.
- b 여기는 올림픽 용도로 지어졌다.
- c 많은 다양한 콘서트가 열렸다.

13 밴드 "Deep Blue"는 …
- a 2012년 한 음악시상식에서 우승하였다.
- b 파티에 초대되었다.
- ☒ c 여기에서 성공적인 콘서트를 했다.

14 또한 … 실험도 있었다.
- ☒ a 바이러스학과 관련 있는
- b 6개월이 걸렸던
- c 진짜 바이러스로 실행했던

15 홀 안에서는 ...

a 음료수만 마실 수 있다.
☒ b 간식부스를 찾을 수 없다.
c 선물을 살 수 있다.

어휘
sanieren 수리하다 | e. Virologie 바이러스학 | durchführen 시행하다, 실행하다

듣기 부문 3

당신은 이제 하나의 대화를 듣게 됩니다. 이 대화는 한 번 들려 드립니다. 여기에 대한 7개의 문제를 풀어야 합니다.

각 명제가 참입니까 거짓입니까?

16번부터 22번까지 읽으세요. 60초의 시간을 드립니다.

당신은 버스에 앉아서 한 소년과 여자가 이야기하는 것을 듣습니다.

스크립트

F: Hier ist frei. Setz dich, Georg.

M: Mama, wir müssen doch zum Terminal 1, nicht 2, oder?

F: Genau. Ich habe mich geirrt. Letztes Mal ist Onkel Chris am Terminal 2 angekommen. Hab´ ganz vergessen, dass er damals aus Helsinki gekommen ist.

M: Ja, und diesmal kommt Tante Erika aus Hamburg. Ich freue mich so sehr! Wie lange ist das eigentlich... Wann war das letzte Mal, dass wir uns gesehen haben?

F: ⓰ Das war vor drei Jahren. Wie schnell die Zeit vergeht.

M: Ja, stimmt. Damals war ich erst sieben. Und wie lange wird sie bei uns bleiben?

F: Sie bleibt zwei Wochen. Zuerst eine Woche bei uns und dann die andere Woche bei Oma.

M: Und dann kommt Oma auch zu uns?

F: Heute leider nicht. Aber morgen. Morgen Abend kommt sie zu uns, um Erika abzuholen. Sie fahren aber erst nächste Woche. Bis dahin bleiben die beiden bei uns.

M: Das ist echt super! ⓱ Wir haben uns - also Tante Erika hat mir versprochen, dass sie mit mir zum Eishockey geht. Sie hat sogar schon die Tickets reserviert. Ich bin sooo aufgeregt!

F: Ja, das habe ich auch gehört. Am Donnerstag war das, gell? Da habe ich leider einen anderen Termin, wie du ja schon weißt. Sei bitte nett zu Tante Erika.

M: Mach dir keine Sorgen, Mama. Du weißt ja, ich verstehe mich gut mit Tante Erika.

F: Ja, das glaube ich dir. Du bist ja auch schon zehn Jahre alt.

M: ⓲ Und am Samstag fahren wir an den See, nicht?

F: Ja, so ist das momentan geplant. Aber wir müssen mal sehen. Vielleicht braucht Vater an dem Tag das Auto. Er hat gemeint, dass er einen Kunden aus Amerika zu Besuch hat.

M: Na und?

F: Er soll den Kunden zum Flughafen fahren.

M: Was, am Samstag?

F: ⓳ Tja, was soll man machen, wenn man selbst der Firmenchef und der Kunde ein sehr wichtiger Handelspartner ist. ㉑ Vater hat gemeint, wie gut es mit dem Vertrag läuft, hängt von diesem Kunden ab.

M: Aber auf den Ausflug freue ich mich schon so lange. Er kann doch einfach ein Taxi nehmen.

F: Ja, so einfach ist das leider nicht. Naja aber keine Sorge. Wenn es am Samstag wirklich so läuft, könnten wir alle zusammen den Zug nehmen. ㉑ Papa kommt sowieso später, nachdem er seinen Kunden zum Flughafen gebracht hat, mit dem Auto zu uns an den See. Dann können wir am nächsten Tag alle zusammen mit dem Auto zurückfahren. Also gar kein Problem, mein Schatz.

M: Dann ist es ja gut.

F: Oh übrigens - wie spät ist es jetzt?

M: Viertel nach drei. Warum?

F: Sie kommt um halb vier an. Wie viele Stationen haben wir noch?

M: Nur noch zwei Stationen, Mama. Ich glaube, wir schaffen das.

F: Ok. Ja, an der Gepäckausgabe dauert es auch ein bisschen länger. Also kommt sie erst so um vier Uhr raus.

M: ㉒ Stimmt. Erinnerst du dich an das letzte Mal am Flughafen? Wir kamen aus Guam zurück. Bei der Gepäckausgabe gab es damals irgendwie Probleme und es hat ewig gedauert. Was war da genau passiert? Ich hab's vergessen.

F: Ich glaube, es war eine falsche Durchsage. Wir hätten eigentlich zum Ausgang B oder so gemusst, aber sie haben uns F oder so genannt. Alles ging durcheinander. Ja, das war echt katastrophal.

M: Stimmt. Das war echt komisch.

F: Oh, wir müssen jetzt aussteigen. Los, komm. Halte den Blumenstrauß fest.

M: Ok, Mama.

[어휘]

sich irren 헷갈리다, 혼동하다 l vergehen 지나가다 l sich verstehen mit 3 (3격)과 잘 통하다 l r. Vertrag 계약 l e. Gepäckausgabe 수하물 찾는 곳 (수하물이 나오는 곳)

구문 분석

» A hängt von B ab
A가 B에 달려있다.

해석

F: 여기 비었어. 앉아, Gerog.

M: 엄마, 우리 터미널 1번으로 가야 하죠, 2번이 아니라, 그렇죠?

F: 맞아. 내가 헷갈렸어. 지난 번에 Chris 삼촌은 터미널 2번에 도착했어. 나는 완전히 잊어버렸어, 그가 그때엔 헬싱키에서 왔다는 것을.

M: 맞아요. 그리고 이번에는 Erika 이모가 함부르크에서 오죠. 저는 너무 기뻐요! 얼마나 오래 된 건가요 도대체.. 우리가 만난 게 언제가 마지막이었죠?

F: 3년 전이었지. 시간이 얼마나 빠르게 가는지.

M: 네, 맞아요. 그때에 저는 겨우 일곱 살이었어요. 그리고 그녀가 얼마나 오래 우리 집에 머무나요?

F: 그녀는 2주 머물러. 우선 1주일을 우리 집에서, 그리고 나서 다른 한 주는 할머니 댁에서.

M: 그리고 할머니도 우리 집에 와요?

F: 유감스럽지만 오늘은 아니야. 하지만 내일. 내일 저녁에 그녀가 우리 집으로 와. Erika를 마중하기 위해서. 하지만 그들은 다음 주가 되어서야 비로소 가. 그때까지 그 둘은 우리 집에 머물러.

M: 그거 정말 멋져요! 우리는, 그러니까 Erika 이모는 저에게 약속했어요, 그녀가 저와 함께 아이스하키 경기를 보러 가기로 말이에요. 그녀는 심지어 벌써 티켓도 예약했어요! 너무 신나요!

F: 응, 나도 그 이야기를 들었어. 목요일이었지, 그렇지? 그날 나는 유감스럽게도 다른 선약이 있어, 너도 이미 알다시피. Erika 이모한테 착하게 굴어야 한다.

M: 걱정 마세요, 엄마. 저랑 Erika 이모가 얼마나 잘 통하는지 알잖아요.

F: 그래, 너를 믿는다. 너는 벌써 열 살이니까.

M: 그리고 토요일에 우리는 호수로 가죠, 그렇죠?

F: 응, 현재 그렇게 계획되어 있어. 하지만 우리는 일단 한번 지켜봐야 해. 아마 아빠가 그 날 자동차를 필요로 할지도 몰라. 그가 말하기를, 미국에서 온 손님이 있다고 하더라.

M: 그런데요?

F: 그가 그 손님을 공항까지 모셔다 드려야 한대.

M: 뭐, 토요일에요?

F: 뭐, 회사 사장이고 손님이 매우 중요한 거래처면 어떻게 하겠니. 별 수 없지. 아빠가 말하기를 이 계약이 얼마나 잘 성사될지는 이 손님에게 달려 있다고 하더구나.

M: 하지만 이 소풍을 제가 얼마나 오래 고대해 왔는데요. 그는 택시를 타도 되잖아요.

F: 유감스럽게도 단순히 그렇게 되지는 않는단다. 뭐, 그렇지만 걱정하지 말렴. 토요일에 정말 그렇게 일이 진행되면 우리는 모두 함께 기차를 탈 수 있을 거야. 아빠는 어쨌든 그가 손님을 공항에 태워 주고 나서 자동차를 타고 우리가 있는 호수로 늦게 올 거야. 그럼 우리는 그 다음날 모두 함께 자동차로 돌아올 수 있단다. 그러니까 아무 문제 없어, 귀염둥이야.

M: 그럼 뭐 괜찮네요.

F: 오, 그나저나. 지금 몇 시니?

M: 3시 15분이요. 왜요?

F: 그녀가 3시 반에 도착하는데, 몇 정거장 남았니?

M: 겨우 두 정거장 남았어요, 엄마. 우리는 해낼 수 있을 거예요.

F: 그래. 맞아. 수하물 찾는 곳에서도 시간이 좀 걸리지. 그러니까 그녀는 네 시 즘 되어서야 비로소 나올 거야.

M: 맞아요. 지난 번에 공항에서 기억나요? 우리가 괌에서 돌아왔잖아요. 수하물 찾는 곳에서 그 때 뭔가 문제가 있어서 엄청 시간이 오래 걸렸지요. 그 때 무슨 일이 있던 거죠? 잊어 버렸어요.

F: 내 생각에는, 안내 방송이 잘못 나왔어. 우리는 원래 B출구인가로 가야 했었는데 그들이 우리에게 F인가 뭔가로 알려 줬어. 모든 것이 엉망진창이 되었지. 맞아, 그건 정말 재앙이었어.

M: 맞아요. 진짜 웃겼어요.

F: 오, 우리는 이제 내려야 한다. 가자, 이리와. 꽃다발 잘 들어.

M: 네, 엄마.

---

16 3년 전에 그들은 Chris 삼촌과 만났다.	Richtig	~~Falsch~~
17 Erika 이모는 아이스하키 경기에 모든 가족들을 데리고 갈 것이다.	Richtig	~~Falsch~~
18 토요일에 그 가족은 하나의 바다를 방문한다.	Richtig	~~Falsch~~
19 Georg의 아버지는 회사를 하나 운영한다.	~~Richtig~~	Falsch
20 그의 아버지는 소풍에서 빠질지도 모른다.	Richtig	~~Falsch~~
21 그 손님은 계약이 어떻게 진행되는지에 대해 매우 의존적이다.	Richtig	~~Falsch~~
22 그 둘은 예전에 공항에서 문제가 있었다.	~~Richtig~~	Falsch

어휘

eine Firma führen 하나의 회사를 운영하다

듣기 부문 4

당신은 이제 하나의 토론을 듣게 됩니다. 토론은 두 번 들려 드립니다. 여기에 8개의 문제를 풀어야 합니다.

각 진술을 맞추시오: **누가 무엇을 말했습니까?**

지금 23번부터 30번까지 읽으세요. 60초의 시간을 드립니다.

TV방송 "Diskussion Attraktion"의 사회자가 Jan Hafer와 Linda Schmidt와 함께 "실내체육시설(헬스장)"에 대한 주제로 토론하고 있습니다.

스크립트

M: Schönen guten Abend, meine Damen und Herren. Herzlich willkommen zu unserer Show „Diskussion Attraktion". Zum heutigen Thema „Fitnessstudio" haben wir Jan Hafer und Linda Schmidt hier. Sie sind unsere Top-Zuschauer. Herzlich willkommen!

L: Hallo. Vielen Dank.

J: Vielen Dank.

M: ❶ Die Menschen bewegen sich mittlerweile viel zu wenig, gemessen an dem, was sie pro Tag essen. ㉓ Gesundheitsprobleme sind zu einem Gesellschaftsproblem geworden. Brauchen wir mehr Fitnessstudios? Was meinen Sie, Frau Schmidt?

L: Ich mache jeden Tag Sport. Seitdem es in meiner Gegend ein Fitnesscenter gibt, besuche ich das jeden Tag. Es ist echt praktisch: Man kann immer Sport machen, unabhängig vom Wetter.

M: Hmm... Aha, machen Sie auch am Wochenende Sport?

L: Ja, natürlich. Ich versuche, kein Tag auszulassen.

M: Das ist ja beeindruckend. Also sind Sie sicher für Fitnessstudios.

L: Genau. Ich meine, man braucht ein Fitnesscenter, damit Sport praktikabel ist. „Weil das Wetter nicht schön ist" oder „weil es regnet, kann ich heute nicht"... das sind ja nur Ausreden. Man muss sich regelmäßig bewegen.

M: Sie können auch etwas dazu sagen, Herr Hafer.

J: Ja, also gut. Ich bin auch dafür, dass man regelmäßig Sport treibt. ㉔ Aber dass man dafür ein Fitnesscenter braucht, finde ich nicht. Nirgendwo auf der Welt hat man so schöne Parks wie in Deutschland. Im Fitnessstudio ist die Luft nicht gut. Das ist eher schädlich für unseren Körper.

L: Aber wenn es regnet, kann man nicht in den Park gehen. Dann ist es gut, eins in der Nähe zu haben.

J: Tja, aber warum sich nicht einmal zu Hause entspannen, anstatt immer 100 prozentig täglich Sport zu machen? Man muss auch mal relaxen. Ich glaube, drei Mal pro Woche ist schon genug. Und... Fitnessstudios sind generell teuer.

M: Sie kosten durchschnittlich 60-70 Euro pro Monat. ㉕ Je nach Tarif variieren die Kosten natürlich.

J: Ja, jeden Monat 70 Euro auszugeben - das ist eine Menge Geld.

L: Ich finde, ein Hobby kostet halt so viel. Und dort bringen dir Profis richtig bei, wie du fit bleibst. ㉖ Und ich habe auch gelernt, wie ich mit den Geräten richtig trainiere. Die richtige Technik beim Sport lernt man nicht im Park.

J: ㉗ Es gibt aber zu viele überfüllte Studios. In meiner Nachbarschaft zum Beispiel haben wir schon drei Studios. Das sind ja viel zu viel.

M: Aber heißt das nicht, dass man die Fitnessstudios doch braucht?

L: Genau. Je größer die Nachfrage, desto mehr werden eröffnet. Das ist ein klarer Beweis.

J: Naja, ich mache lieber Sport in der Natur. Meiner Meinung nach sollte Sport an der frischen Luft stattfinden. Das ist doppelt gesund. Und wenn ich keine Zeit habe, kann ich auch zu Hause selbst trainieren. Es gibt viele gute Videos im Internet.

L: Ja, das kommt darauf an, welche Atmosphäre man bevorzugt. Ich finde es besser, mit sportlichen Menschen zusammen zu trainieren. Nach der Arbeit ist das ein guter Ausgleich.

M: Ich persönlich gehe auch ins Fitnessstudio. ㉘ Da ich beim Fernsehen arbeite, habe ich keine festen Arbeitszeiten. Für Menschen mit einem unregelmäßigen Tagesablauf sind Fitnessstudios eine gute Lösung. Denn viele Studios haben rund um die Uhr geöffnet. Das finde ich auch praktisch.

L: Stimmt. Wenn ich Überstunden machen muss, gehe ich auch spätnachts ins Studio, um Stress abzubauen.

J: Ich habe da mal was in der Zeitung gelesen. In einer Umfrage antworteten 90% der Befragten, dass sie gerne auch nachts ins Fitnessstudio gehen würden, ㉙ weil sie tagsüber keine Zeit haben. Meiner Meinung nach spiegelt das wider, wieviel wir heutzutage zu tun haben.

M: Genau. Vielen Dank für Ihre Meinungen, Frau Schmidt und Herr Hafer. ㉛ Egal ob im Fitnessstudio oder im Park: Wir sollten täglich mindestens eine halbe Stunde Sport treiben, auch wenn wir nur wenig Zeit haben. Liebe Zuschauer, haben Sie auch eine Meinung bzw. Erfahrungen zum Thema „Fitnessstudio"? Schreiben Sie uns unter www.diskussion-attraktion.de. Auf der Seite gibt es ein Gästebuch. Für die besten Kommentare winkt eine Einladung ins Studio. Das war´s für heute. Vielen Dank und wir sehen uns nächste Woche wieder. Machen Sie es gut.

[어휘]

sich bewegen 움직이다 | auslassen 빠뜨리다 | nirgendwo 어디에도 없다 | r. Tarif 요금제 | überfüllt 과도한 |
e. Nachfrage 수요 | r. Tagesablauf 하루 일과

해석

M: 좋은 저녁입니다, 신사 숙녀 여러분. 우리 쇼 "Diskussion Attraktion"에 오신 것을 진심으로 환영합니다. 오늘 주제 "실내체육시설(헬스장)"에 대해 우리는 Jan Hafer 씨와 Linda Schmidt씨를 여기에 모셨습니다. 이들은 우리의 탑 시청자입니다. 진심으로 환영합니다!

L: 안녕하세요, 감사합니다.

J: 감사합니다.

M: 점차 사람들이 하루에 먹는 양에 비해 너무 적게 움직입니다. 건강 문제는 사회 문제가 되었습니다. 우리가 더 많은 헬스장이 필요할까요? 어떻게 생각하세요, Schmidt 씨?

L: 저는 매일 운동을 합니다. 우리 동네에 헬스장이 생긴 이래로 저는 매일 그곳을 방문해요. 편리해요. 날씨에 상관없이 항상 운동을 할 수 있으니까요.

M: 주말에도 운동하시나요?

L: 네, 당연하지요. 저는 하루도 빠지지 않으려고 노력합니다.

M: 인상적이군요. 그러니까 당신은 분명 헬스장에 찬성하시겠네요.

L: 맞아요. 제 말은, 운동이 실제로 유익할 수 있기 위해서 헬스장이 필요하다고 생각해요. "날씨가 좋지 않아서" 혹은 "비가 와서 오늘은 못해".. 이런 것들은 변명일 뿐이에요. 사람들은 규칙적으로 운동을 해야 해요.

M: 여기에 뭔가 말씀하실 수 있겠죠, Hafer 씨.

J: 네, 그러니까. 좋아요. 저도 규칙적으로 운동하는 것에 찬성해요. 하지만 그것을 위해 헬스장이 필요하다고는 생각하지 않아요. 세계 그 어디에도 독일만큼 이렇게 멋진 공원은 없어요. 헬스장에서는 공기도 안 좋아요. 그것은 오히려 우리 몸에 해로워요.

L: 하지만, 비가 오면 공원에 갈 수 없어요. 그럼 근처에 하나 (헬스장) 있는 게 좋죠.

J: 뭐, 하지만 왜 항상 100퍼센트 매일 운동을 하는 대신 집에서 좀 쉬면 안 되나요? 한 번쯤 좀 편히 쉬어야 해요. 제 생각에 일주일에 세 번이면 벌써 충분해요. 그리고 헬스장은 일반적으로 비싸요.

M: 헬스장은 평균적으로 한 달에 60-70유로입니다. 요금제에 따라 당연히 금액은 달라집니다.

J: 네, 매달 70유로를 지불하는 것. 그것도 꽤 큰 돈이에요.

L: 제 생각에, 하나의 취미도 그 정도 돈이 든다고 생각해요. 그리고 거기에서는 전문가들이 건강을 유지하는 방법을 제대로 알려줘요. 그리고 저는 어떻게 기계를 가지고 제대로 운동하는지를 배웠어요. 운동할 때 제대로 된 기술은 공원에서 배울 수 없어요.

J: 하지만 너무 많은 헬스장들이 있어요. 우리 동네에도 예를 들어 벌써 세 개의 스튜디오들이 있어요. 너무 많아요.

M: 하지만, 그게 사람들이 헬스장을 필요로 한다는 뜻 아닐까요?

L: 맞아요. 수요가 클수록 더 많이 열리죠. (개업한다는 뜻). 이것이 명백한 증거예요.

J: 뭐, 저는 자연에서 운동하는 것이 더 좋아요. 제 의견은, 운동은 신선한 공기에서 행해져야 해요. 그것이 두 배로 건강해요. 그리고 제가 시간이 없으면 집에서 스스로 운동할 수 있어요. 인터넷에 좋은 비디오들이 많아요.

L: 네, 그건 어떤 분위기를 선호하는지에 따라 다른 것 같아요. 저는 운동을 좋아하는 적극적인 사람들과 함께 운동하는 것을 더 좋다고 생각해요. 퇴근 후 그것은 하나의 좋은 회복이에요. (스트레스 해소의 의미)

M: 저는 개인적으로 헬스장에 다녀요. 제가 TV에서 일하기 때문에 딱 정해진 일하는 시간이 없어요. 불규칙적인 일과를 가진 사람에게 헬스장은 하나의 좋은 해결책이에요. 왜냐하면 많은 헬스장들이 24시간 동안 열려 있기 때문이죠. 이것도 참 편리하다고 생각해요.

L: 맞아요. 제가 잔업을 해야 하면 저는 스트레스를 풀기 위해 밤 늦게 헬스장에 가요.

J: 저는 신문에서 무엇인가를 읽었어요. 한 설문조사에서 응답자의 90퍼센트가 밤에 헬스장에 가고 싶다고 응답했어요. 왜냐하면 그들은 낮 동안에 시간이 없기 때문이죠. 제 생각에, 이것이 우리가 오늘날 얼마나 할 일이 많은지를 반영하는 것 같아요.

M: 맞습니다. 여러분의 의견에 감사합니다, Schmidt씨, Hafer씨. 헬스장이건 공원이건, 우리는 매일 적어도 30분은 운동을 해야 해요. 아무리 우리가 시간이 없어도 말이죠. 친애하는 시청자 여러분, 여러분도 헬스장 주제에 대한 의견이나 경험이 있으십니까? www.diskussion-attraktion.de에 써 주십시오. 그 사이트에 시청자 게시판이 있습니다. 최고의 댓글에게 이 스튜디오로 오는 초대장을 드리겠습니다. 오늘은 여기까지입니다. 감사합니다. 다음 주에 또 뵙겠습니다. 수고하세요.

	Moderatorin	J. Hafer	L. Schmidt
예시문제			
0 사람들은 너무 많이 먹고 너무 적게 움직인다.	☒ a	b	c
23 건강 문제는 사회적 문제의 일부이다.	☒ a	b	c
24 독일에는 운동을 할 많은 멋진 장소들이 있다.	a	☒ b	c
25 헬스장의 가격들은 다르다.	☒ a	b	c
26 헬스장에서 운동을 제대로 배울 수 있다.	a	b	☒ c
27 헬스장들이 너무 넘쳐난다.	a	☒ b	c
28 TV에서(일하며)는 유동적인 시간계획을 갖게 된다.	☒ a	b	c
29 오늘날 사람들은 낮에 시간이 거의 없다.	a	☒ b	c
30 매일 규칙적으로 운동을 해야 한다.	☒ a	b	c

정답 및 해설 | MODELLSATZ 4 SCHREIBEN

쓰기 과업 1

🕐 소요시간: 20분

당신은 당신이 가장 좋아하는 가수의 콘서트에 다녀왔습니다.
당신의 한 여자친구는 아팠기 때문에 같이 가지 못했습니다.

– 묘사하세요: 그 콘서트가 어땠습니까? ❶
– 이유를 대세요: 무엇이 좋고/나쁘다고 생각했습니까? ❷
– 만남을 제안하세요. ❸

이메일을 하나 쓰세요. (약 80단어)
위 세 항목을 모두 언급하세요.
서지 양식에 주의하세요. (들어가는 인사말, 도입부, 세 항목의 순서, 마치는 말)

예시답안

Liebe Christiane,

es tut mir so leid, dass du krank warst. Wie geht es dir so?
Wie du ja weißt, war ich letzten Sonntag im Konzert von Tommy.
❶ Das Konzert war total cool, aber es war echt schade, dass du nicht da warst.
Der sang total schön wie immer. Und natürlich waren sehr viele Leute da.
❷ Mir hat die lebendige Atmosphäre total gut gefallen, aber es war ein bisschen unbequem, da es nur wenige Toiletten gab.
Ich würde dich gern mal sehen und die Fotos von dem Konzert zeigen.
❸ Hättest du morgen Zeit, und zwar um 14 Uhr?
Ich komme zu dir!
Schreib mir zurück.

Liebe Grüße
Rosa

예시답안 해석

친애하는 Christiane,

네가 아팠다니 너무 유감이다. 좀 어때?
너도 이미 알다시피 나는 지난 일요일에 Tommy의 콘서트에 갔어.
콘서트는 완전 멋졌어. 하지만 네가 거기에 없다는 점이 너무 아쉬웠어.
그는 언제나처럼 참 멋지게 노래를 했어. 그리고 당연히 매우 많은 사람들이 있었어.
그 생동감 있는 분위기가 마음에 들었어. 하지만 화상실이 너무 적어서 그게 조금 불편했어.
나는 너를 보고 콘서트 사진을 보여주고 싶어!
내일 시간 있니, 14시에?
내가 너희 집으로 갈게!
답장 줘.

사랑의 인사를 담아서
Rosa

쓰기 과업 2

⏱ 소요시간: 25분

당신은 TV에서 "산타클로스와 아기 예수: 아이들에게 거짓말을 해도 될까?"라는 주제의 토론 방송을 봤습니다. 인터넷 시청자 게시판에 당신은 다음과 같은 의견을 발견하게 됩니다.

시청자 게시판

▶ 20. 07. 16:22

산타클로스나 아기예수는 아이들의 환상에 기인하는 것이 아니긴 하지만 그것들은 아이가 그 안에서 성장하고 또한 다시 돌아 들어갈 수 있는 환상 세계의 일부분이다. 이 세계는 실제 세계 옆에 서 있고(동시에 존재하고) 아이들에게 그 곳에서부터 실제 세계의 비밀을 바라볼 수 있는 관측소 역할을 한다. 그들로부터 이 크리스마스 의식에 대한 믿음을 빼앗는 것은 그러므로 이 세계로부터 한 조각을 확 빼내는 것을 의미한다.

▶ 21. 07. 20:16

주제에 대한 당신의 의견을 쓰세요. (약 80단어)

예시답안

Für das Wachstum der Kinder spielt nicht nur die Ernährung eine Rolle, sondern auch die geistigen Ernährungen spielen eine große Rolle. Sie müssen nicht immer nur das Wahre oder das Reale erlernen. In der Phantasiewelt können Kinder Kreativität und Vorstellungskraft entwickeln. Und meiner Meinung nach wäre es viel besser, dass die Kinder Weihnachtsphantasien noch haben, da die Kinder sich dann gut verhalten würden, um zu Weihnachten ein Geschenk vom Weihnachtsmann zu bekommen. Das ist schon ein Vorteil. Sowieso werden Kinder später wissen, aber als Kind sollte man lieber Kind bleiben.

예시답안 해석

아이들의 성장을 위해서 영양섭취만이 하나의 역할을 하는 것이 아니라 정신적인 영양섭취들이 하나의 큰 역할을 수행한다. 그들은 항상 참된 것 혹은 현실적인 것만을 배워야 할 필요는 없다. 환상의 세계에서 아이들은 창의력과 상상력을 발전시킬 수 있다. 그리고 내 의견에는 아이들이 크리스마스 환상을 가지고 있는 것이 더 좋다고 생각한다. 왜냐하면 아이들이 그럼 크리스마스에 산타클로스로부터 선물을 받기 위해 잘 행동할 것이기 때문이다. 이것이 벌써 하나의 장점이다. 어쨌든 아이들은 나중에 알게 된다. 하지만 아이일 때는 아이로 머무르는 것이 더 좋다.

쓰기 과업 3

🕐 소요시간: 15분

당신의 상사가 당신에게 오늘까지 처리해야 할 과업을 줬습니다. 하지만 당신은 그것을 해낼 수 없었습니다.

당신의 상사에게 편지를 쓰세요. 공손하게 사과하고 왜 당신이 과업을 완성하지 못했는지 알리세요.

　　이메일을 쓰세요. (약 40단어)
　　인사말과 마지막 인사를 잊지 마세요.

예시답안

Sehr geehrte Frau Schuster,

es tut mir leid, aber ich habe die Aufgabe, die Sie mir gegeben haben, noch nicht fertig gemacht. Ich wollte sie eigentlich schon gestern beenden aber ich konnte es nicht schaffen, da es noch mehr Dateien gab, als ich erwartet habe.
Ich entschuldige mich bei Ihnen für die Verspätung.
Die Aufgabe soll bis morgen fertig gemacht werden.
Ich bitte Sie um Verständnis.

Mit bestem Gruß
Rosa Lee

예시답안 해석

친애하는 Schuster 씨,

죄송합니다. 하지만 제가 당신이 주신 과업을 아직 완료하지 못했습니다.
저는 그것을 어제 끝내고자 했지만, 그럴 수 없었습니다. 제가 기대했던 것보다 훨씬 더 많은 자료가 있었기 때문입니다.
늦어진 것에 대해 당신에게 사과를 드립니다.
그 과업은 내일까지 완료될 것입니다.
양해를 부탁드립니다.

최고의 인사를 담아서
Rosa Lee

정답 및 해설 | MODELLSATZ 4 SPRECHEN

말하기 부문 1 함께 무엇인가를 계획하기

⏱ 소요시간: 3분

당신은 올해 다같이 휴가를 가고자 합니다. 당신의 가족도 함께 갑니다. 휴가는 4일 동안입니다.

아래 항목들에 대해 이야기해 보세요. 제안을 하고 당신의 대화 상대의 제안에 반응해 보세요.

함께 무엇을 하고 싶은지 계획하고 결정하세요.

휴가 계획하기

- 어디로? ❶
- 숙소? ❷
- 어떻게 가나? ❸
- 무엇을 하나? ❹

예시답안

A: Hallo, wie geht's dir?

B: Mir geht's gut, danke. Und dir?

A: Auch gut, danke. Ich habe eine Idee: Wie wäre es, wenn wir dieses Jahr alle zusammen Urlaub machen?

B: Das klingt super! ❶ Wohin wollen wir denn fahren?

A: Ich dachte, vielleicht könnten wir nach Italien ans Meer fahren. Was denkst du?

B: Italien klingt toll! Welche Stadt oder Region schwebt dir vor?

A: Wie wäre es mit Amalfiküste? Dort soll es wunderschön sein.

B: Das habe ich auch schon gehört. ❷ Und wie sieht es mit der Unterkunft aus? Hotel oder Ferienwohnung?

A: Ich denke, eine Ferienwohnung wäre besser, besonders mit den Kindern. Dann haben wir mehr Platz und können selbst kochen.

B: Ja, das stimmt. Wir könnten auch ein Haus mit Pool mieten. Die Kinder würden das lieben.

A: Gute Idee! ❸ Und wie kommen wir dorthin? Mit dem Auto oder dem Flugzeug?

B: Mit dem Auto wäre praktisch, weil wir dann vor Ort mobil sind und alles mitnehmen können, was wir brauchen.

A: Stimmt, und wir können unterwegs auch ein paar Pausen machen. Hast du an eine bestimmte Route gedacht?

B: Vielleicht könnten wir durch die Schweiz fahren. Die Landschaft dort ist wunderschön.

A: Das klingt gut. ❹ Und was wollen wir vor Ort unternehmen?

B: Ich denke, wir sollten viel Zeit am Strand verbringen. Aber wir könnten auch einen Ausflug nach Pompeji machen und die Ruinen besichtigen.

A: Ja, das wäre spannend! Und vielleicht könnten wir auch eine Bootstour entlang der Küste machen.
B: Das klingt nach einem tollen Plan. Ich freue mich schon auf den Urlaub!
A: Ich mich auch! Ich schaue im Internet nach, welche Aktivitäten wir noch unternehmen können.
B: Ja, das wäre super. Ich werde gleich mal nach Unterkünften schauen.
A: Super, dann bis bald!
B: Bis bald!

해석

A: 안녕, 잘 지내?
B: 잘 지내, 고마워. 너는?
A: 나도 잘 지내, 고마워. 나한테 좋은 생각이 있어: 올해 우리 모두 같이 휴가 가는 게 어때?
B: 그거 좋겠다! 어디로 갈까?
A: 내가 생각하기에 이탈리아 바다로 가는 건 어떨까. 어떻게 생각해?
B: 이탈리아 좋지! 어느 도시나 지역을 생각하고 있어?
A: 아말피 해안은 어때? 거기가 아주 아름답다고 하더라.
B: 나도 들어봤어. 숙소는 어떻게 할까? 호텔 아니면 휴가용 별장?
A: 휴가용 별장이 더 좋을 것 같아, 특히 아이들과 함께라면. 그럼 더 넓고 우리가 직접 요리할 수 있잖아.
B: 맞아, 우리도 풀장 있는 집을 빌릴 수도 있어. 아이들이 좋아할 거야.
A: 좋은 생각이야! 그럼 어떻게 갈까? 차로 갈까, 비행기로 갈까?
B: 차로 가는 게 편리할 것 같아, 그러면 현지에서 이동하기도 쉽고 필요한 것들을 다 가져갈 수 있으니까.
A: 맞아, 그리고 가는 길에 몇 번 쉬어갈 수도 있고. 어떤 경로를 생각하고 있어?
B: 스위스를 지나가는 건 어때? 거기 풍경이 아주 아름다워.
A: 좋은 생각이야. 거기 가서 뭐 할까?
B: 나는 해변에서 많은 시간을 보내고 싶어. 하지만 우리는 또한 폼페이로 가서 유적지도 구경할 수 있지.
A: 그래, 그거 재미있겠다! 그리고 해안 따라 보트 투어도 할 수 있을 거야.
B: 멋진 계획인 것 같아. 벌써부터 휴가가 기대돼!
A: 나도 그래! 인터넷에서 우리가 더 할 수 있는 다른 활동도 찾아볼게.
B: 그래, 그거 좋겠다. 나는 숙소를 바로 찾아볼게.
A: 좋아, 그럼 곧 보자!
B: 곧 보자!

말하기 부문 2   한 테마에 대해 발표하기

🕒 소요시간: 3분

테마 하나를 (테마1 혹은 테마2) 고르시오.
당신은 청중에게 현재 테마에 대해 발표해야 합니다. 그것을 위해 여기에 다섯 개의 슬라이드가 있습니다.
좌측의 안내를 따라서 당신의 메모와 아이디어를 우측 옆에 쓰세요.

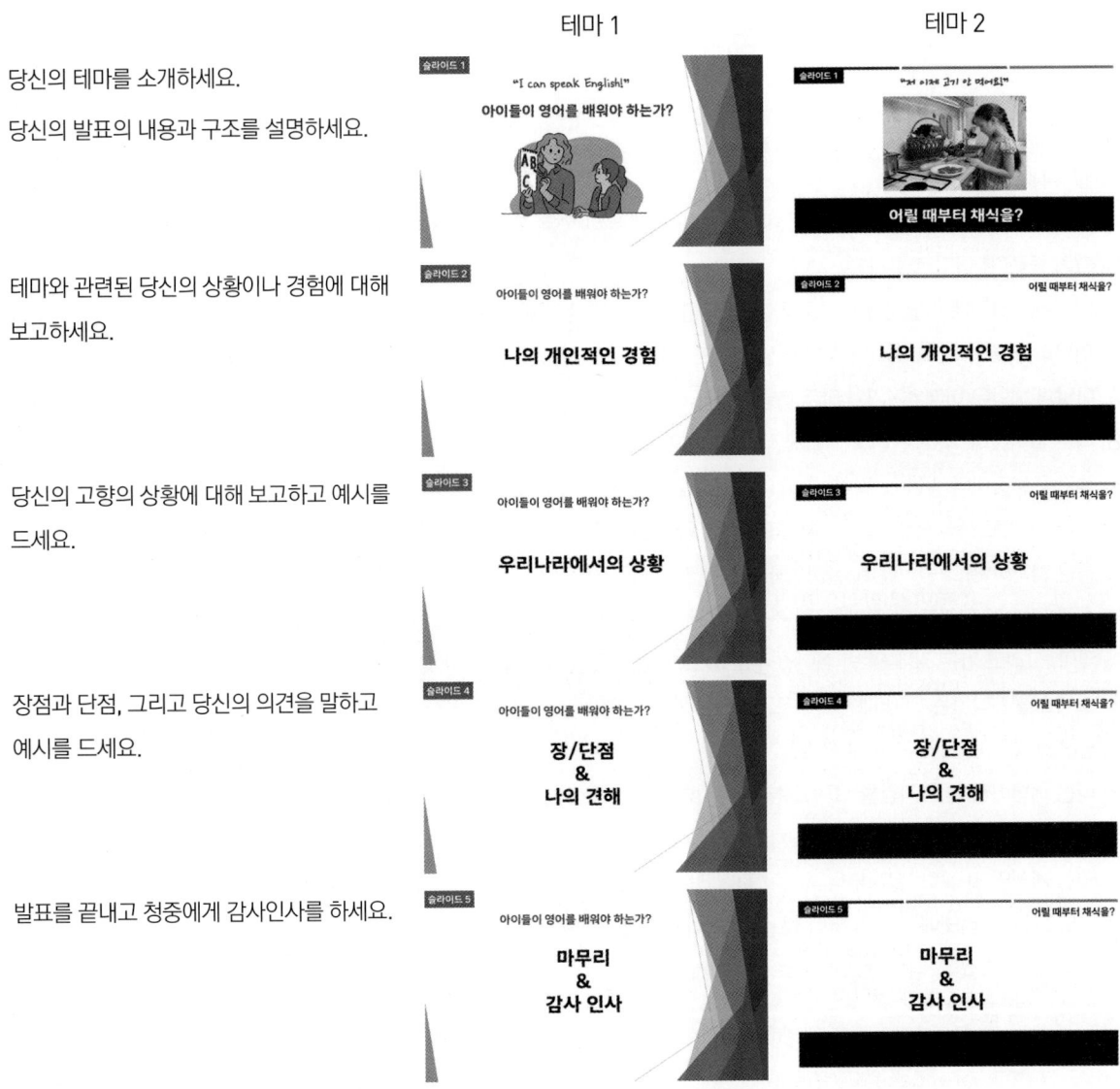

당신의 테마를 소개하세요.
당신의 발표의 내용과 구조를 설명하세요.

테마와 관련된 당신의 상황이나 경험에 대해 보고하세요.

당신의 고향의 상황에 대해 보고하고 예시를 드세요.

장점과 단점, 그리고 당신의 의견을 말하고 예시를 드세요.

발표를 끝내고 청중에게 감사인사를 하세요.

테마 1 예시답안

테마

Sollten Kinder Englisch lernen?

도입하기

Das 테마 meiner Präsentation ist „Sollten Kinder Englisch lernen?".
Meine Präsentation besteht aus folgenden Teilen.
Zuerst möchte ich Ihnen von meinen persönlichen Erfahrungen erzählen.
Danach beschreibe ich die Situation in meinem Heimatland, Südkorea.
Dann möchte ich über Vor- und Nachteile sprechen.
Zum Schluss sage ich meine Meinung.

문제 제기

Englisch ist eine internationale Sprache. Viele Informationen bestehen aus Englisch. Wenn man irgendein Gerät kauft, kann man sehr häufig die Anweisung auf Englisch finden.
Es geht jetzt um meine persönlichen Erfahrungen.
Seit ich 7 Jahre alt war, habe ich angefangen Englisch zu lernen. Das ist in Korea normal. Viele Kinder fangen sehr früh an Englisch zu lernen. Jetzt kann ich ohne Schwierigkeiten Englisch lesen und mit Ausländern kommunizieren. Im Internet habe ich viele ausländische Freunde kennen gelernt.
Jetzt würde ich gern über die Situation in meinem Heimatland sprechen.
Wie schon erwähnt, lernen die Kinder in Südkorea schon mit 7 Jahren oder sogar früher Englisch. Englisch lernen ist ein Muss in Korea. Manchmal gibt es die Kinder, die mit dem Englisch Stress bekommen, weil sie nicht gut in Englisch sind. Die Kinder lernen Englisch für 12-13 Jahre. An der Universität oder im Berufsleben spielt Englisch auch eine große Rolle.
Nun erwähne ich einige Vor- und Nachteile.
Die Vorteile sind folgend: Kinder können mit Englisch eine breitere Welt erleben. Sie können viele verschiedene Freunde aus aller Welt einfacher kennenlernen. Und sowieso ist Englisch sehr nützlich. Je früher man eine Sprache lernt, desto lernt man schneller und natürlicher. Mit Englischkenntnis kann man auch gute Berufsmöglichkeiten haben.
Der Nachteil wäre, dass die Kinder beim Lernen Stress bekommen könnten, wenn sie sich für Englisch nicht interessieren. Aber es gibt viele Methoden, mit denen Kinder lustiger Englisch lernen können.

마무리

Also, meiner Meinung nach sollten Kinder Englisch lernen.
Das war meine Präsentation. Vielen Dank für Ihre Aufmerksamkeit.

테마 1 예시답안 해석

테마
아이들이 영어를 배워야 하나?

도입하기
저의 발표 테마는 "아이들이 영어를 배워야 하는가?"입니다.
저의 발표는 다음 부분들로 구성되어 있습니다.
우선 저는 여러분에게 저의 개인적인 경험들에 대해 설명하고 싶습니다.
그리고 나서 제 고향인 한국의 상황에 대해 묘사하겠습니다.
그리고 장점과 단점에 대해 말하고자 합니다.
마지막으로 저의 의견을 말하겠습니다.

문제 제기
영어는 세계적인 언어입니다. 많은 정보들이 영어로 이루어져 있습니다. 사람들이 어떤 기계를 하나 사면, 굉장히 자주 영어로 된 안내문을 발견할 수 있습니다.
이제 저의 개인적인 경험에 대한 이야기입니다.
7살이었을 때부터 저는 영어를 배우기 시작했습니다. 이것은 한국에서 매우 평범한 일입니다. 많은 아이들이 매우 일찍 영어를 배우기 시작합니다. 지금 저는 어려움 없이 영어를 읽을 수 있고 외국인과 소통할 수 있습니다. 인터넷에서 저는 많은 외국인 친구들을 사귀었습니다.
이제 저는 제 고향의 상황에 대해 말하고자 합니다.
이미 언급한 바와 같이 한국의 아이들은 7살에 혹은 심지어 더 일찍 영어를 배웁니다. 영어를 배우는 것은 한국에서 필수사항입니다. 가끔 그들이 영어를 잘 못하기 때문에 영어로 스트레스를 받는 아이들도 있습니다. 아이들은 12-13년동안 영어를 배웁니다. 대학교에서나 직업 생활에서도 영어는 큰 역할을 합니다.
이제 저는 장점과 단점을 언급하겠습니다.
장점들은 다음과 같습니다. 아이들은 영어로 더 넓은 세계를 경험할 수 있습니다. 그들은 전 세계에서 온 많은 다양한 친구들을 더 쉽게 사귈 수 있습니다. 그리고 어쨌거나 영어는 매우 유용합니다. 더 일찍 하나의 언어를 배울수록 더 빠르고 더 자연스럽게 배웁니다. 또한 영어 능력으로 좋은 직업 기회를 얻을 수 있습니다.
단점은 아이들이 영어에 흥미가 없으면 공부할 때 스트레스를 받을 수도 있다는 점입니다. 하지만 아이들이 더 재미있게 영어를 배울 수 있는 많은 방법들이 있습니다.

마무리
따라서 제 의견은, 아이들은 영어를 배워야 한다는 것입니다.
이것이 저의 프레젠테이션이었습니다. 들어주셔서 감사합니다.

테마2 예시답안

테마
Schon als Kind vegan?

도입하기
Guten Tag! Heute möchte ich über ein interessantes und oft kontrovers diskutiertes Thema sprechen: „Schon als Kind vegan?". In meiner Präsentation werde ich zunächst auf die Situation in Korea eingehen, die Vor- und Nachteile einer veganen Ernährung bei Kindern erwähnen und schließlich meine eigene Meinung dazu teilen.

문제 제기
Beginnen wir mit der Situation in Korea. In Korea ist die vegane Ernährung noch relativ selten, insbesondere bei Kindern. Traditionell spielt Fleisch eine wichtige Rolle in der koreanischen Küche, und viele Menschen glauben, dass tierische Produkte essenziell für das Wachstum und die Gesundheit von Kindern sind. Trotzdem gibt es eine wachsende Bewegung hin zu pflanzlicher Ernährung, beeinflusst durch Gesundheitsbewusstsein, ethische Überlegungen und Umweltaspekte. Vegan lebende Familien sind zwar noch eine Minderheit, aber sie werden zunehmend sichtbarer und erhalten mehr Unterstützung durch spezielle Produkte und Informationen.

Nun zu den Vor- und Nachteilen einer veganen Ernährung bei Kindern.

Zuerst erwähne ich die Vorteile.

Erstens, gesundheitliche Vorteile: Eine gut geplante vegane Ernährung kann reich an Vitaminen, Mineralstoffen und Antioxidantien sein, was zu einer besseren Gesundheit und geringeren Risiken für chronische Krankheiten führen kann.

Zweitens, ethische Überlegungen: Kinder, die vegan aufwachsen, lernen frühzeitig, Mitgefühl für Tiere zu entwickeln und können einen positiven Beitrag zum Tierschutz leisten.

Drittens, Umweltaspekte: Vegane Ernährung ist in der Regel umweltfreundlicher, da sie weniger Ressourcen verbraucht und weniger Treibhausgase verursacht.

Doch hat man auch ein paar Nachteile:

Zuerst kann eine vegane Ernährung zum Nährstoffmangel führen. Ohne sorgfältige Planung kann es bei veganer Ernährung zu Mängeln an wichtigen Nährstoffen wie Vitaminen, Eisen, Kalzium und Omega-3-Fettsäuren kommen, die besonders für wachsende Kinder kritisch sind.

Es gibt auch einen Nachteil bezüglich auf soziale Isolation. Vegane Kinder können sich ausgegrenzt fühlen, insbesondere in sozialen Situationen wie Geburtstagsfeiern oder Schulausflügen, wo oft nicht-veganes Essen im Vordergrund steht.

Schließlich braucht man für eine vegane Ernährung viel Aufwand. Eine ausgewogene vegane Ernährung erfordert oft mehr Aufwand und Wissen, was für viele Eltern eine Herausforderung darstellen kann.

Abschließend möchte ich meine eigene Meinung zum Thema teilen. Ich denke, dass eine vegane Ernährung bei Kindern möglich und potenziell vorteilhaft sein kann, wenn sie gut geplant und ausgewogen ist. Die Eltern tragen eine große Verantwortung, sicherzustellen, dass alle notwendigen Nährstoffe in der Ernährung ihrer Kinder enthalten sind. Es ist wichtig, dass Eltern sich gut informieren und bei Bedarf einen Ernährungsberater zu Rate ziehen.

Außerdem finde ich, dass gesellschaftliche Unterstützung und Akzeptanz für vegane Kinder essenziell sind, um soziale Isolation zu vermeiden und den Kindern ein normales, unbeschwertes Aufwachsen zu ermöglichen. Zusammengefasst glaube ich, dass vegan lebende Kinder sowohl gesundheitlich als auch ethisch profitieren können, solange ihre Ernährung sorgfältig überwacht und geplant wird.

마무리

Das war meine Präsentation zum Thema „Schon als Kind vegan?". Vielen Dank für Ihre Aufmerksamkeit.

테마 2 예시답안 해석

테마
어릴 때부터 채식을?

도입하기
안녕하세요! 오늘 저는 흥미롭고 종종 논란이 되는 테마에 대해 이야기하고자 합니다: "어릴 때부터 채식을?" 제 발표에서는 먼저 한국의 상황에 대해 이야기하고, 어린이의 비건 식단의 장단점을 언급하며, 마지막으로 이에 대한 제 개인적인 의견을 나누겠습니다.

문제 제기
먼저 한국의 상황을 살펴보겠습니다. 한국에서는 비건 식단이 아직 드물며, 특히 어린이에게는 더욱 그렇습니다. 전통적으로 한국 요리에서 고기는 중요한 역할을 하며, 많은 사람들은 동물성 제품이 어린이의 성장과 건강에 필수적이라고 믿습니다. 그럼에도 불구하고, 건강 의식, 윤리적 고려, 환경적 측면에 영향을 받아 식물 기반 식단으로의 움직임이 증가하고 있습니다. 비건으로 사는 가족들은 여전히 소수이지만, 특별한 제품과 정보 덕분에 점점 더 눈에 띄고 더 많은 지원을 받고 있습니다.

이제 어린이의 비건 식단의 장단점에 대해 알아보겠습니다.

먼저 장점부터 언급하겠습니다.

첫째, 건강상의 이점: 잘 계획된 비건 식단은 비타민, 미네랄 및 항산화제가 풍부할 수 있어 더 나은 건강과 만성 질환의 위험을 줄일 수 있습니다.

둘째, 윤리적 고려: 비건으로 자란 아이들은 동물에 대한 연민을 일찍부터 배우며 동물 보호에 긍정적인 기여를 할 수 있습니다.

셋째, 환경적 측면: 비건 식단은 일반적으로 더 적은 자원을 소비하고 온실가스 배출이 적어 환경친화적입니다.

하지만 몇 가지 단점도 있습니다:

먼저 비건 식단은 영양 결핍을 초래할 수 있습니다. 신중하게 계획하지 않으면 비건 식단은 비타민, 철분, 칼슘 및 오메가-3 지방산과 같은 중요한 영양소가 부족할 수 있으며, 이는 특히 성장하는 어린이에게 중요합니다.

또한 사회적 고립의 단점도 있습니다. 비건 아이들은 생일 파티나 학교 소풍과 같은 사회적 상황에서 비채식 음식이 주류를 이루기 때문에 소외감을 느낄 수 있습니다.

마지막으로 비건 식단에는 많은 수고가 필요합니다. 균형 잡힌 비건 식단은 종종 더 많은 수고로움과 지식을 요구하며, 이는 많은 부모에게 하나의 도전이 될 수 있습니다.

마지막으로 이 테마에 대한 제 개인적인 의견을 나누고자 합니다. 저는 비건 식단이 잘 계획되고 균형 잡힌다면 어린이에게 가능하고 잠재적으로 유익할 수 있다고 생각합니다. 부모는 자녀의 식단에 모든 필요한 영양소가 포함되도록 할 큰 책임이 있습니다. 부모는 잘 정보를 얻고 필요한 경우 영양사와 상담하는 것이 중요합니다.

또한 비건 아이들이 사회적 고립을 피하고 정상적이고 걱정 없는 성장을 할 수 있도록 사회적 지원과 수용이 필수적이라고 생각합니다. 종합적으로 저는 비건 아이들이 건강적, 윤리적으로 이익을 얻을 수 있다고 믿으며, 그들의 식단이 신중하게 관리되고 계획될 경우에만 가능합니다.

마무리

이것이 테마 "어릴 때부터 채식을?"에 대한 제 발표였습니다. 경청해 주셔서 감사합니다.

말하기 부문 3 　한 테마에 대해 이야기 하기

당신의 발표 후에 :

시험 감독관과 대화 상대의 반응과 질문에 응답하세요.

당신의 대화 상대의 발표 후에 :

a) 대화 상대의 발표에 대해 반응하세요. (예: 발표가 어떻게 마음에 들었는지, 무엇이 새로웠으며 특히 흥미로웠는지 등)

b) 대화 상대의 발표에 대해 질문도 해보세요.

▌테마 1에 대해 할 수 있는 질문 예시

1. Sie haben Englisch gelernt und jetzt sprechen Sie so gut Deutsch. Im Vergleich zu Englisch ist Deutsch relativ einfacher oder eher schwieriger?
   당신은 영어를 배웠고 지금 이렇게나 독일어를 잘하십니다. 영어와 비교해서 독일어는 비교적 쉽습니까 어렵습니까?

2. Wenn die Kinder in Korea nicht so gut Englisch könnten, würden sie es schwer haben. Sie haben doch erzählt, dass sie Stress haben. Wenn man nicht gut Englisch kann, was kann man dagegen tun? Gibt es eine Lösung beziehungsweise eine Alternative?
   한국에서 아이들이 영어를 잘 하지 못하면 그들은 어려운 상황을 가질 것입니다. 당신도 그들이 스트레스를 받는다고 설명했습니다. 만약에 영어를 잘 못하면 사람들은 무엇을 할 수 있을까요? 해결책이나 대안이 있습니까?

▌테마 2에 대해 할 수 있는 질문 예시

1. Wenn Sie Kinder hätten, würden Sie Ihnen auch eine vegane Ernährung bieten?
   당신이 아이를 가진다면, 당신은 또한 그들에게 비건식을 제공할 것인가요?

2. Ich habe mal in der Zeitung gelesen, dass es manchmal diejenigen gibt, die aus gesundheitlichen Gründen unbedingt Fleisch essen müssen. Wenn sich solche Kinder nur vegan ernähren würden, wäre es nicht gefährlich?
   저는 신문에서 읽었는데 간혹 건강상의 이유로 반드시 고기를 먹어야 하는 사람이 있다고 합니다. 만약 그런 아이들이 오직 비건식으로만 영양을 섭취한다면 위험하지 않을까요?

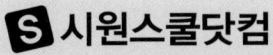